Statistiques de l'OCDE sur les investisseurs institutionnels 2015

OCDE

DES POLITIQUES MEILLEURES POUR UNE VIE MEILLEURE

Cet ouvrage est publié sous la responsabilité du Secrétaire général de l'OCDE. Les opinions et les interprétations exprimées ne reflètent pas nécessairement les vues de l'OCDE ou des gouvernements de ses pays membres.

Ce document et toute carte qu'il peut comprendre sont sans préjudice du statut de tout territoire, de la souveraineté s'exerçant sur ce dernier, du tracé des frontières et limites internationales, et du nom de tout territoire, ville ou région.

Merci de citer cet ouvrage comme suit :
OCDE (2016), *Statistiques de l'OCDE sur les investisseurs institutionnels 2015*, Éditions OCDE.
http://dx.doi.org/10.1787/instinv-2015-fr

ISBN 978-92-64-22591-6 (imprimé)
ISBN 978-92-64-22592-3 (PDF)

Annuel : Statistiques de l'OCDE sur les investissements institutionnels
ISSN 2225-2088 (imprimé)
ISSN 2225-2096 (en ligne)

Les données statistiques concernant Israël sont fournies par et sous la responsabilité des autorités israéliennes compétentes. L'utilisation de ces données par l'OCDE est sans préjudice du statut des hauteurs du Golan, de Jérusalem-Est et des colonies de peuplement israéliennes en Cisjordanie aux termes du droit international.

Les corrigenda des publications de l'OCDE sont disponibles sur : *www.oecd.org/editions/corrigenda*.

Table des matières

Fédération de Russie

Signes conventionnels et abréviations

Signes et abréviations

.. Non disponible

. Point décimal

0 Nul ou négligeable

Concepts et définitions

Métadonnées (données) :

http://stats.oecd.org/OECDStat_Metadata/ShowMetadata.ashx?Dataset=7IA_A_Q&lang=fr

Métadonnées (indicateurs) :

http://stats.oecd.org/OECDStat_Metadata/ShowMetadata.ashx?Dataset=7II_INDIC&lang=fr

Base de données en ligne

Statistiques de l'OCDE sur les investisseurs institutionnels (*http://dx.doi.org/10.1787/instinv-data-fr*).

Système de comptabilité nationale

Commission des Communautés européennes, Fonds monétaire international, Organisation de coopération et de développement économiques, Nations Unies, Banque mondiale, *Système de comptabilité nationale* 1993, Brussels/Luxembourg, New York, Paris, Washington, DC., 1993, *http://unstats.un.org/unsd/nationalaccount/docs/1993sna.pdf* (en anglais seulement).

Commission Européenne, Fonds monétaire international, Organisation de coopération et de développement économiques, Organisation des Nations Unies, Banque mondiale, *Système de comptabilité nationale 2008*, *http://unstats.un.org/unsd/nationalaccount/docs/SNA2008FR.pdf*

Méthodologie

Les données annuelles se réfèrent au 4e trimestre. Les données par trimestre sont disponibles dans la Base de données.

Abréviations monétaires ISO

Abréviation	Pays	Monnaie
AUD	Australie	dollar
EUR	Autriche	euro
EUR	Belgique	euro
CAD	Canada	dollar
CLP	Chili	peso
CZK	République tchèque	couronne
DKK	Danemark	couronne
EUR	Estonie	euro
EUR	Finlande	euro
EUR	France	euro
EUR	Allemagne	euro
EUR	Grèce	euro
HUF	Hongrie	forint
ISK	Islande	couronne
EUR	Irlande	euro
ILS	Israël	nouveau sheqel
EUR	Italie	euro
JPY	Japon	yen
KRW	Corée	won
EUR	Luxembourg	euro
MXN	Mexique	peso
EUR	Pays-Bas	euro
NOK	Norvège	couronne
PLN	Pologne	zloty
EUR	Portugal	euro
EUR	République slovaque	euro
EUR	Slovénie	euro
EUR	Espagne	euro
SEK	Suède	couronne
CHF	Suisse	franc
TRY	Turquie	nouvelle livre
GBP	Royaume-Uni	livre sterling
USD	États-Unis	dollar
RUB	Fédération de Russie	rouble

Statistiques de l'OCDE sur les investisseurs institutionnels 2015

Comparaisons internationales

Tableau 1. Actifs et passifs financiers des fonds d'investissement, en pourcentage du PIB

Pour cent

	2007	2008	2009	2010	2011	2012	2013	2014
Actifs financiers								
Autriche	58.9	45.8	50.0	51.1	44.6	46.5	46.1	49.0
Belgique	35.7	25.2	27.7	26.3	22.0	22.5	26.7	31.2
Canada	54.7	43.3	54.6	57.9	56.3	62.0	71.8	80.7
Chili	..	..	..	..	..	..	..	21.9
République tchèque	..	3.9	3.8	4.2	3.7	4.0	4.6	5.1
Danemark	..	..	..	..	..	87.0	98.3	107.1
Estonie	9.0	3.4	3.9	4.0	2.7	2.8	3.3	3.0
Finlande	36.9	22.9	31.2	35.6	30.7	36.4	40.6	45.1
France	..	67.6	77.0	74.0	64.4	67.1	66.1	68.2
Allemagne	40.4	34.4	39.9	42.2	40.4	45.8	48.5	53.3
Grèce	..	3.7	3.7	3.0	2.1	2.5	2.8	2.7
Hongrie	12.5	9.5	11.9	14.1	11.3	11.6	15.0	16.9
Islande	51.1	13.8	12.3	17.6	22.7	24.1	24.8	25.1
Irlande	..	..	..	..	..	..	..	..
Israël	16.3	12.6	16.3	17.9	15.2	17.0	21.9	23.9
Italie	..	13.3	14.1	13.1	10.4	10.2	11.8	15.0
Japon	23.3	16.6	19.3	19.8	18.7	21.0	26.8	30.2
Corée	..	29.5	29.9	26.9	24.5	25.1	26.0	28.8
Luxembourg	..	4 626.4	5 540.7	6 111.0	5 591.6	6 083.8	6 277.9	7 173.7
Pays-Bas	..	..	..	..	..	..	..	..
Norvège	..	..	..	..	..	..	..	..
Pologne	..	..	..	..	..	..	..	..
Portugal	..	..	..	..	..	..	..	..
Slovénie	..	..	6.2	6.3	4.9	5.1	5.2	5.8
Espagne	26.8	18.3	18.5	16.0	14.7	14.4	18.1	22.4
Suède	47.4	32.3	46.5	50.9	44.9	51.5	62.9	76.9
Suisse	..	..	..	..	..	..	..	..
Royaume-Uni	..	..	..	..	..	..	..	..
États-Unis	83.6	68.8	79.4	81.3	78.8	87.6	100.9	105.2
Lettonie	..	..	..	..	..	..	..	..
Fédération de Russie	1.9	1.1	1.7	1.5	1.4	1.5	1.7	1.7
Passifs financiers								
Autriche	60.7	45.6	50.2	51.5	45.0	47.1	46.7	49.6
Belgique	36.1	25.5	27.9	26.3	22.2	22.7	26.8	31.3
Canada	54.7	43.3	54.6	57.9	56.3	62.0	71.8	80.7
Chili	..	..	..	..	..	..	..	..
République tchèque	..	3.8	3.9	4.3	4.2	5.5	6.1	7.0
Danemark	..	..	..	..	..	89.1	98.3	107.1
Estonie	9.0	3.4	4.0	4.0	2.7	2.9	3.2	2.9
Finlande	37.3	23.2	31.9	35.8	30.5	36.5	40.7	44.9
France	..	68.5	78.1	75.2	65.9	68.9	68.2	70.6
Allemagne	43.4	37.5	43.6	45.8	43.9	49.3	52.0	56.7
Grèce	..	4.0	3.9	3.7	2.8	3.3	3.6	3.8
Hongrie	13.0	9.9	12.1	14.7	12.1	12.4	15.8	17.5
Islande	51.1	13.8	12.3	17.6	22.9	24.2	24.8	25.1
Irlande	..	..	..	..	..	..	..	..
Israël	..	..	..	..	..	..	..	..
Italie	..	14.7	15.4	14.0	11.4	11.4	12.6	15.7
Japon	23.3	16.6	19.3	19.9	18.7	21.0	26.8	30.2
Corée	..	26.6	28.3	25.9	21.3	22.7	23.5	25.9
Luxembourg	..	4 647.3	5 559.6	6 140.7	5 610.1	6 101.6	6 295.2	7 195.7
Pays-Bas	..	..	..	..	..	..	..	..
Norvège	..	..	..	..	..	..	..	..
Pologne	..	..	..	..	..	..	..	..
Portugal	..	..	..	..	..	..	..	..
Slovénie	..	..	6.2	6.3	4.9	5.1	5.2	5.8
Espagne	27.6	19.1	19.2	16.7	15.2	14.9	18.7	22.6
Suède	47.4	32.3	46.5	50.9	44.9	51.5	62.9	76.9
Suisse	..	..	..	..	..	..	..	..
Royaume-Uni	..	..	..	..	..	..	..	..
États-Unis	85.4	70.6	80.9	82.7	80.2	89.0	102.5	106.9
Lettonie	..	..	..	..	..	..	..	..
Fédération de Russie	2.3	1.7	2.5	2.5	2.4	2.6	3.0	3.1

Note : Voir les métadonnées détaillées sur :

http://metalinks.oecd.org/instinv/20160427/bd9c (actifs financiers)http://metalinks.oecd.org/instinv/20160427/3f30 (passifs financiers).

Informations sur les données concernant Israël : http://oe.cd/israel-disclaimer.

Informations sur les données concernant le Luxembourg :http://metalinks.oecd.org/instinv/20160427/9c09 (actifs financiers) et http://metalinks.oecd.org/instinv/20160427/1b51 (passifs financiers).

Tableau 2. Actifs et passifs financiers des sociétés d'assurance, en pourcentage du PIB

Pour cent

	2007	2008	2009	2010	2011	2012	2013	2014
Actifs financiers								
Autriche	32.0	31.8	35.2	35.4	33.7	35.7	35.3	36.7
Belgique	64.0	60.9	67.7	68.1	67.4	73.3	72.5	79.1
Canada	36.2	32.1	37.0	37.9	38.5	39.7	40.1	42.2
Chili	..	..	..	..	..	..	..	18.4
République tchèque	..	10.2	11.5	11.6	11.5	11.3	11.7	12.4
Danemark	..	..	..	..	..	99.2	98.7	109.0
Estonie	5.0	4.1	5.7	6.8	5.6	5.6	5.2	4.7
Finlande	25.5	22.1	26.5	28.4	26.7	29.2	30.1	33.0
France	85.3	79.2	90.8	94.8	91.0	99.5	103.1	112.5
Allemagne	57.4	54.3	57.5	57.8	56.5	59.5	61.1	64.0
Grèce	6.0	5.6	6.0	6.5	6.7	7.7	8.5	8.7
Hongrie	8.8	7.9	8.9	8.9	8.3	8.5	8.2	8.3
Islande	11.6	7.8	8.1	8.4	8.5	8.3	8.4	8.1
Irlande	..	..	..	..	..	123.7	122.9	129.5
Israël	28.4	26.0	30.8	32.3	31.2	32.8	34.5	36.2
Italie	..	29.7	33.9	32.0	30.7	34.2	37.4	42.8
Japon	75.0	73.4	80.0	79.3	81.1	84.9	89.1	92.7
Corée	..	39.7	44.3	46.3	49.1	55.2	58.3	62.1
Luxembourg	..	216.0	279.0	306.2	289.4	307.4	306.5	332.6
Pays-Bas	63.0	62.6	63.8	65.0	65.3	70.2	66.7	72.9
Norvège	36.6	34.2	38.8	39.7	39.0	40.0	42.2	45.5
Pologne	..	11.0	10.4	10.3	9.5	10.3	10.3	10.6
Portugal	..	..	..	..	..	..	..	..
Slovénie	..	..	13.9	14.9	14.9	17.2	18.0	18.9
Espagne	21.3	21.0	22.8	22.6	23.7	25.2	26.0	26.4
Suède	79.4	71.7	83.2	83.8	80.1	85.5	89.9	99.1
Suisse	82.5	73.1	80.7	80.7	83.1	87.5	84.3	89.0
Royaume-Uni	..	..	..	..	..	..	..	..
États-Unis	43.8	39.5	43.0	43.6	43.3	43.7	45.1	45.0
Lettonie	..	..	..	..	..	..	..	..
Fédération de Russie	2.0	1.8	2.0	1.7	1.6	1.6	1.7	1.8
Passifs financiers								
Autriche	34.7	34.4	36.9	37.8	35.9	36.4	35.9	35.6
Belgique	65.2	62.3	66.9	68.1	67.4	68.4	69.0	70.4
Canada	38.2	32.4	38.8	39.7	40.3	41.3	41.4	43.7
Chili	..	..	..	..	..	..	..	0.5
République tchèque	..	9.9	11.2	12.0	12.0	12.8	13.1	12.9
Danemark	..	..	..	..	..	99.2	98.2	108.5
Estonie	5.5	4.3	5.5	6.1	5.4	5.4	4.9	5.0
Finlande	25.9	23.1	25.2	26.8	25.1	27.3	28.8	31.0
France	83.6	81.8	90.4	94.1	91.5	93.7	97.1	101.6
Allemagne	60.1	55.7	59.1	58.5	56.2	59.2	61.2	62.0
Grèce	8.4	6.2	6.6	6.9	7.2	8.1	9.0	9.2
Hongrie	8.8	8.3	9.2	9.3	8.7	8.5	8.3	8.2
Islande	11.7	7.9	8.2	8.5	8.6	8.7	8.7	8.4
Irlande	..	..	..	..	..	127.5	121.7	130.9
Israël	..	..	..	..	..	..	..	..
Italie	..	31.2	34.9	35.3	34.0	35.3	38.1	42.4
Japon	71.0	71.2	74.6	73.6	75.1	78.2	81.1	81.3
Corée	..	41.0	44.2	47.4	49.9	55.3	58.9	62.3
Luxembourg	..	215.1	278.1	305.7	287.9	305.3	304.6	324.3
Pays-Bas	62.8	64.5	65.6	66.9	69.7	72.1	69.1	76.7
Norvège	34.7	32.1	36.5	37.6	37.3	40.6	43.3	46.3
Pologne	..	11.2	10.5	10.4	9.7	10.4	10.5	10.8
Portugal	..	..	..	..	..	..	..	..
Slovénie	..	..	14.7	15.1	15.0	16.7	17.5	18.4
Espagne	20.6	20.7	22.5	22.7	24.2	25.5	27.4	29.2
Suède	72.2	80.3	75.5	79.0	81.4	78.9	79.3	87.7
Suisse	..	..	..	..	..	..	..	..
Royaume-Uni	..	..	..	..	..	..	..	..
États-Unis	43.0	36.8	39.8	40.7	39.9	40.3	41.8	41.7
Lettonie	..	..	..	..	..	..	..	..
Fédération de Russie	1.8	1.6	1.8	1.6	1.7	1.7	2.0	1.9

Note : Voir les métadonnées détaillées sur :

http://metalinks.oecd.org/instinv/20160427/044b (actifs financiers) et http://metalinks.oecd.org/instinv/20160427/c2cb (passifs financiers).

Informations sur les données concernant Israël : http://oe.cd/israel-disclaimer.

Informations sur les données concernant le Luxembourg :

http://metalinks.oecd.org/instinv/20160427/8ccb (actifs financiers)

http://metalinks.oecd.org/instinv/20160427/3e7b (passifs financiers).

Tableau 3. Actifs et passifs financiers des fonds de pension, en pourcentage du PIB

Pour cent

	2007	2008	2009	2010	2011	2012	2013	2014
Actifs financiers								
Autriche	4.6	4.0	4.8	5.1	4.8	5.2	5.5	5.9
Belgique	3.9	2.9	3.6	3.9	3.8	4.1	4.9	5.4
Canada	65.8	60.7	67.0	71.4	71.1	75.0	78.4	83.5
Chili	..	..	..	..	..	..	..	68.1
République tchèque	..	4.6	5.4	5.8	6.1	7.4	7.9	7.8
Danemark	..	..	..	..	..	74.4	67.4	75.1
Estonie	4.8	4.8	7.2	7.9	7.3	8.7	9.9	11.6
Finlande	2.1	1.8	2.0	2.3	2.0	1.8	1.5	1.5
France	..	..	..	..	..	..	..	..
Allemagne	11.1	11.5	13.4	13.7	13.8	15.6	14.7	16.2
Grèce	..	..	..	..	..	..	0.1	0.2
Hongrie	10.8	9.8	13.5	15.1	4.0	4.0	4.1	4.2
Islande	..	107.9	116.3	122.8	127.4	136.8	142.5	146.3
Irlande	..	..	..	..	..	45.9	49.4	52.6
Israël	64.0	57.5	68.3	70.1	65.6	68.2	71.3	75.5
Italie	..	1.3	1.6	1.9	1.9	2.2	2.3	2.8
Japon	25.6	23.1	26.7	25.3	25.1	26.4	29.3	29.4
Corée	..	3.1	3.3	3.5	4.2	5.1	6.0	7.4
Luxembourg	..	1.0	2.3	2.3	2.3	2.5	2.5	2.4
Pays-Bas	118.0	106.2	115.4	124.0	135.2	153.4	154.7	184.6
Norvège	7.0	5.5	6.8	7.0	6.6	7.6	8.3	9.2
Pologne	..	10.9	13.4	15.6	14.6	16.8	18.3	8.8
Portugal	..	..	..	..	..	..	..	..
Slovénie	..	..	4.7	5.4	5.5	5.8	6.0	6.5
Espagne	9.4	8.7	9.6	9.8	9.7	10.4	11.2	12.0
Suède	14.2	10.7	15.0	17.3	15.8	18.3	21.7	25.7
Suisse	94.0	80.3	91.0	92.5	91.8	97.5	103.0	110.8
Royaume-Uni	..	..	..	..	..	..	..	..
États-Unis	88.6	82.3	91.3	97.1	96.1	97.5	101.4	101.3
Lettonie	2.0	3.2	6.1	7.5	7.0	7.7	8.4	9.8
Fédération de Russie	1.7	1.3	1.8	1.8	2.0	2.3	2.9	2.8
Passifs financiers								
Autriche	4.5	4.3	4.8	4.8	4.9	5.0	5.3	5.7
Belgique	4.1	3.3	3.9	4.2	4.0	4.6	5.1	5.8
Canada	65.8	60.7	67.0	71.4	71.1	75.0	78.4	83.5
Chili	..	..	..	..	..	..	..	0.7
République tchèque	..	4.8	5.5	5.9	6.2	6.8	7.2	7.9
Danemark	..	..	..	..	..	72.1	65.6	73.0
Estonie	4.8	4.8	7.2	7.9	7.3	8.7	9.9	11.6
Finlande	2.5	2.3	2.4	2.0	1.8	1.8	1.9	1.8
France	..	..	..	..	..	..	..	..
Allemagne	11.6	12.0	13.4	13.8	13.9	14.6	15.1	15.5
Grèce	..	..	..	..	..	..	0.1	0.2
Hongrie	11.2	9.9	13.5	14.9	4.0	4.2	4.2	4.3
Islande	..	108.0	116.4	122.9	127.6	137.1	142.7	146.5
Irlande	..	..	..	..	..	46.1	52.0	56.5
Israël	..	..	..	..	..	..	..	..
Italie	..	2.6	3.2	3.5	3.7	4.3	4.8	5.3
Japon	23.5	24.7	27.6	25.6	25.9	26.1	26.4	25.6
Corée	..	3.1	3.3	3.5	4.2	5.1	6.1	7.7
Luxembourg	..	1.0	2.3	2.3	2.3	2.5	2.5	2.4
Pays-Bas	121.2	113.3	112.2	120.1	137.7	153.6	147.9	177.2
Norvège	7.3	6.3	7.9	8.1	7.7	7.8	8.4	9.2
Pologne	..	10.9	13.4	15.6	14.6	16.8	18.3	8.8
Portugal	..	..	..	..	..	..	..	..
Slovénie	..	..	4.6	5.4	5.6	5.8	5.9	6.3
Espagne	9.7	8.7	9.7	9.8	9.8	10.5	11.3	12.0
Suède	15.5	11.8	15.7	17.0	16.4	18.7	21.8	25.4
Suisse	97.2	97.0	101.9	101.0	102.1	105.3	108.1	111.5
Royaume-Uni	..	..	..	..	..	..	..	..
États-Unis	89.6	83.2	92.3	98.1	97.0	98.5	102.5	102.5
Lettonie	2.0	3.2	6.1	7.5	7.0	7.7	8.4	9.8
Fédération de Russie	1.7	1.3	1.8	1.8	2.0	2.3	2.9	2.8

Note : Voir les métadonnées détaillées sur :
http://metalinks.oecd.org/instinv/20160427/c98a (actifs financiers)
http://metalinks.oecd.org/instinv/20160427/d1df (passifs financiers).
Informations sur les données concernant Israël : http://oe.cd/israel-disclaimer.
Informations sur les données concernant le Luxembourg :
http://metalinks.oecd.org/instinv/20160427/8ccb (actifs financiers)
http://metalinks.oecd.org/instinv/20160427/3e7b (passifs financiers).

Tableaux par pays

Tableau 1. Actifs financiers des investisseurs institutionnels, 2014

Millions EUR (1999 ATS euro)

			Fonds d'investissement			
		Total	Fonds d'investissement non-monétaire			Fonds d'investissement monétaires
			Total	Fonds d'investissement à capital variable, non monétaire	Fonds d'investissement à capital fixe, non monétaire	Total
2	Actifs financiers	161 494	161 349	161 349	..	145
2.1	Numéraire et dépôts	8 116	8 116	8 116	..	0
2.2	Titres de dette	85 107	84 962	84 962	..	145
2.2.1	Titres de dette à court terme	523	523	523	..	0
2.2.2	Titres de dette à long terme	84 584	84 439	84 439	..	145
2.2.3	Titres de dette émis par les résidents	15 460	15 453	15 453	..	7
2.2.4	Titres de dette émis par les non-résidents	69 647	69 509	69 509	..	138
2.3	Crédits	17	17	17	..	0
2.3.1	Crédits à court terme	0	0	0	..	0
2.3.2	Crédits à long terme	17	17	17	..	0
2.3.3	Crédits accordés aux résidents	0	0	0	..	0
2.3.4	Crédits accordés aux non-résidents	17	17	17	..	0
2.4	Actions et parts de fonds d'investissement	68 224	68 224	68 224	..	0
2.4.1	Actions et parts de fonds d'investissements émises par les résidents	27 210	27 210	27 210	..	0
2.4.2	Actions et part de fonds d'investissements émises par les non-résidents	41 014	41 014	41 014	..	0
2.5	Autres comptes à recevoir	0	0	0	..	0

			Fonds d'investissement			
		Total	Fonds d'investissement non-monétaire			Fonds d'investissement monétaires
			Total	Fonds d'investissement à capital variable, non monétaire	Fonds d'investissement à capital fixe, non monétaire	Total
2	Pasifs financiers	163 287	163 131	163 131	..	156
2.1	Numéraire et dépôts	0	0	0	..	0
2.2	Titres de dette	0	0	0	..	0
2.2.1	Titres de dette à court terme	0	0	0	..	0
2.2.2	Titres de dette à long terme	0	0	0	..	0
2.3	Crédits	946	946	946	..	0
2.3.1	Crédits à court terme	786	786	786	..	0
2.3.2	Crédits à long terme	159	159	159	..	0
2.4	Actions et parts de fonds d'investissement	162 317	162 161	162 161	..	156
2.5	Systèmes d'assurance, de pensions et garanties standard	0	0	0	..	0
2.5	Produits financiers dérivés et options sur titres des salariés	24	24	24	..	0
2.8	Autres comptes à payer	0	0	0	..	0

		Sociétés d'assurance et fonds de pension autonomes				
		Total	Sociétés d'assurance			Fonds de pension autonomes
			Total	Sociétés d'assurance vie	Sociétés d'assurance non-vie	Total
2	Actifs financiers	140 192	120 867	..	..	19 324
2.1	Numéraire et dépôts	4 495	3 885	..	..	610
2.2	Titres de dette	55 182	54 731	..	..	450
2.2.1	Titres de dette à court terme	9	5	..	..	4
2.2.2	Titres de dette à long terme	55 172	54 726	..	..	446
2.2.3	Titres de dette émis par les résidents	19 785	19 546	..	..	239
2.2.4	Titres de dette émis par les non-résidents	35 396	35 185	..	..	211
2.3	Crédits	6 585	6 585	..	..	0
2.3.1	Crédits à court terme	1 788	1 788	..	..	0
2.3.2	Crédits à long terme	4 797	4 797	..	..	0
2.3.3	Crédits accordés aux résidents	4 756	4 756	..	..	0
2.3.4	Crédits accordés aux non-résidents	1 829	1 829	..	..	0
2.4	Actions et parts de fonds d'investissement	66 092	47 867	..	..	18 225
2.4.1	Actions et parts de fonds d'investissement émises par les résidents	55 000	38 773	..	..	16 228
2.4.2	Actions et parts de fonds d'investissement émises par les non-résidents	11 091	9 094	..	..	1 997
2.5	Autrescomptes à recevoir	1 529	1 490	..	..	39

		Sociétés d'assurance et fonds de pension autonomes				
		Total	Sociétés d'assurance			Fonds de pension autonomes
			Total	Sociétés d'assurance vie	Sociétés d'assurance non-vie	Total
2	Pasifs financiers	136 063	117 358	..	..	18 705
2.1	Numéraire et dépôts	0	0	..	..	0
2.2	Titres de dette	3 239	3 239	..	..	0
2.2.1	Titres de dette à court terme	0	0	..	..	0
2.2.2	Titres de dette à long terme	3 239	3 239	..	..	0
2.3	Crédits	2 800	2 798	..	..	1
2.3.1	Crédits à court terme	1 980	1 980	..	..	0
2.3.2	Crédits à long terme	820	818	..	..	1
2.4	Actions et parts de fonds d'investissement	16 973	16 791	..	..	182
2.5	Systèmes d'assurance, de pensions et garanties standard	112 253	93 732	..	..	18 521
2.5	Produits financiers dérivés et options sur titres des salariés	0	0	..	..	0
2.8	Autres comptes à payer	799	799	..	..	0

Note : Voir les métadonnées détaillées sur : http://metalinks.oecd.org/instinv/20160427/0c9f

Tableau 2. Actifs financiers des fonds d'investissement

Millions EUR

	2007	2008	2009	2010	2011	2012	2013	2014
Fonds d'investissement								
Valeur nette financière	-5 085	708	-409	-1 088	-1 274	-1 767	-2 036	-1 792
Actifs financiers	166 219	133 726	143 131	150 643	137 655	147 443	148 711	161 494
Numéraire et dépôts	8 923	14 051	10 336	10 102	9 409	8 083	8 038	8 116
Titres de dette	84 664	72 993	78 291	77 731	75 377	81 185	79 164	85 107
Crédits	904	541	0	14	14	15	16	17
Actions et parts de fonds d'investissement	71 215	45 898	54 431	62 576	52 660	57 950	61 455	68 224
Actions	28 637	12 208	16 878	20 168	16 402	19 207	21 330	22 778
Parts de fonds d'investissement	42 577	33 690	37 553	42 408	36 258	38 744	40 126	45 446
Parts de fonds d'investissement monétaires	1 192	1 842	912	680	1 035	123	135	312
Parts de fonds d'investissement non monétaires	41 386	31 848	36 641	41 728	35 223	38 621	39 991	45 134
Systèmes d'assurance, de pensions et garanties standard	0	0	0	0	0	0	0	0
Produits financiers dérivés et options sur titres des salariés	424	118	73	221	193	209	38	32
Autres comptes à recevoir	89	125	0	0	0	0	0	0
Passifs financiers	171 304	133 018	143 541	151 731	138 929	149 210	150 747	163 287
Titres de dette	0	0	0	0	0	0	0	0
Titres de dette à court terme	0	0	0	0	0	0	0	0
Titres de dette à long terme	0	0	0	0	0	0	0	0
Crédits	995	5 067	4 892	4 006	1 372	1 399	1 310	946
Crédits à court terme	819	4 902	4 625	3 782	1 153	1 210	1 124	786
Crédits à long terme	176	165	267	224	220	190	185	159
Actions et parts de fonds d'investissement	170 287	127 941	138 649	147 701	137 509	147 805	149 435	162 317
Systèmes d'assurance, de pensions et garanties standard	0	0	0	0	0	0	0	0
Produits financiers dérivés et options sur titres des salariés	21	10	0	24	48	6	3	24
Autres comptes à payer	0	0	0	0	0	0	0	0
Actifs non financiers	..	2 014	1 937	2 268	2 873	3 195	3 377	3 832
Fonds d'investissement monéaires								
Valeur nette financière	-989	-804	-272	-180	-98	-50	-28	-11
Actifs financiers	3 615	3 672	2 613	2 400	1 196	400	188	145
Numéraire et dépôts	0	0	0	0	0	0	0	0
Titres de dette	3 615	3 564	2 526	2 330	1 179	397	188	145
Crédits	0	0	0	0	0	0	0	0
Actions et parts de fonds d'investissement	0	108	87	70	17	3	0	0
Actions	0	43	4	0	0	0	0	0
Parts de fonds d'investissement	0	65	83	70	17	3	0	0
Parts de fonds d'investissement monétaires	0	12	32	17	6	0	0	0
Parts de fonds d'investissement non monétaires	0	52	50	53	11	3	0	0
Systèmes d'assurance, de pensions et garanties standard	0	0	0	0	0	0	0	0
Produits financiers dérivés et options sur titres des salariés	0	0	0	0	0	0	0	0
Autres comptes à recevoir	0	0	0	0	0	0	0	0
Passifs financiers	4 603	4 476	2 885	2 581	1 294	450	216	156
Titres de dette	0	0	0	0	0	0	0	0
Titres de dette à court terme	0	0	0	0	0	0	0	0
Titres de dette à long terme	0	0	0	0	0	0	0	0
Crédits	0	0	0	0	0	0	0	0
Crédits à court terme	0	0	0	0	0	0	0	0
Crédits à long terme	0	0	0	0	0	0	0	0
Actions et parts de fonds d'investissement	4 603	4 475	2 885	2 581	1 294	450	216	156
Systèmes d'assurance, de pensions et garanties standard	0	0	0	0	0	0	0	0
Produits financiers dérivés et options sur titres des salariés	0	1	0	0	0	0	0	0
Autres comptes à payer	0	0	0	0	0	0	0	0
Actifs non financiers	..	..	..	..	..	..	..	..
Fonds d'investissement non monéaires								
Valeur nette financière	-4 097	1 512	-138	-908	-1 176	-1 717	-2 008	-1 781
Actifs financiers	162 604	130 054	140 518	148 243	136 459	147 043	148 522	161 349
Numéraire et dépôts	8 923	14 051	10 336	10 102	9 409	8 083	8 038	8 116
Titres de dette	81 049	69 429	75 765	75 401	74 199	80 788	78 976	84 962
Crédits	904	541	0	14	14	15	16	17
Actions et parts de fonds d'investissement	71 215	45 790	54 344	62 506	52 643	57 948	61 455	68 224
Actions	28 637	12 164	16 874	20 168	16 402	19 207	21 330	22 778
Parts de fonds d'investissement	42 577	33 626	37 470	42 338	36 241	38 741	40 126	45 446
Parts de fonds d'investissement monétaires	1 192	1 830	879	663	1 028	123	135	312
Parts de fonds d'investissement non monétaires	41 386	31 796	36 591	41 675	35 213	38 618	39 991	45 134
Systèmes d'assurance, de pensions et garanties standard	0	0	0	0	0	0	0	0
Produits financiers dérivés et options sur titres des salariés	424	118	73	221	193	209	38	32
Autres comptes à recevoir	89	125	0	0	0	0	0	0
Passifs financiers	166 701	128 542	140 656	149 150	137 635	148 760	150 531	163 131
Titres de dette	0	0	0	0	0	0	0	0
Titres de dette à court terme	0	0	0	0	0	0	0	0
Titres de dette à long terme	0	0	0	0	0	0	0	0
Crédits	995	5 067	4 892	4 006	1 372	1 399	1 310	946
Crédits à court terme	819	4 902	4 625	3 782	1 153	1 210	1 124	786
Crédits à long terme	176	165	267	224	220	190	185	159
Actions et parts de fonds d'investissement	165 684	123 466	135 764	145 120	136 215	147 355	149 218	162 161
Systèmes d'assurance, de pensions et garanties standard	0	0	0	0	0	0	0	0
Produits financiers dérivés et options sur titres des salariés	21	9	0	24	48	6	3	24
Autres comptes à payer	0	0	0	0	0	0	0	0
Actifs non financiers	..	2 014	1 937	2 268	2 873	3 195	3 377	3 832
Fonds d'investissement non monéaires à capital variable								
Valeur nette financière	-4 097	1 512	-138	-908	-1 176	-1 717	-2 008	-1 781
Actifs financiers	162 604	130 054	140 518	148 243	136 459	147 043	148 522	161 349

Tableau 2. Actifs financiers des fonds d'investissement *(suite)*

Millions EUR

	2007	2008	2009	2010	2011	2012	2013	2014
Numéraire et dépôts	8 923	14 051	10 336	10 102	9 409	8 083	8 038	8 116
Titres de dette	81 049	69 429	75 765	75 401	74 199	80 788	78 976	84 962
Crédits	904	541	0	14	14	15	16	17
Actions et parts de fonds d'investissement	71 215	45 790	54 344	62 506	52 643	57 948	61 455	68 224
Actions	28 637	12 164	16 874	20 168	16 402	19 207	21 330	22 778
Parts de fonds d'investissement	42 577	33 626	37 470	42 338	36 241	38 741	40 126	45 446
Parts de fonds d'investissement monétaires	1 192	1 830	879	663	1 028	123	135	312
Parts de fonds d'investissement non monétaires	41 386	31 796	36 591	41 675	35 213	38 618	39 991	45 134
Systèmes d'assurance, de pensions et garanties standard	0	0	0	0	0	0	0	0
Produits financiers dérivés et options sur titres des salariés	424	118	73	221	193	209	38	32
Autres comptes à recevoir	89	125	0	0	0	0	0	0
Passifs financiers	166 701	128 542	140 656	149 150	137 635	148 760	150 531	163 131
Titres de dette	0	0	0	0	0	0	0	0
Titres de dette à court terme	0	0	0	0	0	0	0	0
Titres de dette à long terme	0	0	0	0	0	0	0	0
Crédits	995	5 067	4 892	4 006	1 372	1 399	1 310	946
Crédits à court terme	819	4 902	4 625	3 782	1 153	1 210	1 124	786
Crédits à long terme	176	165	267	224	220	190	185	159
Actions et parts de fonds d'investissement	165 684	123 466	135 764	145 120	136 215	147 355	149 218	162 161
Systèmes d'assurance, de pensions et garanties standard	0	0	0	0	0	0	0	0
Produits financiers dérivés et options sur titres des salariés	21	9	0	24	48	6	3	24
Autres comptes à payer	0	0	0	0	0	0	0	0
Actifs non financiers	..	..	..	..	..	..	..	..
Fonds d'investissement à capital variable								
Valeur nette financière	-5 085	708	-409	-1 088	-1 274	-1 767	-2 036	-1 792
Actifs financiers	166 219	133 726	143 131	150 643	137 655	147 443	148 711	161 494
Numéraire et dépôts	8 923	14 051	10 336	10 102	9 409	8 083	8 038	8 116
Titres de dette	84 664	72 993	78 291	77 731	75 377	81 185	79 164	85 107
Crédits	904	541	0	14	14	15	16	17
Actions et parts de fonds d'investissement	71 215	45 898	54 431	62 576	52 660	57 950	61 455	68 224
Actions	28 637	12 208	16 878	20 168	16 402	19 207	21 330	22 778
Parts de fonds d'investissement	42 577	33 690	37 553	42 408	36 258	38 744	40 126	45 446
Parts de fonds d'investissement monétaires	1 192	1 842	912	680	1 035	123	135	312
Parts de fonds d'investissement non monétaires	41 386	31 848	36 641	41 728	35 223	38 621	39 991	45 134
Systèmes d'assurance, de pensions et garanties standard	0	0	0	0	0	0	0	0
Produits financiers dérivés et options sur titres des salariés	424	118	73	221	193	209	38	32
Autres comptes à recevoir	89	125	0	0	0	0	0	0
Passifs financiers	171 304	133 018	143 541	151 731	138 929	149 210	150 747	163 287
Titres de dette	0	0	0	0	0	0	0	0
Titres de dette à court terme	0	0	0	0	0	0	0	0
Titres de dette à long terme	0	0	0	0	0	0	0	0
Crédits	995	5 067	4 892	4 006	1 372	1 399	1 310	946
Crédits à court terme	819	4 902	4 625	3 782	1 153	1 210	1 124	786
Crédits à long terme	176	165	267	224	220	190	185	159
Actions et parts de fonds d'investissement	170 287	127 941	138 649	147 701	137 509	147 805	149 435	162 317
Systèmes d'assurance, de pensions et garanties standard	0	0	0	0	0	0	0	0
Produits financiers dérivés et options sur titres des salariés	21	10	0	24	48	6	3	24
Autres comptes à payer	0	0	0	0	0	0	0	0
Actifs non financiers	..	..	..	..	..	..	..	..

Note : Voir les métadonnées détaillées sur : http://metalinks.oecd.org/instinv/20160427/0c9f

Tableau 3. Actifs financiers des sociétés d'assurance et fonds de pension

Millions EUR

	2007	2008	2009	2010	2011	2012	2013	2014
Sociétés d'assurance et fonds de pension								
Valeur nette financière	-7 149	-8 612	-5 030	-6 206	-6 810	-2 004	-1 144	4 128
Actifs financiers	103 342	104 542	114 257	119 266	118 938	129 497	131 697	140 192
Numéraire et dépôts	3 182	5 176	4 078	3 085	4 288	4 264	5 455	4 495
Titres de dette	34 723	37 620	40 900	43 456	43 306	47 163	49 162	55 182
Crédits	6 290	6 181	7 151	7 256	7 024	7 410	6 142	6 585
Actions et parts de fonds d'investissement	50 070	46 384	52 939	57 478	56 362	62 213	63 121	66 092
Actions	9 667	14 095	15 185	15 120	14 720	14 695	14 878	14 914
Parts de fonds d'investissement	40 403	32 288	37 754	42 358	41 642	47 518	48 243	51 178
Parts de fonds d'investissement monétaires	437	293	250	268	165	76	44	105
Parts de fonds d'investissement non monétaires	39 967	31 995	37 504	42 089	41 478	47 443	48 200	51 073
Systèmes d'assurance, de pensions et garanties standard	7 602	7 461	7 497	6 353	6 610	6 997	6 283	6 280
Produits financiers dérivés et options sur titres des salariés	55	63	39	69	66	48	13	30
Autres comptes à recevoir	1 421	1 657	1 654	1 568	1 283	1 402	1 521	1 529
Passifs financiers	110 492	113 154	119 287	125 472	125 748	131 501	132 841	136 063
Titres de dette	1 660	1 863	2 178	2 532	2 529	2 510	3 300	3 239
Titres de dette à court terme	0	0	0	0	0	0	0	0
Titres de dette à long terme	1 660	1 863	2 178	2 532	2 529	2 510	3 300	3 239
Crédits	4 925	4 898	4 711	4 446	4 587	4 701	3 266	2 800
Crédits à court terme	4 617	4 362	4 312	3 469	3 381	3 688	2 374	1 980
Crédits à long terme	307	536	399	978	1 206	1 013	892	820
Actions et parts de fonds d'investissement	12 402	13 799	14 963	16 306	14 373	16 125	16 831	16 973
Systèmes d'assurance, de pensions et garanties standard	90 313	91 167	96 149	100 848	103 104	107 095	108 525	112 253
Produits financiers dérivés et options sur titres des salariés	0	0	0	0	0	0	0	0
Autres comptes à payer	1 193	1 427	1 286	1 340	1 155	1 070	919	799
Actifs non financiers	..	..	..	..	..	..	..	..
Sociétés d'assurance								
Valeur nette financière	-7 393	-7 535	-4 931	-7 052	-6 621	-2 476	-1 811	3 509
Actifs financiers	90 476	92 944	100 602	104 246	104 124	113 085	114 005	120 867
Numéraire et dépôts	2 900	4 386	3 538	2 663	3 644	3 689	4 205	3 885
Titres de dette	34 400	37 334	40 516	43 005	42 854	46 787	48 707	54 731
Crédits	6 290	6 181	7 151	7 256	7 024	7 379	6 098	6 585
Actions et parts de fonds d'investissement	37 851	35 960	40 261	43 407	42 714	46 840	47 222	47 867
Actions	9 604	14 075	15 159	15 097	14 699	14 655	14 825	14 883
Parts de fonds d'investissement	28 247	21 885	25 102	28 310	28 014	32 185	32 397	32 984
Parts de fonds d'investissement monétaires	250	286	235	256	142	76	44	105
Parts de fonds d'investissement non monétaires	27 997	21 599	24 867	28 054	27 872	32 109	32 353	32 879
Systèmes d'assurance, de pensions et garanties standard	7 602	7 461	7 497	6 353	6 610	6 997	6 283	6 280
Produits financiers dérivés et options sur titres des salariés	55	63	39	69	66	48	13	30
Autres comptes à recevoir	1 378	1 558	1 601	1 492	1 213	1 345	1 476	1 490
Passifs financiers	97 869	100 479	105 533	111 297	110 744	115 561	115 816	117 358
Titres de dette	1 649	1 852	2 167	2 520	2 518	2 499	3 289	3 239
Titres de dette à court terme	0	0	0	0	0	0	0	0
Titres de dette à long terme	1 649	1 852	2 167	2 520	2 518	2 499	3 289	3 239
Crédits	4 925	4 898	4 711	4 446	4 587	4 701	3 266	2 798
Crédits à court terme	4 617	4 362	4 312	3 469	3 381	3 688	2 374	1 980
Crédits à long terme	307	536	399	978	1 206	1 013	892	818
Actions et parts de fonds d'investissement	12 319	13 523	14 704	16 110	14 177	15 929	16 649	16 791
Systèmes d'assurance, de pensions et garanties standard	77 784	78 779	82 665	86 881	88 308	91 362	91 693	93 732
Produits financiers dérivés et options sur titres des salariés	0	0	0	0	0	0	0	0
Autres comptes à payer	1 193	1 427	1 286	1 340	1 155	1 070	919	799
Actifs non financiers	3 370	3 487	3 725	3 689	3 735	3 792	3 983	4 199
Fonds de pension								
Valeur nette financière	243	-1 077	-99	846	-189	472	667	619
Actifs financiers	12 866	11 598	13 654	15 020	14 815	16 412	17 692	19 324
Numéraire et dépôts	282	790	539	422	644	575	1 250	610
Titres de dette	323	286	384	451	452	375	455	450
Crédits	0	0	0	0	0	31	44	0
Actions et parts de fonds d'investissement	12 219	10 423	12 678	14 070	13 649	15 373	15 899	18 225
Actions	62	20	26	23	21	40	53	31
Parts de fonds d'investissement	12 156	10 403	12 652	14 048	13 628	15 333	15 847	18 194
Parts de fonds d'investissement monétaires	187	7	15	13	23	0	0	0
Parts de fonds d'investissement non monétaires	11 970	10 396	12 637	14 035	13 605	15 333	15 847	18 194
Systèmes d'assurance, de pensions et garanties standard	0	0	0	0	0	0	0	0
Produits financiers dérivés et options sur titres des salariés	0	0	0	1	0	0	0	0
Autres comptes à recevoir	43	98	53	76	70	58	44	39
Passifs financiers	12 623	12 675	13 753	14 174	15 004	15 941	17 025	18 705
Titres de dette	11	11	11	11	11	11	11	0
Titres de dette à court terme	0	0	0	0	0	0	0	0
Titres de dette à long terme	11	11	11	11	11	11	11	0
Crédits	0	0	0	0	0	0	0	1
Crédits à court terme	0	0	0	0	0	0	0	0
Crédits à long terme	0	0	0	0	0	0	0	1
Actions et parts de fonds d'investissement	83	276	259	196	196	196	182	182
Systèmes d'assurance, de pensions et garanties standard	12 529	12 388	13 483	13 967	14 796	15 733	16 831	18 521
Produits financiers dérivés et options sur titres des salariés	0	0	0	0	0	0	0	0
Autres comptes à payer	0	0	0	0	0	0	0	0
Actifs non financiers	64	200	85	71	86	93	99	89

Note : Voir les métadonnées détaillées sur : http://metalinks.oecd.org/instinv/20160427/0c9f

Tableau 4. Composition du portefeuille par type d'investisseur

En pourcentage des actifs financiers et des passifs financiers

Pour cent

	2007	2008	2009	2010	2011	2012	2013	2014
Fonds d'investissement								
Actifs financiers	100.0	100.0	100.0	100.0	100.0	100.0	100.0	100.0
Numéraire et dépôts	5.4	10.5	7.2	6.7	6.8	5.5	5.4	5.0
Titres de dettes	50.9	54.6	54.7	51.6	54.8	55.1	53.2	52.7
Crédits	0.5	0.4	0.0	0.0	0.0	0.0	0.0	0.0
Actions et parts de fonds d'investissement	42.8	34.3	38.0	41.5	38.3	39.3	41.3	42.2
Systèmes d'assurance de pensions et garanties standard	0.0	0.0	0.0	0.0	0.0	0.0	0.0	0.0
Produits financiers dérivés et options sur titres des salariés	0.3	0.1	0.1	0.1	0.1	0.1	0.0	0.0
Autres comptes à recevoir	0.1	0.1	0.0	0.0	0.0	0.0	0.0	0.0
Passifs financiers	100.0	100.0	100.0	100.0	100.0	100.0	100.0	100.0
Numéraire et dépôts	0.0	0.0	0.0	0.0	0.0	0.0	0.0	0.0
Titres de dettes	0.0	0.0	0.0	0.0	0.0	0.0	0.0	0.0
Crédits	0.6	3.8	3.4	2.6	1.0	0.9	0.9	0.6
Actions et parts de fonds d'investissement	99.4	96.2	96.6	97.3	99.0	99.1	99.1	99.4
Systèmes d'assurance de pensions et garanties standard	0.0	0.0	0.0	0.0	0.0	0.0	0.0	0.0
Produits financiers dérivés et options sur titres des salariés	0.0	0.0	0.0	0.0	0.0	0.0	0.0	0.0
Autres comptes à recevoir	0.0	0.0	0.0	0.0	0.0	0.0	0.0	0.0
Sociétés d'assurance								
Actifs financiers	100.0	100.0	100.0	100.0	100.0	100.0	100.0	100.0
Numéraire et dépôts	3.2	4.7	3.5	2.6	3.5	3.3	3.7	3.2
Titres de dettes	38.0	40.2	40.3	41.3	41.2	41.4	42.7	45.3
Crédits	7.0	6.7	7.1	7.0	6.7	6.5	5.3	5.4
Actions et parts de fonds d'investissement	41.8	38.7	40.0	41.6	41.0	41.4	41.4	39.6
Systèmes d'assurance de pensions et garanties standard	8.4	8.0	7.5	6.1	6.3	6.2	5.5	5.2
Produits financiers dérivés et options sur titres des salariés	0.1	0.1	0.0	0.1	0.1	0.0	0.0	0.0
Autres comptes à recevoir	1.5	1.7	1.6	1.4	1.2	1.2	1.3	1.2
Passifs financiers	100.0	100.0	100.0	100.0	100.0	100.0	100.0	100.0
Numéraire et dépôts	0.0	0.0	0.0	0.0	0.0	0.0	0.0	0.0
Titres de dettes	1.7	1.8	2.1	2.3	2.3	2.2	2.8	2.8
Crédits	5.0	4.9	4.5	4.0	4.1	4.1	2.8	2.4
Actions et parts de fonds d'investissement	12.6	13.5	13.9	14.5	12.8	13.8	14.4	14.3
Systèmes d'assurance de pensions et garanties standard	79.5	78.4	78.3	78.1	79.7	79.1	79.2	79.9
Produits financiers dérivés et options sur titres des salariés	0.0	0.0	0.0	0.0	0.0	0.0	0.0	0.0
Autres comptes à recevoir	1.2	1.4	1.2	1.2	1.0	0.9	0.8	0.7
Fonds de pension								
Actifs financiers	100.0	100.0	100.0	100.0	100.0	100.0	100.0	100.0
Numéraire et dépôts	2.2	6.8	3.9	2.8	4.3	3.5	7.1	3.2
Titres de dettes	2.5	2.5	2.8	3.0	3.1	2.3	2.6	2.3
Crédits	0.0	0.0	0.0	0.0	0.0	0.2	0.2	0.0
Actions et parts de fonds d'investissement	95.0	89.9	92.9	93.7	92.1	93.7	89.9	94.3
Systèmes d'assurance de pensions et garanties standard	0.0	0.0	0.0	0.0	0.0	0.0	0.0	0.0
Produits financiers dérivés et options sur titres des salariés	0.0	0.0	0.0	0.0	0.0	0.0	0.0	0.0
Autres comptes à recevoir	0.3	0.8	0.4	0.5	0.5	0.4	0.2	0.2
Passifs financiers	100.0	100.0	100.0	100.0	100.0	100.0	100.0	100.0
Numéraire et dépôts	0.0	0.0	0.0	0.0	0.0	0.0	0.0	0.0
Titres de dettes	0.1	0.1	0.1	0.1	0.1	0.1	0.1	0.0
Crédits	0.0	0.0	0.0	0.0	0.0	0.0	0.0	0.0
Actions et parts de fonds d'investissement	0.7	2.2	1.9	1.4	1.3	1.2	1.1	1.0
Systèmes d'assurance de pensions et garanties standard	99.3	97.7	98.0	98.5	98.6	98.7	98.9	99.0
Produits financiers dérivés et options sur titres des salariés	0.0	0.0	0.0	0.0	0.0	0.0	0.0	0.0
Autres comptes à recevoir	0.0	0.0	0.0	0.0	0.0	0.0	0.0	0.0

Note : Voir les métadonnées détaillées sur : http://metalinks.oecd.org/instinv/20160427/2c5e

BELGIQUE

Tableau 1. Actifs financiers des investisseurs institutionnels, 2014

Millions EUR (1999 BEF euro)

		Total	Fonds d'investissement			
			Fonds d'investissement non-monétaire			Fonds d'investissement monétaires
			Total	Fonds d'investissement à capital variable, non monétaire	Fonds d'investissement à capital fixe, non monétaire	Total
2	Actifs financiers	124 927	124 128	124 128	..	800
2.1	Numéraire et dépôts	6 665	6 517	6 517	..	147
2.2	Titres de dette	28 312	27 662	27 662	..	650
2.2.1	Titres de dette à court terme	1 196	647	647	..	549
2.2.2	Titres de dette à long terme	27 116	27 015	27 015	..	101
2.2.3	Titres de dette émis par les résidents	1 358	1 214	1 214	..	144
2.2.4	Titres de dette émis par les non-résidents	26 954	26 448	26 448	..	506
2.3	Crédits	0	0	0	..	0
2.3.1	Crédits à court terme	0	0	0	..	0
2.3.2	Crédits à long terme	0	0	0	..	0
2.3.3	Crédits accordés aux résidents	0	0	0	..	0
2.3.4	Crédits accordés aux non-résidents	0	0	0	..	0
2.4	Actions et parts de fonds d'investissement	84 484	84 484	84 484	..	0
2.4.1	Actions et parts de fonds d'investissements émises par les résidents	13 501	13 501	13 501	..	0
2.4.2	Actions et part de fonds d'investissements émises par les non-résidents	70 983	70 983	70 983	..	0
2.5	Autres comptes à recevoir	3 854	3 851	3 851	..	3

		Total	Fonds d'investissement			
			Fonds d'investissement non-monétaire			Fonds d'investissement monétaires
			Total	Fonds d'investissement à capital variable, non monétaire	Fonds d'investissement à capital fixe, non monétaire	Total
2	Pasifs financiers	125 388	124 588	124 588	..	800
2.1	Numéraire et dépôts	0	0	0	..	0
2.2	Titres de dette	0	0	0	..	0
2.2.1	Titres de dette à court terme	0	0	0	..	0
2.2.2	Titres de dette à long terme	0	0	0	..	0
2.3	Crédits	150	131	131	..	19
2.3.1	Crédits à court terme	2	2	2	..	0
2.3.2	Crédits à long terme	149	129	129	..	19
2.4	Actions et parts de fonds d'investissement	122 784	122 003	122 003	..	780
2.5	Systèmes d'assurance, de pensions et garanties standard	0	0	0	..	0
2.5	Produits financiers dérivés et options sur titres des salariés	14	14	14	..	0
2.8	Autres comptes à payer	2 440	2 440	2 440	..	0

		Total	Sociétés d'assurance et fonds de pension autonomes			
			Sociétés d'assurance			Fonds de pension autonomes
			Total	Sociétés d'assurance vie	Sociétés d'assurance non-vie	Total
2	Actifs financiers	338 551	316 921	..	..	21 629
2.1	Numéraire et dépôts	9 899	9 274	..	..	625
2.2	Titres de dette	217 785	215 202	..	..	2 583
2.2.1	Titres de dette à court terme	2 061	2 061	..	..	0
2.2.2	Titres de dette à long terme	215 724	213 141	..	..	2 583
2.2.3	Titres de dette émis par les résidents	91 988	91 204	..	..	784
2.2.4	Titres de dette émis par les non-résidents	125 797	123 998	..	..	1 799
2.3	Crédits	26 035	25 828	..	..	207
2.3.1	Crédits à court terme	10 105	10 105	..	..	0
2.3.2	Crédits à long terme	15 930	15 723	..	..	207
2.3.3	Crédits accordés aux résidents	25 960	25 753	..	..	207
2.3.4	Crédits accordés aux non-résidents	75	75	..	..	0
2.4	Actions et parts de fonds d'investissement	73 749	55 790	..	..	17 958
2.4.1	Actions et parts de fonds d'investissement émises par les résidents	31 501	24 263	..	..	7 238
2.4.2	Actions et parts de fonds d'investissement émises par les non-résidents	42 248	31 528	..	..	10 721
2.5	Autrescomptes à recevoir	4 218	3 963	..	..	255

		Total	Sociétés d'assurance et fonds de pension autonomes			
			Sociétés d'assurance			Fonds de pension autonomes
			Total	Sociétés d'assurance vie	Sociétés d'assurance non-vie	Total
2	Pasifs financiers	304 942	281 915	..	..	23 027
2.1	Numéraire et dépôts	0	0	..	..	0
2.2	Titres de dette	2 649	2 649	..	..	0
2.2.1	Titres de dette à court terme	0	0	..	..	0
2.2.2	Titres de dette à long terme	2 649	2 649	..	..	0
2.3	Crédits	14 708	14 708	..	..	0
2.3.1	Crédits à court terme	9 075	9 075	..	..	0
2.3.2	Crédits à long terme	5 632	5 632	..	..	0
2.4	Actions et parts de fonds d'investissement	17 887	17 887	..	..	0
2.5	Systèmes d'assurance, de pensions et garanties standard	263 858	240 831	..	..	23 027
2.5	Produits financiers dérivés et options sur titres des salariés	0	0	..	..	0
2.8	Autres comptes à payer	5 840	5 840	..	..	0

Note : Voir les métadonnées détaillées sur : http://metalinks.oecd.org/instinv/20160427/0c9f

Tableau 2. Actifs financiers des fonds d'investissement

Millions EUR

	2007	2008	2009	2010	2011	2012	2013	2014
Fonds d'investissement								
Valeur nette financière	-1 166	-749	-814	33	-604	-575	-388	-460
Actifs financiers	123 211	89 398	96 446	96 163	83 424	87 177	105 010	124 927
Numéraire et dépôts	22 790	19 281	15 562	11 621	9 936	7 804	6 786	6 665
Titres de dette	35 597	34 174	32 445	31 617	30 112	25 492	26 131	28 312
Crédits	0	0	0	0	0	0	0	0
Actions et parts de fonds d'investissement	54 757	29 632	42 488	47 438	38 711	49 400	67 552	84 484
Actions	35 691	18 442	28 236	28 772	20 412	28 073	34 533	41 579
Parts de fonds d'investissement	19 066	11 191	14 252	18 666	18 299	21 327	33 020	42 905
Parts de fonds d'investissement monétaires	1 146	693	682	504	789	312	284	714
Parts de fonds d'investissement non monétaires	17 920	10 497	13 570	18 162	17 510	21 015	32 735	42 191
Systèmes d'assurance, de pensions et garanties standard	0	0	0	0	0	0	0	0
Produits financiers dérivés et options sur titres des salariés	2 965	1 634	2 399	2 247	1 914	2 057	1 678	1 614
Autres comptes à recevoir	7 102	4 676	3 551	3 240	2 751	2 424	2 863	3 854
Passifs financiers	124 377	90 147	97 260	96 129	84 028	87 752	105 398	125 388
Titres de dette	0	0	0	0	0	0	0	0
Titres de dette à court terme	0	0	0	0	0	0	0	0
Titres de dette à long terme	0	0	0	0	0	0	0	0
Crédits	163	86	93	90	78	90	89	150
Crédits à court terme	0	0	0	0	0	0	0	2
Crédits à long terme	163	86	93	90	78	90	89	149
Actions et parts de fonds d'investissement	120 529	88 466	94 867	94 258	82 483	86 345	103 240	122 784
Systèmes d'assurance, de pensions et garanties standard	0	0	0	0	0	0	0	0
Produits financiers dérivés et options sur titres des salariés	0	0	0	13	53	0	4	14
Autres comptes à payer	3 684	1 595	2 300	1 768	1 415	1 317	2 065	2 440
Actifs non financiers	..	..	..	..	..	..	..	..
Fonds d'investissement monéaires								
Valeur nette financière	0	0	0	0	0	0	-22	0
Actifs financiers	6 271	5 535	1 945	1 917	4 373	996	994	800
Numéraire et dépôts	1 166	812	287	250	535	147	142	147
Titres de dette	4 696	4 539	1 593	1 627	3 755	829	847	650
Crédits	0	0	0	0	0	0	0	0
Actions et parts de fonds d'investissement	97	0	29	21	0	5	0	0
Actions	0	0	0	0	0	0	0	0
Parts de fonds d'investissement	97	0	29	21	0	5	0	0
Parts de fonds d'investissement monétaires	9	0	2	9	0	2	0	0
Parts de fonds d'investissement non monétaires	88	0	27	12	0	3	0	0
Systèmes d'assurance, de pensions et garanties standard	0	0	0	0	0	0	0	0
Produits financiers dérivés et options sur titres des salariés	0	1	0	0	0	0	0	0
Autres comptes à recevoir	312	184	36	19	83	14	5	3
Passifs financiers	6 271	5 535	1 945	1 917	4 373	996	1 016	800
Titres de dette	0	0	0	0	0	0	0	0
Titres de dette à court terme	0	0	0	0	0	0	0	0
Titres de dette à long terme	0	0	0	0	0	0	0	0
Crédits	0	2	0	14	0	0	1	19
Crédits à court terme	0	0	0	0	0	0	0	0
Crédits à long terme	0	2	0	14	0	0	1	19
Actions et parts de fonds d'investissement	6 207	5 525	1 926	1 902	4 366	991	1 012	780
Systèmes d'assurance, de pensions et garanties standard	0	0	0	0	0	0	0	0
Produits financiers dérivés et options sur titres des salariés	0	0	0	0	0	0	2	0
Autres comptes à payer	63	8	19	2	6	5	1	0
Actifs non financiers	..	..	..	..	..	..	..	..
Fonds d'investissement non monéaires								
Valeur nette financière	-1 166	-749	-814	33	-604	-575	-366	-460
Actifs financiers	116 940	83 863	94 501	94 245	79 052	86 181	104 016	124 128
Numéraire et dépôts	21 624	18 469	15 275	11 371	9 402	7 656	6 644	6 517
Titres de dette	30 901	29 635	30 852	29 990	26 356	24 662	25 284	27 662
Crédits	0	0	0	0	0	0	0	0
Actions et parts de fonds d'investissement	54 660	29 632	42 459	47 417	38 711	49 395	67 552	84 484
Actions	35 691	18 442	28 236	28 772	20 412	28 073	34 533	41 579
Parts de fonds d'investissement	18 969	11 191	14 222	18 645	18 299	21 322	33 020	42 905
Parts de fonds d'investissement monétaires	1 137	693	679	495	789	310	284	714
Parts de fonds d'investissement non monétaires	17 832	10 497	13 543	18 150	17 510	21 012	32 735	42 191
Systèmes d'assurance, de pensions et garanties standard	0	0	0	0	0	0	0	0
Produits financiers dérivés et options sur titres des salariés	2 965	1 634	2 399	2 247	1 914	2 057	1 678	1 614
Autres comptes à recevoir	6 790	4 493	3 516	3 221	2 669	2 410	2 858	3 851
Passifs financiers	118 106	84 612	95 315	94 212	79 656	86 756	104 382	124 588
Titres de dette	0	0	0	0	0	0	0	0
Titres de dette à court terme	0	0	0	0	0	0	0	0
Titres de dette à long terme	0	0	0	0	0	0	0	0
Crédits	163	84	93	76	78	90	88	131
Crédits à court terme	0	0	0	0	0	0	0	2
Crédits à long terme	163	84	93	76	78	90	88	129
Actions et parts de fonds d'investissement	114 322	82 941	92 940	92 357	78 118	85 354	102 228	122 003
Systèmes d'assurance, de pensions et garanties standard	0	0	0	0	0	0	0	0
Produits financiers dérivés et options sur titres des salariés	0	0	0	13	52	0	2	14
Autres comptes à payer	3 622	1 587	2 281	1 767	1 409	1 312	2 064	2 440
Actifs non financiers	..	..	..	..	..	..	..	..
Fonds d'investissement non monéaires à capital variable								
Valeur nette financière	-1 166	-749	-814	33	-604	-575	-366	-460
Actifs financiers	116 940	83 863	94 501	94 245	79 052	86 181	104 016	124 128

Tableau 2. Actifs financiers des fonds d'investissement *(suite)*

Millions EUR

	2007	2008	2009	2010	2011	2012	2013	2014
Numéraire et dépôts	21 624	18 469	15 275	11 371	9 402	7 656	6 644	6 517
Titres de dette	30 901	29 635	30 852	29 990	26 356	24 662	25 284	27 662
Crédits	0	0	0	0	0	0	0	0
Actions et parts de fonds d'investissement	54 660	29 632	42 459	47 417	38 711	49 395	67 552	84 484
Actions	35 691	18 442	28 236	28 772	20 412	28 073	34 533	41 579
Parts de fonds d'investissement	18 969	11 191	14 222	18 645	18 299	21 322	33 020	42 905
Parts de fonds d'investissement monétaires	1 137	693	679	495	789	310	284	714
Parts de fonds d'investissement non monétaires	17 832	10 497	13 543	18 150	17 510	21 012	32 735	42 191
Systèmes d'assurance, de pensions et garanties standard	0	0	0	0	0	0	0	0
Produits financiers dérivés et options sur titres des salariés	2 965	1 634	2 399	2 247	1 914	2 057	1 678	1 614
Autres comptes à recevoir	6 790	4 493	3 516	3 221	2 669	2 410	2 858	3 851
Passifs financiers	118 106	84 612	95 315	94 212	79 656	86 756	104 382	124 588
Titres de dette	0	0	0	0	0	0	0	0
Titres de dette à court terme	0	0	0	0	0	0	0	0
Titres de dette à long terme	0	0	0	0	0	0	0	0
Crédits	163	84	93	76	78	90	88	131
Crédits à court terme	0	0	0	0	0	0	0	2
Crédits à long terme	163	84	93	76	78	90	88	129
Actions et parts de fonds d'investissement	114 322	82 941	92 940	92 357	78 118	85 354	102 228	122 003
Systèmes d'assurance, de pensions et garanties standard	0	0	0	0	0	0	0	0
Produits financiers dérivés et options sur titres des salariés	0	0	0	13	52	0	2	14
Autres comptes à payer	3 622	1 587	2 281	1 767	1 409	1 312	2 064	2 440
Actifs non financiers	..	..	..	..	..	..	..	..
Fonds d'investissement à capital variable								
Valeur nette financière	-1 166	-749	-814	33	-604	-575	-388	-460
Actifs financiers	123 211	89 398	96 446	96 163	83 424	87 177	105 010	124 927
Numéraire et dépôts	22 790	19 281	15 562	11 621	9 936	7 804	6 786	6 665
Titres de dette	35 597	34 174	32 445	31 617	30 112	25 492	26 131	28 312
Crédits	0	0	0	0	0	0	0	0
Actions et parts de fonds d'investissement	54 757	29 632	42 488	47 438	38 711	49 400	67 552	84 484
Actions	35 691	18 442	28 236	28 772	20 412	28 073	34 533	41 579
Parts de fonds d'investissement	19 066	11 191	14 252	18 666	18 299	21 327	33 020	42 905
Parts de fonds d'investissement monétaires	1 146	693	682	504	789	312	284	714
Parts de fonds d'investissement non monétaires	17 920	10 497	13 570	18 162	17 510	21 015	32 735	42 191
Systèmes d'assurance, de pensions et garanties standard	0	0	0	0	0	0	0	0
Produits financiers dérivés et options sur titres des salariés	2 965	1 634	2 399	2 247	1 914	2 057	1 678	1 614
Autres comptes à recevoir	7 102	4 676	3 551	3 240	2 751	2 424	2 863	3 854
Passifs financiers	124 377	90 147	97 260	96 129	84 028	87 752	105 398	125 388
Titres de dette	0	0	0	0	0	0	0	0
Titres de dette à court terme	0	0	0	0	0	0	0	0
Titres de dette à long terme	0	0	0	0	0	0	0	0
Crédits	163	86	93	90	78	90	89	150
Crédits à court terme	0	0	0	0	0	0	0	2
Crédits à long terme	163	86	93	90	78	90	89	149
Actions et parts de fonds d'investissement	120 529	88 466	94 867	94 258	82 483	86 345	103 240	122 784
Systèmes d'assurance, de pensions et garanties standard	0	0	0	0	0	0	0	0
Produits financiers dérivés et options sur titres des salariés	0	0	0	13	53	0	4	14
Autres comptes à payer	3 684	1 595	2 300	1 768	1 415	1 317	2 065	2 440
Actifs non financiers	..	..	..	..	..	..	..	..

Note : Voir les métadonnées détaillées sur : http://metalinks.oecd.org/instinv/20160427/0c9f

Tableau 3. Actifs financiers des sociétés d'assurance et fonds de pension

Millions EUR

	2007	2008	2009	2010	2011	2012	2013	2014
Sociétés d'assurance et fonds de pension								
Valeur nette financière	-4 745	-6 002	1 750	-1 026	-909	17 084	13 065	33 608
Actifs financiers	234 112	226 121	248 806	262 677	269 800	299 788	303 899	338 551
Numéraire et dépôts	10 686	12 747	9 573	8 505	11 191	9 569	8 658	9 899
Titres de dette	134 987	142 764	161 973	174 908	182 196	203 027	196 077	217 785
Crédits	10 731	11 972	12 755	13 185	13 665	18 025	22 092	26 035
Actions et parts de fonds d'investissement	69 702	48 972	54 623	55 692	50 442	57 352	66 132	73 749
Actions	27 862	17 879	19 775	20 118	18 760	22 941	27 355	28 531
Parts de fonds d'investissement	41 840	31 093	34 848	35 574	31 681	34 411	38 776	45 218
Parts de fonds d'investissement monétaires	593	677	556	611	486	373	482	481
Parts de fonds d'investissement non monétaires	41 247	30 416	34 292	34 963	31 195	34 038	38 295	44 737
Systèmes d'assurance, de pensions et garanties standard	4 740	6 172	6 490	6 204	6 823	7 368	6 047	6 646
Produits financiers dérivés et options sur titres des salariés	211	228	189	173	169	242	157	219
Autres comptes à recevoir	3 056	3 265	3 204	4 011	5 313	4 206	4 738	4 218
Passifs financiers	238 858	232 123	247 057	263 703	270 708	282 705	290 834	304 942
Titres de dette	1 268	1 956	2 352	1 971	2 156	2 290	2 551	2 649
Titres de dette à court terme	0	0	0	0	0	0	0	0
Titres de dette à long terme	1 268	1 956	2 352	1 971	2 156	2 290	2 551	2 649
Crédits	10 695	11 273	11 952	12 645	15 109	13 499	14 418	14 708
Crédits à court terme	7 449	6 805	6 784	7 235	8 497	7 227	8 648	9 075
Crédits à long terme	3 247	4 468	5 168	5 410	6 612	6 272	5 770	5 632
Actions et parts de fonds d'investissement	22 256	14 509	16 361	18 012	15 598	17 347	15 940	17 887
Systèmes d'assurance, de pensions et garanties standard	197 430	198 890	211 367	226 555	232 833	244 380	252 021	263 858
Produits financiers dérivés et options sur titres des salariés	0	0	0	0	0	0	0	0
Autres comptes à payer	7 208	5 495	5 025	4 520	5 012	5 188	5 904	5 840
Actifs non financiers	2 950	3 451	3 426	3 400	3 571	3 776	3 522	3 666
Sociétés d'assurance								
Valeur nette financière	-4 244	-4 850	2 637	71	74	18 901	13 949	35 006
Actifs financiers	220 608	215 691	236 140	248 564	255 547	283 940	284 735	316 921
Numéraire et dépôts	10 359	12 235	9 134	7 974	10 845	9 049	8 143	9 274
Titres de dette	133 871	141 809	160 842	173 291	180 160	201 043	193 863	215 202
Crédits	10 728	11 833	12 609	13 074	13 543	17 903	21 931	25 828
Actions et parts de fonds d'investissement	57 757	40 328	43 755	43 910	38 950	44 189	50 326	55 790
Actions	26 429	17 041	18 698	18 835	17 373	21 463	25 496	26 940
Parts de fonds d'investissement	31 328	23 287	25 057	25 075	21 577	22 726	24 829	28 851
Parts de fonds d'investissement monétaires	276	204	235	235	190	206	233	217
Parts de fonds d'investissement non monétaires	31 051	23 084	24 822	24 840	21 387	22 521	24 596	28 633
Systèmes d'assurance, de pensions et garanties standard	4 740	6 172	6 490	6 204	6 823	7 368	6 047	6 646
Produits financiers dérivés et options sur titres des salariés	211	228	189	173	169	242	157	219
Autres comptes à recevoir	2 943	3 086	3 122	3 937	5 058	4 146	4 269	3 963
Passifs financiers	224 852	220 541	233 503	248 494	255 473	265 039	270 786	281 915
Titres de dette	1 268	1 956	2 352	1 971	2 156	2 290	2 551	2 649
Titres de dette à court terme	0	0	0	0	0	0	0	0
Titres de dette à long terme	1 268	1 956	2 352	1 971	2 156	2 290	2 551	2 649
Crédits	10 695	11 273	11 952	12 645	15 109	13 499	14 418	14 708
Crédits à court terme	7 449	6 805	6 784	7 235	8 497	7 227	8 648	9 075
Crédits à long terme	3 247	4 468	5 168	5 410	6 612	6 272	5 770	5 632
Actions et parts de fonds d'investissement	22 256	14 509	16 361	18 012	15 598	17 347	15 940	17 887
Systèmes d'assurance, de pensions et garanties standard	183 425	187 308	197 813	211 345	217 597	226 714	231 972	240 831
Produits financiers dérivés et options sur titres des salariés	0	0	0	0	0	0	0	0
Autres comptes à payer	7 208	5 495	5 025	4 520	5 012	5 188	5 904	5 840
Actifs non financiers	2 900	3 394	3 362	3 338	3 505	3 715	3 461	3 598
Fonds de pension								
Valeur nette financière	-501	-1 151	-887	-1 097	-983	-1 818	-884	-1 398
Actifs financiers	13 504	10 431	12 667	14 113	14 252	15 848	19 164	21 629
Numéraire et dépôts	327	512	439	531	347	520	515	625
Titres de dette	1 116	955	1 131	1 617	2 036	1 984	2 214	2 583
Crédits	4	139	147	111	122	122	160	207
Actions et parts de fonds d'investissement	11 945	8 644	10 868	11 782	11 492	13 163	15 806	17 958
Actions	1 433	838	1 077	1 283	1 387	1 478	1 859	1 591
Parts de fonds d'investissement	10 512	7 806	9 792	10 499	10 105	11 685	13 947	16 367
Parts de fonds d'investissement monétaires	316	474	321	376	296	167	249	263
Parts de fonds d'investissement non monétaires	10 196	7 332	9 471	10 123	9 808	11 517	13 698	16 104
Systèmes d'assurance, de pensions et garanties standard	0	0	0	0	0	0	0	0
Produits financiers dérivés et options sur titres des salariés	0	0	0	0	0	0	0	0
Autres comptes à recevoir	113	180	81	73	255	60	469	255
Passifs financiers	14 006	11 582	13 554	15 210	15 235	17 666	20 049	23 027
Titres de dette	0	0	0	0	0	0	0	0
Titres de dette à court terme	0	0	0	0	0	0	0	0
Titres de dette à long terme	0	0	0	0	0	0	0	0
Crédits	0	0	0	0	0	0	0	0
Crédits à court terme	0	0	0	0	0	0	0	0
Crédits à long terme	0	0	0	0	0	0	0	0
Actions et parts de fonds d'investissement	0	0	0	0	0	0	0	0
Systèmes d'assurance, de pensions et garanties standard	14 006	11 582	13 554	15 210	15 235	17 666	20 049	23 027
Produits financiers dérivés et options sur titres des salariés	0	0	0	0	0	0	0	0
Autres comptes à payer	0	0	0	0	0	0	0	0
Actifs non financiers	50	57	64	62	66	61	61	68

Note : Voir les métadonnées détaillées sur : http://metalinks.oecd.org/instinv/20160427/0c9f

Tableau 4. Composition du portefeuille par type d'investisseur

En pourcentage des actifs financiers et des passifs financiers

Pour cent

	2007	2008	2009	2010	2011	2012	2013	2014
Fonds d'investissement								
Actifs financiers	100.0	100.0	100.0	100.0	100.0	100.0	100.0	100.0
Numéraire et dépôts	18.5	21.6	16.1	12.1	11.9	9.0	6.5	5.3
Titres de dettes	28.9	38.2	33.6	32.9	36.1	29.2	24.9	22.7
Crédits	0.0	0.0	0.0	0.0	0.0	0.0	0.0	0.0
Actions et parts de fonds d'investissement	44.4	33.1	44.1	49.3	46.4	56.7	64.3	67.6
Systèmes d'assurance de pensions et garanties standard	0.0	0.0	0.0	0.0	0.0	0.0	0.0	0.0
Produits financiers dérivés et options sur titres des salariés	2.4	1.8	2.5	2.3	2.3	2.4	1.6	1.3
Autres comptes à recevoir	5.8	5.2	3.7	3.4	3.3	2.8	2.7	3.1
Passifs financiers	100.0	100.0	100.0	100.0	100.0	100.0	100.0	100.0
Numéraire et dépôts	0.0	0.0	0.0	0.0	0.0	0.0	0.0	0.0
Titres de dettes	0.0	0.0	0.0	0.0	0.0	0.0	0.0	0.0
Crédits	0.1	0.1	0.1	0.1	0.1	0.1	0.1	0.1
Actions et parts de fonds d'investissement	96.9	98.1	97.5	98.1	98.2	98.4	98.0	97.9
Systèmes d'assurance de pensions et garanties standard	0.0	0.0	0.0	0.0	0.0	0.0	0.0	0.0
Produits financiers dérivés et options sur titres des salariés	0.0	0.0	0.0	0.0	0.1	0.0	0.0	0.0
Autres comptes à recevoir	3.0	1.8	2.4	1.8	1.7	1.5	2.0	1.9
Sociétés d'assurance								
Actifs financiers	100.0	100.0	100.0	100.0	100.0	100.0	100.0	100.0
Numéraire et dépôts	4.7	5.7	3.9	3.2	4.2	3.2	2.9	2.9
Titres de dettes	60.7	65.7	68.1	69.7	70.5	70.8	68.1	67.9
Crédits	4.9	5.5	5.3	5.3	5.3	6.3	7.7	8.1
Actions et parts de fonds d'investissement	26.2	18.7	18.5	17.7	15.2	15.6	17.7	17.6
Systèmes d'assurance de pensions et garanties standard	2.1	2.9	2.7	2.5	2.7	2.6	2.1	2.1
Produits financiers dérivés et options sur titres des salariés	0.1	0.1	0.1	0.1	0.1	0.1	0.1	0.1
Autres comptes à recevoir	1.3	1.4	1.3	1.6	2.0	1.5	1.5	1.3
Passifs financiers	100.0	100.0	100.0	100.0	100.0	100.0	100.0	100.0
Numéraire et dépôts	0.0	0.0	0.0	0.0	0.0	0.0	0.0	0.0
Titres de dettes	0.6	0.9	1.0	0.8	0.8	0.9	0.9	0.9
Crédits	4.8	5.1	5.1	5.1	5.9	5.1	5.3	5.2
Actions et parts de fonds d'investissement	9.9	6.6	7.0	7.2	6.1	6.5	5.9	6.3
Systèmes d'assurance de pensions et garanties standard	81.6	84.9	84.7	85.1	85.2	85.5	85.7	85.4
Produits financiers dérivés et options sur titres des salariés	0.0	0.0	0.0	0.0	0.0	0.0	0.0	0.0
Autres comptes à recevoir	3.2	2.5	2.2	1.8	2.0	2.0	2.2	2.1
Fonds de pension								
Actifs financiers	100.0	100.0	100.0	100.0	100.0	100.0	100.0	100.0
Numéraire et dépôts	2.4	4.9	3.5	3.8	2.4	3.3	2.7	2.9
Titres de dettes	8.3	9.2	8.9	11.5	14.3	12.5	11.6	11.9
Crédits	0.0	1.3	1.2	0.8	0.9	0.8	0.8	1.0
Actions et parts de fonds d'investissement	88.5	82.9	85.8	83.5	80.6	83.1	82.5	83.0
Systèmes d'assurance de pensions et garanties standard	0.0	0.0	0.0	0.0	0.0	0.0	0.0	0.0
Produits financiers dérivés et options sur titres des salariés	0.0	0.0	0.0	0.0	0.0	0.0	0.0	0.0
Autres comptes à recevoir	0.8	1.7	0.6	0.5	1.8	0.4	2.4	1.2
Passifs financiers	100.0	100.0	100.0	100.0	100.0	100.0	100.0	100.0
Numéraire et dépôts	0.0	0.0	0.0	0.0	0.0	0.0	0.0	0.0
Titres de dettes	0.0	0.0	0.0	0.0	0.0	0.0	0.0	0.0
Crédits	0.0	0.0	0.0	0.0	0.0	0.0	0.0	0.0
Actions et parts de fonds d'investissement	0.0	0.0	0.0	0.0	0.0	0.0	0.0	0.0
Systèmes d'assurance de pensions et garanties standard	100.0	100.0	100.0	100.0	100.0	100.0	100.0	100.0
Produits financiers dérivés et options sur titres des salariés	0.0	0.0	0.0	0.0	0.0	0.0	0.0	0.0
Autres comptes à recevoir	0.0	0.0	0.0	0.0	0.0	0.0	0.0	0.0

Note : Voir les métadonnées détaillées sur : http://metalinks.oecd.org/instinv/20160427/2c5e

CANADA

Tableau 1. Actifs financiers des investisseurs institutionnels, 2014

Millions CAD

			Fonds d'investissement			
		Total	Fonds d'investissement non-monétaire			Fonds d'investissement monétaires
			Total	Fonds d'investissement à capital variable, non monétaire	Fonds d'investissement à capital fixe, non monétaire	Total
2	Actifs financiers	1 591 799	1 563 839	..	..	27 960
2.1	Numéraire et dépôts	10 907	10 721	..	..	186
2.2	Titres de dette	424 632	397 909	..	..	26 723
2.2.1	Titres de dette à court terme	43 400	22 951	..	..	20 449
2.2.2	Titres de dette à long terme	381 232	374 958	..	..	6 274
2.2.3	Titres de dette émis par les résidents	326 714	300 654	..	..	26 060
2.2.4	Titres de dette émis par les non-résidents	97 918	97 255	..	..	663
2.3	Crédits	5 553	5 553	..	..	0
2.3.1	Crédits à court terme	..	..	..	..	..
2.3.2	Crédits à long terme	..	..	..	..	..
2.3.3	Crédits accordés aux résidents	..	..	..	..	..
2.3.4	Crédits accordés aux non-résidents	..	..	..	..	..
2.4	Actions et parts de fonds d'investissement	1 087 834	1 087 488	..	..	346
2.4.1	Actions et parts de fonds d'investissements émises par les résidents	744 569	744 223	..	..	346
2.4.2	Actions et part de fonds d'investissements émises par les non-résidents	343 265	343 265	..	..	0
2.5	Autres comptes à recevoir	62 873	62 168	..	..	705

			Fonds d'investissement			
		Total	Fonds d'investissement non-monétaire			Fonds d'investissement monétaires
			Total	Fonds d'investissement à capital variable, non monétaire	Fonds d'investissement à capital fixe, non monétaire	Total
2	Pasifs financiers	1 591 799	1 563 839	..	..	27 960
2.1	Numéraire et dépôts	..	..	..	..	..
2.2	Titres de dette	..	..	..	..	..
2.2.1	Titres de dette à court terme	..	..	..	..	..
2.2.2	Titres de dette à long terme	..	..	..	..	..
2.3	Crédits	..	0	..	..	0
2.3.1	Crédits à court terme	..	..	..	..	..
2.3.2	Crédits à long terme	..	..	..	..	..
2.4	Actions et parts de fonds d'investissement	1 580 279	1 552 517	..	..	27 762
2.5	Systèmes d'assurance, de pensions et garanties standard	..	..	..	..	..
2.5	Produits financiers dérivés et options sur titres des salariés	..	..	..	..	..
2.8	Autres comptes à payer	11 520	11 322	..	..	198

			Sociétés d'assurance et fonds de pension autonomes			
		Total	Sociétés d'assurance			Fonds de pension autonomes
			Total	Sociétés d'assurance vie	Sociétés d'assurance non-vie	Total
2	Actifs financiers	2 479 699	833 088	687 579	145 509	1 646 611
2.1	Numéraire et dépôts	38 251	10 066	5 864	4 202	28 185
2.2	Titres de dette	982 872	378 178	284 728	93 450	604 694
2.2.1	Titres de dette à court terme	50 443	16 246	14 334	1 912	34 197
2.2.2	Titres de dette à long terme	932 429	361 932	270 394	91 538	570 497
2.2.3	Titres de dette émis par les résidents	892 036	361 162	270 009	91 153	530 874
2.2.4	Titres de dette émis par les non-résidents	90 836	17 016	14 719	2 297	73 820
2.3	Crédits	122 484	74 098	72 870	1 228	48 386
2.3.1	Crédits à court terme	..	..	..	..	..
2.3.2	Crédits à long terme	..	..	..	..	..
2.3.3	Crédits accordés aux résidents	..	..	..	..	..
2.3.4	Crédits accordés aux non-résidents	..	..	..	..	..
2.4	Actions et parts de fonds d'investissement	1 105 945	305 058	280 637	24 421	800 887
2.4.1	Actions et parts de fonds d'investissement émises par les résidents	715 115	284 533	262 636	21 897	430 582
2.4.2	Actions et parts de fonds d'investissement émises par les non-résidents	390 830	20 525	18 001	2 524	370 305
2.5	Autrescomptes à recevoir	230 147	65 688	43 480	22 208	164 459

			Sociétés d'assurance et fonds de pension autonomes			
		Total	Sociétés d'assurance			Fonds de pension autonomes
			Total	Sociétés d'assurance vie	Sociétés d'assurance non-vie	Total
2	Pasifs financiers	2 508 841	862 230	694 106	168 124	1 646 611
2.1	Numéraire et dépôts	..	..	..	..	..
2.2	Titres de dette	9 279	9 279	9 279	..	..
2.2.1	Titres de dette à court terme	..	..	..	..	..
2.2.2	Titres de dette à long terme	9 279	9 279	9 279	..	..
2.3	Crédits	19 496	18 629	16 752	1 877	867
2.3.1	Crédits à court terme	..	..	..	..	..
2.3.2	Crédits à long terme	..	..	..	..	..
2.4	Actions et parts de fonds d'investissement	280 376	280 376	208 078	72 298	0
2.5	Systèmes d'assurance, de pensions et garanties standard	1 962 528	432 241	432 241	..	1 530 287
2.5	Produits financiers dérivés et options sur titres des salariés	..	..	..	..	..
2.8	Autres comptes à payer	237 162	121 705	27 756	93 949	115 457

Note : Voir les métadonnées détaillées sur : http://metalinks.oecd.org/instinv/20160427/c28d

Tableau 2. Actifs financiers des fonds d'investissement

Millions CAD

	2007	2008	2009	2010	2011	2012	2013	2014
Fonds d'investissement								
Valeur nette financière	0	0	0	0	0	0	0	0
Actifs financiers	860 853	715 079	855 592	962 804	997 350	1 130 261	1 358 392	1 591 799
Numéraire et dépôts	8 968	5 229	6 080	4 565	7 286	10 025	9 647	10 907
Titres de dette	217 976	233 447	243 973	260 333	301 290	337 161	366 500	424 632
Crédits	2 982	2 961	4 622	5 380	5 407	5 275	5 114	5 553
Actions et parts de fonds d'investissement	613 481	436 501	572 426	666 146	649 595	734 187	923 669	1 087 834
Actions	498 973	337 322	443 519	503 196	465 043	510 588	623 023	720 775
Parts de fonds d'investissement	114 508	99 179	128 907	162 950	184 552	223 599	300 646	367 059
Parts de fonds d'investissement monétaires	..	..	..	..	..	..	..	..
Parts de fonds d'investissement non monétaires	..	..	..	..	..	..	..	..
Systèmes d'assurance, de pensions et garanties standard	..	..	..	..	..	..	..	..
Produits financiers dérivés et options sur titres des salariés	..	..	..	..	..	..	..	..
Autres comptes à recevoir	17 446	36 941	28 491	26 380	33 772	43 613	53 462	62 873
Passifs financiers	860 853	715 079	855 592	962 804	997 350	1 130 261	1 358 392	1 591 799
Titres de dette	..	..	..	..	..	..	..	..
Titres de dette à court terme	..	..	..	..	..	..	..	..
Titres de dette à long terme	..	..	..	..	..	..	..	..
Crédits	..	..	..	..	..	..	..	..
Crédits à court terme	..	..	..	..	..	..	..	..
Crédits à long terme	..	..	..	..	..	..	..	..
Actions et parts de fonds d'investissement	856 443	709 210	852 184	959 108	991 637	1 122 100	1 348 995	1 580 279
Systèmes d'assurance, de pensions et garanties standard	..	..	..	..	..	..	..	..
Produits financiers dérivés et options sur titres des salariés	..	..	..	..	..	..	..	..
Autres comptes à payer	4 410	5 869	3 408	3 696	5 713	8 161	9 397	11 520
Actifs non financiers	..	..	..	..	..	..	..	..
Fonds d'investissement monéaires								
Valeur nette financière	0	0	0	0	0	0	0	0
Actifs financiers	58 010	78 172	61 423	42 242	39 590	33 331	30 532	27 960
Numéraire et dépôts	3 715	1 757	1 223	617	842	189	197	186
Titres de dette	52 760	74 564	59 442	40 529	37 855	31 799	29 277	26 723
Crédits	0	0	0	0	0	0	0	0
Actions et parts de fonds d'investissement	860	1 344	585	398	332	383	295	346
Actions	223	123	282	199	111	144	53	0
Parts de fonds d'investissement	637	1 221	303	199	221	239	242	346
Parts de fonds d'investissement monétaires	..	..	..	..	..	..	..	..
Parts de fonds d'investissement non monétaires	..	..	..	..	..	..	..	..
Systèmes d'assurance, de pensions et garanties standard	..	..	..	..	..	..	..	..
Produits financiers dérivés et options sur titres des salariés	..	..	..	..	..	..	..	..
Autres comptes à recevoir	675	507	173	698	561	960	763	705
Passifs financiers	58 010	78 172	61 423	42 242	39 590	33 331	30 532	27 960
Titres de dette	..	..	..	..	..	..	..	..
Titres de dette à court terme	..	..	..	..	..	..	..	..
Titres de dette à long terme	..	..	..	..	..	..	..	..
Crédits	0	0	0	0	0	0	0	0
Crédits à court terme	..	..	..	..	..	..	..	..
Crédits à long terme	..	..	..	..	..	..	..	..
Actions et parts de fonds d'investissement	57 763	77 962	61 192	41 974	39 372	33 124	30 346	27 762
Systèmes d'assurance, de pensions et garanties standard	..	..	..	..	..	..	..	..
Produits financiers dérivés et options sur titres des salariés	..	..	..	..	..	..	..	..
Autres comptes à payer	247	210	231	268	218	207	186	198
Actifs non financiers	..	..	..	..	..	..	..	..
Fonds d'investissement non monéaires								
Valeur nette financière	0	0	0	0	0	0	0	0
Actifs financiers	802 843	636 907	794 169	920 562	957 760	1 096 930	1 327 860	1 563 839
Numéraire et dépôts	5 253	3 472	4 857	3 948	6 444	9 836	9 450	10 721
Titres de dette	165 216	158 883	184 531	219 804	263 435	305 362	337 223	397 909
Crédits	2 982	2 961	4 622	5 380	5 407	5 275	5 114	5 553
Actions et parts de fonds d'investissement	612 621	435 157	571 841	665 748	649 263	733 804	923 374	1 087 488
Actions	498 750	337 199	443 237	502 997	464 932	510 444	622 970	720 775
Parts de fonds d'investissement	113 871	97 958	128 604	162 751	184 331	223 360	300 404	366 713
Parts de fonds d'investissement monétaires	..	..	..	..	..	..	..	..
Parts de fonds d'investissement non monétaires	..	..	..	..	..	..	..	..
Systèmes d'assurance, de pensions et garanties standard	..	..	..	..	..	..	..	..
Produits financiers dérivés et options sur titres des salariés	..	..	..	..	..	..	..	..
Autres comptes à recevoir	16 771	36 434	28 318	25 682	33 211	42 653	52 699	62 168
Passifs financiers	802 843	636 907	794 169	920 562	957 760	1 096 930	1 327 860	1 563 839
Titres de dette	..	..	..	..	..	..	..	..
Titres de dette à court terme	..	..	..	..	..	..	..	..
Titres de dette à long terme	..	..	..	..	..	..	..	..
Crédits	0	0	0	0	0	0	0	0
Crédits à court terme	..	..	..	..	..	..	..	..
Crédits à long terme	..	..	..	..	..	..	..	..
Actions et parts de fonds d'investissement	798 680	631 248	790 992	917 134	952 265	1 088 976	1 318 649	1 552 517
Systèmes d'assurance, de pensions et garanties standard	..	..	..	..	..	..	..	..
Produits financiers dérivés et options sur titres des salariés	..	..	..	..	..	..	..	..
Autres comptes à payer	4 163	5 659	3 177	3 428	5 495	7 954	9 211	11 322
Actifs non financiers	..	..	..	..	..	..	..	..
Fonds d'investissement non monéaires à capital variable								
Valeur nette financière	..	..	..	..	..	..	..	..
Actifs financiers	..	..	..	..	..	..	..	..

Tableau 2. Actifs financiers des fonds d'investissement *(suite)*

Millions CAD

	2007	2008	2009	2010	2011	2012	2013	2014
Numéraire et dépôts	..	..	..	..	..	..	..	..
Titres de dette	..	..	..	..	..	..	..	..
Crédits	..	..	..	..	..	..	..	..
Actions et parts de fonds d'investissement	..	..	..	..	..	..	..	..
Actions	..	..	..	..	..	..	..	..
Parts de fonds d'investissement	..	..	..	..	..	..	..	..
Parts de fonds d'investissement monétaires	..	..	..	..	..	..	..	..
Parts de fonds d'investissement non monétaires	..	..	..	..	..	..	..	..
Systèmes d'assurance, de pensions et garanties standard	..	..	..	..	..	..	..	..
Produits financiers dérivés et options sur titres des salariés	..	..	..	..	..	..	..	..
Autres comptes à recevoir	..	..	..	..	..	..	..	..
Passifs financiers	..	..	..	..	..	..	..	..
Titres de dette	..	..	..	..	..	..	..	..
Titres de dette à court terme	..	..	..	..	..	..	..	..
Titres de dette à long terme	..	..	..	..	..	..	..	..
Crédits	..	..	..	..	..	..	..	..
Crédits à court terme	..	..	..	..	..	..	..	..
Crédits à long terme	..	..	..	..	..	..	..	..
Actions et parts de fonds d'investissement	..	..	..	..	..	..	..	..
Systèmes d'assurance, de pensions et garanties standard	..	..	..	..	..	..	..	..
Produits financiers dérivés et options sur titres des salariés	..	..	..	..	..	..	..	..
Autres comptes à payer	..	..	..	..	..	..	..	..
Actifs non financiers	..	..	..	..	..	..	..	..
Fonds d'investissement à capital variable								
Valeur nette financière	..	..	..	..	..	..	..	..
Actifs financiers	..	..	..	..	..	..	..	..
Numéraire et dépôts	..	..	..	..	..	..	..	..
Titres de dette	..	..	..	..	..	..	..	..
Crédits	..	..	..	..	..	..	..	..
Actions et parts de fonds d'investissement	..	..	..	..	..	..	..	..
Actions	..	..	..	..	..	..	..	..
Parts de fonds d'investissement	..	..	..	..	..	..	..	..
Parts de fonds d'investissement monétaires	..	..	..	..	..	..	..	..
Parts de fonds d'investissement non monétaires	..	..	..	..	..	..	..	..
Systèmes d'assurance, de pensions et garanties standard	..	..	..	..	..	..	..	..
Produits financiers dérivés et options sur titres des salariés	..	..	..	..	..	..	..	..
Autres comptes à recevoir	..	..	..	..	..	..	..	..
Passifs financiers	..	..	..	..	..	..	..	..
Titres de dette	..	..	..	..	..	..	..	..
Titres de dette à court terme	..	..	..	..	..	..	..	..
Titres de dette à long terme	..	..	..	..	..	..	..	..
Crédits	..	..	..	..	..	..	..	..
Crédits à court terme	..	..	..	..	..	..	..	..
Crédits à long terme	..	..	..	..	..	..	..	..
Actions et parts de fonds d'investissement	..	..	..	..	..	..	..	..
Systèmes d'assurance, de pensions et garanties standard	..	..	..	..	..	..	..	..
Produits financiers dérivés et options sur titres des salariés	..	..	..	..	..	..	..	..
Autres comptes à payer	..	..	..	..	..	..	..	..
Actifs non financiers	..	..	..	..	..	..	..	..

Note : Voir les métadonnées détaillées sur : http://metalinks.oecd.org/instinv/20160427/c28d

Tableau 3. Actifs financiers des sociétés d'assurance et fonds de pension

Millions CAD

	2007	2008	2009	2010	2011	2012	2013	2014
Sociétés d'assurance et fonds de pension								
Valeur nette financière	-30 824	-4 699	-28 061	-31 105	-33 005	-30 467	-25 240	-29 142
Actifs financiers	1 605 082	1 533 329	1 630 081	1 816 590	1 940 085	2 089 545	2 242 082	2 479 699
Numéraire et dépôts	15 001	16 443	14 462	18 373	24 123	27 429	32 169	38 251
Titres de dette	669 544	612 812	670 083	711 117	799 616	846 025	864 048	982 872
Crédits	81 631	93 575	98 466	102 127	102 133	103 921	106 287	122 484
Actions et parts de fonds d'investissement	731 508	550 074	653 620	752 944	742 381	829 760	970 608	1 105 945
Actions	636 120	470 058	546 690	626 533	613 218	688 599	804 543	916 211
Parts de fonds d'investissement	95 388	80 016	106 930	126 411	129 163	141 161	166 065	189 734
Parts de fonds d'investissement monétaires	..	..	..	..	..	..	..	..
Parts de fonds d'investissement non monétaires	..	..	..	..	..	..	..	..
Systèmes d'assurance, de pensions et garanties standard	..	..	..	..	..	..	..	..
Produits financiers dérivés et options sur titres des salariés	..	..	..	..	..	..	..	..
Autres comptes à recevoir	107 398	260 425	193 450	232 029	271 832	282 410	268 970	230 147
Passifs financiers	1 635 906	1 538 028	1 658 142	1 847 695	1 973 090	2 120 012	2 267 322	2 508 841
Titres de dette	6 131	5 985	7 144	7 071	7 561	7 662	8 046	9 279
Titres de dette à court terme	..	..	..	..	..	..	..	..
Titres de dette à long terme	6 131	5 985	7 144	7 071	7 561	7 662	8 046	9 279
Crédits	15 688	14 600	19 049	21 796	20 239	20 754	16 071	19 496
Crédits à court terme	..	..	..	..	..	..	..	..
Crédits à long terme	..	..	..	..	..	..	..	..
Actions et parts de fonds d'investissement	221 768	134 148	214 566	235 614	220 915	238 979	254 739	280 376
Systèmes d'assurance, de pensions et garanties standard	1 246 691	1 215 882	1 262 178	1 395 833	1 527 809	1 654 645	1 781 315	1 962 528
Produits financiers dérivés et options sur titres des salariés	..	..	..	..	..	..	..	..
Autres comptes à payer	145 628	167 413	155 205	187 381	196 566	197 972	207 151	237 162
Actifs non financiers	6 085	6 657	6 764	6 991	7 401	7 924	8 322	8 888
Sociétés d'assurance								
Valeur nette financière	-30 824	-4 699	-28 061	-31 105	-33 005	-30 467	-25 240	-29 142
Actifs financiers	569 731	530 618	579 323	629 539	680 990	723 118	759 044	833 088
Numéraire et dépôts	5 590	10 130	7 390	7 285	7 795	9 478	7 603	10 066
Titres de dette	284 113	260 840	283 365	299 569	311 260	340 470	341 142	378 178
Crédits	63 161	64 951	67 797	70 348	72 718	71 993	68 218	74 098
Actions et parts de fonds d'investissement	198 567	156 273	192 635	219 569	218 176	242 225	278 100	305 058
Actions	103 179	76 257	85 705	93 158	89 013	101 064	112 035	115 324
Parts de fonds d'investissement	95 388	80 016	106 930	126 411	129 163	141 161	166 065	189 734
Parts de fonds d'investissement monétaires	..	..	..	..	..	..	..	..
Parts de fonds d'investissement non monétaires	..	..	..	..	..	..	..	..
Systèmes d'assurance, de pensions et garanties standard	..	..	..	..	..	..	..	..
Produits financiers dérivés et options sur titres des salariés	..	..	..	..	..	..	..	..
Autres comptes à recevoir	18 300	38 424	28 136	32 768	71 041	58 952	63 981	65 688
Passifs financiers	600 555	535 317	607 384	660 644	713 995	753 585	784 284	862 230
Titres de dette	6 131	5 985	7 144	7 071	7 561	7 662	8 046	9 279
Titres de dette à court terme	..	..	..	..	..	..	..	..
Titres de dette à long terme	6 131	5 985	7 144	7 071	7 561	7 662	8 046	9 279
Crédits	15 589	14 352	18 871	21 685	20 157	20 667	16 038	18 629
Crédits à court terme	..	..	..	..	..	..	..	..
Crédits à long terme	..	..	..	..	..	..	..	..
Actions et parts de fonds d'investissement	221 768	134 148	214 566	235 614	220 915	238 979	254 739	280 376
Systèmes d'assurance, de pensions et garanties standard	262 241	280 539	268 562	294 064	359 326	378 422	390 873	432 241
Produits financiers dérivés et options sur titres des salariés	..	..	..	..	..	..	..	..
Autres comptes à payer	94 826	100 293	98 241	102 210	106 036	107 855	114 588	121 705
Actifs non financiers	6 085	6 657	6 764	6 991	7 401	7 924	8 322	8 888
Fonds de pension								
Valeur nette financière	0	0	0	0	0	0	0	0
Actifs financiers	1 035 351	1 002 711	1 050 758	1 187 051	1 259 095	1 366 427	1 483 038	1 646 611
Numéraire et dépôts	9 411	6 313	7 072	11 088	16 328	17 951	24 566	28 185
Titres de dette	385 431	351 972	386 718	411 548	488 356	505 555	522 906	604 694
Crédits	18 470	28 624	30 669	31 779	29 415	31 928	38 069	48 386
Actions et parts de fonds d'investissement	532 941	393 801	460 985	533 375	524 205	587 535	692 508	800 887
Actions	532 941	393 801	460 985	533 375	524 205	587 535	692 508	800 887
Parts de fonds d'investissement	..	..	..	..	..	..	..	..
Parts de fonds d'investissement monétaires	..	..	..	..	..	..	..	..
Parts de fonds d'investissement non monétaires	..	..	..	..	..	..	..	..
Systèmes d'assurance, de pensions et garanties standard	..	..	..	..	..	..	..	..
Produits financiers dérivés et options sur titres des salariés	..	..	..	..	..	..	..	..
Autres comptes à recevoir	89 098	222 001	165 314	199 261	200 791	223 458	204 989	164 459
Passifs financiers	1 035 351	1 002 711	1 050 758	1 187 051	1 259 095	1 366 427	1 483 038	1 646 611
Titres de dette	..	..	..	..	..	..	..	..
Titres de dette à court terme	..	..	..	..	..	..	..	..
Titres de dette à long terme	..	..	..	..	..	..	..	..
Crédits	99	248	178	111	82	87	33	867
Crédits à court terme	..	..	..	..	..	..	..	..
Crédits à long terme	..	..	..	..	..	..	..	..
Actions et parts de fonds d'investissement	0	0	0	0	0	0	0	0
Systèmes d'assurance, de pensions et garanties standard	984 450	935 343	993 616	1 101 769	1 168 483	1 276 223	1 390 442	1 530 287
Produits financiers dérivés et options sur titres des salariés	..	..	..	..	..	..	..	..
Autres comptes à payer	50 802	67 120	56 964	85 171	90 530	90 117	92 563	115 457
Actifs non financiers	..	..	..	..	..	..	..	..

Note : Voir les métadonnées détaillées sur : http://metalinks.oecd.org/instinv/20160427/c28d

Tableau 4. Composition du portefeuille par type d'investisseur

En pourcentage des actifs financiers et des passifs financiers

Pour cent

	2007	2008	2009	2010	2011	2012	2013	2014
Fonds d'investissement								
Actifs financiers	100.0	100.0	100.0	100.0	100.0	100.0	100.0	100.0
Numéraire et dépôts	1.0	0.7	0.7	0.5	0.7	0.9	0.7	0.7
Titres de dettes	25.3	32.6	28.5	27.0	30.2	29.8	27.0	26.7
Crédits	0.3	0.4	0.5	0.6	0.5	0.5	0.4	0.3
Actions et parts de fonds d'investissement	71.3	61.0	66.9	69.2	65.1	65.0	68.0	68.3
Systèmes d'assurance de pensions et garanties standard	0.0	0.0	0.0	0.0	0.0	0.0	0.0	0.0
Produits financiers dérivés et options sur titres des salariés	0.0	0.0	0.0	0.0	0.0	0.0	0.0	0.0
Autres comptes à recevoir	2.0	5.2	3.3	2.7	3.4	3.9	3.9	3.9
Passifs financiers	100.0	100.0	100.0	100.0	100.0	100.0	100.0	100.0
Numéraire et dépôts	0.0	0.0	0.0	0.0	0.0	0.0	0.0	0.0
Titres de dettes	0.0	0.0	0.0	0.0	0.0	0.0	0.0	0.0
Crédits	0.0	0.0	0.0	0.0	0.0	0.0	0.0	0.0
Actions et parts de fonds d'investissement	99.5	99.2	99.6	99.6	99.4	99.3	99.3	99.3
Systèmes d'assurance de pensions et garanties standard	0.0	0.0	0.0	0.0	0.0	0.0	0.0	0.0
Produits financiers dérivés et options sur titres des salariés	0.0	0.0	0.0	0.0	0.0	0.0	0.0	0.0
Autres comptes à recevoir	0.5	0.8	0.4	0.4	0.6	0.7	0.7	0.7
Sociétés d'assurance								
Actifs financiers	100.0	100.0	100.0	100.0	100.0	100.0	100.0	100.0
Numéraire et dépôts	1.0	1.9	1.3	1.2	1.1	1.3	1.0	1.2
Titres de dettes	49.9	49.2	48.9	47.6	45.7	47.1	44.9	45.4
Crédits	11.1	12.2	11.7	11.2	10.7	10.0	9.0	8.9
Actions et parts de fonds d'investissement	34.9	29.5	33.3	34.9	32.0	33.5	36.6	36.6
Systèmes d'assurance de pensions et garanties standard	0.0	0.0	0.0	0.0	0.0	0.0	0.0	0.0
Produits financiers dérivés et options sur titres des salariés	0.0	0.0	0.0	0.0	0.0	0.0	0.0	0.0
Autres comptes à recevoir	3.2	7.2	4.9	5.2	10.4	8.2	8.4	7.9
Passifs financiers	100.0	100.0	100.0	100.0	100.0	100.0	100.0	100.0
Numéraire et dépôts	0.0	0.0	0.0	0.0	0.0	0.0	0.0	0.0
Titres de dettes	1.0	1.1	1.2	1.1	1.1	1.0	1.0	1.1
Crédits	2.6	2.7	3.1	3.3	2.8	2.7	2.0	2.2
Actions et parts de fonds d'investissement	36.9	25.1	35.3	35.7	30.9	31.7	32.5	32.5
Systèmes d'assurance de pensions et garanties standard	43.7	52.4	44.2	44.5	50.3	50.2	49.8	50.1
Produits financiers dérivés et options sur titres des salariés	0.0	0.0	0.0	0.0	0.0	0.0	0.0	0.0
Autres comptes à recevoir	15.8	18.7	16.2	15.5	14.9	14.3	14.6	14.1
Fonds de pension								
Actifs financiers	100.0	100.0	100.0	100.0	100.0	100.0	100.0	100.0
Numéraire et dépôts	0.9	0.6	0.7	0.9	1.3	1.3	1.7	1.7
Titres de dettes	37.2	35.1	36.8	34.7	38.8	37.0	35.3	36.7
Crédits	1.8	2.9	2.9	2.7	2.3	2.3	2.6	2.9
Actions et parts de fonds d'investissement	51.5	39.3	43.9	44.9	41.6	43.0	46.7	48.6
Systèmes d'assurance de pensions et garanties standard	0.0	0.0	0.0	0.0	0.0	0.0	0.0	0.0
Produits financiers dérivés et options sur titres des salariés	0.0	0.0	0.0	0.0	0.0	0.0	0.0	0.0
Autres comptes à recevoir	8.6	22.1	15.7	16.8	15.9	16.4	13.8	10.0
Passifs financiers	100.0	100.0	100.0	100.0	100.0	100.0	100.0	100.0
Numéraire et dépôts	0.0	0.0	0.0	0.0	0.0	0.0	0.0	0.0
Titres de dettes	0.0	0.0	0.0	0.0	0.0	0.0	0.0	0.0
Crédits	0.0	0.0	0.0	0.0	0.0	0.0	0.0	0.1
Actions et parts de fonds d'investissement	0.0	0.0	0.0	0.0	0.0	0.0	0.0	0.0
Systèmes d'assurance de pensions et garanties standard	95.1	93.3	94.6	92.8	92.8	93.4	93.8	92.9
Produits financiers dérivés et options sur titres des salariés	0.0	0.0	0.0	0.0	0.0	0.0	0.0	0.0
Autres comptes à recevoir	4.9	6.7	5.4	7.2	7.2	6.6	6.2	7.0

Note : Voir les métadonnées détaillées sur : http://metalinks.oecd.org/instinv/20160427/2c5e

Tableau 1. Actifs financiers des investisseurs institutionnels, 2014

Millions CLP

		Fonds d'investissement				
	Total	Fonds d'investissement non-monétaire			Fonds d'investissement monétaires
		Total	Fonds d'investissement à capital variable, non monétaire	Fonds d'investissement à capital fixe, non monétaire	Total
2	Actifs financiers	32 377 965	20 113 594	14 661 678	5 451 916	12 264 371
2.1	Numéraire et dépôts	..	..	..	..	..
2.2	Titres de dette	25 612 573	13 349 057	11 513 179	1 835 878	12 263 516
2.2.1	Titres de dette à court terme	..	..	3 715 410	..	11 543 312
2.2.2	Titres de dette à long terme	..	..	7 797 769	..	720 204
2.2.3	Titres de dette émis par les résidents	..	..	11 370 251	..	12 234 097
2.2.4	Titres de dette émis par les non-résidents	..	..	142 928	..	29 419
2.3	Crédits	..	..	..	..	..
2.3.1	Crédits à court terme	..	..	..	..	..
2.3.2	Crédits à long terme	..	..	..	..	..
2.3.3	Crédits accordés aux résidents	..	..	..	..	..
2.3.4	Crédits accordés aux non-résidents	..	..	..	..	..
2.4	Actions et parts de fonds d'investissement	6 765 392	6 764 537	3 148 499	3 616 038	855
2.4.1	Actions et parts de fonds d'investissements émises par les résidents	..	..	..	..	..
2.4.2	Actions et part de fonds d'investissements émises par les non-résidents	..	..	..	..	..
2.5	Autres comptes à recevoir	..	..	..	..	..

		Fonds d'investissement				
	Total	Fonds d'investissement non-monétaire			Fonds d'investissement monétaires
		Total	Fonds d'investissement à capital variable, non monétaire	Fonds d'investissement à capital fixe, non monétaire	Total
2	Pasifs financiers	..	..	..	..	..
2.1	Numéraire et dépôts	..	..	..	..	..
2.2	Titres de dette	..	..	..	..	..
2.2.1	Titres de dette à court terme	..	..	..	..	..
2.2.2	Titres de dette à long terme	..	..	..	..	..
2.3	Crédits	..	..	..	..	..
2.3.1	Crédits à court terme	..	..	..	..	..
2.3.2	Crédits à long terme	..	..	..	..	..
2.4	Actions et parts de fonds d'investissement	..	..	..	..	..
2.5	Systèmes d'assurance, de pensions et garanties standard	..	..	..	..	..
2.5	Produits financiers dérivés et options sur titres des salariés	..	..	..	..	..
2.8	Autres comptes à payer	..	..	..	..	..

		Sociétés d'assurance et fonds de pension autonomes				
	Total	Sociétés d'assurance			Fonds de pension autonomes
		Total	Sociétés d'assurance vie	Sociétés d'assurance non-vie	Total
2	Actifs financiers	127 702 283	27 222 468	25 987 049	1 235 419	100 479 815
2.1	Numéraire et dépôts	7 423 782	457 706	306 382	151 324	6 966 076
2.2	Titres de dette	58 422 149	18 966 501	18 339 773	626 727	39 455 648
2.2.1	Titres de dette à court terme	2 339 198	896 632	730 163	166 469	1 442 566
2.2.2	Titres de dette à long terme	56 082 951	18 069 868	17 609 610	460 259	38 013 082
2.2.3	Titres de dette émis par les résidents	54 796 738	16 244 083	15 623 872	620 210	38 552 656
2.2.4	Titres de dette émis par les non-résidents	3 625 411	2 722 418	2 715 901	6 517	902 993
2.3	Crédits	3 622 921	2 946 519	2 944 319	2 200	676 402
2.3.1	Crédits à court terme	449 273	406 671	406 671	0	42 601
2.3.2	Crédits à long terme	3 173 648	2 539 848	2 537 648	2 200	633 800
2.3.3	Crédits accordés aux résidents	..	..	..	..	676 402
2.3.4	Crédits accordés aux non-résidents	..	..	..	..	..
2.4	Actions et parts de fonds d'investissement	56 235 414	2 849 529	2 783 618	65 912	53 385 885
2.4.1	Actions et parts de fonds d'investissement émises par les résidents	13 908 488	2 188 517	2 132 915	55 603	11 719 971
2.4.2	Actions et parts de fonds d'investissement émises par les non-résidents	42 326 926	661 012	650 703	10 309	41 665 914
2.5	Autrescomptes à recevoir	..	2 193 159	1 803 907	389 253	..

		Sociétés d'assurance et fonds de pension autonomes				
	Total	Sociétés d'assurance			Fonds de pension autonomes
		Total	Sociétés d'assurance vie	Sociétés d'assurance non-vie	Total
2	Pasifs financiers	1 748 980	667 760	665 108	2 652	1 081 220
2.1	Numéraire et dépôts	..	..	..	..	..
2.2	Titres de dette	..	..	..	..	..
2.2.1	Titres de dette à court terme	..	..	..	..	..
2.2.2	Titres de dette à long terme	..	..	..	..	..
2.3	Crédits	..	..	..	..	..
2.3.1	Crédits à court terme	..	..	..	..	..
2.3.2	Crédits à long terme	..	..	..	..	..
2.4	Actions et parts de fonds d'investissement	..	..	..	..	..
2.5	Systèmes d'assurance, de pensions et garanties standard	..	..	..	..	..
2.5	Produits financiers dérivés et options sur titres des salariés	..	..	..	..	..
2.8	Autres comptes à payer	..	..	..	..	1 081 220

Note : Voir les métadonnées détaillées sur : http://metalinks.oecd.org/instinv/20160427/bd04

Tableau 2. Actifs financiers des fonds d'investissement

Millions CLP

	2007	2008	2009	2010	2011	2012	2013	2014
Fonds d'investissement								
Valeur nette financière	..	..	..	..	..	..	..	..
Actifs financiers	..	..	..	..	..	..	..	32 377 965
Numéraire et dépôts	..	..	..	..	..	..	..	..
Titres de dette	..	..	..	..	..	..	..	25 612 573
Crédits	..	..	..	..	..	..	..	..
Actions et parts de fonds d'investissement	..	..	..	..	..	..	..	6 765 392
Actions	..	..	..	..	..	..	..	..
Parts de fonds d'investissement	..	..	..	..	..	..	..	..
Parts de fonds d'investissement monétaires	..	..	..	..	..	..	..	..
Parts de fonds d'investissement non monétaires	..	..	..	..	..	..	..	..
Systèmes d'assurance, de pensions et garanties standard	..	..	..	..	..	..	..	..
Produits financiers dérivés et options sur titres des salariés	..	..	..	..	..	..	..	..
Autres comptes à recevoir	..	..	..	..	..	..	..	..
Passifs financiers	..	..	..	..	..	..	..	..
Titres de dette	..	..	..	..	..	..	..	..
Titres de dette à court terme	..	..	..	..	..	..	..	..
Titres de dette à long terme	..	..	..	..	..	..	..	..
Crédits	..	..	..	..	..	..	..	..
Crédits à court terme	..	..	..	..	..	..	..	..
Crédits à long terme	..	..	..	..	..	..	..	..
Actions et parts de fonds d'investissement	..	..	..	..	..	..	..	..
Systèmes d'assurance, de pensions et garanties standard	..	..	..	..	..	..	..	..
Produits financiers dérivés et options sur titres des salariés	..	..	..	..	..	..	..	..
Autres comptes à payer	..	..	..	..	..	..	..	..
Actifs non financiers	..	..	..	..	..	..	..	384
Fonds d'investissement monéaires								
Valeur nette financière	..	..	..	..	..	..	..	..
Actifs financiers	..	..	..	..	..	..	..	12 264 371
Numéraire et dépôts	..	..	..	..	..	..	..	..
Titres de dette	..	..	..	..	..	..	..	12 263 516
Crédits	..	..	..	..	..	..	..	..
Actions et parts de fonds d'investissement	..	..	..	..	..	..	..	855
Actions	..	..	..	..	..	..	..	0
Parts de fonds d'investissement	..	..	..	..	..	..	..	855
Parts de fonds d'investissement monétaires	..	..	..	..	..	..	..	..
Parts de fonds d'investissement non monétaires	..	..	..	..	..	..	..	..
Systèmes d'assurance, de pensions et garanties standard	..	..	..	..	..	..	..	..
Produits financiers dérivés et options sur titres des salariés	..	..	..	..	..	..	..	..
Autres comptes à recevoir	..	..	..	..	..	..	..	..
Passifs financiers	..	..	..	..	..	..	..	..
Titres de dette	..	..	..	..	..	..	..	..
Titres de dette à court terme	..	..	..	..	..	..	..	..
Titres de dette à long terme	..	..	..	..	..	..	..	..
Crédits	..	..	..	..	..	..	..	..
Crédits à court terme	..	..	..	..	..	..	..	..
Crédits à long terme	..	..	..	..	..	..	..	..
Actions et parts de fonds d'investissement	..	..	..	..	..	..	..	..
Systèmes d'assurance, de pensions et garanties standard	..	..	..	..	..	..	..	..
Produits financiers dérivés et options sur titres des salariés	..	..	..	..	..	..	..	..
Autres comptes à payer	..	..	..	..	..	..	..	..
Actifs non financiers	..	..	..	..	..	..	..	..
Fonds d'investissement non monéaires								
Valeur nette financière	..	..	..	..	..	..	..	..
Actifs financiers	..	..	..	..	..	..	..	20 113 594
Numéraire et dépôts	..	..	..	..	..	..	..	..
Titres de dette	..	..	..	..	..	..	..	13 349 057
Crédits	..	..	..	..	..	..	..	..
Actions et parts de fonds d'investissement	..	..	..	..	..	..	..	6 764 537
Actions	..	..	..	..	..	..	..	..
Parts de fonds d'investissement	..	..	..	..	..	..	..	..
Parts de fonds d'investissement monétaires	..	..	..	..	..	..	..	..
Parts de fonds d'investissement non monétaires	..	..	..	..	..	..	..	..
Systèmes d'assurance, de pensions et garanties standard	..	..	..	..	..	..	..	..
Produits financiers dérivés et options sur titres des salariés	..	..	..	..	..	..	..	..
Autres comptes à recevoir	..	..	..	..	..	..	..	..
Passifs financiers	..	..	..	..	..	..	..	..
Titres de dette	..	..	..	..	..	..	..	..
Titres de dette à court terme	..	..	..	..	..	..	..	..
Titres de dette à long terme	..	..	..	..	..	..	..	..
Crédits	..	..	..	..	..	..	..	..
Crédits à court terme	..	..	..	..	..	..	..	..
Crédits à long terme	..	..	..	..	..	..	..	..
Actions et parts de fonds d'investissement	..	..	..	..	..	..	..	..
Systèmes d'assurance, de pensions et garanties standard	..	..	..	..	..	..	..	..
Produits financiers dérivés et options sur titres des salariés	..	..	..	..	..	..	..	..
Autres comptes à payer	..	..	..	..	..	..	..	..
Actifs non financiers	..	..	..	..	..	..	..	384
Fonds d'investissement non monéaires à capital variable								
Valeur nette financière	..	..	..	..	..	..	..	..
Actifs financiers	..	..	..	..	..	..	..	14 661 678

Tableau 2. Actifs financiers des fonds d'investissement *(suite)*

Millions CLP

	2007	2008	2009	2010	2011	2012	2013	2014
Numéraire et dépôts	..	..	..	..	..	..	..	..
Titres de dette	..	..	..	..	..	..	..	11 513 179
Crédits	..	..	..	..	..	..	..	..
Actions et parts de fonds d'investissement	..	..	..	..	..	..	..	3 148 499
Actions	..	..	..	..	..	..	..	2 174 342
Parts de fonds d'investissement	..	..	..	..	..	..	..	974 157
Parts de fonds d'investissement monétaires	..	..	..	..	..	..	..	..
Parts de fonds d'investissement non monétaires	..	..	..	..	..	..	..	..
Systèmes d'assurance, de pensions et garanties standard	..	..	..	..	..	..	..	..
Produits financiers dérivés et options sur titres des salariés	..	..	..	..	..	..	..	..
Autres comptes à recevoir	..	..	..	..	..	..	..	..
Passifs financiers	..	..	..	..	..	..	..	..
Titres de dette	..	..	..	..	..	..	..	..
Titres de dette à court terme	..	..	..	..	..	..	..	..
Titres de dette à long terme	..	..	..	..	..	..	..	..
Crédits	..	..	..	..	..	..	..	..
Crédits à court terme	..	..	..	..	..	..	..	..
Crédits à long terme	..	..	..	..	..	..	..	..
Actions et parts de fonds d'investissement	..	..	..	..	..	..	..	..
Systèmes d'assurance, de pensions et garanties standard	..	..	..	..	..	..	..	..
Produits financiers dérivés et options sur titres des salariés	..	..	..	..	..	..	..	..
Autres comptes à payer	..	..	..	..	..	..	..	..
Actifs non financiers	..	..	..	..	..	..	..	..
Fonds d'investissement à capital variable								
Valeur nette financière	..	..	..	..	..	..	..	..
Actifs financiers	..	..	..	..	..	..	..	26 926 049
Numéraire et dépôts	..	..	..	..	..	..	..	..
Titres de dette	..	..	..	..	..	..	..	23 776 695
Crédits	..	..	..	..	..	..	..	..
Actions et parts de fonds d'investissement	..	..	..	..	..	..	..	3 149 354
Actions	..	..	..	..	..	..	..	2 174 342
Parts de fonds d'investissement	..	..	..	..	..	..	..	975 012
Parts de fonds d'investissement monétaires	..	..	..	..	..	..	..	..
Parts de fonds d'investissement non monétaires	..	..	..	..	..	..	..	..
Systèmes d'assurance, de pensions et garanties standard	..	..	..	..	..	..	..	..
Produits financiers dérivés et options sur titres des salariés	..	..	..	..	..	..	..	..
Autres comptes à recevoir	..	..	..	..	..	..	..	..
Passifs financiers	..	..	..	..	..	..	..	..
Titres de dette	..	..	..	..	..	..	..	..
Titres de dette à court terme	..	..	..	..	..	..	..	..
Titres de dette à long terme	..	..	..	..	..	..	..	..
Crédits	..	..	..	..	..	..	..	..
Crédits à court terme	..	..	..	..	..	..	..	..
Crédits à long terme	..	..	..	..	..	..	..	..
Actions et parts de fonds d'investissement	..	..	..	..	..	..	..	..
Systèmes d'assurance, de pensions et garanties standard	..	..	..	..	..	..	..	..
Produits financiers dérivés et options sur titres des salariés	..	..	..	..	..	..	..	..
Autres comptes à payer	..	..	..	..	..	..	..	..
Actifs non financiers	..	..	..	..	..	..	..	..

Note : Voir les métadonnées détaillées sur : http://metalinks.oecd.org/instinv/20160427/bd04

Tableau 3. Actifs financiers des sociétés d'assurance et fonds de pension

Millions CLP

	2007	2008	2009	2010	2011	2012	2013	2014
Sociétés d'assurance et fonds de pension								
Valeur nette financière	..	..	..	..	..	..	..	125 953 303
Actifs financiers	..	..	..	..	..	..	..	127 702 283
Numéraire et dépôts	..	..	..	..	..	..	..	7 423 782
Titres de dette	..	..	..	..	..	..	..	58 422 149
Crédits	..	..	..	..	..	..	..	3 622 921
Actions et parts de fonds d'investissement	..	..	..	..	..	..	..	56 235 414
Actions	..	..	..	..	..	..	..	8 954 179
Parts de fonds d'investissement	..	..	..	..	..	..	..	47 281 235
Parts de fonds d'investissement monétaires	..	..	..	..	..	..	..	..
Parts de fonds d'investissement non monétaires	..	..	..	..	..	..	..	..
Systèmes d'assurance, de pensions et garanties standard	..	..	..	..	..	..	..	..
Produits financiers dérivés et options sur titres des salariés	..	..	..	..	..	..	..	-195 142
Autres comptes à recevoir	..	..	..	..	..	..	..	..
Passifs financiers	..	..	..	..	..	..	..	1 748 980
Titres de dette	..	..	..	..	..	..	..	..
Titres de dette à court terme	..	..	..	..	..	..	..	..
Titres de dette à long terme	..	..	..	..	..	..	..	..
Crédits	..	..	..	..	..	..	..	..
Crédits à court terme	..	..	..	..	..	..	..	..
Crédits à long terme	..	..	..	..	..	..	..	..
Actions et parts de fonds d'investissement	..	..	..	..	..	..	..	..
Systèmes d'assurance, de pensions et garanties standard	..	..	..	..	..	..	..	..
Produits financiers dérivés et options sur titres des salariés	..	..	..	..	..	..	..	..
Autres comptes à payer	..	..	..	..	..	..	..	..
Actifs non financiers	..	..	..	..	..	..	..	..
Sociétés d'assurance								
Valeur nette financière	..	..	..	..	..	..	..	26 554 708
Actifs financiers	..	..	..	..	..	..	..	27 222 468
Numéraire et dépôts	..	..	..	..	..	..	..	457 706
Titres de dette	..	..	..	..	..	..	..	18 966 501
Crédits	..	..	..	..	..	..	..	2 946 519
Actions et parts de fonds d'investissement	..	..	..	..	..	..	..	2 849 529
Actions	..	..	..	..	..	..	..	433 578
Parts de fonds d'investissement	..	..	..	..	..	..	..	2 415 952
Parts de fonds d'investissement monétaires	..	..	..	..	..	..	..	..
Parts de fonds d'investissement non monétaires	..	..	..	..	..	..	..	..
Systèmes d'assurance, de pensions et garanties standard	..	..	..	..	..	..	..	..
Produits financiers dérivés et options sur titres des salariés	..	..	..	..	..	..	..	-190 947
Autres comptes à recevoir	..	..	..	..	..	..	..	2 193 159
Passifs financiers	..	..	..	..	..	..	..	667 760
Titres de dette	..	..	..	..	..	..	..	..
Titres de dette à court terme	..	..	..	..	..	..	..	..
Titres de dette à long terme	..	..	..	..	..	..	..	..
Crédits	..	..	..	..	..	..	..	..
Crédits à court terme	..	..	..	..	..	..	..	..
Crédits à long terme	..	..	..	..	..	..	..	..
Actions et parts de fonds d'investissement	..	..	..	..	..	..	..	..
Systèmes d'assurance, de pensions et garanties standard	..	..	..	..	..	..	..	..
Produits financiers dérivés et options sur titres des salariés	..	..	..	..	..	..	..	..
Autres comptes à payer	..	..	..	..	..	..	..	..
Actifs non financiers	..	..	..	..	..	..	..	3 297 155
Fonds de pension								
Valeur nette financière	..	..	..	..	..	..	..	99 398 595
Actifs financiers	..	..	..	..	..	..	..	100 479 815
Numéraire et dépôts	..	..	..	..	..	..	..	6 966 076
Titres de dette	..	..	..	..	..	..	..	39 455 648
Crédits	..	..	..	..	..	..	..	676 402
Actions et parts de fonds d'investissement	..	..	..	..	..	..	..	53 385 885
Actions	..	..	..	..	..	..	..	8 520 602
Parts de fonds d'investissement	..	..	..	..	..	..	..	44 865 284
Parts de fonds d'investissement monétaires	..	..	..	..	..	..	..	..
Parts de fonds d'investissement non monétaires	..	..	..	..	..	..	..	..
Systèmes d'assurance, de pensions et garanties standard	..	..	..	..	..	..	..	..
Produits financiers dérivés et options sur titres des salariés	..	..	..	..	..	..	..	-4 196
Autres comptes à recevoir	..	..	..	..	..	..	..	..
Passifs financiers	..	..	..	..	..	..	..	1 081 220
Titres de dette	..	..	..	..	..	..	..	..
Titres de dette à court terme	..	..	..	..	..	..	..	..
Titres de dette à long terme	..	..	..	..	..	..	..	..
Crédits	..	..	..	..	..	..	..	..
Crédits à court terme	..	..	..	..	..	..	..	..
Crédits à long terme	..	..	..	..	..	..	..	..
Actions et parts de fonds d'investissement	..	..	..	..	..	..	..	..
Systèmes d'assurance, de pensions et garanties standard	..	..	..	..	..	..	..	..
Produits financiers dérivés et options sur titres des salariés	..	..	..	..	..	..	..	..
Autres comptes à payer	..	..	..	..	..	..	..	1 081 220
Actifs non financiers	..	..	..	..	..	..	..	..

Note : Voir les métadonnées détaillées sur : http://metalinks.oecd.org/instinv/20160427/bd04

Tableau 4. Composition du portefeuille par type d'investisseur

En pourcentage des actifs financiers et des passifs financiers

Pour cent

	2007	2008	2009	2010	2011	2012	2013	2014
Fonds d'investissement								
Actifs financiers	..	..	..	..	..	..	..	100.0
Numéraire et dépôts	..	..	..	..	..	..	..	0.0
Titres de dettes	..	..	..	..	..	..	..	79.1
Crédits	..	..	..	..	..	..	..	0.0
Actions et parts de fonds d'investissement	..	..	..	..	..	..	..	20.9
Systèmes d'assurance de pensions et garanties standard	..	..	..	..	..	..	..	0.0
Produits financiers dérivés et options sur titres des salariés	..	..	..	..	..	..	..	0.0
Autres comptes à recevoir	..	..	..	..	..	..	..	0.0
Passifs financiers	..	..	..	..	..	..	..	..
Numéraire et dépôts	..	..	..	..	..	..	..	..
Titres de dettes	..	..	..	..	..	..	..	..
Crédits	..	..	..	..	..	..	..	..
Actions et parts de fonds d'investissement	..	..	..	..	..	..	..	..
Systèmes d'assurance de pensions et garanties standard	..	..	..	..	..	..	..	..
Produits financiers dérivés et options sur titres des salariés	..	..	..	..	..	..	..	..
Autres comptes à recevoir	..	..	..	..	..	..	..	..
Sociétés d'assurance								
Actifs financiers	..	..	..	..	..	..	..	100.0
Numéraire et dépôts	..	..	..	..	..	..	..	1.7
Titres de dettes	..	..	..	..	..	..	..	69.7
Crédits	..	..	..	..	..	..	..	10.8
Actions et parts de fonds d'investissement	..	..	..	..	..	..	..	10.5
Systèmes d'assurance de pensions et garanties standard	..	..	..	..	..	..	..	0.0
Produits financiers dérivés et options sur titres des salariés	..	..	..	..	..	..	..	-0.7
Autres comptes à recevoir	..	..	..	..	..	..	..	8.1
Passifs financiers	..	..	..	..	..	..	..	100.0
Numéraire et dépôts	..	..	..	..	..	..	..	..
Titres de dettes	..	..	..	..	..	..	..	..
Crédits	..	..	..	..	..	..	..	..
Actions et parts de fonds d'investissement	..	..	..	..	..	..	..	..
Systèmes d'assurance de pensions et garanties standard	..	..	..	..	..	..	..	..
Produits financiers dérivés et options sur titres des salariés	..	..	..	..	..	..	..	..
Autres comptes à recevoir	..	..	..	..	..	..	..	..
Fonds de pension								
Actifs financiers	..	..	..	..	..	..	..	100.0
Numéraire et dépôts	..	..	..	..	..	..	..	6.9
Titres de dettes	..	..	..	..	..	..	..	39.3
Crédits	..	..	..	..	..	..	..	0.7
Actions et parts de fonds d'investissement	..	..	..	..	..	..	..	53.1
Systèmes d'assurance de pensions et garanties standard	..	..	..	..	..	..	..	0.0
Produits financiers dérivés et options sur titres des salariés	..	..	..	..	..	..	..	0.0
Autres comptes à recevoir	..	..	..	..	..	..	..	0.0
Passifs financiers	..	..	..	..	..	..	..	100.0
Numéraire et dépôts	..	..	..	..	..	..	..	0.0
Titres de dettes	..	..	..	..	..	..	..	0.0
Crédits	..	..	..	..	..	..	..	0.0
Actions et parts de fonds d'investissement	..	..	..	..	..	..	..	0.0
Systèmes d'assurance de pensions et garanties standard	..	..	..	..	..	..	..	0.0
Produits financiers dérivés et options sur titres des salariés	..	..	..	..	..	..	..	0.0
Autres comptes à recevoir	..	..	..	..	..	..	..	100.0

Note : Voir les métadonnées détaillées sur : http://metalinks.oecd.org/instinv/20160427/2c5e

RÉPUBLIQUE TCHÈQUE

Tableau 1. Actifs financiers des investisseurs institutionnels, 2014

Millions CZK

		Fonds d'investissement				
		Total	Fonds d'investissement non-monétaire			Fonds d'investissement monétaires
			Total	Fonds d'investissement à capital variable, non monétaire	Fonds d'investissement à capital fixe, non monétaire	Total
2	Actifs financiers	215 862	214 686	..	..	1 176
2.1	Numéraire et dépôts	25 835	25 340	..	..	495
2.2	Titres de dette	86 384	85 704	..	..	680
2.2.1	Titres de dette à court terme	7 018	6 471	..	..	547
2.2.2	Titres de dette à long terme	79 366	79 233	..	..	133
2.2.3	Titres de dette émis par les résidents	56 174	55 607	..	..	567
2.2.4	Titres de dette émis par les non-résidents	30 210	30 097	..	..	113
2.3	Crédits	17 097	17 097	..	..	0
2.3.1	Crédits à court terme	2 000	2 000	..	..	0
2.3.2	Crédits à long terme	15 097	15 097	..	..	0
2.3.3	Crédits accordés aux résidents	13 738	13 738	..	..	0
2.3.4	Crédits accordés aux non-résidents	3 359	3 359	..	..	0
2.4	Actions et parts de fonds d'investissement	80 967	80 967	..	..	0
2.4.1	Actions et parts de fonds d'investissements émises par les résidents	10 968	10 968	..	..	0
2.4.2	Actions et part de fonds d'investissements émises par les non-résidents	69 999	69 999	..	..	0
2.5	Autres comptes à recevoir	5 458	5 458	..	..	0

		Fonds d'investissement				
		Total	Fonds d'investissement non-monétaire			Fonds d'investissement monétaires
			Total	Fonds d'investissement à capital variable, non monétaire	Fonds d'investissement à capital fixe, non monétaire	Total
2	Pasifs financiers	299 490	297 645	..	..	1 845
2.1	Numéraire et dépôts	0	0	..	..	0
2.2	Titres de dette	0	0	..	..	0
2.2.1	Titres de dette à court terme	0	0	..	..	0
2.2.2	Titres de dette à long terme	0	0	..	..	0
2.3	Crédits	15 594	15 550	..	..	44
2.3.1	Crédits à court terme	1 137	1 106	..	..	31
2.3.2	Crédits à long terme	14 457	14 444	..	..	13
2.4	Actions et parts de fonds d'investissement	267 784	265 985	..	..	1 799
2.5	Systèmes d'assurance, de pensions et garanties standard	0	0	..	..	0
2.5	Produits financiers dérivés et options sur titres des salariés	1 275	1 274	..	..	1
2.8	Autres comptes à payer	14 837	14 836	..	..	1

		Sociétés d'assurance et fonds de pension autonomes				
		Total	Sociétés d'assurance			Fonds de pension autonomes
			Total	Sociétés d'assurance vie	Sociétés d'assurance non-vie	Total
2	Actifs financiers	860 444	527 428	..	..	333 016
2.1	Numéraire et dépôts	54 507	31 098	..	..	23 409
2.2	Titres de dette	611 360	309 375	..	..	301 985
2.2.1	Titres de dette à court terme	3 556	1 650	..	..	1 906
2.2.2	Titres de dette à long terme	607 804	307 725	..	..	300 079
2.2.3	Titres de dette émis par les résidents	477 246	215 362	..	..	261 884
2.2.4	Titres de dette émis par les non-résidents	134 114	94 013	..	..	40 101
2.3	Crédits	5 916	5 916	..	..	0
2.3.1	Crédits à court terme	5 176	5 176	..	..	0
2.3.2	Crédits à long terme	740	740	..	..	0
2.3.3	Crédits accordés aux résidents	5 656	5 656	..	..	0
2.3.4	Crédits accordés aux non-résidents	260	260	..	..	0
2.4	Actions et parts de fonds d'investissement	112 156	106 314	..	..	5 842
2.4.1	Actions et parts de fonds d'investissement émises par les résidents	37 243	36 696	..	..	547
2.4.2	Actions et parts de fonds d'investissement émises par les non-résidents	74 913	69 618	..	..	5 295
2.5	Autrescomptes à recevoir	38 258	36 548	..	..	1 710

		Sociétés d'assurance et fonds de pension autonomes				
		Total	Sociétés d'assurance			Fonds de pension autonomes
			Total	Sociétés d'assurance vie	Sociétés d'assurance non-vie	Total
2	Pasifs financiers	885 679	547 761	..	..	337 918
2.1	Numéraire et dépôts	0	0	..	..	0
2.2	Titres de dette	505	505	..	..	0
2.2.1	Titres de dette à court terme	0	0	..	..	0
2.2.2	Titres de dette à long terme	505	505	..	..	0
2.3	Crédits	575	575	..	..	0
2.3.1	Crédits à court terme	1	1	..	..	0
2.3.2	Crédits à long terme	574	574	..	..	0
2.4	Actions et parts de fonds d'investissement	101 058	85 739	..	..	15 319
2.5	Systèmes d'assurance, de pensions et garanties standard	733 594	415 548	..	..	318 046
2.5	Produits financiers dérivés et options sur titres des salariés	8 128	5 149	..	..	2 979
2.8	Autres comptes à payer	41 819	40 245	..	..	1 574

Note : Voir les métadonnées détaillées sur : http://metalinks.oecd.org/instinv/20160427/0c9f

Tableau 2. Actifs financiers des fonds d'investissement

Millions CZK

	2007	2008	2009	2010	2011	2012	2013	2014
Fonds d'investissement								
Valeur nette financière	..	4 105	-807	-3 630	-19 802	-60 525	-61 413	-83 628
Actifs financiers	..	156 954	150 872	164 771	150 453	162 787	187 109	215 862
Numéraire et dépôts	..	21 865	24 381	23 806	26 539	32 135	32 867	25 835
Titres de dette	..	98 809	80 648	87 755	74 728	71 772	81 910	86 384
Crédits	..	935	915	1 888	3 848	7 667	11 335	17 097
Actions et parts de fonds d'investissement	..	31 216	40 147	49 014	41 725	45 337	56 293	80 967
Actions	..	14 125	23 916	29 562	24 396	26 537	27 063	31 029
Parts de fonds d'investissement	..	17 091	16 231	19 452	17 329	18 800	29 230	49 938
Parts de fonds d'investissement monétaires	..	5 389	5 164	4 150	2 775	362	594	791
Parts de fonds d'investissement non monétaires	..	11 702	11 067	15 302	14 554	18 438	28 636	49 147
Systèmes d'assurance, de pensions et garanties standard	..	12	13	12	15	14	17	20
Produits financiers dérivés et options sur titres des salariés	..	999	573	575	189	513	387	101
Autres comptes à recevoir	..	3 118	4 195	1 721	3 409	5 349	4 300	5 458
Passifs financiers	..	152 849	151 679	168 401	170 255	223 312	248 522	299 490
Titres de dette	..	0	0	0	0	205	68	0
Titres de dette à court terme	..	0	0	0	0	0	0	0
Titres de dette à long terme	..	0	0	0	0	205	68	0
Crédits	..	265	358	1 672	4 217	25 359	13 918	15 594
Crédits à court terme	..	265	358	0	0	5 448	0	1 137
Crédits à long terme	..	0	0	1 672	4 217	19 911	13 918	14 457
Actions et parts de fonds d'investissement	..	143 925	142 408	160 194	158 057	183 146	220 804	267 784
Systèmes d'assurance, de pensions et garanties standard	..	0	0	0	0	0	0	0
Produits financiers dérivés et options sur titres des salariés	..	1 243	1 139	620	1 497	414	1 041	1 275
Autres comptes à payer	..	7 416	7 774	5 915	6 484	14 188	12 691	14 837
Actifs non financiers	..	..	..	..	..	..	..	..
Fonds d'investissement monéaires								
Valeur nette financière	..	5 009	2 403	818	594	-1 398	-1 368	-669
Actifs financiers	..	61 012	49 397	44 381	14 840	1 948	1 121	1 176
Numéraire et dépôts	..	11 594	13 005	13 716	3 801	1 566	875	495
Titres de dette	..	49 078	36 035	30 247	11 038	234	244	680
Crédits	..	0	0	0	0	146	0	0
Actions et parts de fonds d'investissement	..	216	315	313	0	0	0	0
Actions	..	0	0	0	0	0	0	0
Parts de fonds d'investissement	..	216	315	313	0	0	0	0
Parts de fonds d'investissement monétaires	..	148	110	68	0	0	0	0
Parts de fonds d'investissement non monétaires	..	68	205	245	0	0	0	0
Systèmes d'assurance, de pensions et garanties standard	..	1	1	1	1	1	1	1
Produits financiers dérivés et options sur titres des salariés	..	123	41	104	0	1	1	0
Autres comptes à recevoir	..	0	0	0	0	0	0	0
Passifs financiers	..	56 003	46 994	43 563	14 246	3 346	2 489	1 845
Titres de dette	..	0	0	0	0	196	56	0
Titres de dette à court terme	..	0	0	0	0	0	0	0
Titres de dette à long terme	..	0	0	0	0	196	56	0
Crédits	..	0	0	0	0	0	0	44
Crédits à court terme	..	0	0	0	0	0	0	31
Crédits à long terme	..	0	0	0	0	0	0	13
Actions et parts de fonds d'investissement	..	55 603	46 707	43 232	14 219	3 148	2 423	1 799
Systèmes d'assurance, de pensions et garanties standard	..	0	0	0	0	0	0	0
Produits financiers dérivés et options sur titres des salariés	..	400	287	331	27	2	10	1
Autres comptes à payer	..	0	0	0	0	0	0	1
Actifs non financiers	..	..	..	..	..	..	..	..
Fonds d'investissement non monéaires								
Valeur nette financière	..	-904	-3 210	-4 448	-20 396	-59 127	-60 045	-82 959
Actifs financiers	..	95 942	101 475	120 390	135 613	160 839	185 988	214 686
Numéraire et dépôts	..	10 271	11 376	10 090	22 738	30 569	31 992	25 340
Titres de dette	..	49 731	44 613	57 508	63 690	71 538	81 666	85 704
Crédits	..	935	915	1 888	3 848	7 521	11 335	17 097
Actions et parts de fonds d'investissement	..	31 000	39 832	48 701	41 725	45 337	56 293	80 967
Actions	..	14 125	23 916	29 562	24 396	26 537	27 063	31 029
Parts de fonds d'investissement	..	16 875	15 916	19 139	17 329	18 800	29 230	49 938
Parts de fonds d'investissement monétaires	..	5 241	5 054	4 082	2 775	362	594	791
Parts de fonds d'investissement non monétaires	..	11 634	10 862	15 057	14 554	18 438	28 636	49 147
Systèmes d'assurance, de pensions et garanties standard	..	11	12	11	14	13	16	19
Produits financiers dérivés et options sur titres des salariés	..	876	532	471	189	512	386	101
Autres comptes à recevoir	..	3 118	4 195	1 721	3 409	5 349	4 300	5 458
Passifs financiers	..	96 846	104 685	124 838	156 009	219 966	246 033	297 645
Titres de dette	..	0	0	0	0	9	12	0
Titres de dette à court terme	..	0	0	0	0	0	0	0
Titres de dette à long terme	..	0	0	0	0	9	12	0
Crédits	..	265	358	1 672	4 217	25 359	13 918	15 550
Crédits à court terme	..	265	358	0	0	5 448	0	1 106
Crédits à long terme	..	0	0	1 672	4 217	19 911	13 918	14 444
Actions et parts de fonds d'investissement	..	88 322	95 701	116 962	143 838	179 998	218 381	265 985
Systèmes d'assurance, de pensions et garanties standard	..	0	0	0	0	0	0	0
Produits financiers dérivés et options sur titres des salariés	..	843	852	289	1 470	412	1 031	1 274
Autres comptes à payer	..	7 416	7 774	5 915	6 484	14 188	12 691	14 836
Actifs non financiers	..	..	..	..	..	..	..	..
Fonds d'investissement non monéaires à capital variable								
Valeur nette financière	..	..	..	..	..	..	..	..
Actifs financiers	..	..	..	..	..	..	..	..

Tableau 2. Actifs financiers des fonds d'investissement *(suite)*

Millions CZK

	2007	2008	2009	2010	2011	2012	2013	2014
Numéraire et dépôts	..	..	..	..	..	..	..	..
Titres de dette	..	..	..	..	..	..	..	..
Crédits	..	..	..	..	..	..	..	..
Actions et parts de fonds d'investissement	..	..	..	..	..	..	..	..
Actions	..	..	..	..	..	..	..	..
Parts de fonds d'investissement	..	..	..	..	..	..	..	..
Parts de fonds d'investissement monétaires	..	..	..	..	..	..	..	..
Parts de fonds d'investissement non monétaires	..	..	..	..	..	..	..	..
Systèmes d'assurance, de pensions et garanties standard	..	..	..	..	..	..	..	..
Produits financiers dérivés et options sur titres des salariés	..	..	..	..	..	..	..	..
Autres comptes à recevoir	..	..	..	..	..	..	..	..
Passifs financiers	..	..	..	..	..	..	..	..
Titres de dette	..	..	..	..	..	..	..	..
Titres de dette à court terme	..	..	..	..	..	..	..	..
Titres de dette à long terme	..	..	..	..	..	..	..	..
Crédits	..	..	..	..	..	..	..	..
Crédits à court terme	..	..	..	..	..	..	..	..
Crédits à long terme	..	..	..	..	..	..	..	..
Actions et parts de fonds d'investissement	..	..	..	..	..	..	..	..
Systèmes d'assurance, de pensions et garanties standard	..	..	..	..	..	..	..	..
Produits financiers dérivés et options sur titres des salariés	..	..	..	..	..	..	..	..
Autres comptes à payer	..	..	..	..	..	..	..	..
Actifs non financiers	..	..	..	..	..	..	..	..
Fonds d'investissement à capital variable								
Valeur nette financière	..	..	..	..	..	..	..	..
Actifs financiers	..	..	..	..	..	..	..	..
Numéraire et dépôts	..	..	..	..	..	..	..	..
Titres de dette	..	..	..	..	..	..	..	..
Crédits	..	..	..	..	..	..	..	..
Actions et parts de fonds d'investissement	..	..	..	..	..	..	..	..
Actions	..	..	..	..	..	..	..	..
Parts de fonds d'investissement	..	..	..	..	..	..	..	..
Parts de fonds d'investissement monétaires	..	..	..	..	..	..	..	..
Parts de fonds d'investissement non monétaires	..	..	..	..	..	..	..	..
Systèmes d'assurance, de pensions et garanties standard	..	..	..	..	..	..	..	..
Produits financiers dérivés et options sur titres des salariés	..	..	..	..	..	..	..	..
Autres comptes à recevoir	..	..	..	..	..	..	..	..
Passifs financiers	..	..	..	..	..	..	..	..
Titres de dette	..	..	..	..	..	..	..	..
Titres de dette à court terme	..	..	..	..	..	..	..	..
Titres de dette à long terme	..	..	..	..	..	..	..	..
Crédits	..	..	..	..	..	..	..	..
Crédits à court terme	..	..	..	..	..	..	..	..
Crédits à long terme	..	..	..	..	..	..	..	..
Actions et parts de fonds d'investissement	..	..	..	..	..	..	..	..
Systèmes d'assurance, de pensions et garanties standard	..	..	..	..	..	..	..	..
Produits financiers dérivés et options sur titres des salariés	..	..	..	..	..	..	..	..
Autres comptes à payer	..	..	..	..	..	..	..	..
Actifs non financiers	..	..	..	..	..	..	..	..

Note : Voir les métadonnées détaillées sur : http://metalinks.oecd.org/instinv/20160427/0c9f

Tableau 3. Actifs financiers des sociétés d'assurance et fonds de pension

Millions CZK

	2007	2008	2009	2010	2011	2012	2013	2014
Sociétés d'assurance et fonds de pension								
Valeur nette financière	..	7 409	6 875	-20 615	-23 539	-38 068	-26 933	-25 235
Actifs financiers	..	596 336	662 692	685 952	706 705	752 759	798 759	860 444
Numéraire et dépôts	..	54 855	57 701	50 542	48 750	60 860	67 832	54 507
Titres de dette	..	394 131	462 373	468 043	494 623	523 698	550 041	611 360
Crédits	..	3 445	2 624	2 707	828	763	644	5 916
Actions et parts de fonds d'investissement	..	73 741	71 496	87 012	87 910	98 590	105 483	112 156
Actions	..	37 466	24 793	26 080	23 313	22 139	19 219	23 385
Parts de fonds d'investissement	..	36 275	46 703	60 932	64 597	76 451	86 264	88 771
Parts de fonds d'investissement monétaires	..	11 181	14 062	12 145	1 406	1 545	1 126	645
Parts de fonds d'investissement non monétaires	..	25 094	32 641	48 787	63 191	74 906	85 138	88 126
Systèmes d'assurance, de pensions et garanties standard	..	32 345	32 106	36 861	35 948	32 037	36 797	37 853
Produits financiers dérivés et options sur titres des salariés	..	1 160	677	936	447	754	636	394
Autres comptes à recevoir	..	36 659	35 715	39 851	38 199	36 057	37 326	38 258
Passifs financiers	..	588 927	655 817	706 567	730 244	790 827	825 692	885 679
Titres de dette	..	493	493	521	511	466	479	505
Titres de dette à court terme	..	0	0	0	0	0	0	0
Titres de dette à long terme	..	493	493	521	511	466	479	505
Crédits	..	1 315	890	143	119	107	1 280	575
Crédits à court terme	..	1 127	801	89	79	78	972	1
Crédits à long terme	..	188	89	54	40	29	308	574
Actions et parts de fonds d'investissement	..	64 783	90 175	99 339	90 950	111 490	89 743	101 058
Systèmes d'assurance, de pensions et garanties standard	..	492 358	532 890	576 781	605 323	641 036	689 110	733 594
Produits financiers dérivés et options sur titres des salariés	..	2 115	1 725	1 519	4 243	3 086	3 195	8 128
Autres comptes à payer	..	27 863	29 644	28 264	29 098	34 642	41 885	41 819
Actifs non financiers	..	..	..	..	..	..	..	..
Sociétés d'assurance								
Valeur nette financière	..	12 456	11 675	-15 823	-19 998	-62 831	-56 798	-20 333
Actifs financiers	..	409 659	451 621	458 228	462 621	454 744	477 104	527 428
Numéraire et dépôts	..	37 285	33 965	32 814	29 375	34 198	33 234	31 098
Titres de dette	..	242 895	288 633	271 733	280 312	259 510	272 306	309 375
Crédits	..	3 445	2 624	2 707	828	763	644	5 916
Actions et parts de fonds d'investissement	..	63 057	61 835	77 151	81 349	95 311	101 060	106 314
Actions	..	34 143	21 778	24 206	22 308	21 552	18 237	22 168
Parts de fonds d'investissement	..	28 914	40 057	52 945	59 041	73 759	82 823	84 146
Parts de fonds d'investissement monétaires	..	9 144	12 287	11 160	1 406	1 545	1 126	640
Parts de fonds d'investissement non monétaires	..	19 770	27 770	41 785	57 635	72 214	81 697	83 506
Systèmes d'assurance, de pensions et garanties standard	..	32 343	32 104	36 859	35 946	32 035	36 795	37 850
Produits financiers dérivés et options sur titres des salariés	..	1 130	627	697	353	541	358	327
Autres comptes à recevoir	..	29 504	31 833	36 267	34 458	32 386	32 707	36 548
Passifs financiers	..	397 203	439 946	474 051	482 619	517 575	533 902	547 761
Titres de dette	..	493	493	521	511	466	479	505
Titres de dette à court terme	..	0	0	0	0	0	0	0
Titres de dette à long terme	..	493	493	521	511	466	479	505
Crédits	..	1 315	890	143	119	107	1 280	575
Crédits à court terme	..	1 127	801	89	79	78	972	1
Crédits à long terme	..	188	89	54	40	29	308	574
Actions et parts de fonds d'investissement	..	61 130	76 686	84 871	78 306	88 468	86 142	85 739
Systèmes d'assurance, de pensions et garanties standard	..	305 587	332 059	360 556	373 152	394 298	405 867	415 548
Produits financiers dérivés et options sur titres des salariés	..	1 520	1 048	620	2 233	1 929	1 546	5 149
Autres comptes à payer	..	27 158	28 770	27 340	28 298	32 307	38 588	40 245
Actifs non financiers	..	..	..	..	..	..	..	..
Fonds de pension								
Valeur nette financière	..	-5 047	-4 800	-4 792	-3 541	24 763	29 865	-4 902
Actifs financiers	..	186 677	211 071	227 724	244 084	298 015	321 655	333 016
Numéraire et dépôts	..	17 570	23 736	17 728	19 375	26 662	34 598	23 409
Titres de dette	..	151 236	173 740	196 310	214 311	264 188	277 735	301 985
Crédits	..	0	0	0	0	0	0	0
Actions et parts de fonds d'investissement	..	10 684	9 661	9 861	6 561	3 279	4 423	5 842
Actions	..	3 323	3 015	1 874	1 005	587	982	1 217
Parts de fonds d'investissement	..	7 361	6 646	7 987	5 556	2 692	3 441	4 625
Parts de fonds d'investissement monétaires	..	2 037	1 775	985	0	0	0	5
Parts de fonds d'investissement non monétaires	..	5 324	4 871	7 002	5 556	2 692	3 441	4 620
Systèmes d'assurance, de pensions et garanties standard	..	2	2	2	2	2	2	3
Produits financiers dérivés et options sur titres des salariés	..	30	50	239	94	213	278	67
Autres comptes à recevoir	..	7 155	3 882	3 584	3 741	3 671	4 619	1 710
Passifs financiers	..	191 724	215 871	232 516	247 625	273 252	291 790	337 918
Titres de dette	..	0	0	0	0	0	0	0
Titres de dette à court terme	..	0	0	0	0	0	0	0
Titres de dette à long terme	..	0	0	0	0	0	0	0
Crédits	..	0	0	0	0	0	0	0
Crédits à court terme	..	0	0	0	0	0	0	0
Crédits à long terme	..	0	0	0	0	0	0	0
Actions et parts de fonds d'investissement	..	3 653	13 489	14 468	12 644	23 022	3 601	15 319
Systèmes d'assurance, de pensions et garanties standard	..	186 771	200 831	216 225	232 171	246 738	283 243	318 046
Produits financiers dérivés et options sur titres des salariés	..	595	677	899	2 010	1 157	1 649	2 979
Autres comptes à payer	..	705	874	924	800	2 335	3 297	1 574
Actifs non financiers	..	..	..	..	..	..	..	..

Note : Voir les métadonnées détaillées sur : http://metalinks.oecd.org/instinv/20160427/0c9f

Tableau 4. Composition du portefeuille par type d'investisseur

En pourcentage des actifs financiers et des passifs financiers

Pour cent

	2007	2008	2009	2010	2011	2012	2013	2014
Fonds d'investissement								
Actifs financiers	..	100.0	100.0	100.0	100.0	100.0	100.0	100.0
Numéraire et dépôts	..	13.9	16.2	14.4	17.6	19.7	17.6	12.0
Titres de dettes	..	63.0	53.5	53.3	49.7	44.1	43.8	40.0
Crédits	..	0.6	0.6	1.1	2.6	4.7	6.1	7.9
Actions et parts de fonds d'investissement	..	19.9	26.6	29.7	27.7	27.9	30.1	37.5
Systèmes d'assurance de pensions et garanties standard	..	0.0	0.0	0.0	0.0	0.0	0.0	0.0
Produits financiers dérivés et options sur titres des salariés	..	0.6	0.4	0.3	0.1	0.3	0.2	0.0
Autres comptes à recevoir	..	2.0	2.8	1.0	2.3	3.3	2.3	2.5
Passifs financiers	..	100.0	100.0	100.0	100.0	100.0	100.0	100.0
Numéraire et dépôts	..	0.0	0.0	0.0	0.0	0.0	0.0	0.0
Titres de dettes	..	0.0	0.0	0.0	0.0	0.1	0.0	0.0
Crédits	..	0.2	0.2	1.0	2.5	11.4	5.6	5.2
Actions et parts de fonds d'investissement	..	94.2	93.9	95.1	92.8	82.0	88.8	89.4
Systèmes d'assurance de pensions et garanties standard	..	0.0	0.0	0.0	0.0	0.0	0.0	0.0
Produits financiers dérivés et options sur titres des salariés	..	0.8	0.8	0.4	0.9	0.2	0.4	0.4
Autres comptes à recevoir	..	4.9	5.1	3.5	3.8	6.4	5.1	5.0
Sociétés d'assurance								
Actifs financiers	..	100.0	100.0	100.0	100.0	100.0	100.0	100.0
Numéraire et dépôts	..	9.1	7.5	7.2	6.3	7.5	7.0	5.9
Titres de dettes	..	59.3	63.9	59.3	60.6	57.1	57.1	58.7
Crédits	..	0.8	0.6	0.6	0.2	0.2	0.1	1.1
Actions et parts de fonds d'investissement	..	15.4	13.7	16.8	17.6	21.0	21.2	20.2
Systèmes d'assurance de pensions et garanties standard	..	7.9	7.1	8.0	7.8	7.0	7.7	7.2
Produits financiers dérivés et options sur titres des salariés	..	0.3	0.1	0.2	0.1	0.1	0.1	0.1
Autres comptes à recevoir	..	7.2	7.0	7.9	7.4	7.1	6.9	6.9
Passifs financiers	..	100.0	100.0	100.0	100.0	100.0	100.0	100.0
Numéraire et dépôts	..	0.0	0.0	0.0	0.0	0.0	0.0	0.0
Titres de dettes	..	0.1	0.1	0.1	0.1	0.1	0.1	0.1
Crédits	..	0.3	0.2	0.0	0.0	0.0	0.2	0.1
Actions et parts de fonds d'investissement	..	15.4	17.4	17.9	16.2	17.1	16.1	15.7
Systèmes d'assurance de pensions et garanties standard	..	76.9	75.5	76.1	77.3	76.2	76.0	75.9
Produits financiers dérivés et options sur titres des salariés	..	0.4	0.2	0.1	0.5	0.4	0.3	0.9
Autres comptes à recevoir	..	6.8	6.5	5.8	5.9	6.2	7.2	7.3
Fonds de pension								
Actifs financiers	..	100.0	100.0	100.0	100.0	100.0	100.0	100.0
Numéraire et dépôts	..	9.4	11.2	7.8	7.9	8.9	10.8	7.0
Titres de dettes	..	81.0	82.3	86.2	87.8	88.6	86.3	90.7
Crédits	..	0.0	0.0	0.0	0.0	0.0	0.0	0.0
Actions et parts de fonds d'investissement	..	5.7	4.6	4.3	2.7	1.1	1.4	1.8
Systèmes d'assurance de pensions et garanties standard	..	0.0	0.0	0.0	0.0	0.0	0.0	0.0
Produits financiers dérivés et options sur titres des salariés	..	0.0	0.0	0.1	0.0	0.1	0.1	0.0
Autres comptes à recevoir	..	3.8	1.8	1.6	1.5	1.2	1.4	0.5
Passifs financiers	..	100.0	100.0	100.0	100.0	100.0	100.0	100.0
Numéraire et dépôts	..	0.0	0.0	0.0	0.0	0.0	0.0	0.0
Titres de dettes	..	0.0	0.0	0.0	0.0	0.0	0.0	0.0
Crédits	..	0.0	0.0	0.0	0.0	0.0	0.0	0.0
Actions et parts de fonds d'investissement	..	1.9	6.2	6.2	5.1	8.4	1.2	4.5
Systèmes d'assurance de pensions et garanties standard	..	97.4	93.0	93.0	93.8	90.3	97.1	94.1
Produits financiers dérivés et options sur titres des salariés	..	0.3	0.3	0.4	0.8	0.4	0.6	0.9
Autres comptes à recevoir	..	0.4	0.4	0.4	0.3	0.9	1.1	0.5

Note : Voir les métadonnées détaillées sur : http://metalinks.oecd.org/instinv/20160427/2c5e

Tableau 1. Actifs financiers des investisseurs institutionnels, 2014

Millions DKK

		Total	Fonds d'investissement			
			Fonds d'investissement non-monétaire			Fonds d'investissement monétaires
			Total	Fonds d'investissement à capital variable, non monétaire	Fonds d'investissement à capital fixe, non monétaire	Total
2	Actifs financiers	2 081 317	2 081 317	2 081 317	..	..
2.1	Numéraire et dépôts	41 562	41 562	41 562	..	..
2.2	Titres de dette	1 107 449	1 107 449	1 107 449	..	..
2.2.1	Titres de dette à court terme	10 424	10 424	10 424	..	..
2.2.2	Titres de dette à long terme	1 097 025	1 097 025	1 097 025	..	..
2.2.3	Titres de dette émis par les résidents	611 059	611 059	611 059	..	..
2.2.4	Titres de dette émis par les non-résidents	496 390	496 390	496 390	..	..
2.3	Crédits	724	724	724	..	..
2.3.1	Crédits à court terme	46	46	46	..	..
2.3.2	Crédits à long terme	678	678	678	..	..
2.3.3	Crédits accordés aux résidents	0	0	0	..	..
2.3.4	Crédits accordés aux non-résidents	724	724	724	..	..
2.4	Actions et parts de fonds d'investissement	914 296	914 296	914 296	..	..
2.4.1	Actions et parts de fonds d'investissements émises par les résidents	236 312	236 312	236 312	..	..
2.4.2	Actions et part de fonds d'investissements émises par les non-résidents	677 984	677 984	677 984	..	..
2.5	Autres comptes à recevoir	..	..	..	..	..

		Total	Fonds d'investissement			
			Fonds d'investissement non-monétaire			Fonds d'investissement monétaires
			Total	Fonds d'investissement à capital variable, non monétaire	Fonds d'investissement à capital fixe, non monétaire	Total
2	Pasifs financiers	2 081 038	2 081 038	2 081 038	..	..
2.1	Numéraire et dépôts	..	..	..	..	..
2.2	Titres de dette	..	..	..	..	..
2.2.1	Titres de dette à court terme	..	..	..	..	..
2.2.2	Titres de dette à long terme	..	..	..	..	..
2.3	Crédits	136 170	136 170	136 170	..	..
2.3.1	Crédits à court terme	134 876	134 876	134 876	..	..
2.3.2	Crédits à long terme	1 294	1 294	1 294	..	..
2.4	Actions et parts de fonds d'investissement	1 919 075	1 919 075	1 919 075	..	..
2.5	Systèmes d'assurance, de pensions et garanties standard	..	..	..	..	..
2.5	Produits financiers dérivés et options sur titres des salariés	25 793	25 793	25 793	..	..
2.8	Autres comptes à payer	..	..	..	..	..

		Total	Sociétés d'assurance et fonds de pension autonomes			
			Sociétés d'assurance			Fonds de pension autonomes
			Total	Sociétés d'assurance vie	Sociétés d'assurance non-vie	Total
2	Actifs financiers	3 576 241	2 116 754	..	..	1 459 487
2.1	Numéraire et dépôts	95 443	33 355	..	..	62 088
2.2	Titres de dette	1 419 317	685 752	..	..	733 565
2.2.1	Titres de dette à court terme	4 210	3 644	..	..	566
2.2.2	Titres de dette à long terme	1 415 107	682 108	..	..	732 999
2.2.3	Titres de dette émis par les résidents	915 620	482 965	..	..	432 655
2.2.4	Titres de dette émis par les non-résidents	503 697	202 787	..	..	300 910
2.3	Crédits	49 407	22 645	..	..	26 762
2.3.1	Crédits à court terme	19 400	7 719	..	..	11 681
2.3.2	Crédits à long terme	30 007	14 926	..	..	15 081
2.3.3	Crédits accordés aux résidents	42 361	22 271	..	..	20 090
2.3.4	Crédits accordés aux non-résidents	7 046	374	..	..	6 672
2.4	Actions et parts de fonds d'investissement	1 729 158	1 185 300	..	..	543 858
2.4.1	Actions et parts de fonds d'investissement émises par les résidents	1 305 368	848 005	..	..	457 363
2.4.2	Actions et parts de fonds d'investissement émises par les non-résidents	423 790	337 295	..	..	86 495
2.5	Autrescomptes à recevoir	67 196	39 636	..	..	27 560

		Total	Sociétés d'assurance et fonds de pension autonomes			
			Sociétés d'assurance			Fonds de pension autonomes
			Total	Sociétés d'assurance vie	Sociétés d'assurance non-vie	Total
2	Pasifs financiers	3 524 984	2 107 430	..	..	1 417 554
2.1	Numéraire et dépôts	..	..	..	..	..
2.2	Titres de dette	2 254	2 326	..	..	-72
2.2.1	Titres de dette à court terme	..	..	..	..	..
2.2.2	Titres de dette à long terme	2 254	2 326	..	..	-72
2.3	Crédits	161 015	124 101	..	..	36 914
2.3.1	Crédits à court terme	138 423	109 892	..	..	28 531
2.3.2	Crédits à long terme	22 592	14 209	..	..	8 383
2.4	Actions et parts de fonds d'investissement	206 696	126 151	..	..	80 545
2.5	Systèmes d'assurance, de pensions et garanties standard	2 959 414	1 704 004	..	..	1 255 410
2.5	Produits financiers dérivés et options sur titres des salariés	84 391	66 441	..	..	17 950
2.8	Autres comptes à payer	111 214	84 407	..	..	26 807

Note : Voir les métadonnées détaillées sur : http://metalinks.oecd.org/instinv/20160427/0c9f

DANEMARK

Tableau 2. Actifs financiers des fonds d'investissement

Millions DKK

	2007	2008	2009	2010	2011	2012	2013	2014
Fonds d'investissement								
Valeur nette financière	..	..	..	..	..	-38 247	-744	279
Actifs financiers	..	..	..	..	..	1 638 793	1 871 135	2 081 317
Numéraire et dépôts	..	..	..	..	..	22 930	34 265	41 562
Titres de dette	..	..	..	..	..	905 026	1 035 617	1 107 449
Crédits	..	..	..	..	..	362	589	724
Actions et parts de fonds d'investissement	..	..	..	..	..	705 778	790 138	914 296
Actions	..	..	..	..	..	564 017	631 378	737 380
Parts de fonds d'investissement	..	..	..	..	..	141 761	158 760	176 916
Parts de fonds d'investissement monétaires	..	..	..	..	..	..	..	..
Parts de fonds d'investissement non monétaires	..	..	..	..	..	141 761	158 760	176 916
Systèmes d'assurance, de pensions et garanties standard	..	..	..	..	..	..	..	..
Produits financiers dérivés et options sur titres des salariés	..	..	..	..	..	4 697	10 526	17 286
Autres comptes à recevoir	..	..	..	..	..	..	..	..
Passifs financiers	..	..	..	..	..	1 677 040	1 871 879	2 081 038
Titres de dette	..	..	..	..	..	..	..	..
Titres de dette à court terme	..	..	..	..	..	..	..	..
Titres de dette à long terme	..	..	..	..	..	..	..	..
Crédits	..	..	..	..	..	107 393	127 347	136 170
Crédits à court terme	..	..	..	..	..	106 941	126 780	134 876
Crédits à long terme	..	..	..	..	..	452	567	1 294
Actions et parts de fonds d'investissement	..	..	..	..	..	1 565 455	1 738 111	1 919 075
Systèmes d'assurance, de pensions et garanties standard	..	..	..	..	..	..	..	..
Produits financiers dérivés et options sur titres des salariés	..	..	..	..	..	4 192	6 421	25 793
Autres comptes à payer	..	..	..	..	..	..	..	..
Actifs non financiers	..	..	..	..	..	0	0	0
Fonds d'investissement monéaires								
Valeur nette financière	..	..	..	..	..	..	..	..
Actifs financiers	..	..	..	..	..	..	..	..
Numéraire et dépôts	..	..	..	..	..	..	..	..
Titres de dette	..	..	..	..	..	..	..	..
Crédits	..	..	..	..	..	..	..	..
Actions et parts de fonds d'investissement	..	..	..	..	..	..	..	..
Actions	..	..	..	..	..	..	..	..
Parts de fonds d'investissement	..	..	..	..	..	..	..	..
Parts de fonds d'investissement monétaires	..	..	..	..	..	..	..	..
Parts de fonds d'investissement non monétaires	..	..	..	..	..	..	..	..
Systèmes d'assurance, de pensions et garanties standard	..	..	..	..	..	..	..	..
Produits financiers dérivés et options sur titres des salariés	..	..	..	..	..	..	..	..
Autres comptes à recevoir	..	..	..	..	..	..	..	..
Passifs financiers	..	..	..	..	..	..	..	..
Titres de dette	..	..	..	..	..	..	..	..
Titres de dette à court terme	..	..	..	..	..	..	..	..
Titres de dette à long terme	..	..	..	..	..	..	..	..
Crédits	..	..	..	..	..	..	..	..
Crédits à court terme	..	..	..	..	..	..	..	..
Crédits à long terme	..	..	..	..	..	..	..	..
Actions et parts de fonds d'investissement	..	..	..	..	..	..	..	..
Systèmes d'assurance, de pensions et garanties standard	..	..	..	..	..	..	..	..
Produits financiers dérivés et options sur titres des salariés	..	..	..	..	..	..	..	..
Autres comptes à payer	..	..	..	..	..	..	..	..
Actifs non financiers	..	..	..	..	..	..	..	..
Fonds d'investissement non monéaires								
Valeur nette financière	..	..	..	..	..	-38 247	-744	279
Actifs financiers	..	..	..	..	..	1 638 793	1 871 135	2 081 317
Numéraire et dépôts	..	..	..	..	..	22 930	34 265	41 562
Titres de dette	..	..	..	..	..	905 026	1 035 617	1 107 449
Crédits	..	..	..	..	..	362	589	724
Actions et parts de fonds d'investissement	..	..	..	..	..	705 778	790 138	914 296
Actions	..	..	..	..	..	564 017	631 378	737 380
Parts de fonds d'investissement	..	..	..	..	..	141 761	158 760	176 916
Parts de fonds d'investissement monétaires	..	..	..	..	..	..	..	..
Parts de fonds d'investissement non monétaires	..	..	..	..	..	141 761	158 760	176 916
Systèmes d'assurance, de pensions et garanties standard	..	..	..	..	..	..	..	..
Produits financiers dérivés et options sur titres des salariés	..	..	..	..	..	4 697	10 526	17 286
Autres comptes à recevoir	..	..	..	..	..	..	..	..
Passifs financiers	..	..	..	..	..	1 677 040	1 871 879	2 081 038
Titres de dette	..	..	..	..	..	..	..	..
Titres de dette à court terme	..	..	..	..	..	..	..	..
Titres de dette à long terme	..	..	..	..	..	..	..	..
Crédits	..	..	..	..	..	107 393	127 347	136 170
Crédits à court terme	..	..	..	..	..	106 941	126 780	134 876
Crédits à long terme	..	..	..	..	..	452	567	1 294
Actions et parts de fonds d'investissement	..	..	..	..	..	1 565 455	1 738 111	1 919 075
Systèmes d'assurance, de pensions et garanties standard	..	..	..	..	..	..	..	..
Produits financiers dérivés et options sur titres des salariés	..	..	..	..	..	4 192	6 421	25 793
Autres comptes à payer	..	..	..	..	..	..	..	..
Actifs non financiers	..	..	..	..	..	0	0	0
Fonds d'investissement non monéaires à capital variable								
Valeur nette financière	..	..	..	..	..	-38 247	-744	279
Actifs financiers	..	..	..	..	..	1 638 793	1 871 135	2 081 317

Tableau 2. Actifs financiers des fonds d'investissement *(suite)*

Millions DKK

	2007	2008	2009	2010	2011	2012	2013	2014
Numéraire et dépôts	..	..	..	..	..	22 930	34 265	41 562
Titres de dette	..	..	..	..	..	905 026	1 035 617	1 107 449
Crédits	..	..	..	..	..	362	589	724
Actions et parts de fonds d'investissement	..	..	..	..	..	705 778	790 138	914 296
Actions	..	..	..	..	..	564 017	631 378	737 380
Parts de fonds d'investissement	..	..	..	..	..	141 761	158 760	176 916
Parts de fonds d'investissement monétaires	..	..	..	..	..	..	..	..
Parts de fonds d'investissement non monétaires	..	..	..	..	..	141 761	158 760	176 916
Systèmes d'assurance, de pensions et garanties standard	..	..	..	..	..	..	..	..
Produits financiers dérivés et options sur titres des salariés	..	..	..	..	..	4 697	10 526	17 286
Autres comptes à recevoir	..	..	..	..	..	..	..	..
Passifs financiers	..	..	..	..	..	1 677 040	1 871 879	2 081 038
Titres de dette	..	..	..	..	..	..	..	..
Titres de dette à court terme	..	..	..	..	..	..	..	..
Titres de dette à long terme	..	..	..	..	..	..	..	..
Crédits	..	..	..	..	..	107 393	127 347	136 170
Crédits à court terme	..	..	..	..	..	106 941	126 780	134 876
Crédits à long terme	..	..	..	..	..	452	567	1 294
Actions et parts de fonds d'investissement	..	..	..	..	..	1 565 455	1 738 111	1 919 075
Systèmes d'assurance, de pensions et garanties standard	..	..	..	..	..	..	..	..
Produits financiers dérivés et options sur titres des salariés	..	..	..	..	..	4 192	6 421	25 793
Autres comptes à payer	..	..	..	..	..	..	..	..
Actifs non financiers	..	..	..	..	..	0	0	0
Fonds d'investissement à capital variable								
Valeur nette financière	..	..	..	..	..	-38 247	-744	279
Actifs financiers	..	..	..	..	..	1 638 793	1 871 135	2 081 317
Numéraire et dépôts	..	..	..	..	..	22 930	34 265	41 562
Titres de dette	..	..	..	..	..	905 026	1 035 617	1 107 449
Crédits	..	..	..	..	..	362	589	724
Actions et parts de fonds d'investissement	..	..	..	..	..	705 778	790 138	914 296
Actions	..	..	..	..	..	564 017	631 378	737 380
Parts de fonds d'investissement	..	..	..	..	..	141 761	158 760	176 916
Parts de fonds d'investissement monétaires	..	..	..	..	..	..	..	..
Parts de fonds d'investissement non monétaires	..	..	..	..	..	141 761	158 760	176 916
Systèmes d'assurance, de pensions et garanties standard	..	..	..	..	..	..	..	..
Produits financiers dérivés et options sur titres des salariés	..	..	..	..	..	4 697	10 526	17 286
Autres comptes à recevoir	..	..	..	..	..	..	..	..
Passifs financiers	..	..	..	..	..	1 677 040	1 871 879	2 081 038
Titres de dette	..	..	..	..	..	..	..	..
Titres de dette à court terme	..	..	..	..	..	..	..	..
Titres de dette à long terme	..	..	..	..	..	..	..	..
Crédits	..	..	..	..	..	107 393	127 347	136 170
Crédits à court terme	..	..	..	..	..	106 941	126 780	134 876
Crédits à long terme	..	..	..	..	..	452	567	1 294
Actions et parts de fonds d'investissement	..	..	..	..	..	1 565 455	1 738 111	1 919 075
Systèmes d'assurance, de pensions et garanties standard	..	..	..	..	..	..	..	..
Produits financiers dérivés et options sur titres des salariés	..	..	..	..	..	4 192	6 421	25 793
Autres comptes à payer	..	..	..	..	..	..	..	..
Actifs non financiers	..	..	..	..	..	0	0	0

Note : Voir les métadonnées détaillées sur : http://metalinks.oecd.org/instinv/20160427/0c9f

DANEMARK

Tableau 3. Actifs financiers des sociétés d'assurance et fonds de pension

Millions DKK

	2007	2008	2009	2010	2011	2012	2013	2014
Sociétés d'assurance et fonds de pension								
Valeur nette financière	..	..	..	..	..	42 448	42 862	51 257
Actifs financiers	..	..	..	..	..	3 267 838	3 161 765	3 576 241
Numéraire et dépôts	..	..	..	..	..	93 246	82 199	95 443
Titres de dette	..	..	..	..	..	1 432 204	1 296 070	1 419 317
Crédits	..	..	..	..	..	33 964	31 148	49 407
Actions et parts de fonds d'investissement	..	..	..	..	..	1 589 070	1 631 966	1 729 158
Actions	..	..	..	..	..	670 938	602 235	580 817
Parts de fonds d'investissement	..	..	..	..	..	917 557	1 029 731	1 148 341
Parts de fonds d'investissement monétaires	..	..	..	..	..	..	..	..
Parts de fonds d'investissement non monétaires	..	..	..	..	..	917 557	1 029 731	1 148 341
Systèmes d'assurance, de pensions et garanties standard	..	..	..	..	..	11 533	13 816	7 945
Produits financiers dérivés et options sur titres des salariés	..	..	..	..	..	52 566	36 318	207 775
Autres comptes à recevoir	..	..	..	..	..	55 255	70 248	67 196
Passifs financiers	..	..	..	..	..	3 225 390	3 118 903	3 524 984
Titres de dette	..	..	..	..	..	-25	-34	2 254
Titres de dette à court terme	..	..	..	..	..	..	..	..
Titres de dette à long terme	..	..	..	..	..	-25	-34	2 254
Crédits	..	..	..	..	..	182 053	131 093	161 015
Crédits à court terme	..	..	..	..	..	162 701	114 962	138 423
Crédits à long terme	..	..	..	..	..	19 352	16 131	22 592
Actions et parts de fonds d'investissement	..	..	..	..	..	216 031	219 112	206 696
Systèmes d'assurance, de pensions et garanties standard	..	..	..	..	..	2 641 560	2 616 404	2 959 414
Produits financiers dérivés et options sur titres des salariés	..	..	..	..	..	32 554	24 167	84 391
Autres comptes à payer	..	..	..	..	..	153 217	128 161	111 214
Actifs non financiers	..	..	..	..	..	0	0	0
Sociétés d'assurance								
Valeur nette financière	..	..	..	..	..	-838	8 988	9 324
Actifs financiers	..	..	..	..	..	1 867 615	1 879 145	2 116 754
Numéraire et dépôts	..	..	..	..	..	38 520	37 419	33 355
Titres de dette	..	..	..	..	..	645 801	633 400	685 752
Crédits	..	..	..	..	..	23 689	20 074	22 645
Actions et parts de fonds d'investissement	..	..	..	..	..	1 066 074	1 106 899	1 185 300
Actions	..	..	..	..	..	423 876	366 629	351 295
Parts de fonds d'investissement	..	..	..	..	..	641 623	740 270	834 005
Parts de fonds d'investissement monétaires	..	..	..	..	..	..	..	..
Parts de fonds d'investissement non monétaires	..	..	..	..	..	641 623	740 270	834 005
Systèmes d'assurance, de pensions et garanties standard	..	..	..	..	..	11 247	13 530	7 947
Produits financiers dérivés et options sur titres des salariés	..	..	..	..	..	48 041	33 097	142 119
Autres comptes à recevoir	..	..	..	..	..	34 243	34 726	39 636
Passifs financiers	..	..	..	..	..	1 868 453	1 870 157	2 107 430
Titres de dette	..	..	..	..	..	47	38	2 326
Titres de dette à court terme	..	..	..	..	..	..	..	..
Titres de dette à long terme	..	..	..	..	..	47	38	2 326
Crédits	..	..	..	..	..	74 351	94 129	124 101
Crédits à court terme	..	..	..	..	..	57 368	79 777	109 892
Crédits à long terme	..	..	..	..	..	16 983	14 352	14 209
Actions et parts de fonds d'investissement	..	..	..	..	..	136 747	137 226	126 151
Systèmes d'assurance, de pensions et garanties standard	..	..	..	..	..	1 534 037	1 537 895	1 704 004
Produits financiers dérivés et options sur titres des salariés	..	..	..	..	..	29 301	21 833	66 441
Autres comptes à payer	..	..	..	..	..	93 970	79 036	84 407
Actifs non financiers	..	..	..	..	..	0	0	0
Fonds de pension								
Valeur nette financière	..	..	..	..	..	43 286	33 874	41 933
Actifs financiers	..	..	..	..	..	1 400 223	1 282 620	1 459 487
Numéraire et dépôts	..	..	..	..	..	54 726	44 780	62 088
Titres de dette	..	..	..	..	..	786 403	662 670	733 565
Crédits	..	..	..	..	..	10 275	11 074	26 762
Actions et parts de fonds d'investissement	..	..	..	..	..	522 996	525 067	543 858
Actions	..	..	..	..	..	247 062	235 606	229 522
Parts de fonds d'investissement	..	..	..	..	..	275 934	289 461	314 336
Parts de fonds d'investissement monétaires	..	..	..	..	..	..	..	..
Parts de fonds d'investissement non monétaires	..	..	..	..	..	275 934	289 461	314 336
Systèmes d'assurance, de pensions et garanties standard	..	..	..	..	..	286	286	-2
Produits financiers dérivés et options sur titres des salariés	..	..	..	..	..	4 525	3 221	65 656
Autres comptes à recevoir	..	..	..	..	..	21 012	35 522	27 560
Passifs financiers	..	..	..	..	..	1 356 937	1 248 746	1 417 554
Titres de dette	..	..	..	..	..	-72	-72	-72
Titres de dette à court terme	..	..	..	..	..	..	..	..
Titres de dette à long terme	..	..	..	..	..	-72	-72	-72
Crédits	..	..	..	..	..	107 702	36 964	36 914
Crédits à court terme	..	..	..	..	..	105 333	35 185	28 531
Crédits à long terme	..	..	..	..	..	2 369	1 779	8 383
Actions et parts de fonds d'investissement	..	..	..	..	..	79 284	81 886	80 545
Systèmes d'assurance, de pensions et garanties standard	..	..	..	..	..	1 107 523	1 078 509	1 255 410
Produits financiers dérivés et options sur titres des salariés	..	..	..	..	..	3 253	2 334	17 950
Autres comptes à payer	..	..	..	..	..	59 247	49 125	26 807
Actifs non financiers	..	..	..	..	..	0	0	0

Note : Voir les métadonnées détaillées sur : http://metalinks.oecd.org/instinv/20160427/0c9f

Tableau 4. Composition du portefeuille par type d'investisseur

En pourcentage des actifs financiers et des passifs financiers

Pour cent

	2007	2008	2009	2010	2011	2012	2013	2014
Fonds d'investissement								
Actifs financiers	..	..	..	..	..	100.0	100.0	100.0
Numéraire et dépôts	..	..	..	..	..	1.4	1.8	2.0
Titres de dettes	..	..	..	..	..	55.2	55.3	53.2
Crédits	..	..	..	..	..	0.0	0.0	0.0
Actions et parts de fonds d'investissement	..	..	..	..	..	43.1	42.2	43.9
Systèmes d'assurance de pensions et garanties standard	..	..	..	..	..	0.0	0.0	0.0
Produits financiers dérivés et options sur titres des salariés	..	..	..	..	..	0.3	0.6	0.8
Autres comptes à recevoir	..	..	..	..	..	0.0	0.0	0.0
Passifs financiers	..	..	..	..	..	100.0	100.0	100.0
Numéraire et dépôts	..	..	..	..	..	0.0	0.0	0.0
Titres de dettes	..	..	..	..	..	0.0	0.0	0.0
Crédits	..	..	..	..	..	6.4	6.8	6.5
Actions et parts de fonds d'investissement	..	..	..	..	..	93.3	92.9	92.2
Systèmes d'assurance de pensions et garanties standard	..	..	..	..	..	0.0	0.0	0.0
Produits financiers dérivés et options sur titres des salariés	..	..	..	..	..	0.2	0.3	1.2
Autres comptes à recevoir	..	..	..	..	..	0.0	0.0	0.0
Sociétés d'assurance								
Actifs financiers	..	..	..	..	..	100.0	100.0	100.0
Numéraire et dépôts	..	..	..	..	..	2.1	2.0	1.6
Titres de dettes	..	..	..	..	..	34.6	33.7	32.4
Crédits	..	..	..	..	..	1.3	1.1	1.1
Actions et parts de fonds d'investissement	..	..	..	..	..	57.1	58.9	56.0
Systèmes d'assurance de pensions et garanties standard	..	..	..	..	..	0.6	0.7	0.4
Produits financiers dérivés et options sur titres des salariés	..	..	..	..	..	2.6	1.8	6.7
Autres comptes à recevoir	..	..	..	..	..	1.8	1.8	1.9
Passifs financiers	..	..	..	..	..	100.0	100.0	100.0
Numéraire et dépôts	..	..	..	..	..	0.0	0.0	0.0
Titres de dettes	..	..	..	..	..	0.0	0.0	0.1
Crédits	..	..	..	..	..	4.0	5.0	5.9
Actions et parts de fonds d'investissement	..	..	..	..	..	7.3	7.3	6.0
Systèmes d'assurance de pensions et garanties standard	..	..	..	..	..	82.1	82.2	80.9
Produits financiers dérivés et options sur titres des salariés	..	..	..	..	..	1.6	1.2	3.2
Autres comptes à recevoir	..	..	..	..	..	5.0	4.2	4.0
Fonds de pension								
Actifs financiers	..	..	..	..	..	100.0	100.0	100.0
Numéraire et dépôts	..	..	..	..	..	3.9	3.5	4.3
Titres de dettes	..	..	..	..	..	56.2	51.7	50.3
Crédits	..	..	..	..	..	0.7	0.9	1.8
Actions et parts de fonds d'investissement	..	..	..	..	..	37.4	40.9	37.3
Systèmes d'assurance de pensions et garanties standard	..	..	..	..	..	0.0	0.0	0.0
Produits financiers dérivés et options sur titres des salariés	..	..	..	..	..	0.3	0.3	4.5
Autres comptes à recevoir	..	..	..	..	..	1.5	2.8	1.9
Passifs financiers	..	..	..	..	..	100.0	100.0	100.0
Numéraire et dépôts	..	..	..	..	..	0.0	0.0	0.0
Titres de dettes	..	..	..	..	..	0.0	0.0	0.0
Crédits	..	..	..	..	..	7.9	3.0	2.6
Actions et parts de fonds d'investissement	..	..	..	..	..	5.8	6.6	5.7
Systèmes d'assurance de pensions et garanties standard	..	..	..	..	..	81.6	86.4	88.6
Produits financiers dérivés et options sur titres des salariés	..	..	..	..	..	0.2	0.2	1.3
Autres comptes à recevoir	..	..	..	..	..	4.4	3.9	1.9

Note : Voir les métadonnées détaillées sur : http://metalinks.oecd.org/instinv/20160427/2c5e

ESTONIE

Tableau 1. Actifs financiers des investisseurs institutionnels, 2014

Millions EUR (2011 EEK euro)

		Total	Fonds d'investissement			
			Fonds d'investissement non-monétaire			Fonds d'investissement monétaires
			Total	Fonds d'investissement à capital variable, non monétaire	Fonds d'investissement à capital fixe, non monétaire	Total
2	Actifs financiers	602	602	389	213	0
2.1	Numéraire et dépôts	53	53	32	21	0
2.2	Titres de dette	70	70	64	6	0
2.2.1	Titres de dette à court terme	0	0	0	0	0
2.2.2	Titres de dette à long terme	70	70	64	6	0
2.2.3	Titres de dette émis par les résidents	6	6	1	5	0
2.2.4	Titres de dette émis par les non-résidents	64	64	63	1	0
2.3	Crédits	27	27	0	27	0
2.3.1	Crédits à court terme	1	1	0	1	0
2.3.2	Crédits à long terme	26	26	0	26	0
2.3.3	Crédits accordés aux résidents	27	27	0	27	0
2.3.4	Crédits accordés aux non-résidents	0	0	0	0	0
2.4	Actions et parts de fonds d'investissement	436	436	288	147	0
2.4.1	Actions et parts de fonds d'investissements émises par les résidents	124	124	7	117	0
2.4.2	Actions et part de fonds d'investissements émises par les non-résidents	312	312	281	30	0
2.5	Autres comptes à recevoir	11	11	1	11	0

		Total	Fonds d'investissement			
			Fonds d'investissement non-monétaire			Fonds d'investissement monétaires
			Total	Fonds d'investissement à capital variable, non monétaire	Fonds d'investissement à capital fixe, non monétaire	Total
2	Pasifs financiers	574	574	389	184	0
2.1	Numéraire et dépôts	0	0	0	0	0
2.2	Titres de dette	0	0	0	0	0
2.2.1	Titres de dette à court terme	0	0	..	..	0
2.2.2	Titres de dette à long terme	0	0	..	..	0
2.3	Crédits	27	27	0	27	0
2.3.1	Crédits à court terme	5	5	..	..	0
2.3.2	Crédits à long terme	23	23	..	..	0
2.4	Actions et parts de fonds d'investissement	538	538	383	155	0
2.5	Systèmes d'assurance, de pensions et garanties standard	0	0	0	0	0
2.5	Produits financiers dérivés et options sur titres des salariés	1	1	0	1	0
2.8	Autres comptes à payer	7	7	6	1	0

		Total	Sociétés d'assurance et fonds de pension autonomes			
			Sociétés d'assurance			Fonds de pension autonomes
			Total	Sociétés d'assurance vie	Sociétés d'assurance non-vie	Total
2	Actifs financiers	3 258	934	..	..	2 324
2.1	Numéraire et dépôts	498	114	..	..	384
2.2	Titres de dette	890	392	..	..	499
2.2.1	Titres de dette à court terme	29	29	..	..	0
2.2.2	Titres de dette à long terme	862	363	..	..	499
2.2.3	Titres de dette émis par les résidents	54	8	..	..	46
2.2.4	Titres de dette émis par les non-résidents	836	384	..	..	453
2.3	Crédits	2	2	..	..	0
2.3.1	Crédits à court terme	0	0	..	..	0
2.3.2	Crédits à long terme	2	2	..	..	0
2.3.3	Crédits accordés aux résidents	1	1	..	..	0
2.3.4	Crédits accordés aux non-résidents	1	1	..	..	0
2.4	Actions et parts de fonds d'investissement	1 815	377	..	..	1 438
2.4.1	Actions et parts de fonds d'investissement émises par les résidents	171	71	..	..	100
2.4.2	Actions et parts de fonds d'investissement émises par les non-résidents	1 645	306	..	..	1 338
2.5	Autrescomptes à recevoir	35	32	..	..	3

		Total	Sociétés d'assurance et fonds de pension autonomes			
			Sociétés d'assurance			Fonds de pension autonomes
			Total	Sociétés d'assurance vie	Sociétés d'assurance non-vie	Total
2	Pasifs financiers	3 321	998	..	..	2 323
2.1	Numéraire et dépôts	0	0	..	..	0
2.2	Titres de dette	0	0	..	..	0
2.2.1	Titres de dette à court terme	0	0	..	..	0
2.2.2	Titres de dette à long terme	0	0	..	..	0
2.3	Crédits	4	4	..	..	0
2.3.1	Crédits à court terme	0	0	..	..	0
2.3.2	Crédits à long terme	4	4	..	..	0
2.4	Actions et parts de fonds d'investissement	312	312	..	..	0
2.5	Systèmes d'assurance, de pensions et garanties standard	2 915	629	..	..	2 286
2.5	Produits financiers dérivés et options sur titres des salariés	0	-1	..	..	1
2.8	Autres comptes à payer	90	54	..	..	36

Note : Voir les métadonnées détaillées sur : http://metalinks.oecd.org/instinv/20160427/f956

ESTONIE

Tableau 2. Actifs financiers des fonds d'investissement

Millions EUR

	2007	2008	2009	2010	2011	2012	2013	2014
Fonds d'investissement								
Valeur nette financière	0	0	-11	-6	-12	-3	19	28
Actifs financiers	1 465	569	552	585	446	512	631	602
Numéraire et dépôts	163	99	63	27	22	48	56	53
Titres de dette	245	139	79	67	67	75	70	70
Crédits	0	0	36	20	18	14	32	27
Actions et parts de fonds d'investissement	1 043	257	366	462	337	367	460	436
Actions	901	182	247	315	207	222	314	287
Parts de fonds d'investissement	142	75	118	147	130	144	147	149
Parts de fonds d'investissement monétaires	..	..	..	..	..	..	..	..
Parts de fonds d'investissement non monétaires	..	..	..	..	..	..	..	..
Systèmes d'assurance, de pensions et garanties standard	0	0	0	0	0	0	0	0
Produits financiers dérivés et options sur titres des salariés	1	2	0	4	0	1	4	5
Autres comptes à recevoir	12	72	8	5	2	6	10	11
Passifs financiers	1 465	569	562	592	458	514	612	574
Titres de dette	0	0	22	19	12	0	0	0
Titres de dette à court terme	..	..	0	0	0	0	0	0
Titres de dette à long terme	..	..	22	19	12	0	0	0
Crédits	0	24	10	4	13	26	24	27
Crédits à court terme	..	..	1	1	1	1	0	5
Crédits à long terme	..	..	9	3	12	25	24	23
Actions et parts de fonds d'investissement	1 439	539	520	564	429	485	583	538
Systèmes d'assurance, de pensions et garanties standard	0	0	0	0	0	0	0	0
Produits financiers dérivés et options sur titres des salariés	0	0	0	0	0	0	0	1
Autres comptes à payer	25	7	10	5	3	3	5	7
Actifs non financiers	0	0	12	12	13	14	0	0
Fonds d'investissement monétaires								
Valeur nette financière	0	0	0	0	0	0	0	0
Actifs financiers	176	41	0	0	0	0	0	0
Numéraire et dépôts	47	30	0	0	0	0	0	0
Titres de dette	129	11	0	0	0	0	0	0
Crédits	0	0	0	0	0	0	0	0
Actions et parts de fonds d'investissement	0	0	0	0	0	0	0	0
Actions	0	0	0	0	0	0	0	0
Parts de fonds d'investissement	0	0	0	0	0	0	0	0
Parts de fonds d'investissement monétaires	..	..	..	..	..	..	..	..
Parts de fonds d'investissement non monétaires	..	..	..	..	..	..	..	..
Systèmes d'assurance, de pensions et garanties standard	0	0	0	0	0	0	0	0
Produits financiers dérivés et options sur titres des salariés	0	0	0	0	0	0	0	0
Autres comptes à recevoir	0	0	0	0	0	0	0	0
Passifs financiers	176	41	0	0	0	0	0	0
Titres de dette	0	0	0	0	0	0	0	0
Titres de dette à court terme	..	..	0	0	0	0	0	0
Titres de dette à long terme	..	..	0	0	0	0	0	0
Crédits	0	0	0	0	0	0	0	0
Crédits à court terme	..	..	0	0	0	0	0	0
Crédits à long terme	..	..	0	0	0	0	0	0
Actions et parts de fonds d'investissement	176	40	0	0	0	0	0	0
Systèmes d'assurance, de pensions et garanties standard	0	0	0	0	0	0	0	0
Produits financiers dérivés et options sur titres des salariés	0	0	0	0	0	0	0	0
Autres comptes à payer	1	1	0	0	0	0	0	0
Actifs non financiers	0	0	0	0	0	0	0	0
Fonds d'investissement non monéaires								
Valeur nette financière	0	0	-11	-6	-12	-3	19	28
Actifs financiers	1 288	528	552	585	446	512	631	602
Numéraire et dépôts	116	69	63	27	22	48	56	53
Titres de dette	116	127	79	67	67	75	70	70
Crédits	0	0	36	20	18	14	32	27
Actions et parts de fonds d'investissement	1 043	257	366	462	337	367	460	436
Actions	901	182	247	315	207	222	314	287
Parts de fonds d'investissement	142	75	118	147	130	144	147	149
Parts de fonds d'investissement monétaires	..	..	0	0	0	0	0	0
Parts de fonds d'investissement non monétaires	..	..	118	147	130	144	147	149
Systèmes d'assurance, de pensions et garanties standard	0	0	0	0	0	0	0	0
Produits financiers dérivés et options sur titres des salariés	1	2	0	4	0	1	4	5
Autres comptes à recevoir	12	72	8	5	2	6	10	11
Passifs financiers	1 288	528	562	592	458	514	612	574
Titres de dette	0	0	22	19	12	0	0	0
Titres de dette à court terme	..	..	0	0	0	0	0	0
Titres de dette à long terme	..	..	22	19	12	0	0	0
Crédits	0	24	10	4	13	26	24	27
Crédits à court terme	..	..	1	1	1	1	0	5
Crédits à long terme	..	..	9	3	12	25	24	23
Actions et parts de fonds d'investissement	1 264	499	520	564	429	485	583	538
Systèmes d'assurance, de pensions et garanties standard	0	0	0	0	0	0	0	0
Produits financiers dérivés et options sur titres des salariés	0	0	0	0	0	0	0	1
Autres comptes à payer	25	6	10	5	3	3	5	7
Actifs non financiers	0	0	12	12	13	14	0	0
Fonds d'investissement non monéaires à capital variable								
Valeur nette financière	0	0	0	0	0	-1	-1	0
Actifs financiers	1 253	314	437	506	362	384	438	389

Tableau 2. Actifs financiers des fonds d'investissement (*suite*)

Millions EUR

	2007	2008	2009	2010	2011	2012	2013	2014
Numéraire et dépôts	116	54	49	19	13	12	21	32
Titres de dette	81	53	50	58	59	72	68	64
Crédits	0	0	0	0	0	0	0	0
Actions et parts de fonds d'investissement	1 043	193	334	424	288	297	344	288
Actions	901	121	216	277	159	159	206	151
Parts de fonds d'investissement	142	72	118	147	129	137	138	138
Parts de fonds d'investissement monétaires	..	..	..	..	..	..	..	..
Parts de fonds d'investissement non monétaires	..	..	..	..	..	..	..	..
Systèmes d'assurance, de pensions et garanties standard	0	0	0	0	0	0	0	0
Produits financiers dérivés et options sur titres des salariés	1	2	0	2	0	1	4	4
Autres comptes à recevoir	12	12	4	3	2	1	1	1
Passifs financiers	1 253	314	437	506	362	384	439	389
Titres de dette	0	0	0	0	0	0	0	0
Titres de dette à court terme	..	..	..	..	..	..	..	..
Titres de dette à long terme	..	..	..	..	..	..	..	..
Crédits	0	0	0	0	0	0	0	0
Crédits à court terme	..	..	..	..	..	..	..	..
Crédits à long terme	..	..	..	..	..	..	..	..
Actions et parts de fonds d'investissement	1 230	310	427	501	360	383	435	383
Systèmes d'assurance, de pensions et garanties standard	0	0	0	0	0	0	0	0
Produits financiers dérivés et options sur titres des salariés	0	0	0	0	0	0	0	0
Autres comptes à payer	22	4	10	4	2	1	4	6
Actifs non financiers	0	0	0	0	0	0	0	0
Fonds d'investissement à capital variable								
Valeur nette financière	0	0	0	0	0	-1	-1	0
Actifs financiers	1 429	356	437	506	362	384	438	389
Numéraire et dépôts	163	83	49	19	13	12	21	32
Titres de dette	210	65	50	58	59	72	68	64
Crédits	0	0	0	0	0	0	0	0
Actions et parts de fonds d'investissement	1 043	193	334	424	288	297	344	288
Actions	901	121	216	277	159	159	206	151
Parts de fonds d'investissement	142	72	118	147	129	137	138	138
Parts de fonds d'investissement monétaires	..	..	..	..	..	..	..	..
Parts de fonds d'investissement non monétaires	..	..	..	..	..	..	..	..
Systèmes d'assurance, de pensions et garanties standard	0	0	0	0	0	0	0	0
Produits financiers dérivés et options sur titres des salariés	1	2	0	2	0	1	4	4
Autres comptes à recevoir	12	12	4	3	2	1	1	1
Passifs financiers	1 429	356	437	506	362	384	439	389
Titres de dette	0	0	0	0	0	0	0	0
Titres de dette à court terme	..	..	..	..	..	..	..	..
Titres de dette à long terme	..	..	..	..	..	..	..	..
Crédits	0	0	0	0	0	0	0	0
Crédits à court terme	..	..	..	..	..	..	..	..
Crédits à long terme	..	..	..	..	..	..	..	..
Actions et parts de fonds d'investissement	1 406	350	427	501	360	383	435	383
Systèmes d'assurance, de pensions et garanties standard	0	0	0	0	0	0	0	0
Produits financiers dérivés et options sur titres des salariés	0	0	0	0	0	0	0	0
Autres comptes à payer	23	5	10	4	2	1	4	6
Actifs non financiers	0	0	0	0	0	0	0	0

Note : Voir les métadonnées détaillées sur : http://metalinks.oecd.org/instinv/20160427/f956

ESTONIE

Tableau 3. Actifs financiers des sociétés d'assurance et fonds de pension

Millions EUR

	2007	2008	2009	2010	2011	2012	2013	2014
Sociétés d'assurance et fonds de pension								
Valeur nette financière	-73	-43	24	103	22	28	53	-63
Actifs financiers	1 596	1 464	1 821	2 158	2 147	2 565	2 854	3 258
Numéraire et dépôts	183	314	328	285	347	420	475	498
Titres de dette	501	510	637	532	631	691	688	890
Crédits	5	7	8	1	17	1	4	2
Actions et parts de fonds d'investissement	875	547	774	1 224	1 091	1 407	1 627	1 815
Actions	134	60	192	214	241	325	314	221
Parts de fonds d'investissement	742	487	582	1 009	850	1 082	1 314	1 595
Parts de fonds d'investissement monétaires	0	0	0	0	0	0	0	0
Parts de fonds d'investissement non monétaires	742	487	582	1 009	850	1 082	1 314	1 595
Systèmes d'assurance, de pensions et garanties standard	0	27	31	26	23	16	14	16
Produits financiers dérivés et options sur titres des salariés	1	6	2	1	0	0	1	0
Autres comptes à recevoir	30	54	41	88	39	31	46	35
Passifs financiers	1 668	1 507	1 797	2 055	2 125	2 537	2 802	3 321
Titres de dette	0	0	0	0	0	0	0	0
Titres de dette à court terme	0	0	0	0	0	0	0	0
Titres de dette à long terme	0	0	0	0	0	0	0	0
Crédits	1	3	4	4	3	16	14	4
Crédits à court terme	0	0	0	0	0	0	0	0
Crédits à long terme	1	3	4	4	3	16	14	4
Actions et parts de fonds d'investissement	229	238	276	342	370	374	296	312
Systèmes d'assurance, de pensions et garanties standard	1 359	1 204	1 465	1 653	1 692	2 071	2 418	2 915
Produits financiers dérivés et options sur titres des salariés	1	3	1	0	1	0	0	0
Autres comptes à payer	79	59	50	55	59	76	74	90
Actifs non financiers	..	17	17	19	18	19	19	13
Sociétés d'assurance								
Valeur nette financière	-71	-40	28	105	21	31	55	-64
Actifs financiers	818	677	799	999	927	1 004	981	934
Numéraire et dépôts	115	204	176	179	153	178	158	114
Titres de dette	278	263	287	336	327	298	302	392
Crédits	5	7	8	1	17	1	4	2
Actions et parts de fonds d'investissement	391	126	263	411	375	480	458	377
Actions	54	16	150	170	184	250	193	99
Parts de fonds d'investissement	337	110	113	241	191	230	265	278
Parts de fonds d'investissement monétaires	..	..	0	0	0	0	0	0
Parts de fonds d'investissement non monétaires	..	..	113	241	191	230	265	278
Systèmes d'assurance, de pensions et garanties standard	0	27	31	26	23	16	14	16
Produits financiers dérivés et options sur titres des salariés	0	2	0	0	0	0	0	0
Autres comptes à recevoir	29	49	34	46	31	30	45	32
Passifs financiers	889	717	772	894	906	973	925	998
Titres de dette	0	0	0	0	0	0	0	0
Titres de dette à court terme	..	..	0	0	0	0	0	0
Titres de dette à long terme	..	..	0	0	0	0	0	0
Crédits	1	3	4	4	3	16	14	4
Crédits à court terme	..	..	0	0	0	0	0	0
Crédits à long terme	..	..	4	4	3	16	14	4
Actions et parts de fonds d'investissement	229	238	276	342	370	374	296	312
Systèmes d'assurance, de pensions et garanties standard	585	426	467	519	496	532	568	629
Produits financiers dérivés et options sur titres des salariés	1	3	1	0	0	0	0	-1
Autres comptes à payer	73	48	23	29	36	51	48	54
Actifs non financiers	..	15	15	18	18	19	19	13
Fonds de pension								
Valeur nette financière	-2	-3	-3	-2	1	-3	-3	1
Actifs financiers	778	787	1 022	1 159	1 220	1 561	1 874	2 324
Numéraire et dépôts	68	110	152	106	193	242	317	384
Titres de dette	223	247	350	197	303	392	386	499
Crédits	0	0	0	0	0	0	0	0
Actions et parts de fonds d'investissement	484	421	511	813	716	927	1 169	1 438
Actions	80	44	41	45	57	75	120	122
Parts de fonds d'investissement	404	377	469	768	659	852	1 049	1 317
Parts de fonds d'investissement monétaires	..	..	0	0	0	0	0	0
Parts de fonds d'investissement non monétaires	..	..	469	768	659	852	1 049	1 317
Systèmes d'assurance, de pensions et garanties standard	0	0	0	0	0	0	0	0
Produits financiers dérivés et options sur titres des salariés	1	4	1	1	0	0	1	0
Autres comptes à recevoir	2	5	8	41	8	0	1	3
Passifs financiers	780	789	1 025	1 161	1 219	1 564	1 876	2 323
Titres de dette	0	0	0	0	0	0	0	0
Titres de dette à court terme	..	..	0	0	0	0	0	0
Titres de dette à long terme	..	..	0	0	0	0	0	0
Crédits	0	0	0	0	0	0	0	0
Crédits à court terme	..	..	0	0	0	0	0	0
Crédits à long terme	..	..	0	0	0	0	0	0
Actions et parts de fonds d'investissement	0	0	0	0	0	0	0	0
Systèmes d'assurance, de pensions et garanties standard	773	779	998	1 134	1 195	1 539	1 850	2 286
Produits financiers dérivés et options sur titres des salariés	0	0	0	0	0	0	0	1
Autres comptes à payer	6	11	27	26	24	25	26	36
Actifs non financiers	2	2	2	1	0	0	0	0

Note : Voir les métadonnées détaillées sur : http://metalinks.oecd.org/instinv/20160427/f956

Tableau 4. Composition du portefeuille par type d'investisseur

En pourcentage des actifs financiers et des passifs financiers

Pour cent

	2007	2008	2009	2010	2011	2012	2013	2014
Fonds d'investissement								
Actifs financiers	100.0	100.0	100.0	100.0	100.0	100.0	100.0	100.0
Numéraire et dépôts	11.1	17.3	11.4	4.7	5.0	9.4	8.8	8.8
Titres de dettes	16.8	24.4	14.4	11.5	14.9	14.7	11.1	11.6
Crédits	0.0	0.0	6.4	3.5	4.1	2.7	5.0	4.5
Actions et parts de fonds d'investissement	71.2	45.1	66.3	78.9	75.4	71.7	73.0	72.4
Systèmes d'assurance de pensions et garanties standard	0.0	0.0	0.0	0.0	0.0	0.0	0.0	0.0
Produits financiers dérivés et options sur titres des salariés	0.1	0.4	0.0	0.6	0.0	0.2	0.6	0.8
Autres comptes à recevoir	0.8	12.7	1.5	0.8	0.5	1.2	1.5	1.9
Passifs financiers	100.0	100.0	100.0	100.0	100.0	100.0	100.0	100.0
Numéraire et dépôts	0.0	0.0	0.0	0.0	0.0	0.0	0.0	0.0
Titres de dettes	0.0	0.0	3.9	3.1	2.7	0.0	0.0	0.0
Crédits	0.0	4.2	1.8	0.7	2.9	5.1	3.9	4.7
Actions et parts de fonds d'investissement	98.3	94.6	92.5	95.4	93.7	94.4	95.3	93.8
Systèmes d'assurance de pensions et garanties standard	0.0	0.0	0.0	0.0	0.0	0.0	0.0	0.0
Produits financiers dérivés et options sur titres des salariés	0.0	0.0	0.0	0.0	0.0	0.0	0.0	0.2
Autres comptes à recevoir	1.7	1.2	1.8	0.8	0.7	0.5	0.8	1.2
Sociétés d'assurance								
Actifs financiers	100.0	100.0	100.0	100.0	100.0	100.0	100.0	100.0
Numéraire et dépôts	14.1	30.0	22.0	17.9	16.5	17.8	16.1	12.2
Titres de dettes	34.0	38.9	35.8	33.6	35.3	29.7	30.8	42.0
Crédits	0.6	1.1	1.0	0.1	1.9	0.1	0.4	0.2
Actions et parts de fonds d'investissement	47.8	18.6	32.9	41.1	40.5	47.8	46.7	40.4
Systèmes d'assurance de pensions et garanties standard	0.0	4.0	3.9	2.6	2.4	1.6	1.4	1.8
Produits financiers dérivés et options sur titres des salariés	0.0	0.3	0.0	0.0	0.0	0.0	0.0	0.0
Autres comptes à recevoir	3.5	7.2	4.2	4.6	3.4	3.0	4.6	3.5
Passifs financiers	100.0	100.0	100.0	100.0	100.0	100.0	100.0	100.0
Numéraire et dépôts	0.0	0.0	0.0	0.0	0.0	0.0	0.0	0.0
Titres de dettes	0.0	0.0	0.0	0.0	0.0	0.0	0.0	0.0
Crédits	0.1	0.4	0.5	0.4	0.4	1.7	1.5	0.4
Actions et parts de fonds d'investissement	25.8	33.2	35.8	38.3	40.9	38.4	31.9	31.3
Systèmes d'assurance de pensions et garanties standard	65.9	59.3	60.5	58.0	54.8	54.7	61.4	63.0
Produits financiers dérivés et options sur titres des salariés	0.1	0.3	0.1	0.0	0.0	0.0	0.0	-0.1
Autres comptes à recevoir	8.2	6.7	3.0	3.2	3.9	5.2	5.2	5.4
Fonds de pension								
Actifs financiers	100.0	100.0	100.0	100.0	100.0	100.0	100.0	100.0
Numéraire et dépôts	8.7	14.0	14.8	9.2	15.9	15.5	16.9	16.5
Titres de dettes	28.7	31.4	34.3	17.0	24.9	25.1	20.6	21.5
Crédits	0.0	0.0	0.0	0.0	0.0	0.0	0.0	0.0
Actions et parts de fonds d'investissement	62.3	53.5	50.0	70.2	58.6	59.4	62.4	61.9
Systèmes d'assurance de pensions et garanties standard	0.0	0.0	0.0	0.0	0.0	0.0	0.0	0.0
Produits financiers dérivés et options sur titres des salariés	0.1	0.4	0.1	0.1	0.0	0.0	0.0	0.0
Autres comptes à recevoir	0.2	0.6	0.7	3.6	0.6	0.0	0.1	0.1
Passifs financiers	100.0	100.0	100.0	100.0	100.0	100.0	100.0	100.0
Numéraire et dépôts	0.0	0.0	0.0	0.0	0.0	0.0	0.0	0.0
Titres de dettes	0.0	0.0	0.0	0.0	0.0	0.0	0.0	0.0
Crédits	0.0	0.0	0.0	0.0	0.0	0.0	0.0	0.0
Actions et parts de fonds d'investissement	0.0	0.0	0.0	0.0	0.0	0.0	0.0	0.0
Systèmes d'assurance de pensions et garanties standard	99.2	98.6	97.4	97.7	98.0	98.4	98.6	98.4
Produits financiers dérivés et options sur titres des salariés	0.0	0.0	0.0	0.0	0.0	0.0	0.0	0.0
Autres comptes à recevoir	0.8	1.4	2.6	2.3	1.9	1.6	1.4	1.6

Note : Voir les métadonnées détaillées sur : http://metalinks.oecd.org/instinv/20160427/2c5e

FINLANDE

Tableau 1. Actifs financiers des investisseurs institutionnels, 2014

Millions EUR (1999 FIM euro)

		Total	Fonds d'investissement – Fonds d'investissement non-monétaire – Total	Fonds d'investissement à capital variable, non monétaire	Fonds d'investissement à capital fixe, non monétaire	Fonds d'investissement monétaires – Total
2	Actifs financiers	92 506	89 056	..	..	3 450
2.1	Numéraire et dépôts	4 001	3 589	..	..	412
2.2	Titres de dette	34 282	31 262	..	..	3 020
2.2.1	Titres de dette à court terme	2 297	1 610	..	..	687
2.2.2	Titres de dette à long terme	31 985	29 652	..	..	2 333
2.2.3	Titres de dette émis par les résidents	4 450	3 777	..	..	673
2.2.4	Titres de dette émis par les non-résidents	29 832	27 485	..	..	2 347
2.3	Crédits	1 714	1 714	..	..	0
2.3.1	Crédits à court terme	0	0	..	..	0
2.3.2	Crédits à long terme	1 714	1 714	..	..	0
2.3.3	Crédits accordés aux résidents	1 607	1 607	..	..	0
2.3.4	Crédits accordés aux non-résidents	107	107	..	..	0
2.4	Actions et parts de fonds d'investissement	50 129	50 127	..	..	2
2.4.1	Actions et parts de fonds d'investissements émises par les résidents	17 538	17 538	..	..	0
2.4.2	Actions et part de fonds d'investissements émises par les non-résidents	32 591	32 589	..	..	2
2.5	Autres comptes à recevoir	676	660	..	..	16

		Total	Fonds d'investissement – Fonds d'investissement non-monétaire – Total	Fonds d'investissement à capital variable, non monétaire	Fonds d'investissement à capital fixe, non monétaire	Fonds d'investissement monétaires – Total
2	Pasifs financiers	92 234	88 745	..	..	3 489
2.1	Numéraire et dépôts	..	..	..	..	..
2.2	Titres de dette	0	..	..	..	0
2.2.1	Titres de dette à court terme	..	..	..	..	..
2.2.2	Titres de dette à long terme	0	..	..	..	0
2.3	Crédits	686	686	..	..	0
2.3.1	Crédits à court terme	11	11	..	..	0
2.3.2	Crédits à long terme	675	675	..	..	0
2.4	Actions et parts de fonds d'investissement	88 969	85 571	..	..	3 398
2.5	Systèmes d'assurance, de pensions et garanties standard	..	..	..	..	..
2.5	Produits financiers dérivés et options sur titres des salariés	1 960	1 960	..	..	0
2.8	Autres comptes à payer	619	528	..	..	91

		Total	Sociétés d'assurance et fonds de pension autonomes – Sociétés d'assurance – Total	Sociétés d'assurance vie	Sociétés d'assurance non-vie	Fonds de pension autonomes – Total
2	Actifs financiers	70 695	67 676	..	..	3 019
2.1	Numéraire et dépôts	3 498	3 439	..	..	59
2.2	Titres de dette	24 852	23 971	..	..	881
2.2.1	Titres de dette à court terme	3 622	3 581	..	..	41
2.2.2	Titres de dette à long terme	21 230	20 390	..	..	840
2.2.3	Titres de dette émis par les résidents	9 901	9 457	..	..	444
2.2.4	Titres de dette émis par les non-résidents	14 951	14 514	..	..	437
2.3	Crédits	1 583	1 426	..	..	157
2.3.1	Crédits à court terme	0	0	..	..	0
2.3.2	Crédits à long terme	1 583	1 426	..	..	157
2.3.3	Crédits accordés aux résidents	1 505	1 348	..	..	157
2.3.4	Crédits accordés aux non-résidents	78	78	..	..	0
2.4	Actions et parts de fonds d'investissement	38 226	36 339	..	..	1 887
2.4.1	Actions et parts de fonds d'investissement émises par les résidents	26 806	25 812	..	..	994
2.4.2	Actions et parts de fonds d'investissement émises par les non-résidents	11 420	10 527	..	..	893
2.5	Autrescomptes à recevoir	2 376	2 341	..	..	35

		Total	Sociétés d'assurance et fonds de pension autonomes – Sociétés d'assurance – Total	Sociétés d'assurance vie	Sociétés d'assurance non-vie	Fonds de pension autonomes – Total
2	Pasifs financiers	67 454	63 721	..	..	3 733
2.1	Numéraire et dépôts	0	0	..	..	..
2.2	Titres de dette	7 741	7 741	..	..	0
2.2.1	Titres de dette à court terme	24	24	..	..	0
2.2.2	Titres de dette à long terme	7 717	7 717	..	..	0
2.3	Crédits	289	289	..	..	0
2.3.1	Crédits à court terme	65	65	..	..	0
2.3.2	Crédits à long terme	224	224	..	..	0
2.4	Actions et parts de fonds d'investissement	5 510	5 510	..	..	..
2.5	Systèmes d'assurance, de pensions et garanties standard	51 981	48 296	..	..	3 685
2.5	Produits financiers dérivés et options sur titres des salariés	290	290	..	..	0
2.8	Autres comptes à payer	1 643	1 595	..	..	48

Note : Voir les métadonnées détaillées sur : http://metalinks.oecd.org/instinv/20160427/0c9f

FINLANDE

Tableau 2. Actifs financiers des fonds d'investissement

Millions EUR

	2007	2008	2009	2010	2011	2012	2013	2014
Fonds d'investissement								
Valeur nette financière	-844	-537	-1 229	-377	282	-165	-299	272
Actifs financiers	68 827	44 386	56 464	66 600	60 358	72 745	82 503	92 506
Numéraire et dépôts	2 389	2 192	1 971	2 154	2 430	2 905	4 544	4 001
Titres de dette	32 731	25 485	26 138	25 281	25 684	28 865	30 822	34 282
Crédits	0	0	0	1 250	1 356	1 403	1 385	1 714
Actions et parts de fonds d'investissement	33 140	16 365	28 167	36 679	29 569	37 988	43 956	50 129
Actions	20 604	9 967	18 287	23 773	17 884	21 864	27 083	31 064
Parts de fonds d'investissement	12 536	6 398	9 880	12 906	11 685	16 124	16 873	19 065
Parts de fonds d'investissement monétaires	2 459	1 258	1 277	1 092	1 147	577	834	772
Parts de fonds d'investissement non monétaires	10 077	5 140	8 603	11 814	10 538	15 547	16 039	18 293
Systèmes d'assurance, de pensions et garanties standard	..	..	..	..	..	..	..	..
Produits financiers dérivés et options sur titres des salariés	4	13	1	387	713	1 048	1 256	1 704
Autres comptes à recevoir	563	331	187	849	606	536	540	676
Passifs financiers	69 671	44 923	57 693	66 977	60 076	72 910	82 802	92 234
Titres de dette	0	0	0	0	0	0	0	0
Titres de dette à court terme	..	..	..	..	..	..	..	..
Titres de dette à long terme	0	0	0	0	0	0	0	0
Crédits	0	0	3	3	8	6	1 921	686
Crédits à court terme	0	0	0	0	0	0	0	11
Crédits à long terme	0	0	3	3	8	6	1 921	675
Actions et parts de fonds d'investissement	68 347	43 915	57 249	65 385	58 697	70 531	79 048	88 969
Systèmes d'assurance, de pensions et garanties standard	..	..	..	..	..	..	..	..
Produits financiers dérivés et options sur titres des salariés	455	524	74	615	885	1 793	1 228	1 960
Autres comptes à payer	869	484	367	974	486	580	605	619
Actifs non financiers	..	..	..	..	..	..	..	..
Fonds d'investissement monéaires								
Valeur nette financière	38	433	186	180	135	-310	-564	-39
Actifs financiers	18 924	12 776	11 953	10 480	11 553	3 244	3 546	3 450
Numéraire et dépôts	653	530	296	331	401	293	335	412
Titres de dette	18 157	12 104	11 433	9 942	10 849	2 844	3 105	3 020
Crédits	0	0	0	0	0	0	0	0
Actions et parts de fonds d'investissement	11	0	209	178	14	12	2	2
Actions	0	0	0	0	0	0	0	0
Parts de fonds d'investissement	11	0	209	178	14	12	2	2
Parts de fonds d'investissement monétaires	7	0	32	0	14	12	2	2
Parts de fonds d'investissement non monétaires	4	0	177	178	0	0	0	0
Systèmes d'assurance, de pensions et garanties standard	..	..	..	..	..	..	..	..
Produits financiers dérivés et options sur titres des salariés	0	0	0	0	0	25	0	0
Autres comptes à recevoir	103	142	15	29	289	70	104	16
Passifs financiers	18 886	12 343	11 767	10 300	11 418	3 554	4 110	3 489
Titres de dette	0	0	0	0	0	0	0	0
Titres de dette à court terme	..	..	..	..	..	..	..	..
Titres de dette à long terme	0	0	0	0	0	0	0	0
Crédits	0	0	0	0	0	0	136	0
Crédits à court terme	0	0	0	0	0	0	0	0
Crédits à long terme	0	0	0	0	0	0	136	0
Actions et parts de fonds d'investissement	18 727	12 181	11 722	10 222	11 347	3 554	3 974	3 398
Systèmes d'assurance, de pensions et garanties standard	..	..	..	..	..	..	..	..
Produits financiers dérivés et options sur titres des salariés	0	0	0	0	0	0	0	0
Autres comptes à payer	159	162	45	78	71	0	0	91
Actifs non financiers	0	0	0	0	0	0	0	0
Fonds d'investissement non monéaires								
Valeur nette financière	-882	-970	-1 415	-557	147	145	265	311
Actifs financiers	49 903	31 610	44 511	56 120	48 805	69 501	78 957	89 056
Numéraire et dépôts	1 736	1 662	1 675	1 823	2 029	2 612	4 209	3 589
Titres de dette	14 574	13 381	14 705	15 339	14 835	26 021	27 717	31 262
Crédits	0	0	0	1 250	1 356	1 403	1 385	1 714
Actions et parts de fonds d'investissement	33 129	16 365	27 958	36 501	29 555	37 976	43 954	50 127
Actions	20 604	9 967	18 287	23 773	17 884	21 864	27 083	31 064
Parts de fonds d'investissement	12 525	6 398	9 671	12 728	11 671	16 112	16 871	19 063
Parts de fonds d'investissement monétaires	2 452	1 258	1 245	1 092	1 133	565	832	770
Parts de fonds d'investissement non monétaires	10 073	5 140	8 426	11 636	10 538	15 547	16 039	18 293
Systèmes d'assurance, de pensions et garanties standard	..	..	..	..	..	..	..	..
Produits financiers dérivés et options sur titres des salariés	4	13	1	387	713	1 023	1 256	1 704
Autres comptes à recevoir	460	189	172	820	317	466	436	660
Passifs financiers	50 785	32 580	45 926	56 677	48 658	69 356	78 692	88 745
Titres de dette	..	..	..	..	..	..	..	..
Titres de dette à court terme	..	..	..	..	..	..	..	..
Titres de dette à long terme	..	..	..	..	..	..	..	..
Crédits	0	0	3	3	8	6	1 785	686
Crédits à court terme	0	0	0	0	0	0	0	11
Crédits à long terme	0	0	3	3	8	6	1 785	675
Actions et parts de fonds d'investissement	49 620	31 734	45 527	55 163	47 350	66 977	75 074	85 571
Systèmes d'assurance, de pensions et garanties standard	..	..	..	..	..	..	..	..
Produits financiers dérivés et options sur titres des salariés	455	524	74	615	885	1 793	1 228	1 960
Autres comptes à payer	710	322	322	896	415	580	605	528
Actifs non financiers	0	0	0	0	0	0	0	0
Fonds d'investissement non monéaires à capital variable								
Valeur nette financière	..	..	..	..	..	..	..	..
Actifs financiers	..	..	..	..	..	..	..	..

Tableau 2. Actifs financiers des fonds d'investissement *(suite)*

Millions EUR

	2007	2008	2009	2010	2011	2012	2013	2014
Numéraire et dépôts	..	..	..	..	..	..	..	..
Titres de dette	..	..	..	..	..	..	..	..
Crédits	..	..	..	..	..	..	..	..
Actions et parts de fonds d'investissement	..	..	..	..	..	..	..	..
Actions	..	..	..	..	..	..	..	..
Parts de fonds d'investissement	..	..	..	..	..	..	..	..
Parts de fonds d'investissement monétaires	..	..	..	..	..	..	..	..
Parts de fonds d'investissement non monétaires	..	..	..	..	..	..	..	..
Systèmes d'assurance, de pensions et garanties standard	..	..	..	..	..	..	..	..
Produits financiers dérivés et options sur titres des salariés	..	..	..	..	..	..	..	..
Autres comptes à recevoir	..	..	..	..	..	..	..	..
Passifs financiers	..	..	..	..	..	..	..	..
Titres de dette	..	..	..	..	..	..	..	..
Titres de dette à court terme	..	..	..	..	..	..	..	..
Titres de dette à long terme	..	..	..	..	..	..	..	..
Crédits	..	..	..	..	..	..	..	..
Crédits à court terme	..	..	..	..	..	..	..	..
Crédits à long terme	..	..	..	..	..	..	..	..
Actions et parts de fonds d'investissement	..	..	..	..	..	..	..	..
Systèmes d'assurance, de pensions et garanties standard	..	..	..	..	..	..	..	..
Produits financiers dérivés et options sur titres des salariés	..	..	..	..	..	..	..	..
Autres comptes à payer	..	..	..	..	..	..	..	..
Actifs non financiers	..	..	..	..	..	..	..	..
Fonds d'investissement à capital variable								
Valeur nette financière	..	..	..	..	..	..	..	..
Actifs financiers	..	..	..	..	..	..	..	..
Numéraire et dépôts	..	..	..	..	..	..	..	..
Titres de dette	..	..	..	..	..	..	..	..
Crédits	..	..	..	..	..	..	..	..
Actions et parts de fonds d'investissement	..	..	..	..	..	..	..	..
Actions	..	..	..	..	..	..	..	..
Parts de fonds d'investissement	..	..	..	..	..	..	..	..
Parts de fonds d'investissement monétaires	..	..	..	..	..	..	..	..
Parts de fonds d'investissement non monétaires	..	..	..	..	..	..	..	..
Systèmes d'assurance, de pensions et garanties standard	..	..	..	..	..	..	..	..
Produits financiers dérivés et options sur titres des salariés	..	..	..	..	..	..	..	..
Autres comptes à recevoir	..	..	..	..	..	..	..	..
Passifs financiers	..	..	..	..	..	..	..	..
Titres de dette	..	..	..	..	..	..	..	..
Titres de dette à court terme	..	..	..	..	..	..	..	..
Titres de dette à long terme	..	..	..	..	..	..	..	..
Crédits	..	..	..	..	..	..	..	..
Crédits à court terme	..	..	..	..	..	..	..	..
Crédits à long terme	..	..	..	..	..	..	..	..
Actions et parts de fonds d'investissement	..	..	..	..	..	..	..	..
Systèmes d'assurance, de pensions et garanties standard	..	..	..	..	..	..	..	..
Produits financiers dérivés et options sur titres des salariés	..	..	..	..	..	..	..	..
Autres comptes à payer	..	..	..	..	..	..	..	..
Actifs non financiers	..	..	..	..	..	..	..	..

Note : Voir les métadonnées détaillées sur : http://metalinks.oecd.org/instinv/20160427/0c9f

FINLANDE

Tableau 3. Actifs financiers des sociétés d'assurance et fonds de pension

Millions EUR

	2007	2008	2009	2010	2011	2012	2013	2014
Sociétés d'assurance et fonds de pension								
Valeur nette financière	-1 511	-2 789	1 527	3 529	3 415	3 682	1 758	3 241
Actifs financiers	51 494	46 278	51 590	57 381	56 438	61 770	64 156	70 695
Numéraire et dépôts	1 366	1 445	1 577	2 238	2 108	2 497	2 818	3 498
Titres de dette	21 153	21 946	21 367	22 245	21 177	23 505	24 582	24 852
Crédits	1 503	1 689	1 735	1 816	1 824	1 680	1 667	1 583
Actions et parts de fonds d'investissement	26 063	19 454	25 075	29 211	29 524	31 919	33 479	38 226
Actions	6 681	5 845	6 071	5 155	5 027	4 877	4 870	4 961
Parts de fonds d'investissement	19 382	13 609	19 004	24 056	24 497	27 042	28 609	33 265
Parts de fonds d'investissement monétaires	2 019	1 720	1 558	1 268	2 532	966	1 188	1 511
Parts de fonds d'investissement non monétaires	17 363	11 889	17 446	22 788	21 965	26 076	27 421	31 754
Systèmes d'assurance, de pensions et garanties standard	0	0	0	0	0	0	0	0
Produits financiers dérivés et options sur titres des salariés	4	0	0	173	46	310	132	160
Autres comptes à recevoir	1 405	1 744	1 836	1 698	1 759	1 859	1 478	2 376
Passifs financiers	53 005	49 067	50 063	53 852	53 023	58 088	62 398	67 454
Titres de dette	892	793	1 320	2 205	2 547	3 563	5 535	7 741
Titres de dette à court terme	0	3	6	9	17	13	5	24
Titres de dette à long terme	892	790	1 314	2 196	2 530	3 550	5 530	7 717
Crédits	392	367	477	362	452	182	106	289
Crédits à court terme	3	0	1	1	1	44	23	65
Crédits à long terme	389	367	476	361	451	138	83	224
Actions et parts de fonds d'investissement	3 884	2 930	4 040	4 640	4 380	5 162	5 447	5 510
Systèmes d'assurance, de pensions et garanties standard	47 010	44 126	42 668	45 456	44 428	47 797	49 918	51 981
Produits financiers dérivés et options sur titres des salariés	13	10	10	128	316	66	91	290
Autres comptes à payer	814	841	1 548	1 061	900	1 318	1 301	1 643
Actifs non financiers	..	..	..	..	..	..	..	..
Sociétés d'assurance								
Valeur nette financière	-824	-1 870	2 252	3 021	3 158	3 792	2 586	3 955
Actifs financiers	47 587	42 797	47 947	53 120	52 543	58 247	61 194	67 676
Numéraire et dépôts	1 249	1 325	1 445	2 142	1 893	2 372	2 604	3 439
Titres de dette	20 189	20 718	20 325	21 403	20 211	22 707	23 720	23 971
Crédits	955	1 200	1 251	1 518	1 514	1 428	1 502	1 426
Actions et parts de fonds d'investissement	23 845	17 875	23 136	26 221	27 178	29 688	31 799	36 339
Actions	5 908	5 183	5 469	4 232	4 144	4 332	4 360	4 256
Parts de fonds d'investissement	17 937	12 692	17 667	21 989	23 034	25 356	27 439	32 083
Parts de fonds d'investissement monétaires	2 019	1 720	1 400	1 207	2 439	864	1 066	1 435
Parts de fonds d'investissement non monétaires	15 918	10 972	16 267	20 782	20 595	24 492	26 373	30 648
Systèmes d'assurance, de pensions et garanties standard	0	0	0	0	0	0	0	0
Produits financiers dérivés et options sur titres des salariés	4	0	0	173	46	308	130	160
Autres comptes à recevoir	1 345	1 679	1 790	1 663	1 701	1 744	1 439	2 341
Passifs financiers	48 411	44 667	45 695	50 099	49 385	54 455	58 608	63 721
Titres de dette	892	793	1 320	2 205	2 547	3 563	5 535	7 741
Titres de dette à court terme	0	3	6	9	17	13	5	24
Titres de dette à long terme	892	790	1 314	2 196	2 530	3 550	5 530	7 717
Crédits	392	367	477	362	426	182	106	289
Crédits à court terme	3	0	1	1	1	44	23	65
Crédits à long terme	389	367	476	361	425	138	83	224
Actions et parts de fonds d'investissement	3 884	2 930	4 040	4 640	4 380	5 162	5 447	5 510
Systèmes d'assurance, de pensions et garanties standard	42 461	39 750	38 333	41 729	40 841	44 189	46 154	48 296
Produits financiers dérivés et options sur titres des salariés	13	10	10	128	316	66	91	290
Autres comptes à payer	769	817	1 515	1 035	875	1 293	1 275	1 595
Actifs non financiers	815	884	949	894	877	881	851	826
Fonds de pension								
Valeur nette financière	-687	-919	-725	508	257	-110	-828	-714
Actifs financiers	3 907	3 481	3 643	4 261	3 895	3 523	2 962	3 019
Numéraire et dépôts	117	120	132	96	215	125	214	59
Titres de dette	964	1 228	1 042	842	966	798	862	881
Crédits	548	489	484	298	310	252	165	157
Actions et parts de fonds d'investissement	2 218	1 579	1 939	2 990	2 346	2 231	1 680	1 887
Actions	773	662	602	923	883	545	510	705
Parts de fonds d'investissement	1 445	917	1 337	2 067	1 463	1 686	1 170	1 182
Parts de fonds d'investissement monétaires	0	0	158	61	93	102	122	76
Parts de fonds d'investissement non monétaires	1 445	917	1 179	2 006	1 370	1 584	1 048	1 106
Systèmes d'assurance, de pensions et garanties standard	..	..	..	..	..	..	..	..
Produits financiers dérivés et options sur titres des salariés	0	0	0	0	0	2	2	0
Autres comptes à recevoir	60	65	46	35	58	115	39	35
Passifs financiers	4 594	4 400	4 368	3 753	3 638	3 633	3 790	3 733
Titres de dette	0	0	0	0	0	0	0	0
Titres de dette à court terme	0	0	0	0	0	0	0	0
Titres de dette à long terme	0	0	0	0	0	0	0	0
Crédits	0	0	0	0	26	0	0	0
Crédits à court terme	0	0	0	0	0	0	0	0
Crédits à long terme	0	0	0	0	26	0	0	0
Actions et parts de fonds d'investissement	..	..	..	..	..	..	..	..
Systèmes d'assurance, de pensions et garanties standard	4 549	4 376	4 335	3 727	3 587	3 608	3 764	3 685
Produits financiers dérivés et options sur titres des salariés	0	0	0	0	0	0	0	0
Autres comptes à payer	45	24	33	26	25	25	26	48
Actifs non financiers	0	0	0	0	0	0	0	0

Note : Voir les métadonnées détaillées sur : http://metalinks.oecd.org/instinv/20160427/0c9f

Tableau 4. Composition du portefeuille par type d'investisseur

En pourcentage des actifs financiers et des passifs financiers

Pour cent

	2007	2008	2009	2010	2011	2012	2013	2014
Fonds d'investissement								
Actifs financiers	100.0	100.0	100.0	100.0	100.0	100.0	100.0	100.0
Numéraire et dépôts	3.5	4.9	3.5	3.2	4.0	4.0	5.5	4.3
Titres de dettes	47.6	57.4	46.3	38.0	42.6	39.7	37.4	37.1
Crédits	0.0	0.0	0.0	1.9	2.2	1.9	1.7	1.9
Actions et parts de fonds d'investissement	48.1	36.9	49.9	55.1	49.0	52.2	53.3	54.2
Systèmes d'assurance de pensions et garanties standard	0.0	0.0	0.0	0.0	0.0	0.0	0.0	0.0
Produits financiers dérivés et options sur titres des salariés	0.0	0.0	0.0	0.6	1.2	1.4	1.5	1.8
Autres comptes à recevoir	0.8	0.7	0.3	1.3	1.0	0.7	0.7	0.7
Passifs financiers	100.0	100.0	100.0	100.0	100.0	100.0	100.0	100.0
Numéraire et dépôts	0.0	0.0	0.0	0.0	0.0	0.0	0.0	0.0
Titres de dettes	0.0	0.0	0.0	0.0	0.0	0.0	0.0	0.0
Crédits	0.0	0.0	0.0	0.0	0.0	0.0	2.3	0.7
Actions et parts de fonds d'investissement	98.1	97.8	99.2	97.6	97.7	96.7	95.5	96.5
Systèmes d'assurance de pensions et garanties standard	0.0	0.0	0.0	0.0	0.0	0.0	0.0	0.0
Produits financiers dérivés et options sur titres des salariés	0.7	1.2	0.1	0.9	1.5	2.5	1.5	2.1
Autres comptes à recevoir	1.2	1.1	0.6	1.5	0.8	0.8	0.7	0.7
Sociétés d'assurance								
Actifs financiers	100.0	100.0	100.0	100.0	100.0	100.0	100.0	100.0
Numéraire et dépôts	2.6	3.1	3.0	4.0	3.6	4.1	4.3	5.1
Titres de dettes	42.4	48.4	42.4	40.3	38.5	39.0	38.8	35.4
Crédits	2.0	2.8	2.6	2.9	2.9	2.5	2.5	2.1
Actions et parts de fonds d'investissement	50.1	41.8	48.3	49.4	51.7	51.0	52.0	53.7
Systèmes d'assurance de pensions et garanties standard	0.0	0.0	0.0	0.0	0.0	0.0	0.0	0.0
Produits financiers dérivés et options sur titres des salariés	0.0	0.0	0.0	0.3	0.1	0.5	0.2	0.2
Autres comptes à recevoir	2.8	3.9	3.7	3.1	3.2	3.0	2.4	3.5
Passifs financiers	100.0	100.0	100.0	100.0	100.0	100.0	100.0	100.0
Numéraire et dépôts	0.0	0.0	0.0	0.0	0.0	0.0	0.0	0.0
Titres de dettes	1.8	1.8	2.9	4.4	5.2	6.5	9.4	12.1
Crédits	0.8	0.8	1.0	0.7	0.9	0.3	0.2	0.5
Actions et parts de fonds d'investissement	8.0	6.6	8.8	9.3	8.9	9.5	9.3	8.6
Systèmes d'assurance de pensions et garanties standard	87.7	89.0	83.9	83.3	82.7	81.1	78.8	75.8
Produits financiers dérivés et options sur titres des salariés	0.0	0.0	0.0	0.3	0.6	0.1	0.2	0.5
Autres comptes à recevoir	1.6	1.8	3.3	2.1	1.8	2.4	2.2	2.5
Fonds de pension								
Actifs financiers	100.0	100.0	100.0	100.0	100.0	100.0	100.0	100.0
Numéraire et dépôts	3.0	3.4	3.6	2.3	5.5	3.5	7.2	2.0
Titres de dettes	24.7	35.3	28.6	19.8	24.8	22.7	29.1	29.2
Crédits	14.0	14.0	13.3	7.0	8.0	7.2	5.6	5.2
Actions et parts de fonds d'investissement	56.8	45.4	53.2	70.2	60.2	63.3	56.7	62.5
Systèmes d'assurance de pensions et garanties standard	0.0	0.0	0.0	0.0	0.0	0.0	0.0	0.0
Produits financiers dérivés et options sur titres des salariés	0.0	0.0	0.0	0.0	0.0	0.1	0.1	0.0
Autres comptes à recevoir	1.5	1.9	1.3	0.8	1.5	3.3	1.3	1.2
Passifs financiers	100.0	100.0	100.0	100.0	100.0	100.0	100.0	100.0
Numéraire et dépôts	0.0	0.0	0.0	0.0	0.0	0.0	0.0	0.0
Titres de dettes	0.0	0.0	0.0	0.0	0.0	0.0	0.0	0.0
Crédits	0.0	0.0	0.0	0.0	0.7	0.0	0.0	0.0
Actions et parts de fonds d'investissement	0.0	0.0	0.0	0.0	0.0	0.0	0.0	0.0
Systèmes d'assurance de pensions et garanties standard	99.0	99.5	99.2	99.3	98.6	99.3	99.3	98.7
Produits financiers dérivés et options sur titres des salariés	0.0	0.0	0.0	0.0	0.0	0.0	0.0	0.0
Autres comptes à recevoir	1.0	0.5	0.8	0.7	0.7	0.7	0.7	1.3

Note : Voir les métadonnées détaillées sur : http://metalinks.oecd.org/instinv/20160427/2c5e

Tableau 1. Actifs financiers des investisseurs institutionnels, 2014

Millions EUR (1999 FRF euro)

			Fonds d'investissement			
		Total	Fonds d'investissement non-monétaire			Fonds d'investissement monétaires
			Total	Fonds d'investissement à capital variable, non monétaire	Fonds d'investissement à capital fixe, non monétaire	Total
2	Actifs financiers	1 454 248	1 159 930	1 159 930	0	294 317
2.1	Numéraire et dépôts	85 309	41 764	41 764	0	43 546
2.2	Titres de dette	575 387	354 785	354 785	0	220 601
2.2.1	Titres de dette à court terme	178 883	25 695	25 695	0	153 188
2.2.2	Titres de dette à long terme	396 504	329 090	329 090	0	67 414
2.2.3	Titres de dette émis par les résidents	233 610	115 180	115 180	0	118 430
2.2.4	Titres de dette émis par les non-résidents	341 777	239 605	239 605	0	102 172
2.3	Crédits	2 362	1 471	1 471	0	891
2.3.1	Crédits à court terme	2 326	1 436	1 436	0	891
2.3.2	Crédits à long terme	35	35	35	0	0
2.3.3	Crédits accordés aux résidents	2 085	1 194	1 194	0	891
2.3.4	Crédits accordés aux non-résidents	277	277	277	0	0
2.4	Actions et parts de fonds d'investissement	650 694	624 377	624 377	0	26 317
2.4.1	Actions et parts de fonds d'investissements émises par les résidents	360 032	334 075	334 075	0	25 956
2.4.2	Actions et part de fonds d'investissements émises par les non-résidents	290 662	290 302	290 302	0	360
2.5	Autres comptes à recevoir	112 593	110 566	110 566	0	2 027

			Fonds d'investissement			
		Total	Fonds d'investissement non-monétaire			Fonds d'investissement monétaires
			Total	Fonds d'investissement à capital variable, non monétaire	Fonds d'investissement à capital fixe, non monétaire	Total
2	Pasifs financiers	1 505 683	1 211 365	1 211 365	0	294 317
2.1	Numéraire et dépôts	7 498	5 780	5 780	0	1 718
2.2	Titres de dette	0	0	0	0	0
2.2.1	Titres de dette à court terme	0	0	0	0	0
2.2.2	Titres de dette à long terme	0	0	0	0	0
2.3	Crédits	4 050	4 049	4 049	0	1
2.3.1	Crédits à court terme	2 491	2 490	2 490	0	1
2.3.2	Crédits à long terme	1 559	1 559	1 559	0	0
2.4	Actions et parts de fonds d'investissement	1 349 244	1 060 342	1 060 342	0	288 903
2.5	Systèmes d'assurance, de pensions et garanties standard	0	0	0	0	0
2.5	Produits financiers dérivés et options sur titres des salariés	31 214	30 222	30 222	0	992
2.8	Autres comptes à payer	113 677	110 973	110 973	0	2 704

			Sociétés d'assurance et fonds de pension autonomes			
		Total	Sociétés d'assurance			Fonds de pension autonomes
			Total	Sociétés d'assurance vie	Sociétés d'assurance non-vie	Total
2	Actifs financiers	2 398 500	2 398 500	2 022 394	376 106	..
2.1	Numéraire et dépôts	34 039	34 039	27 469	6 570	..
2.2	Titres de dette	1 461 006	1 461 006	1 281 282	179 724	..
2.2.1	Titres de dette à court terme	24 326	24 326	23 289	1 037	..
2.2.2	Titres de dette à long terme	1 436 680	1 436 680	1 257 993	178 687	..
2.2.3	Titres de dette émis par les résidents	795 498	795 498	692 563	102 935	..
2.2.4	Titres de dette émis par les non-résidents	665 508	665 508	588 719	76 789	..
2.3	Crédits	36 763	36 763	29 558	7 205	..
2.3.1	Crédits à court terme	19 191	19 191	15 430	3 761	..
2.3.2	Crédits à long terme	17 572	17 572	14 128	3 444	..
2.3.3	Crédits accordés aux résidents	35 089	35 089	28 212	6 877	..
2.3.4	Crédits accordés aux non-résidents	1 674	1 674	1 346	328	..
2.4	Actions et parts de fonds d'investissement	746 756	746 756	587 653	159 103	..
2.4.1	Actions et parts de fonds d'investissement émises par les résidents	646 876	646 876	501 506	145 370	..
2.4.2	Actions et parts de fonds d'investissement émises par les non-résidents	99 880	99 880	86 146	13 733	..
2.5	Autrescomptes à recevoir	231	231	186	45	..

			Sociétés d'assurance et fonds de pension autonomes			
		Total	Sociétés d'assurance			Fonds de pension autonomes
			Total	Sociétés d'assurance vie	Sociétés d'assurance non-vie	Total
2	Pasifs financiers	2 166 809	2 166 809	1 738 949	427 860	..
2.1	Numéraire et dépôts	0	0	0	0	..
2.2	Titres de dette	15 892	15 892	9 564	6 328	..
2.2.1	Titres de dette à court terme	107	107	86	21	..
2.2.2	Titres de dette à long terme	15 785	15 785	9 478	6 307	..
2.3	Crédits	99 583	99 583	80 067	19 516	..
2.3.1	Crédits à court terme	63 874	63 874	51 356	12 518	..
2.3.2	Crédits à long terme	35 709	35 709	28 711	6 998	..
2.4	Actions et parts de fonds d'investissement	117 869	117 869	94 769	23 100	..
2.5	Systèmes d'assurance, de pensions et garanties standard	1 897 780	1 897 780	1 525 857	371 923	..
2.5	Produits financiers dérivés et options sur titres des salariés	1 895	1 895	1 524	371	..
2.8	Autres comptes à payer	33 790	33 790	27 168	6 622	..

Note : Voir les métadonnées détaillées sur : http://metalinks.oecd.org/instinv/20160427/0c9f

Tableau 2. Actifs financiers des fonds d'investissement

Millions EUR

	2007	2008	2009	2010	2011	2012	2013	2014
Fonds d'investissement								
Valeur nette financière	..	-18 737	-20 857	-23 789	-30 834	-38 900	-43 614	-51 435
Actifs financiers	..	1 349 244	1 493 726	1 479 830	1 326 157	1 399 454	1 399 994	1 454 248
Numéraire et dépôts	..	105 338	91 350	83 360	84 017	86 872	83 589	85 309
Titres de dette	..	586 723	631 444	595 379	558 349	590 121	552 979	575 387
Crédits	..	6 135	4 622	5 746	1 600	1 439	2 331	2 362
Actions et parts de fonds d'investissement	..	536 167	638 115	656 077	556 097	595 237	640 391	650 694
Actions	..	262 388	350 302	376 584	312 815	332 447	375 711	385 051
Parts de fonds d'investissement	..	273 778	287 813	279 493	243 282	262 789	264 681	265 643
Parts de fonds d'investissement monétaires	..	128 288	114 653	97 541	91 967	98 446	87 471	75 992
Parts de fonds d'investissement non monétaires	..	145 491	173 160	181 952	151 315	164 343	177 210	189 651
Systèmes d'assurance, de pensions et garanties standard	..	0	0	0	0	0	0	0
Produits financiers dérivés et options sur titres des salariés	..	18 767	13 800	13 481	25 137	25 916	26 096	27 903
Autres comptes à recevoir	..	96 114	114 394	125 786	100 956	99 870	94 608	112 593
Passifs financiers	..	1 367 981	1 514 582	1 503 620	1 356 990	1 438 354	1 443 608	1 505 683
Titres de dette	..	0	0	0	0	0	0	0
Titres de dette à court terme	..	0	0	0	0	0	0	0
Titres de dette à long terme	..	0	0	0	0	0	0	0
Crédits	..	1 193	554	4 170	588	3 912	3 020	4 050
Crédits à court terme	..	1 190	548	4 167	584	2 300	1 466	2 491
Crédits à long terme	..	3	5	3	4	1 612	1 555	1 559
Actions et parts de fonds d'investissement	..	1 252 029	1 384 469	1 357 039	1 220 785	1 293 864	1 307 054	1 349 244
Systèmes d'assurance, de pensions et garanties standard	..	0	0	0	0	0	0	0
Produits financiers dérivés et options sur titres des salariés	..	8 446	10 801	8 685	24 275	26 667	28 154	31 214
Autres comptes à payer	..	94 287	110 466	124 820	100 643	101 346	96 127	113 677
Actifs non financiers	..	18 739	20 859	23 790	30 837	38 903	43 614	51 435
Fonds d'investissement monéaires								
Valeur nette financière	..	0	0	0	0	0	0	0
Actifs financiers	..	489 169	501 628	413 885	369 359	370 535	324 945	294 317
Numéraire et dépôts	..	73 776	56 673	47 050	41 234	40 832	46 812	43 546
Titres de dette	..	326 206	347 523	295 112	273 595	277 341	237 529	220 601
Crédits	..	3 117	2 022	1 048	487	758	795	891
Actions et parts de fonds d'investissement	..	82 510	72 532	53 389	38 223	48 547	35 595	26 317
Actions	..	2 504	2 419	1 942	63	0	0	0
Parts de fonds d'investissement	..	80 006	70 113	51 447	38 160	48 547	35 595	26 317
Parts de fonds d'investissement monétaires	..	78 643	67 048	48 598	37 055	48 127	35 232	25 949
Parts de fonds d'investissement non monétaires	..	1 363	3 065	2 849	1 105	420	363	368
Systèmes d'assurance, de pensions et garanties standard	..	0	0	0	0	0	0	0
Produits financiers dérivés et options sur titres des salariés	..	2 139	1 172	787	371	729	703	935
Autres comptes à recevoir	..	1 421	21 706	16 499	15 449	2 328	3 510	2 027
Passifs financiers	..	489 169	501 628	413 885	369 359	370 535	324 945	294 317
Titres de dette	..	0	0	0	0	0	0	0
Titres de dette à court terme	..	0	0	0	0	0	0	0
Titres de dette à long terme	..	0	0	0	0	0	0	0
Crédits	..	136	16	3	96	140	0	1
Crédits à court terme	..	136	16	3	96	140	0	1
Crédits à long terme	..	0	0	0	0	0	0	0
Actions et parts de fonds d'investissement	..	483 260	479 225	394 337	351 070	365 755	318 228	288 903
Systèmes d'assurance, de pensions et garanties standard	..	0	0	0	0	0	0	0
Produits financiers dérivés et options sur titres des salariés	..	1 464	1 100	705	461	515	781	992
Autres comptes à payer	..	2 272	20 474	17 279	16 917	3 213	4 897	2 704
Actifs non financiers	..	0	0	0	0	0	0	0
Fonds d'investissement non monéaires								
Valeur nette financière	..	-18 737	-20 857	-23 789	-30 834	-38 900	-43 614	-51 435
Actifs financiers	..	860 075	992 098	1 065 945	956 798	1 028 920	1 075 049	1 159 930
Numéraire et dépôts	..	31 562	34 677	36 310	42 783	46 040	36 777	41 764
Titres de dette	..	260 518	283 921	300 267	284 754	312 780	315 450	354 785
Crédits	..	3 017	2 600	4 698	1 113	681	1 536	1 471
Actions et parts de fonds d'investissement	..	453 657	565 583	602 688	517 874	546 690	604 796	624 377
Actions	..	259 884	347 883	374 643	312 752	332 447	375 711	385 051
Parts de fonds d'investissement	..	193 772	217 700	228 046	205 122	214 243	229 086	239 326
Parts de fonds d'investissement monétaires	..	49 645	47 606	48 943	54 912	50 319	52 239	50 043
Parts de fonds d'investissement non monétaires	..	144 127	170 094	179 103	150 210	163 923	176 846	189 283
Systèmes d'assurance, de pensions et garanties standard	..	0	0	0	0	0	0	0
Produits financiers dérivés et options sur titres des salariés	..	16 629	12 629	12 695	24 766	25 187	25 392	26 968
Autres comptes à recevoir	..	94 693	92 688	109 288	85 507	97 542	91 098	110 566
Passifs financiers	..	878 812	1 012 954	1 089 735	987 631	1 067 819	1 118 664	1 211 365
Titres de dette	..	0	0	0	0	0	0	0
Titres de dette à court terme	..	0	0	0	0	0	0	0
Titres de dette à long terme	..	0	0	0	0	0	0	0
Crédits	..	1 057	537	4 167	492	3 772	3 020	4 049
Crédits à court terme	..	1 054	532	4 164	488	2 160	1 466	2 490
Crédits à long terme	..	3	5	3	4	1 612	1 555	1 559
Actions et parts de fonds d'investissement	..	768 769	905 244	962 702	869 715	928 109	988 826	1 060 342
Systèmes d'assurance, de pensions et garanties standard	..	0	0	0	0	0	0	0
Produits financiers dérivés et options sur titres des salariés	..	6 982	9 702	7 980	23 814	26 152	27 373	30 222
Autres comptes à payer	..	92 015	89 992	107 541	83 726	98 133	91 230	110 973
Actifs non financiers	..	18 739	20 859	23 790	30 837	38 903	43 614	51 435
Fonds d'investissement non monéaires à capital variable								
Valeur nette financière	..	-18 737	-20 857	-23 789	-30 834	-38 900	-43 614	-51 435
Actifs financiers	..	860 075	992 098	1 065 945	956 798	1 028 920	1 075 049	1 159 930

Tableau 2. Actifs financiers des fonds d'investissement *(suite)*

Millions EUR

	2007	2008	2009	2010	2011	2012	2013	2014
Numéraire et dépôts	..	31 562	34 677	36 310	42 783	46 040	36 777	41 764
Titres de dette	..	260 518	283 921	300 267	284 754	312 780	315 450	354 785
Crédits	..	3 017	2 600	4 698	1 113	681	1 536	1 471
Actions et parts de fonds d'investissement	..	453 657	565 583	602 688	517 874	546 690	604 796	624 377
Actions	..	259 884	347 883	374 643	312 752	332 447	375 711	385 051
Parts de fonds d'investissement	..	193 772	217 700	228 046	205 122	214 243	229 086	239 326
Parts de fonds d'investissement monétaires	..	49 645	47 606	48 943	54 912	50 319	52 239	50 043
Parts de fonds d'investissement non monétaires	..	144 127	170 094	179 103	150 210	163 923	176 846	189 283
Systèmes d'assurance, de pensions et garanties standard	..	0	0	0	0	0	0	0
Produits financiers dérivés et options sur titres des salariés	..	16 629	12 629	12 695	24 766	25 187	25 392	26 968
Autres comptes à recevoir	..	94 693	92 688	109 288	85 507	97 542	91 098	110 566
Passifs financiers	..	878 812	1 012 954	1 089 735	987 631	1 067 819	1 118 664	1 211 365
Titres de dette	..	0	0	0	0	0	0	0
Titres de dette à court terme	..	0	0	0	0	0	0	0
Titres de dette à long terme	..	0	0	0	0	0	0	0
Crédits	..	1 057	537	4 167	492	3 772	3 020	4 049
Crédits à court terme	..	1 054	532	4 164	488	2 160	1 466	2 490
Crédits à long terme	..	3	5	3	4	1 612	1 555	1 559
Actions et parts de fonds d'investissement	..	768 769	905 244	962 702	869 715	928 109	988 826	1 060 342
Systèmes d'assurance, de pensions et garanties standard	..	0	0	0	0	0	0	0
Produits financiers dérivés et options sur titres des salariés	..	6 982	9 702	7 980	23 814	26 152	27 373	30 222
Autres comptes à payer	..	92 015	89 992	107 541	83 726	98 133	91 230	110 973
Actifs non financiers	..	18 739	20 859	23 790	30 837	38 903	43 614	51 435
Fonds d'investissement à capital variable								
Valeur nette financière	..	-18 737	-20 857	-23 789	-30 834	-38 900	-43 614	-51 435
Actifs financiers	..	1 349 244	1 493 726	1 479 830	1 326 157	1 399 454	1 399 994	1 454 248
Numéraire et dépôts	..	105 338	91 350	83 360	84 017	86 872	83 589	85 309
Titres de dette	..	586 723	631 444	595 379	558 349	590 121	552 979	575 387
Crédits	..	6 135	4 622	5 746	1 600	1 439	2 331	2 362
Actions et parts de fonds d'investissement	..	536 167	638 115	656 077	556 097	595 237	640 391	650 694
Actions	..	262 388	350 302	376 584	312 815	332 447	375 711	385 051
Parts de fonds d'investissement	..	273 778	287 813	279 493	243 282	262 789	264 681	265 643
Parts de fonds d'investissement monétaires	..	128 288	114 653	97 541	91 967	98 446	87 471	75 992
Parts de fonds d'investissement non monétaires	..	145 491	173 160	181 952	151 315	164 343	177 210	189 651
Systèmes d'assurance, de pensions et garanties standard	..	0	0	0	0	0	0	0
Produits financiers dérivés et options sur titres des salariés	..	18 767	13 800	13 481	25 137	25 916	26 096	27 903
Autres comptes à recevoir	..	96 114	114 394	125 786	100 956	99 870	94 608	112 593
Passifs financiers	..	1 367 981	1 514 582	1 503 620	1 356 990	1 438 354	1 443 608	1 505 683
Titres de dette	..	0	0	0	0	0	0	0
Titres de dette à court terme	..	0	0	0	0	0	0	0
Titres de dette à long terme	..	0	0	0	0	0	0	0
Crédits	..	1 193	554	4 170	588	3 912	3 020	4 050
Crédits à court terme	..	1 190	548	4 167	584	2 300	1 466	2 491
Crédits à long terme	..	3	5	3	4	1 612	1 555	1 559
Actions et parts de fonds d'investissement	..	1 252 029	1 384 469	1 357 039	1 220 785	1 293 864	1 307 054	1 349 244
Systèmes d'assurance, de pensions et garanties standard	..	0	0	0	0	0	0	0
Produits financiers dérivés et options sur titres des salariés	..	8 446	10 801	8 685	24 275	26 667	28 154	31 214
Autres comptes à payer	..	94 287	110 466	124 820	100 643	101 346	96 127	113 677
Actifs non financiers	..	18 739	20 859	23 790	30 837	38 903	43 614	51 435

Note : Voir les métadonnées détaillées sur : http://metalinks.oecd.org/instinv/20160427/0c9f

Tableau 3. Actifs financiers des sociétés d'assurance et fonds de pension

Millions EUR

	2007	2008	2009	2010	2011	2012	2013	2014
Sociétés d'assurance et fonds de pension								
Valeur nette financière	32 613	-52 192	7 673	14 354	-9 340	120 774	127 417	231 691
Actifs financiers	1 659 929	1 580 683	1 760 513	1 895 554	1 874 710	2 076 608	2 182 128	2 398 500
Numéraire et dépôts	14 640	16 384	15 322	17 513	19 009	25 163	29 222	34 039
Titres de dette	860 212	919 586	1 018 876	1 147 205	1 139 217	1 275 546	1 319 433	1 461 006
Crédits	30 749	30 436	34 977	35 546	37 501	35 334	35 595	36 763
Actions et parts de fonds d'investissement	685 788	538 918	612 297	610 397	584 317	642 192	682 792	746 756
Actions	226 404	178 912	209 952	211 909	205 338	208 716	232 519	252 646
Parts de fonds d'investissement	459 384	360 006	402 345	398 488	378 979	433 476	450 273	494 110
Parts de fonds d'investissement monétaires	66 245	62 703	58 480	50 769	64 562	84 811	61 604	66 066
Parts de fonds d'investissement non monétaires	393 138	297 302	343 867	347 719	314 416	348 664	388 669	428 043
Systèmes d'assurance, de pensions et garanties standard	65 002	68 840	74 426	80 195	86 621	92 865	111 346	115 443
Produits financiers dérivés et options sur titres des salariés	3 480	6 461	4 551	4 643	7 994	5 275	3 507	4 262
Autres comptes à recevoir	59	57	63	54	52	232	232	231
Passifs financiers	1 627 316	1 632 875	1 752 840	1 881 200	1 884 050	1 955 834	2 054 711	2 166 809
Titres de dette	7 070	6 797	6 827	6 603	8 522	9 335	11 235	15 892
Titres de dette à court terme	1 086	750	866	673	215	237	107	107
Titres de dette à long terme	5 984	6 047	5 961	5 930	8 307	9 098	11 128	15 785
Crédits	66 028	72 074	67 644	76 284	70 690	77 073	88 591	99 583
Crédits à court terme	40 584	35 715	37 982	45 246	36 843	42 938	53 080	63 874
Crédits à long terme	25 444	36 359	29 662	31 038	33 847	34 135	35 511	35 709
Actions et parts de fonds d'investissement	104 063	94 288	100 689	107 449	96 243	99 615	109 596	117 869
Systèmes d'assurance, de pensions et garanties standard	1 418 473	1 423 215	1 542 953	1 655 957	1 680 705	1 735 678	1 811 041	1 897 780
Produits financiers dérivés et options sur titres des salariés	385	1 312	466	225	324	138	426	1 895
Autres comptes à payer	31 297	35 189	34 261	34 682	27 566	33 995	33 822	33 790
Actifs non financiers	26 979	26 460	24 402	25 683	25 224	26 309	27 357	27 781
Sociétés d'assurance								
Valeur nette financière	32 613	-52 192	7 673	14 354	-9 340	120 774	127 417	231 691
Actifs financiers	1 659 929	1 580 683	1 760 513	1 895 554	1 874 710	2 076 608	2 182 128	2 398 500
Numéraire et dépôts	14 640	16 384	15 322	17 513	19 009	25 163	29 222	34 039
Titres de dette	860 212	919 586	1 018 876	1 147 205	1 139 217	1 275 546	1 319 433	1 461 006
Crédits	30 749	30 436	34 977	35 546	37 501	35 334	35 595	36 763
Actions et parts de fonds d'investissement	685 788	538 918	612 297	610 397	584 317	642 192	682 792	746 756
Actions	226 404	178 912	209 952	211 909	205 338	208 716	232 519	252 646
Parts de fonds d'investissement	459 384	360 006	402 345	398 488	378 979	433 476	450 273	494 110
Parts de fonds d'investissement monétaires	66 245	62 703	58 480	50 769	64 562	84 811	61 604	66 066
Parts de fonds d'investissement non monétaires	393 138	297 302	343 867	347 719	314 416	348 664	388 669	428 043
Systèmes d'assurance, de pensions et garanties standard	65 002	68 840	74 426	80 195	86 621	92 865	111 346	115 443
Produits financiers dérivés et options sur titres des salariés	3 480	6 461	4 551	4 643	7 994	5 275	3 507	4 262
Autres comptes à recevoir	59	57	63	54	52	232	232	231
Passifs financiers	1 627 316	1 632 875	1 752 840	1 881 200	1 884 050	1 955 834	2 054 711	2 166 809
Titres de dette	7 070	6 797	6 827	6 603	8 522	9 335	11 235	15 892
Titres de dette à court terme	1 086	750	866	673	215	237	107	107
Titres de dette à long terme	5 984	6 047	5 961	5 930	8 307	9 098	11 128	15 785
Crédits	66 028	72 074	67 644	76 284	70 690	77 073	88 591	99 583
Crédits à court terme	40 584	35 715	37 982	45 246	36 843	42 938	53 080	63 874
Crédits à long terme	25 444	36 359	29 662	31 038	33 847	34 135	35 511	35 709
Actions et parts de fonds d'investissement	104 063	94 288	100 689	107 449	96 243	99 615	109 596	117 869
Systèmes d'assurance, de pensions et garanties standard	1 418 473	1 423 215	1 542 953	1 655 957	1 680 705	1 735 678	1 811 041	1 897 780
Produits financiers dérivés et options sur titres des salariés	385	1 312	466	225	324	138	426	1 895
Autres comptes à payer	31 297	35 189	34 261	34 682	27 566	33 995	33 822	33 790
Actifs non financiers	26 979	26 460	24 402	25 683	25 224	26 309	27 357	27 781
Fonds de pension								
Valeur nette financière	..	..	..	..	..	..	..	..
Actifs financiers	..	..	..	..	..	..	..	..
Numéraire et dépôts	..	..	..	..	..	..	..	..
Titres de dette	..	..	..	..	..	..	..	..
Crédits	..	..	..	..	..	..	..	..
Actions et parts de fonds d'investissement	..	..	..	..	..	..	..	..
Actions	..	..	..	..	..	..	..	..
Parts de fonds d'investissement	..	..	..	..	..	..	..	..
Parts de fonds d'investissement monétaires	..	..	..	..	..	..	..	..
Parts de fonds d'investissement non monétaires	..	..	..	..	..	..	..	..
Systèmes d'assurance, de pensions et garanties standard	..	..	..	..	..	..	..	..
Produits financiers dérivés et options sur titres des salariés	..	..	..	..	..	..	..	..
Autres comptes à recevoir	..	..	..	..	..	..	..	..
Passifs financiers	..	..	..	..	..	..	..	..
Titres de dette	..	..	..	..	..	..	..	..
Titres de dette à court terme	..	..	..	..	..	..	..	..
Titres de dette à long terme	..	..	..	..	..	..	..	..
Crédits	..	..	..	..	..	..	..	..
Crédits à court terme	..	..	..	..	..	..	..	..
Crédits à long terme	..	..	..	..	..	..	..	..
Actions et parts de fonds d'investissement	..	..	..	..	..	..	..	..
Systèmes d'assurance, de pensions et garanties standard	..	..	..	..	..	..	..	..
Produits financiers dérivés et options sur titres des salariés	..	..	..	..	..	..	..	..
Autres comptes à payer	..	..	..	..	..	..	..	..
Actifs non financiers	..	..	..	..	..	..	..	..

Note : Voir les métadonnées détaillées sur : http://metalinks.oecd.org/instinv/20160427/0c9f

Tableau 4. Composition du portefeuille par type d'investisseur

En pourcentage des actifs financiers et des passifs financiers

Pour cent

	2007	2008	2009	2010	2011	2012	2013	2014
Fonds d'investissement								
Actifs financiers	..	100.0	100.0	100.0	100.0	100.0	100.0	100.0
Numéraire et dépôts	..	7.8	6.1	5.6	6.3	6.2	6.0	5.9
Titres de dettes	..	43.5	42.3	40.2	42.1	42.2	39.5	39.6
Crédits	..	0.5	0.3	0.4	0.1	0.1	0.2	0.2
Actions et parts de fonds d'investissement	..	39.7	42.7	44.3	41.9	42.5	45.7	44.7
Systèmes d'assurance de pensions et garanties standard	..	0.0	0.0	0.0	0.0	0.0	0.0	0.0
Produits financiers dérivés et options sur titres des salariés	..	1.4	0.9	0.9	1.9	1.9	1.9	1.9
Autres comptes à recevoir	..	7.1	7.7	8.5	7.6	7.1	6.8	7.7
Passifs financiers	..	100.0	100.0	100.0	100.0	100.0	100.0	100.0
Numéraire et dépôts	..	0.9	0.5	0.6	0.8	0.9	0.6	0.5
Titres de dettes	..	0.0	0.0	0.0	0.0	0.0	0.0	0.0
Crédits	..	0.1	0.0	0.3	0.0	0.3	0.2	0.3
Actions et parts de fonds d'investissement	..	91.5	91.4	90.3	90.0	90.0	90.5	89.6
Systèmes d'assurance de pensions et garanties standard	..	0.0	0.0	0.0	0.0	0.0	0.0	0.0
Produits financiers dérivés et options sur titres des salariés	..	0.6	0.7	0.6	1.8	1.9	2.0	2.1
Autres comptes à recevoir	..	6.9	7.3	8.3	7.4	7.0	6.7	7.5
Sociétés d'assurance								
Actifs financiers	100.0	100.0	100.0	100.0	100.0	100.0	100.0	100.0
Numéraire et dépôts	0.9	1.0	0.9	0.9	1.0	1.2	1.3	1.4
Titres de dettes	51.8	58.2	57.9	60.5	60.8	61.4	60.5	60.9
Crédits	1.9	1.9	2.0	1.9	2.0	1.7	1.6	1.5
Actions et parts de fonds d'investissement	41.3	34.1	34.8	32.2	31.2	30.9	31.3	31.1
Systèmes d'assurance de pensions et garanties standard	3.9	4.4	4.2	4.2	4.6	4.5	5.1	4.8
Produits financiers dérivés et options sur titres des salariés	0.2	0.4	0.3	0.2	0.4	0.3	0.2	0.2
Autres comptes à recevoir	0.0	0.0	0.0	0.0	0.0	0.0	0.0	0.0
Passifs financiers	100.0	100.0	100.0	100.0	100.0	100.0	100.0	100.0
Numéraire et dépôts	0.0	0.0	0.0	0.0	0.0	0.0	0.0	0.0
Titres de dettes	0.4	0.4	0.4	0.4	0.5	0.5	0.5	0.7
Crédits	4.1	4.4	3.9	4.1	3.8	3.9	4.3	4.6
Actions et parts de fonds d'investissement	6.4	5.8	5.7	5.7	5.1	5.1	5.3	5.4
Systèmes d'assurance de pensions et garanties standard	87.2	87.2	88.0	88.0	89.2	88.7	88.1	87.6
Produits financiers dérivés et options sur titres des salariés	0.0	0.1	0.0	0.0	0.0	0.0	0.0	0.1
Autres comptes à recevoir	1.9	2.2	2.0	1.8	1.5	1.7	1.6	1.6
Fonds de pension								
Actifs financiers	..	..	..	..	..	..	..	..
Numéraire et dépôts	..	..	..	..	..	..	..	..
Titres de dettes	..	..	..	..	..	..	..	..
Crédits	..	..	..	..	..	..	..	..
Actions et parts de fonds d'investissement	..	..	..	..	..	..	..	..
Systèmes d'assurance de pensions et garanties standard	..	..	..	..	..	..	..	..
Produits financiers dérivés et options sur titres des salariés	..	..	..	..	..	..	..	..
Autres comptes à recevoir	..	..	..	..	..	..	..	..
Passifs financiers	..	..	..	..	..	..	..	..
Numéraire et dépôts	..	..	..	..	..	..	..	..
Titres de dettes	..	..	..	..	..	..	..	..
Crédits	..	..	..	..	..	..	..	..
Actions et parts de fonds d'investissement	..	..	..	..	..	..	..	..
Systèmes d'assurance de pensions et garanties standard	..	..	..	..	..	..	..	..
Produits financiers dérivés et options sur titres des salariés	..	..	..	..	..	..	..	..
Autres comptes à recevoir	..	..	..	..	..	..	..	..

Note : Voir les métadonnées détaillées sur : http://metalinks.oecd.org/instinv/20160427/2c5e

ALLEMAGNE

Tableau 1. Actifs financiers des investisseurs institutionnels, 2014

Millions EUR (1999 DEM euro)

			Fonds d'investissement			
		Total	Fonds d'investissement non-monétaire			Fonds d'investissement monétaires
			Total	Fonds d'investissement à capital variable, non monétaire	Fonds d'investissement à capital fixe, non monétaire	Total
2	Actifs financiers	1 555 369	1 551 474	..	..	3 895
2.1	Numéraire et dépôts	70 144	69 891	..	..	253
2.2	Titres de dette	824 795	821 162	..	..	3 633
2.2.1	Titres de dette à court terme	6 872	5 554	..	..	1 318
2.2.2	Titres de dette à long terme	817 923	815 608	..	..	2 315
2.2.3	Titres de dette émis par les résidents	144 064	143 490	..	..	574
2.2.4	Titres de dette émis par les non-résidents	680 732	677 672	..	..	3 060
2.3	Crédits	13 905	13 905	..	..	0
2.3.1	Crédits à court terme	0	0	..	..	0
2.3.2	Crédits à long terme	13 905	13 905	..	..	0
2.3.3	Crédits accordés aux résidents	3 082	3 082	..	..	0
2.3.4	Crédits accordés aux non-résidents	10 823	10 823	..	..	0
2.4	Actions et parts de fonds d'investissement	606 113	606 104	..	..	9
2.4.1	Actions et parts de fonds d'investissements émises par les résidents	..	..	..	..	..
2.4.2	Actions et part de fonds d'investissements émises par les non-résidents	..	..	..	..	..
2.5	Autres comptes à recevoir	25 826	25 826	..	..	0

			Fonds d'investissement			
		Total	Fonds d'investissement non-monétaire			Fonds d'investissement monétaires
			Total	Fonds d'investissement à capital variable, non monétaire	Fonds d'investissement à capital fixe, non monétaire	Total
2	Pasifs financiers	1 653 443	1 649 548	..	..	3 895
2.1	Numéraire et dépôts	..	..	..	..	..
2.2	Titres de dette	..	0	..	..	..
2.2.1	Titres de dette à court terme	..	0	..	..	..
2.2.2	Titres de dette à long terme	..	0	..	..	..
2.3	Crédits	30 753	30 753	..	..	..
2.3.1	Crédits à court terme	0	0	..	..	..
2.3.2	Crédits à long terme	30 753	30 753	..	..	..
2.4	Actions et parts de fonds d'investissement	1 597 283	1 593 399	..	..	3 884
2.5	Systèmes d'assurance, de pensions et garanties standard	..	0	..	..	..
2.5	Produits financiers dérivés et options sur titres des salariés	12 041	12 041	..	..	0
2.8	Autres comptes à payer	13 367	13 355	..	..	12

			Sociétés d'assurance et fonds de pension autonomes			
		Total	Sociétés d'assurance			Fonds de pension autonomes
			Total	Sociétés d'assurance vie	Sociétés d'assurance non-vie	Total
2	Actifs financiers	2 338 797	1 866 014	..	..	472 784
2.1	Numéraire et dépôts	521 590	405 266	..	..	116 324
2.2	Titres de dette	371 412	339 201	..	..	32 211
2.2.1	Titres de dette à court terme	2 106	1 993	..	..	113
2.2.2	Titres de dette à long terme	369 306	337 208	..	..	32 098
2.2.3	Titres de dette émis par les résidents	105 347	97 924	..	..	7 423
2.2.4	Titres de dette émis par les non-résidents	266 065	241 277	..	..	24 788
2.3	Crédits	305 710	280 057	..	..	25 653
2.3.1	Crédits à court terme	57 610	57 389	..	..	221
2.3.2	Crédits à long terme	248 100	222 668	..	..	25 432
2.3.3	Crédits accordés aux résidents	248 199	223 970	..	..	24 229
2.3.4	Crédits accordés aux non-résidents	57 511	56 087	..	..	1 424
2.4	Actions et parts de fonds d'investissement	1 006 705	723 016	..	..	283 690
2.4.1	Actions et parts de fonds d'investissement émises par les résidents	..	..	..	..	..
2.4.2	Actions et parts de fonds d'investissement émises par les non-résidents	..	..	..	..	..
2.5	Autrescomptes à recevoir	58 542	48 495	..	..	10 047

			Sociétés d'assurance et fonds de pension autonomes			
		Total	Sociétés d'assurance			Fonds de pension autonomes
			Total	Sociétés d'assurance vie	Sociétés d'assurance non-vie	Total
2	Pasifs financiers	2 259 310	1 808 677	..	..	450 634
2.1	Numéraire et dépôts	..	..	..	..	..
2.2	Titres de dette	18 511	18 490	..	..	21
2.2.1	Titres de dette à court terme	686	686	..	..	0
2.2.2	Titres de dette à long terme	17 825	17 804	..	..	21
2.3	Crédits	71 023	66 177	..	..	4 847
2.3.1	Crédits à court terme	40 145	36 322	..	..	3 824
2.3.2	Crédits à long terme	30 878	29 855	..	..	1 023
2.4	Actions et parts de fonds d'investissement	202 695	202 695	..	..	0
2.5	Systèmes d'assurance, de pensions et garanties standard	1 864 880	1 420 483	..	..	444 397
2.5	Produits financiers dérivés et options sur titres des salariés	1 077	1 077	..	..	0
2.8	Autres comptes à payer	101 124	99 755	..	..	1 369

Note : Voir les métadonnées détaillées sur : http://metalinks.oecd.org/instinv/20160427/eaa0

ALLEMAGNE

Tableau 2. Actifs financiers des fonds d'investissement

Millions EUR

	2007	2008	2009	2010	2011	2012	2013	2014
Fonds d'investissement								
Valeur nette financière	-76 160	-80 027	-91 715	-94 052	-95 013	-96 695	-97 653	-98 074
Actifs financiers	1 014 333	880 534	980 597	1 088 601	1 091 094	1 261 524	1 368 047	1 555 369
Numéraire et dépôts	105 459	142 121	63 244	56 377	74 302	68 454	70 087	70 144
Titres de dette	498 949	475 181	558 331	599 292	607 744	693 135	715 175	824 795
Crédits	3 562	3 541	8 244	9 813	9 676	11 773	12 082	13 905
Actions et parts de fonds d'investissement	395 633	246 367	326 191	397 787	372 637	458 299	541 704	606 113
Actions	343 049	190 401	219 063	253 168	222 201	252 402	307 204	329 351
Parts de fonds d'investissement	52 584	55 966	107 128	144 619	150 436	205 897	234 500	276 762
Parts de fonds d'investissement monétaires	0	0	0	0	0	0	1 671	1 894
Parts de fonds d'investissement non monétaires	52 585	55 966	107 128	144 619	150 436	205 897	232 830	274 867
Systèmes d'assurance, de pensions et garanties standard	0	0	0	0	0	0	0	0
Produits financiers dérivés et options sur titres des salariés	10 596	13 225	7 594	6 727	8 008	10 889	9 256	14 586
Autres comptes à recevoir	134	99	16 993	18 606	18 726	18 973	19 744	25 826
Passifs financiers	1 090 493	960 561	1 072 312	1 182 653	1 186 107	1 358 219	1 465 700	1 653 443
Titres de dette	..	..	..	..	..	..	..	..
Titres de dette à court terme	..	..	..	..	..	..	..	..
Titres de dette à long terme	..	..	..	..	..	..	..	..
Crédits	36 180	41 956	28 132	30 037	29 447	32 143	29 222	30 753
Crédits à court terme	12 675	16 364	0	0	0	0	0	0
Crédits à long terme	23 505	25 592	28 132	30 037	29 447	32 143	29 222	30 753
Actions et parts de fonds d'investissement	1 047 036	909 604	1 027 377	1 136 949	1 138 727	1 309 466	1 421 287	1 597 283
Systèmes d'assurance, de pensions et garanties standard	..	..	..	..	..	..	..	..
Produits financiers dérivés et options sur titres des salariés	7 024	8 768	6 501	6 086	8 794	4 647	4 175	12 041
Autres comptes à payer	254	233	10 302	9 581	9 139	11 963	11 017	13 367
Actifs non financiers	..	..	..	..	..	..	..	..
Fonds d'investissement monéaires								
Valeur nette financière	1	0	-1	0	0	0	0	0
Actifs financiers	29 911	17 275	12 260	10 376	6 622	7 824	4 515	3 895
Numéraire et dépôts	3 874	4 651	2 803	2 352	620	359	352	253
Titres de dette	25 815	12 500	9 367	7 880	5 927	5 414	4 130	3 633
Crédits	25	20	0	0	0	24	10	0
Actions et parts de fonds d'investissement	62	4	88	145	72	2 025	24	9
Actions	..	..	..	..	..	..	..	..
Parts de fonds d'investissement	62	4	88	145	72	2 025	24	9
Parts de fonds d'investissement monétaires	0	0	0	0	0	0	5	9
Parts de fonds d'investissement non monétaires	62	4	88	145	72	2 025	19	0
Systèmes d'assurance, de pensions et garanties standard	..	..	..	..	..	..	..	..
Produits financiers dérivés et options sur titres des salariés	1	1	2	0	2	1	0	0
Autres comptes à recevoir	134	99	0	0	0	0	0	0
Passifs financiers	29 910	17 275	12 261	10 376	6 622	7 824	4 515	3 895
Titres de dette	..	..	..	..	..	..	..	..
Titres de dette à court terme	..	..	..	..	..	..	..	..
Titres de dette à long terme	..	..	..	..	..	..	..	..
Crédits	..	..	..	..	..	..	..	..
Crédits à court terme	..	..	..	..	..	..	..	..
Crédits à long terme	..	..	..	..	..	..	..	..
Actions et parts de fonds d'investissement	29 655	17 039	11 951	10 274	6 577	7 703	4 510	3 884
Systèmes d'assurance, de pensions et garanties standard	..	..	..	..	..	..	..	..
Produits financiers dérivés et options sur titres des salariés	2	3	158	2	1	0	0	0
Autres comptes à payer	254	233	152	100	44	121	6	12
Actifs non financiers	..	..	..	..	..	..	..	..
Fonds d'investissement non monéaires								
Valeur nette financière	-76 161	-80 027	-91 714	-94 052	-95 013	-96 695	-97 653	-98 074
Actifs financiers	984 422	863 259	968 337	1 078 225	1 084 472	1 253 700	1 363 532	1 551 474
Numéraire et dépôts	101 585	137 470	60 441	54 025	73 682	68 095	69 735	69 891
Titres de dette	473 134	462 681	548 964	591 412	601 817	687 721	711 045	821 162
Crédits	3 537	3 521	8 244	9 813	9 676	11 749	12 072	13 905
Actions et parts de fonds d'investissement	395 571	246 363	326 103	397 642	372 565	456 274	541 680	606 104
Actions	343 049	190 401	219 063	253 168	222 201	252 402	307 204	329 351
Parts de fonds d'investissement	52 522	55 962	107 040	144 474	150 364	203 872	234 476	276 753
Parts de fonds d'investissement monétaires	0	0	0	0	0	0	1 666	1 885
Parts de fonds d'investissement non monétaires	52 523	55 962	107 040	144 474	150 364	203 872	232 811	274 867
Systèmes d'assurance, de pensions et garanties standard	0	0	0	0	0	0	0	0
Produits financiers dérivés et options sur titres des salariés	10 595	13 224	7 592	6 727	8 006	10 888	9 256	14 586
Autres comptes à recevoir	0	0	16 993	18 606	18 726	18 973	19 744	25 826
Passifs financiers	1 060 583	943 286	1 060 051	1 172 277	1 179 485	1 350 395	1 461 185	1 649 548
Titres de dette	0	0	0	0	0	0	0	0
Titres de dette à court terme	0	0	0	0	0	0	0	0
Titres de dette à long terme	0	0	0	0	0	0	0	0
Crédits	36 180	41 956	28 132	30 037	29 447	32 143	29 222	30 753
Crédits à court terme	12 675	16 364	0	0	0	0	0	0
Crédits à long terme	23 505	25 592	28 132	30 037	29 447	32 143	29 222	30 753
Actions et parts de fonds d'investissement	1 017 381	892 565	1 015 426	1 126 675	1 132 150	1 301 763	1 416 777	1 593 399
Systèmes d'assurance, de pensions et garanties standard	0	0	0	0	0	0	0	0
Produits financiers dérivés et options sur titres des salariés	7 022	8 765	6 343	6 084	8 793	4 647	4 175	12 041
Autres comptes à payer	0	0	10 150	9 481	9 095	11 842	11 011	13 355
Actifs non financiers	..	..	..	..	..	..	..	..
Fonds d'investissement non monéaires à capital variable								
Valeur nette financière	..	..	..	..	..	..	..	..
Actifs financiers	..	..	..	..	..	..	..	..

ALLEMAGNE

Tableau 2. Actifs financiers des fonds d'investissement (*suite*)

Millions EUR

	2007	2008	2009	2010	2011	2012	2013	2014
Numéraire et dépôts	..	..	..	..	..	..	..	..
Titres de dette	..	..	..	..	..	..	..	..
Crédits	..	..	..	..	..	..	..	..
Actions et parts de fonds d'investissement	..	..	..	..	..	..	..	..
Actions	..	..	..	..	..	..	..	..
Parts de fonds d'investissement	..	..	..	..	..	..	..	..
Parts de fonds d'investissement monétaires	..	..	..	..	..	..	..	..
Parts de fonds d'investissement non monétaires	..	..	..	..	..	..	..	..
Systèmes d'assurance, de pensions et garanties standard	..	..	..	..	..	..	..	..
Produits financiers dérivés et options sur titres des salariés	..	..	..	..	..	..	..	..
Autres comptes à recevoir	..	..	..	..	..	..	..	..
Passifs financiers	..	..	..	..	..	..	..	..
Titres de dette	..	..	..	..	..	..	..	..
Titres de dette à court terme	..	..	..	..	..	..	..	..
Titres de dette à long terme	..	..	..	..	..	..	..	..
Crédits	..	..	..	..	..	..	..	..
Crédits à court terme	..	..	..	..	..	..	..	..
Crédits à long terme	..	..	..	..	..	..	..	..
Actions et parts de fonds d'investissement	..	..	..	..	..	..	..	..
Systèmes d'assurance, de pensions et garanties standard	..	..	..	..	..	..	..	..
Produits financiers dérivés et options sur titres des salariés	..	..	..	..	..	..	..	..
Autres comptes à payer	..	..	..	..	..	..	..	..
Actifs non financiers	..	..	..	..	..	..	..	..
Fonds d'investissement à capital variable								
Valeur nette financière	..	..	..	..	..	..	..	..
Actifs financiers	..	..	..	..	..	..	..	..
Numéraire et dépôts	..	..	..	..	..	..	..	..
Titres de dette	..	..	..	..	..	..	..	..
Crédits	..	..	..	..	..	..	..	..
Actions et parts de fonds d'investissement	..	..	..	..	..	..	..	..
Actions	..	..	..	..	..	..	..	..
Parts de fonds d'investissement	..	..	..	..	..	..	..	..
Parts de fonds d'investissement monétaires	..	..	..	..	..	..	..	..
Parts de fonds d'investissement non monétaires	..	..	..	..	..	..	..	..
Systèmes d'assurance, de pensions et garanties standard	..	..	..	..	..	..	..	..
Produits financiers dérivés et options sur titres des salariés	..	..	..	..	..	..	..	..
Autres comptes à recevoir	..	..	..	..	..	..	..	..
Passifs financiers	..	..	..	..	..	..	..	..
Titres de dette	..	..	..	..	..	..	..	..
Titres de dette à court terme	..	..	..	..	..	..	..	..
Titres de dette à long terme	..	..	..	..	..	..	..	..
Crédits	..	..	..	..	..	..	..	..
Crédits à court terme	..	..	..	..	..	..	..	..
Crédits à long terme	..	..	..	..	..	..	..	..
Actions et parts de fonds d'investissement	..	..	..	..	..	..	..	..
Systèmes d'assurance, de pensions et garanties standard	..	..	..	..	..	..	..	..
Produits financiers dérivés et options sur titres des salariés	..	..	..	..	..	..	..	..
Autres comptes à payer	..	..	..	..	..	..	..	..
Actifs non financiers	..	..	..	..	..	..	..	..

Note : Voir les métadonnées détaillées sur : http://metalinks.oecd.org/instinv/20160427/eaa0

Tableau 3. Actifs financiers des sociétés d'assurance et fonds de pension

Millions EUR

	2007	2008	2009	2010	2011	2012	2013	2014
Sociétés d'assurance et fonds de pension								
Valeur nette financière	-81 040	-47 465	-38 111	-20 078	5 872	35 330	-14 880	79 487
Actifs financiers	1 722 594	1 685 974	1 745 556	1 845 571	1 899 067	2 068 401	2 138 065	2 338 797
Numéraire et dépôts	558 720	574 664	588 867	570 834	576 218	560 467	540 179	521 590
Titres de dette	167 521	175 257	180 238	203 255	218 696	281 003	303 382	371 412
Crédits	253 852	249 371	266 258	276 338	282 144	288 668	294 355	305 710
Actions et parts de fonds d'investissement	607 877	554 978	587 614	668 535	694 381	808 469	870 795	1 006 705
Actions	230 171	203 969	192 208	202 594	197 270	205 231	195 868	200 846
Parts de fonds d'investissement	377 706	351 009	395 406	465 941	497 111	603 238	674 927	805 859
Parts de fonds d'investissement monétaires	8	9	7	8	8	1 986	614	702
Parts de fonds d'investissement non monétaires	377 698	351 000	395 399	465 933	497 103	601 252	674 313	805 158
Systèmes d'assurance, de pensions et garanties standard	70 169	65 798	58 550	59 930	62 247	63 082	64 175	68 421
Produits financiers dérivés et options sur titres des salariés	3 870	4 830	4 728	4 936	5 366	6 138	5 979	6 417
Autres comptes à recevoir	60 585	61 076	59 301	61 743	60 015	60 574	59 200	58 542
Passifs financiers	1 803 634	1 733 439	1 783 667	1 865 649	1 893 195	2 033 071	2 152 945	2 259 310
Titres de dette	11 673	17 432	17 254	18 771	19 527	24 361	17 635	18 511
Titres de dette à court terme	2 284	2 812	1 337	1 894	767	1 404	598	686
Titres de dette à long terme	9 389	14 620	15 917	16 877	18 760	22 957	17 037	17 825
Crédits	81 263	72 063	67 377	66 081	64 289	67 923	66 031	71 023
Crédits à court terme	46 004	40 043	36 486	40 599	38 384	40 862	36 487	40 145
Crédits à long terme	35 259	32 020	30 891	25 482	25 905	27 061	29 544	30 878
Actions et parts de fonds d'investissement	214 847	136 019	136 216	137 616	111 799	158 942	197 652	202 695
Systèmes d'assurance, de pensions et garanties standard	1 389 775	1 409 087	1 472 570	1 552 555	1 605 346	1 688 032	1 772 406	1 864 880
Produits financiers dérivés et options sur titres des salariés	1 665	2 817	1 154	1 073	1 045	789	924	1 077
Autres comptes à payer	104 411	96 021	89 096	89 553	91 189	93 024	98 297	101 124
Actifs non financiers	..	..	..	..	..	..	..	..
Sociétés d'assurance								
Valeur nette financière	-67 871	-36 453	-38 917	-18 410	8 649	7 100	-4 069	57 337
Actifs financiers	1 443 494	1 390 531	1 414 901	1 491 692	1 526 640	1 637 864	1 722 786	1 866 014
Numéraire et dépôts	437 452	441 526	447 988	431 593	437 875	427 202	407 982	405 266
Titres de dette	142 342	148 138	152 182	173 816	185 244	238 228	280 251	339 201
Crédits	232 516	228 343	243 383	252 735	256 599	262 728	266 844	280 057
Actions et parts de fonds d'investissement	505 056	451 374	459 767	518 705	532 244	593 685	652 551	723 016
Actions	221 041	195 450	182 858	190 431	185 358	191 386	186 376	189 863
Parts de fonds d'investissement	284 015	255 924	276 909	328 274	346 886	402 299	466 175	533 153
Parts de fonds d'investissement monétaires	0	0	0	0	0	0	543	601
Parts de fonds d'investissement non monétaires	284 015	255 924	276 909	328 274	346 886	402 299	465 632	532 552
Systèmes d'assurance, de pensions et garanties standard	68 230	63 415	55 552	56 473	58 424	58 984	59 802	63 562
Produits financiers dérivés et options sur titres des salariés	3 870	4 830	4 728	4 936	5 366	6 138	5 979	6 417
Autres comptes à recevoir	54 028	52 905	51 301	53 434	50 888	50 899	49 377	48 495
Passifs financiers	1 511 365	1 426 984	1 453 818	1 510 102	1 517 991	1 630 764	1 726 855	1 808 677
Titres de dette	11 673	17 432	17 254	18 771	19 527	24 361	17 635	18 490
Titres de dette à court terme	2 284	2 812	1 337	1 894	767	1 404	598	686
Titres de dette à long terme	9 389	14 620	15 917	16 877	18 760	22 957	17 037	17 804
Crédits	78 831	69 391	63 936	62 322	60 261	63 682	61 607	66 177
Crédits à court terme	44 316	37 951	34 002	37 755	35 308	37 602	33 031	36 322
Crédits à long terme	34 515	31 440	29 934	24 567	24 954	26 080	28 576	29 855
Actions et parts de fonds d'investissement	214 847	136 019	136 216	137 616	111 799	158 942	197 652	202 695
Systèmes d'assurance, de pensions et garanties standard	1 101 089	1 106 465	1 147 262	1 201 983	1 235 237	1 291 113	1 351 920	1 420 483
Produits financiers dérivés et options sur titres des salariés	1 665	2 817	1 154	1 073	1 045	789	924	1 077
Autres comptes à payer	103 260	94 860	87 996	88 337	90 122	91 877	97 117	99 755
Actifs non financiers	..	..	..	..	..	..	..	..
Fonds de pension								
Valeur nette financière	-13 168	-11 013	806	-1 668	-2 774	28 230	-10 812	22 150
Actifs financiers	279 101	295 443	330 656	353 879	372 428	430 537	415 279	472 784
Numéraire et dépôts	121 268	133 138	140 879	139 241	138 344	133 265	132 196	116 324
Titres de dette	25 179	27 119	28 056	29 439	33 452	42 775	23 131	32 211
Crédits	21 336	21 028	22 875	23 603	25 545	25 940	27 511	25 653
Actions et parts de fonds d'investissement	102 821	103 604	127 847	149 830	162 137	214 784	218 244	283 690
Actions	9 130	8 519	9 350	12 163	11 912	13 845	9 492	10 983
Parts de fonds d'investissement	93 691	95 085	118 497	137 667	150 225	200 939	208 752	272 707
Parts de fonds d'investissement monétaires	8	9	7	8	8	1 986	71	100
Parts de fonds d'investissement non monétaires	93 683	95 076	118 490	137 659	150 217	198 953	208 681	272 606
Systèmes d'assurance, de pensions et garanties standard	1 940	2 383	2 999	3 457	3 823	4 098	4 374	4 859
Produits financiers dérivés et options sur titres des salariés	0	0	0	0	0	0	0	0
Autres comptes à recevoir	6 557	8 171	8 000	8 309	9 127	9 675	9 823	10 047
Passifs financiers	292 269	306 456	329 850	355 547	375 202	402 307	426 091	450 634
Titres de dette	0	0	0	0	0	0	0	21
Titres de dette à court terme	0	0	0	0	0	0	0	0
Titres de dette à long terme	0	0	0	0	0	0	0	21
Crédits	2 432	2 673	3 442	3 759	4 026	4 241	4 425	4 847
Crédits à court terme	1 688	2 092	2 484	2 844	3 076	3 260	3 457	3 824
Crédits à long terme	744	581	958	915	950	981	968	1 023
Actions et parts de fonds d'investissement	0	0	0	0	0	0	0	0
Systèmes d'assurance, de pensions et garanties standard	288 686	302 622	325 308	350 572	370 109	396 919	420 486	444 397
Produits financiers dérivés et options sur titres des salariés	0	0	0	0	0	0	0	0
Autres comptes à payer	1 151	1 161	1 100	1 216	1 067	1 147	1 180	1 369
Actifs non financiers	..	..	..	..	..	..	..	..

Note : Voir les métadonnées détaillées sur : http://metalinks.oecd.org/instinv/20160427/eaa0

Tableau 4. Composition du portefeuille par type d'investisseur

En pourcentage des actifs financiers et des passifs financiers

Pour cent

	2007	2008	2009	2010	2011	2012	2013	2014
Fonds d'investissement								
Actifs financiers	100.0	100.0	100.0	100.0	100.0	100.0	100.0	100.0
Numéraire et dépôts	10.4	16.1	6.4	5.2	6.8	5.4	5.1	4.5
Titres de dettes	49.2	54.0	56.9	55.1	55.7	54.9	52.3	53.0
Crédits	0.4	0.4	0.8	0.9	0.9	0.9	0.9	0.9
Actions et parts de fonds d'investissement	39.0	28.0	33.3	36.5	34.2	36.3	39.6	39.0
Systèmes d'assurance de pensions et garanties standard	0.0	0.0	0.0	0.0	0.0	0.0	0.0	0.0
Produits financiers dérivés et options sur titres des salariés	1.0	1.5	0.8	0.6	0.7	0.9	0.7	0.9
Autres comptes à recevoir	0.0	0.0	1.7	1.7	1.7	1.5	1.4	1.7
Passifs financiers	100.0	100.0	100.0	100.0	100.0	100.0	100.0	100.0
Numéraire et dépôts	0.0	0.0	0.0	0.0	0.0	0.0	0.0	0.0
Titres de dettes	0.0	0.0	0.0	0.0	0.0	0.0	0.0	0.0
Crédits	3.3	4.4	2.6	2.5	2.5	2.4	2.0	1.9
Actions et parts de fonds d'investissement	96.0	94.7	95.8	96.1	96.0	96.4	97.0	96.6
Systèmes d'assurance de pensions et garanties standard	0.0	0.0	0.0	0.0	0.0	0.0	0.0	0.0
Produits financiers dérivés et options sur titres des salariés	0.6	0.9	0.6	0.5	0.7	0.3	0.3	0.7
Autres comptes à recevoir	0.0	0.0	1.0	0.8	0.8	0.9	0.8	0.8
Sociétés d'assurance								
Actifs financiers	100.0	100.0	100.0	100.0	100.0	100.0	100.0	100.0
Numéraire et dépôts	30.3	31.8	31.7	28.9	28.7	26.1	23.7	21.7
Titres de dettes	9.9	10.7	10.8	11.7	12.1	14.5	16.3	18.2
Crédits	16.1	16.4	17.2	16.9	16.8	16.0	15.5	15.0
Actions et parts de fonds d'investissement	35.0	32.5	32.5	34.8	34.9	36.2	37.9	38.7
Systèmes d'assurance de pensions et garanties standard	4.7	4.6	3.9	3.8	3.8	3.6	3.5	3.4
Produits financiers dérivés et options sur titres des salariés	0.3	0.3	0.3	0.3	0.4	0.4	0.3	0.3
Autres comptes à recevoir	3.7	3.8	3.6	3.6	3.3	3.1	2.9	2.6
Passifs financiers	100.0	100.0	100.0	100.0	100.0	100.0	100.0	100.0
Numéraire et dépôts	0.0	0.0	0.0	0.0	0.0	0.0	0.0	0.0
Titres de dettes	0.8	1.2	1.2	1.2	1.3	1.5	1.0	1.0
Crédits	5.2	4.9	4.4	4.1	4.0	3.9	3.6	3.7
Actions et parts de fonds d'investissement	14.2	9.5	9.4	9.1	7.4	9.7	11.4	11.2
Systèmes d'assurance de pensions et garanties standard	72.9	77.5	78.9	79.6	81.4	79.2	78.3	78.5
Produits financiers dérivés et options sur titres des salariés	0.1	0.2	0.1	0.1	0.1	0.0	0.1	0.1
Autres comptes à recevoir	6.8	6.6	6.1	5.8	5.9	5.6	5.6	5.5
Fonds de pension								
Actifs financiers	100.0	100.0	100.0	100.0	100.0	100.0	100.0	100.0
Numéraire et dépôts	43.4	45.1	42.6	39.3	37.1	31.0	31.8	24.6
Titres de dettes	9.0	9.2	8.5	8.3	9.0	9.9	5.6	6.8
Crédits	7.6	7.1	6.9	6.7	6.9	6.0	6.6	5.4
Actions et parts de fonds d'investissement	36.8	35.1	38.7	42.3	43.5	49.9	52.6	60.0
Systèmes d'assurance de pensions et garanties standard	0.7	0.8	0.9	1.0	1.0	1.0	1.1	1.0
Produits financiers dérivés et options sur titres des salariés	0.0	0.0	0.0	0.0	0.0	0.0	0.0	0.0
Autres comptes à recevoir	2.3	2.8	2.4	2.3	2.5	2.2	2.4	2.1
Passifs financiers	100.0	100.0	100.0	100.0	100.0	100.0	100.0	100.0
Numéraire et dépôts	0.0	0.0	0.0	0.0	0.0	0.0	0.0	0.0
Titres de dettes	0.0	0.0	0.0	0.0	0.0	0.0	0.0	0.0
Crédits	0.8	0.9	1.0	1.1	1.1	1.1	1.0	1.1
Actions et parts de fonds d'investissement	0.0	0.0	0.0	0.0	0.0	0.0	0.0	0.0
Systèmes d'assurance de pensions et garanties standard	98.8	98.7	98.6	98.6	98.6	98.7	98.7	98.6
Produits financiers dérivés et options sur titres des salariés	0.0	0.0	0.0	0.0	0.0	0.0	0.0	0.0
Autres comptes à recevoir	0.4	0.4	0.3	0.3	0.3	0.3	0.3	0.3

Note : Voir les métadonnées détaillées sur : http://metalinks.oecd.org/instinv/20160427/2c5e

Tableau 1. Actifs financiers des investisseurs institutionnels, 2014

Millions EUR (2001 GRD euro)

		Total	Fonds d'investissement			
			Fonds d'investissement non-monétaire			Fonds d'investissement monétaires
			Total	Fonds d'investissement à capital variable, non monétaire	Fonds d'investissement à capital fixe, non monétaire	Total
2	Actifs financiers	4 868	4 095	3 344	751	773
2.1	Numéraire et dépôts	1 332	793	580	213	539
2.2	Titres de dette	1 382	1 154	1 151	3	228
2.2.1	Titres de dette à court terme	295	83	83	0	212
2.2.2	Titres de dette à long terme	1 087	1 071	1 068	3	16
2.2.3	Titres de dette émis par les résidents	678	460	459	1	218
2.2.4	Titres de dette émis par les non-résidents	704	694	692	2	10
2.3	Crédits	..	..	..	..	..
2.3.1	Crédits à court terme	..	..	..	..	..
2.3.2	Crédits à long terme	..	..	..	..	..
2.3.3	Crédits accordés aux résidents	..	..	..	..	..
2.3.4	Crédits accordés aux non-résidents	..	..	..	..	..
2.4	Actions et parts de fonds d'investissement	1 827	1 825	1 499	326	2
2.4.1	Actions et parts de fonds d'investissements émises par les résidents	940	940	783	157	0
2.4.2	Actions et part de fonds d'investissements émises par les non-résidents	885	883	715	168	2
2.5	Autres comptes à recevoir	..	..	..	..	4

		Total	Fonds d'investissement			
			Fonds d'investissement non-monétaire			Fonds d'investissement monétaires
			Total	Fonds d'investissement à capital variable, non monétaire	Fonds d'investissement à capital fixe, non monétaire	Total
2	Pasifs financiers	6 717	5 943	3 346	2 597	774
2.1	Numéraire et dépôts	..	..	..	..	..
2.2	Titres de dette	..	..	..	..	..
2.2.1	Titres de dette à court terme	..	..	..	..	..
2.2.2	Titres de dette à long terme	..	..	..	..	..
2.3	Crédits	312	312	0	312	..
2.3.1	Crédits à court terme	2	2	0	2	..
2.3.2	Crédits à long terme	310	310	0	310	..
2.4	Actions et parts de fonds d'investissement	6 261	5 499	3 254	2 245	762
2.5	Systèmes d'assurance, de pensions et garanties standard	..	..	..	..	..
2.5	Produits financiers dérivés et options sur titres des salariés	..	..	..	..	0
2.8	Autres comptes à payer	..	..	..	..	12

		Total	Sociétés d'assurance et fonds de pension autonomes			
			Sociétés d'assurance			Fonds de pension autonomes
			Total	Sociétés d'assurance vie	Sociétés d'assurance non-vie	Total
2	Actifs financiers	15 861	15 453	10 455	4 998	408
2.1	Numéraire et dépôts	2 575	2 439	1 650	789	136
2.2	Titres de dette	8 243	7 985	5 403	2 583	258
2.2.1	Titres de dette à court terme	625	622	421	201	3
2.2.2	Titres de dette à long terme	7 618	7 363	4 982	2 381	254
2.2.3	Titres de dette émis par les résidents	1 223	1 132	766	366	92
2.2.4	Titres de dette émis par les non-résidents	7 019	6 853	4 637	2 216	166
2.3	Crédits	140	132	89	43	8
2.3.1	Crédits à court terme	23	16	11	5	8
2.3.2	Crédits à long terme	117	117	79	38	0
2.3.3	Crédits accordés aux résidents	140	132	89	43	8
2.3.4	Crédits accordés aux non-résidents	0	0	0	0	0
2.4	Actions et parts de fonds d'investissement	2 848	2 842	1 923	919	6
2.4.1	Actions et parts de fonds d'investissement émises par les résidents	1 257	1 255	849	406	2
2.4.2	Actions et parts de fonds d'investissement émises par les non-résidents	1 591	1 587	1 074	513	4
2.5	Autrescomptes à recevoir	1 676	1 675	1 133	542	1

		Total	Sociétés d'assurance et fonds de pension autonomes			
			Sociétés d'assurance			Fonds de pension autonomes
			Total	Sociétés d'assurance vie	Sociétés d'assurance non-vie	Total
2	Pasifs financiers	16 740	16 332	11 050	5 282	408
2.1	Numéraire et dépôts	..	..	..	..	..
2.2	Titres de dette	29	29	19	9	..
2.2.1	Titres de dette à court terme	0	0	0	0	..
2.2.2	Titres de dette à long terme	29	29	19	9	..
2.3	Crédits	127	127	86	41	..
2.3.1	Crédits à court terme	65	65	44	21	..
2.3.2	Crédits à long terme	62	62	42	20	..
2.4	Actions et parts de fonds d'investissement	3 206	3 206	2 169	1 037	..
2.5	Systèmes d'assurance, de pensions et garanties standard	12 181	11 773	7 965	3 808	408
2.5	Produits financiers dérivés et options sur titres des salariés	0	0	0	0	..
2.8	Autres comptes à payer	1 198	1 198	811	387	..

Note : Voir les métadonnées détaillées sur : http://metalinks.oecd.org/instinv/20160427/43eb

Tableau 2. Actifs financiers des fonds d'investissement

Millions EUR

	2007	2008	2009	2010	2011	2012	2013	2014
Fonds d'investissement								
Valeur nette financière	..	-641	-677	-1 535	-1 466	-1 399	-1 325	-1 849
Actifs financiers	..	8 986	8 680	6 879	4 380	4 866	5 129	4 868
Numéraire et dépôts	..	2 997	2 401	1 706	1 304	1 534	1 099	1 332
Titres de dette	..	3 101	2 758	2 279	1 471	1 465	1 768	1 382
Crédits	..	..	..	..	..	..	..	..
Actions et parts de fonds d'investissement	..	2 429	3 168	2 468	1 435	1 695	2 097	1 827
Actions	..	1 930	2 622	1 882	1 037	1 322	1 748	1 328
Parts de fonds d'investissement	..	499	546	586	398	373	349	499
Parts de fonds d'investissement monétaires	..	15	16	3	9	21	16	15
Parts de fonds d'investissement non monétaires	..	484	530	583	389	352	333	484
Systèmes d'assurance, de pensions et garanties standard	..	..	..	..	..	..	..	..
Produits financiers dérivés et options sur titres des salariés	..	..	..	..	..	..	..	..
Autres comptes à recevoir	..	..	..	..	..	..	..	..
Passifs financiers	..	9 627	9 357	8 414	5 846	6 265	6 454	6 717
Titres de dette	..	..	..	..	..	..	..	..
Titres de dette à court terme	..	..	..	..	..	..	..	..
Titres de dette à long terme	..	..	..	..	..	..	..	..
Crédits	..	19	9	16	59	86	81	312
Crédits à court terme	..	0	0	0	0	0	0	2
Crédits à long terme	..	19	9	16	59	86	81	310
Actions et parts de fonds d'investissement	..	8 809	8 878	7 760	5 133	5 641	6 234	6 261
Systèmes d'assurance, de pensions et garanties standard	..	..	..	..	..	..	..	..
Produits financiers dérivés et options sur titres des salariés	..	..	..	..	..	..	..	..
Autres comptes à payer	..	..	..	..	..	..	..	..
Actifs non financiers	..	627	676	1 536	1 462	1 397	1 322	1 845
Fonds d'investissement monéaires								
Valeur nette financière	-11	-9	-2	-2	-1	0	0	-1
Actifs financiers	8 021	2 534	1 777	1 183	744	840	719	773
Numéraire et dépôts	2 742	1 906	1 610	1 013	627	772	365	539
Titres de dette	5 236	616	162	167	108	61	346	228
Crédits	..	..	..	..	..	..	..	..
Actions et parts de fonds d'investissement	0	0	0	0	5	2	2	2
Actions	0	0	0	0	0	0	0	0
Parts de fonds d'investissement	0	0	0	0	5	2	2	2
Parts de fonds d'investissement monétaires	0	0	0	0	5	2	2	2
Parts de fonds d'investissement non monétaires	0	0	0	0	0	0	0	0
Systèmes d'assurance, de pensions et garanties standard	..	..	..	..	..	..	..	..
Produits financiers dérivés et options sur titres des salariés	0	0	0	0	0	0	0	0
Autres comptes à recevoir	43	12	5	3	4	5	6	4
Passifs financiers	8 032	2 543	1 779	1 185	745	840	719	774
Titres de dette	..	..	..	..	..	..	..	..
Titres de dette à court terme	..	..	..	..	..	..	..	..
Titres de dette à long terme	..	..	..	..	..	..	..	..
Crédits	..	..	..	..	..	..	..	..
Crédits à court terme	..	..	..	..	..	..	..	..
Crédits à long terme	..	..	..	..	..	..	..	..
Actions et parts de fonds d'investissement	7 986	2 509	1 775	1 182	739	835	711	762
Systèmes d'assurance, de pensions et garanties standard	..	..	..	..	..	..	..	..
Produits financiers dérivés et options sur titres des salariés	0	0	0	0	0	0	0	0
Autres comptes à payer	46	34	4	3	6	5	8	12
Actifs non financiers	..	..	..	..	..	..	..	..
Fonds d'investissement non monéaires								
Valeur nette financière	..	-632	-675	-1 533	-1 465	-1 399	-1 325	-1 848
Actifs financiers	..	6 452	6 903	5 696	3 636	4 026	4 410	4 095
Numéraire et dépôts	..	1 091	791	693	677	762	734	793
Titres de dette	..	2 485	2 596	2 112	1 363	1 404	1 422	1 154
Crédits	..	..	..	..	..	..	..	..
Actions et parts de fonds d'investissement	..	2 429	3 168	2 468	1 430	1 693	2 095	1 825
Actions	..	1 930	2 622	1 882	1 037	1 322	1 748	1 328
Parts de fonds d'investissement	..	499	546	586	393	371	347	497
Parts de fonds d'investissement monétaires	..	15	16	3	4	19	14	13
Parts de fonds d'investissement non monétaires	..	484	530	583	389	352	333	484
Systèmes d'assurance, de pensions et garanties standard	..	..	..	..	..	..	..	..
Produits financiers dérivés et options sur titres des salariés	..	..	..	..	..	..	..	..
Autres comptes à recevoir	..	..	..	..	..	..	..	..
Passifs financiers	..	7 084	7 578	7 229	5 101	5 425	5 735	5 943
Titres de dette	..	..	..	..	..	..	..	..
Titres de dette à court terme	..	..	..	..	..	..	..	..
Titres de dette à long terme	..	..	..	..	..	..	..	..
Crédits	..	19	9	16	59	86	81	312
Crédits à court terme	..	0	0	0	0	0	0	2
Crédits à long terme	..	19	9	16	59	86	81	310
Actions et parts de fonds d'investissement	..	6 300	7 103	6 578	4 394	4 806	5 523	5 499
Systèmes d'assurance, de pensions et garanties standard	..	..	..	..	..	..	..	..
Produits financiers dérivés et options sur titres des salariés	..	..	..	..	..	..	..	..
Autres comptes à payer	..	..	..	..	..	..	..	..
Actifs non financiers	..	627	676	1 536	1 462	1 397	1 322	1 845
Fonds d'investissement non monéaires à capital variable								
Valeur nette financière	..	-5	0	2	-2	-2	-2	-2
Actifs financiers	..	5 975	6 453	5 190	3 262	3 572	3 797	3 344

Tableau 2. Actifs financiers des fonds d'investissement (*suite*)

Millions EUR

	2007	2008	2009	2010	2011	2012	2013	2014
Numéraire et dépôts	..	831	573	478	392	405	363	580
Titres de dette	..	2 485	2 596	2 112	1 363	1 404	1 420	1 151
Crédits	..	..	..	..	..	..	..	..
Actions et parts de fonds d'investissement	..	2 323	3 041	2 355	1 372	1 635	1 890	1 499
Actions	..	1 824	2 495	1 769	979	1 264	1 544	1 083
Parts de fonds d'investissement	..	499	546	586	393	371	346	416
Parts de fonds d'investissement monétaires	..	15	16	3	4	19	14	13
Parts de fonds d'investissement non monétaires	..	484	530	583	389	352	332	403
Systèmes d'assurance, de pensions et garanties standard	..	..	..	..	..	..	..	..
Produits financiers dérivés et options sur titres des salariés	..	..	..	..	..	..	..	..
Autres comptes à recevoir	..	..	..	..	..	..	..	..
Passifs financiers	..	5 980	6 453	5 188	3 264	3 574	3 799	3 346
Titres de dette	..	..	..	..	..	..	..	..
Titres de dette à court terme	..	..	..	..	..	..	..	..
Titres de dette à long terme	..	..	..	..	..	..	..	..
Crédits	..	0	0	0	0	0	0	0
Crédits à court terme	..	0	0	0	0	0	0	0
Crédits à long terme	..	0	0	0	0	0	0	0
Actions et parts de fonds d'investissement	..	5 700	6 296	5 008	3 161	3 467	3 696	3 254
Systèmes d'assurance, de pensions et garanties standard	..	..	..	..	..	..	..	..
Produits financiers dérivés et options sur titres des salariés	..	..	..	..	..	..	..	..
Autres comptes à payer	..	..	..	..	..	..	..	..
Actifs non financiers	..	0	0	0	0	0	0	0
Fonds d'investissement à capital variable								
Valeur nette financière	..	-14	-2	0	-3	-2	-2	-3
Actifs financiers	..	8 509	8 230	6 373	4 006	4 412	4 516	4 117
Numéraire et dépôts	..	2 737	2 183	1 491	1 019	1 177	728	1 119
Titres de dette	..	3 101	2 758	2 279	1 471	1 465	1 766	1 379
Crédits	..	..	..	..	..	..	..	..
Actions et parts de fonds d'investissement	..	2 323	3 041	2 355	1 377	1 637	1 892	1 501
Actions	..	1 824	2 495	1 769	979	1 264	1 544	1 083
Parts de fonds d'investissement	..	499	546	586	398	373	348	418
Parts de fonds d'investissement monétaires	..	15	16	3	9	21	16	15
Parts de fonds d'investissement non monétaires	..	484	530	583	389	352	332	403
Systèmes d'assurance, de pensions et garanties standard	..	..	..	..	..	..	..	..
Produits financiers dérivés et options sur titres des salariés	..	..	..	..	..	..	..	..
Autres comptes à recevoir	..	..	..	..	..	..	..	..
Passifs financiers	..	8 523	8 232	6 373	4 009	4 414	4 518	4 120
Titres de dette	..	..	..	..	..	..	..	..
Titres de dette à court terme	..	..	..	..	..	..	..	..
Titres de dette à long terme	..	..	..	..	..	..	..	..
Crédits	..	0	0	0	0	0	0	0
Crédits à court terme	..	0	0	0	0	0	0	0
Crédits à long terme	..	0	0	0	0	0	0	0
Actions et parts de fonds d'investissement	..	8 209	8 071	6 190	3 900	4 302	4 407	4 016
Systèmes d'assurance, de pensions et garanties standard	..	..	..	..	..	..	..	..
Produits financiers dérivés et options sur titres des salariés	..	..	..	..	..	..	..	..
Autres comptes à payer	..	..	..	..	..	..	..	..
Actifs non financiers	..	0	0	0	0	0	0	0

Note : Voir les métadonnées détaillées sur : http://metalinks.oecd.org/instinv/20160427/43eb

Tableau 3. Actifs financiers des sociétés d'assurance et fonds de pension

Millions EUR

	2007	2008	2009	2010	2011	2012	2013	2014
Sociétés d'assurance et fonds de pension								
Valeur nette financière	..	..	..	..	..	..	-921	-879
Actifs financiers	..	..	..	..	..	..	15 509	15 861
Numéraire et dépôts	..	..	..	..	..	..	3 772	2 575
Titres de dette	..	..	..	..	..	..	6 713	8 243
Crédits	..	..	..	..	..	..	132	140
Actions et parts de fonds d'investissement	..	..	..	..	..	..	2 628	2 848
Actions	..	..	..	..	..	..	365	404
Parts de fonds d'investissement	..	..	..	..	..	..	2 264	2 444
Parts de fonds d'investissement monétaires	..	..	..	..	..	..	367	416
Parts de fonds d'investissement non monétaires	..	..	..	..	..	..	1 896	2 028
Systèmes d'assurance, de pensions et garanties standard	..	..	..	..	..	..	390	375
Produits financiers dérivés et options sur titres des salariés	..	..	..	..	..	..	8	4
Autres comptes à recevoir	..	..	..	..	..	..	1 866	1 676
Passifs financiers	..	..	..	..	..	..	16 430	16 740
Titres de dette	..	..	..	..	..	..	29	29
Titres de dette à court terme	..	..	..	..	..	..	0	0
Titres de dette à long terme	..	..	..	..	..	..	29	29
Crédits	..	..	..	..	..	..	482	127
Crédits à court terme	..	..	..	..	..	..	435	65
Crédits à long terme	..	..	..	..	..	..	47	62
Actions et parts de fonds d'investissement	..	..	..	..	..	..	2 796	3 206
Systèmes d'assurance, de pensions et garanties standard	..	..	..	..	..	..	12 146	12 181
Produits financiers dérivés et options sur titres des salariés	..	..	..	..	..	..	0	0
Autres comptes à payer	..	..	..	..	..	..	977	1 198
Actifs non financiers	..	..	..	..	..	..	921	879
Sociétés d'assurance								
Valeur nette financière	-5 708	-1 526	-1 236	-1 041	-987	-865	-921	-879
Actifs financiers	13 930	13 531	14 344	14 662	13 906	14 689	15 284	15 453
Numéraire et dépôts	1 981	1 956	1 988	2 837	2 771	2 800	3 547	2 439
Titres de dette	5 526	5 837	6 587	6 605	6 256	6 589	6 713	7 985
Crédits	100	108	102	101	97	145	132	132
Actions et parts de fonds d'investissement	3 629	2 732	2 809	2 331	2 150	2 632	2 628	2 842
Actions	1 259	687	508	352	284	341	365	399
Parts de fonds d'investissement	2 371	2 046	2 300	1 979	1 865	2 291	2 264	2 444
Parts de fonds d'investissement monétaires	18	162	114	108	174	468	367	416
Parts de fonds d'investissement non monétaires	2 353	1 884	2 186	1 871	1 692	1 823	1 896	2 028
Systèmes d'assurance, de pensions et garanties standard	270	333	372	419	404	426	390	375
Produits financiers dérivés et options sur titres des salariés	1	4	3	0	0	6	8	4
Autres comptes à recevoir	2 422	2 562	2 484	2 369	2 228	2 091	1 866	1 675
Passifs financiers	19 639	15 058	15 580	15 703	14 893	15 554	16 205	16 332
Titres de dette	58	53	37	16	15	15	29	29
Titres de dette à court terme	0	0	0	0	0	0	0	0
Titres de dette à long terme	58	53	37	16	15	15	29	29
Crédits	458	183	247	1 033	673	332	482	127
Crédits à court terme	401	109	83	837	469	275	435	65
Crédits à long terme	56	74	165	196	204	57	47	62
Actions et parts de fonds d'investissement	6 351	1 523	1 904	1 092	878	1 956	2 796	3 206
Systèmes d'assurance, de pensions et garanties standard	11 476	11 990	12 289	12 522	12 319	12 256	11 921	11 773
Produits financiers dérivés et options sur titres des salariés	3	0	6	2	1	1	0	0
Autres comptes à payer	1 293	1 309	1 097	1 038	1 007	995	977	1 198
Actifs non financiers	5 708	1 526	1 236	1 041	987	865	921	879
Fonds de pension								
Valeur nette financière	..	..	..	..	..	..	0	0
Actifs financiers	..	..	..	..	..	..	225	408
Numéraire et dépôts	..	..	..	..	..	..	225	136
Titres de dette	..	..	..	..	..	..	0	258
Crédits	..	..	..	..	..	..	0	8
Actions et parts de fonds d'investissement	..	..	..	..	..	..	0	6
Actions	..	..	..	..	..	..	0	6
Parts de fonds d'investissement	..	..	..	..	..	..	0	0
Parts de fonds d'investissement monétaires	..	..	..	..	..	..	0	0
Parts de fonds d'investissement non monétaires	..	..	..	..	..	..	0	0
Systèmes d'assurance, de pensions et garanties standard	..	..	..	..	..	..	0	0
Produits financiers dérivés et options sur titres des salariés	..	..	..	..	..	..	0	0
Autres comptes à recevoir	..	..	..	..	..	..	0	1
Passifs financiers	..	..	..	..	..	..	225	408
Titres de dette	..	..	..	..	..	..	..	..
Titres de dette à court terme	..	..	..	..	..	..	..	..
Titres de dette à long terme	..	..	..	..	..	..	..	..
Crédits	..	..	..	..	..	..	..	..
Crédits à court terme	..	..	..	..	..	..	..	..
Crédits à long terme	..	..	..	..	..	..	..	..
Actions et parts de fonds d'investissement	..	..	..	..	..	..	..	..
Systèmes d'assurance, de pensions et garanties standard	..	..	..	..	..	..	225	408
Produits financiers dérivés et options sur titres des salariés	..	..	..	..	..	..	..	..
Autres comptes à payer	..	..	..	..	..	..	..	..
Actifs non financiers	..	..	..	..	..	..	0	0

Note : Voir les métadonnées détaillées sur : http://metalinks.oecd.org/instinv/20160427/43eb

Tableau 4. Composition du portefeuille par type d'investisseur

En pourcentage des actifs financiers et des passifs financiers

Pour cent

	2007	2008	2009	2010	2011	2012	2013	2014
Fonds d'investissement								
Actifs financiers	..	100.0	100.0	100.0	100.0	100.0	100.0	100.0
Numéraire et dépôts	..	33.4	27.7	24.8	29.8	31.5	21.4	27.4
Titres de dettes	..	34.5	31.8	33.1	33.6	30.1	34.5	28.4
Crédits	..	..	..	..	..	..	..	..
Actions et parts de fonds d'investissement	..	27.0	36.5	35.9	32.8	34.8	40.9	37.5
Systèmes d'assurance de pensions et garanties standard	..	..	..	..	..	..	..	..
Produits financiers dérivés et options sur titres des salariés	..	..	..	..	..	..	..	..
Autres comptes à recevoir	..	..	..	..	..	..	..	..
Passifs financiers	..	100.0	100.0	100.0	100.0	100.0	100.0	100.0
Numéraire et dépôts	..	..	..	..	..	..	..	..
Titres de dettes	..	..	..	..	..	..	..	..
Crédits	..	0.2	0.1	0.2	1.0	1.4	1.3	4.6
Actions et parts de fonds d'investissement	..	91.5	94.9	92.2	87.8	90.0	96.6	93.2
Systèmes d'assurance de pensions et garanties standard	..	..	..	..	..	..	..	..
Produits financiers dérivés et options sur titres des salariés	..	..	..	..	..	..	..	..
Autres comptes à recevoir	..	..	..	..	..	..	..	..
Sociétés d'assurance								
Actifs financiers	100.0	100.0	100.0	100.0	100.0	100.0	100.0	100.0
Numéraire et dépôts	14.2	14.5	13.9	19.3	19.9	19.1	23.2	15.8
Titres de dettes	39.7	43.1	45.9	45.1	45.0	44.9	43.9	51.7
Crédits	0.7	0.8	0.7	0.7	0.7	1.0	0.9	0.9
Actions et parts de fonds d'investissement	26.1	20.2	19.6	15.9	15.5	17.9	17.2	18.4
Systèmes d'assurance de pensions et garanties standard	1.9	2.5	2.6	2.9	2.9	2.9	2.6	2.4
Produits financiers dérivés et options sur titres des salariés	0.0	0.0	0.0	0.0	0.0	0.0	0.1	0.0
Autres comptes à recevoir	17.4	18.9	17.3	16.2	16.0	14.2	12.2	10.8
Passifs financiers	100.0	100.0	100.0	100.0	100.0	100.0	100.0	100.0
Numéraire et dépôts	0.0	0.0	0.0	0.0	0.0	0.0	0.0	0.0
Titres de dettes	0.3	0.4	0.2	0.1	0.1	0.1	0.2	0.2
Crédits	2.3	1.2	1.6	6.6	4.5	2.1	3.0	0.8
Actions et parts de fonds d'investissement	32.3	10.1	12.2	7.0	5.9	12.6	17.3	19.6
Systèmes d'assurance de pensions et garanties standard	58.4	79.6	78.9	79.7	82.7	78.8	73.6	72.1
Produits financiers dérivés et options sur titres des salariés	0.0	0.0	0.0	0.0	0.0	0.0	0.0	0.0
Autres comptes à recevoir	6.6	8.7	7.0	6.6	6.8	6.4	6.0	7.3
Fonds de pension								
Actifs financiers	..	..	..	..	..	..	100.0	100.0
Numéraire et dépôts	..	..	..	..	..	..	100.0	33.2
Titres de dettes	..	..	..	..	..	..	0.0	63.2
Crédits	..	..	..	..	..	..	0.0	1.9
Actions et parts de fonds d'investissement	..	..	..	..	..	..	0.0	1.4
Systèmes d'assurance de pensions et garanties standard	..	..	..	..	..	..	0.0	0.0
Produits financiers dérivés et options sur titres des salariés	..	..	..	..	..	..	0.0	0.0
Autres comptes à recevoir	..	..	..	..	..	..	0.0	0.3
Passifs financiers	..	..	..	..	..	..	100.0	100.0
Numéraire et dépôts	..	..	..	..	..	..	0.0	0.0
Titres de dettes	..	..	..	..	..	..	0.0	0.0
Crédits	..	..	..	..	..	..	0.0	0.0
Actions et parts de fonds d'investissement	..	..	..	..	..	..	0.0	0.0
Systèmes d'assurance de pensions et garanties standard	..	..	..	..	..	..	100.0	100.0
Produits financiers dérivés et options sur titres des salariés	..	..	..	..	..	..	0.0	0.0
Autres comptes à recevoir	..	..	..	..	..	..	0.0	0.0

Note : Voir les métadonnées détaillées sur : http://metalinks.oecd.org/instinv/20160427/2c5e

Tableau 1. Actifs financiers des investisseurs institutionnels, 2014

Millions HUF

		Fonds d'investissement				
		Total	Fonds d'investissement non-monétaire			Fonds d'investissement monétaires
			Total	Fonds d'investissement à capital variable, non monétaire	Fonds d'investissement à capital fixe, non monétaire	Total
2	Actifs financiers	5 441 446	4 228 339	..	..	1 213 107
2.1	Numéraire et dépôts	2 355 018	1 385 919	..	..	969 099
2.2	Titres de dette	1 754 128	1 512 927	..	..	241 201
2.2.1	Titres de dette à court terme	502 779	313 365	..	..	189 414
2.2.2	Titres de dette à long terme	1 251 349	1 199 562	..	..	51 787
2.2.3	Titres de dette émis par les résidents	1 599 686	1 359 334	..	..	240 352
2.2.4	Titres de dette émis par les non-résidents	154 442	153 593	..	..	849
2.3	Crédits	0	0	..	..	0
2.3.1	Crédits à court terme	0	0	..	..	0
2.3.2	Crédits à long terme	0	0	..	..	0
2.3.3	Crédits accordés aux résidents	0	0	..	..	0
2.3.4	Crédits accordés aux non-résidents	0	0	..	..	0
2.4	Actions et parts de fonds d'investissement	1 103 523	1 102 407	..	..	1 116
2.4.1	Actions et parts de fonds d'investissements émises par les résidents	509 019	507 903	..	..	1 116
2.4.2	Actions et part de fonds d'investissements émises par les non-résidents	594 504	594 504	..	..	0
2.5	Autres comptes à recevoir	183 736	182 045	..	..	1 691

		Fonds d'investissement				
		Total	Fonds d'investissement non-monétaire			Fonds d'investissement monétaires
			Total	Fonds d'investissement à capital variable, non monétaire	Fonds d'investissement à capital fixe, non monétaire	Total
2	Pasifs financiers	5 646 987	4 401 085	..	..	1 245 902
2.1	Numéraire et dépôts	0	0	..	..	0
2.2	Titres de dette	0	0	..	..	0
2.2.1	Titres de dette à court terme	0	0	..	..	0
2.2.2	Titres de dette à long terme	0	0	..	..	0
2.3	Crédits	81 145	81 086	..	..	59
2.3.1	Crédits à court terme	45 686	45 627	..	..	59
2.3.2	Crédits à long terme	35 459	35 459	..	..	0
2.4	Actions et parts de fonds d'investissement	5 528 624	4 282 886	..	..	1 245 738
2.5	Systèmes d'assurance, de pensions et garanties standard	0	0	..	..	0
2.5	Produits financiers dérivés et options sur titres des salariés	33 897	33 897	..	..	0
2.8	Autres comptes à payer	3 321	3 216	..	..	105

		Sociétés d'assurance et fonds de pension autonomes				
		Total	Sociétés d'assurance			Fonds de pension autonomes
			Total	Sociétés d'assurance vie	Sociétés d'assurance non-vie	Total
2	Actifs financiers	4 018 745	2 659 999	..	..	1 358 746
2.1	Numéraire et dépôts	248 991	156 882	..	..	92 109
2.2	Titres de dette	2 386 927	1 498 215	..	..	888 712
2.2.1	Titres de dette à court terme	274 322	141 249	..	..	133 073
2.2.2	Titres de dette à long terme	2 112 605	1 356 966	..	..	755 639
2.2.3	Titres de dette émis par les résidents	2 294 945	1 417 428	..	..	877 517
2.2.4	Titres de dette émis par les non-résidents	91 982	80 787	..	..	11 195
2.3	Crédits	7 992	6 337	..	..	1 655
2.3.1	Crédits à court terme	1 797	1 797	..	..	0
2.3.2	Crédits à long terme	6 195	4 540	..	..	1 655
2.3.3	Crédits accordés aux résidents	6 195	4 540	..	..	1 655
2.3.4	Crédits accordés aux non-résidents	1 797	1 797	..	..	0
2.4	Actions et parts de fonds d'investissement	1 227 216	851 028	..	..	376 188
2.4.1	Actions et parts de fonds d'investissement émises par les résidents	533 586	338 279	..	..	195 307
2.4.2	Actions et parts de fonds d'investissement émises par les non-résidents	693 630	512 749	..	..	180 881
2.5	Autrescomptes à recevoir	59 972	59 890	..	..	82

		Sociétés d'assurance et fonds de pension autonomes				
		Total	Sociétés d'assurance			Fonds de pension autonomes
			Total	Sociétés d'assurance vie	Sociétés d'assurance non-vie	Total
2	Pasifs financiers	4 035 055	2 647 335	..	..	1 387 720
2.1	Numéraire et dépôts	0	0	..	..	0
2.2	Titres de dette	25	25	..	..	0
2.2.1	Titres de dette à court terme	0	0	..	..	0
2.2.2	Titres de dette à long terme	25	25	..	..	0
2.3	Crédits	8 111	8 111	..	..	0
2.3.1	Crédits à court terme	1 818	1 818	..	..	0
2.3.2	Crédits à long terme	6 293	6 293	..	..	0
2.4	Actions et parts de fonds d'investissement	312 792	295 127	..	..	17 665
2.5	Systèmes d'assurance, de pensions et garanties standard	3 617 392	2 247 722	..	..	1 369 670
2.5	Produits financiers dérivés et options sur titres des salariés	4 955	4 955	..	..	0
2.8	Autres comptes à payer	91 780	91 395	..	..	385

Note : Voir les métadonnées détaillées sur : http://metalinks.oecd.org/instinv/20160427/0c9f

Tableau 2. Actifs financiers des fonds d'investissement

Millions HUF

	2007	2008	2009	2010	2011	2012	2013	2014
Fonds d'investissement								
Valeur nette financière	-122 911	-92 219	-58 569	-154 433	-201 097	-244 083	-242 020	-205 541
Actifs financiers	3 193 531	2 579 624	3 117 570	3 815 362	3 192 859	3 308 329	4 495 435	5 441 446
Numéraire et dépôts	1 291 312	1 180 570	1 347 686	1 400 659	1 582 965	1 725 967	1 973 716	2 355 018
Titres de dette	902 346	543 398	772 975	1 060 369	745 223	823 020	1 438 362	1 754 128
Crédits	0	0	0	0	0	0	0	0
Actions et parts de fonds d'investissement	775 548	547 791	851 263	1 180 774	681 357	612 122	772 543	1 103 523
Actions	340 354	206 360	319 629	472 378	180 100	197 861	165 187	210 271
Parts de fonds d'investissement	435 194	341 431	531 634	708 396	501 257	414 261	607 356	893 252
Parts de fonds d'investissement monétaires	61 029	33 613	42 399	45 855	41 749	27 455	47 197	59 753
Parts de fonds d'investissement non monétaires	374 165	307 818	489 235	662 541	459 508	386 806	560 159	833 499
Systèmes d'assurance, de pensions et garanties standard	0	0	0	0	0	0	0	0
Produits financiers dérivés et options sur titres des salariés	66 374	41 812	45 725	49 155	27 389	41 238	55 009	45 041
Autres comptes à recevoir	157 951	266 053	99 921	124 405	155 925	105 982	255 805	183 736
Passifs financiers	3 316 442	2 671 843	3 176 139	3 969 795	3 393 956	3 552 412	4 737 455	5 646 987
Titres de dette	0	0	0	0	0	0	0	0
Titres de dette à court terme	0	0	0	0	0	0	0	0
Titres de dette à long terme	0	0	0	0	0	0	0	0
Crédits	71 446	100 581	71 890	68 096	77 994	71 011	66 700	81 145
Crédits à court terme	27 629	37 310	17 635	24 495	27 991	25 836	23 824	45 686
Crédits à long terme	43 817	63 271	54 255	43 601	50 003	45 175	42 876	35 459
Actions et parts de fonds d'investissement	3 233 911	2 560 321	3 098 940	3 895 195	3 302 829	3 463 811	4 662 550	5 528 624
Systèmes d'assurance, de pensions et garanties standard	0	0	0	0	0	0	0	0
Produits financiers dérivés et options sur titres des salariés	1 324	8 131	3 867	6 142	8 604	9 006	3 269	33 897
Autres comptes à payer	9 761	2 810	1 442	362	4 529	8 584	4 936	3 321
Actifs non financiers	..	..	..	..	..	..	..	..
Fonds d'investissement monéaires								
Valeur nette financière	-43 095	-43 779	-31 343	-17 659	1 262	43 912	20 043	-32 795
Actifs financiers	966 380	833 606	1 121 760	1 359 714	1 360 019	1 270 751	1 455 722	1 213 107
Numéraire et dépôts	667 384	508 060	830 650	850 942	1 012 598	1 002 548	1 020 375	969 099
Titres de dette	296 112	199 122	285 112	477 397	284 129	201 169	353 790	241 201
Crédits	0	0	0	0	0	0	0	0
Actions et parts de fonds d'investissement	1 216	1 222	4 477	4 248	666	4 303	3 001	1 116
Actions	0	0	0	0	0	0	0	0
Parts de fonds d'investissement	1 216	1 222	4 477	4 248	666	4 303	3 001	1 116
Parts de fonds d'investissement monétaires	1 216	1 222	4 477	4 248	666	4 303	3 001	1 116
Parts de fonds d'investissement non monétaires	0	0	0	0	0	0	0	0
Systèmes d'assurance, de pensions et garanties standard	0	0	0	0	0	0	0	0
Produits financiers dérivés et options sur titres des salariés	0	0	0	0	0	0	0	0
Autres comptes à recevoir	1 668	125 202	1 521	27 127	62 626	62 731	78 556	1 691
Passifs financiers	1 009 475	877 385	1 153 103	1 377 373	1 358 757	1 226 839	1 435 679	1 245 902
Titres de dette	0	0	0	0	0	0	0	0
Titres de dette à court terme	0	0	0	0	0	0	0	0
Titres de dette à long terme	0	0	0	0	0	0	0	0
Crédits	48	50	72	9	14	33	42	59
Crédits à court terme	48	50	72	9	14	33	42	59
Crédits à long terme	0	0	0	0	0	0	0	0
Actions et parts de fonds d'investissement	1 009 341	876 694	1 152 781	1 377 347	1 358 175	1 226 331	1 435 556	1 245 738
Systèmes d'assurance, de pensions et garanties standard	0	0	0	0	0	0	0	0
Produits financiers dérivés et options sur titres des salariés	0	0	0	0	0	0	0	0
Autres comptes à payer	86	641	250	17	568	475	81	105
Actifs non financiers	..	..	..	..	..	..	..	..
Fonds d'investissement non monéaires								
Valeur nette financière	-79 816	-48 440	-27 226	-136 774	-202 359	-287 995	-262 063	-172 746
Actifs financiers	2 227 151	1 746 018	1 995 810	2 455 648	1 832 840	2 037 578	3 039 713	4 228 339
Numéraire et dépôts	623 928	672 510	517 036	549 717	570 367	723 419	953 341	1 385 919
Titres de dette	606 234	344 276	487 863	582 972	461 094	621 851	1 084 572	1 512 927
Crédits	0	0	0	0	0	0	0	0
Actions et parts de fonds d'investissement	774 332	546 569	846 786	1 176 526	680 691	607 819	769 542	1 102 407
Actions	340 354	206 360	319 629	472 378	180 100	197 861	165 187	210 271
Parts de fonds d'investissement	433 978	340 209	527 157	704 148	500 591	409 958	604 355	892 136
Parts de fonds d'investissement monétaires	59 813	32 391	37 922	41 607	41 083	23 152	44 196	58 637
Parts de fonds d'investissement non monétaires	374 165	307 818	489 235	662 541	459 508	386 806	560 159	833 499
Systèmes d'assurance, de pensions et garanties standard	0	0	0	0	0	0	0	0
Produits financiers dérivés et options sur titres des salariés	66 374	41 812	45 725	49 155	27 389	41 238	55 009	45 041
Autres comptes à recevoir	156 283	140 851	98 400	97 278	93 299	43 251	177 249	182 045
Passifs financiers	2 306 967	1 794 458	2 023 036	2 592 422	2 035 199	2 325 573	3 301 776	4 401 085
Titres de dette	0	0	0	0	0	0	0	0
Titres de dette à court terme	0	0	0	0	0	0	0	0
Titres de dette à long terme	0	0	0	0	0	0	0	0
Crédits	71 398	100 531	71 818	68 087	77 980	70 978	66 658	81 086
Crédits à court terme	27 581	37 260	17 563	24 486	27 977	25 803	23 782	45 627
Crédits à long terme	43 817	63 271	54 255	43 601	50 003	45 175	42 876	35 459
Actions et parts de fonds d'investissement	2 224 570	1 683 627	1 946 159	2 517 848	1 944 654	2 237 480	3 226 994	4 282 886
Systèmes d'assurance, de pensions et garanties standard	0	0	0	0	0	0	0	0
Produits financiers dérivés et options sur titres des salariés	1 324	8 131	3 867	6 142	8 604	9 006	3 269	33 897
Autres comptes à payer	9 675	2 169	1 192	345	3 961	8 109	4 855	3 216
Actifs non financiers	..	..	..	..	..	..	..	..
Fonds d'investissement non monéaires à capital variable								
Valeur nette financière	..	..	..	..	..	..	..	..
Actifs financiers	..	..	..	..	..	..	..	..

Tableau 2. Actifs financiers des fonds d'investissement *(suite)*

Millions HUF

	2007	2008	2009	2010	2011	2012	2013	2014
Numéraire et dépôts	..	..	..	..	..	..	..	..
Titres de dette	..	..	..	..	..	..	..	..
Crédits	..	..	..	..	..	..	..	..
Actions et parts de fonds d'investissement	..	..	..	..	..	..	..	..
Actions	..	..	..	..	..	..	..	..
Parts de fonds d'investissement	..	..	..	..	..	..	..	..
Parts de fonds d'investissement monétaires	..	..	..	..	..	..	..	..
Parts de fonds d'investissement non monétaires	..	..	..	..	..	..	..	..
Systèmes d'assurance, de pensions et garanties standard	..	..	..	..	..	..	..	..
Produits financiers dérivés et options sur titres des salariés	..	..	..	..	..	..	..	..
Autres comptes à recevoir	..	..	..	..	..	..	..	..
Passifs financiers	..	..	..	..	..	..	..	..
Titres de dette	..	..	..	..	..	..	..	..
Titres de dette à court terme	..	..	..	..	..	..	..	..
Titres de dette à long terme	..	..	..	..	..	..	..	..
Crédits	..	..	..	..	..	..	..	..
Crédits à court terme	..	..	..	..	..	..	..	..
Crédits à long terme	..	..	..	..	..	..	..	..
Actions et parts de fonds d'investissement	..	..	..	..	..	..	..	..
Systèmes d'assurance, de pensions et garanties standard	..	..	..	..	..	..	..	..
Produits financiers dérivés et options sur titres des salariés	..	..	..	..	..	..	..	..
Autres comptes à payer	..	..	..	..	..	..	..	..
Actifs non financiers	..	..	..	..	..	..	..	..
Fonds d'investissement à capital variable								
Valeur nette financière	..	..	..	..	..	..	..	..
Actifs financiers	..	..	..	..	..	..	..	..
Numéraire et dépôts	..	..	..	..	..	..	..	..
Titres de dette	..	..	..	..	..	..	..	..
Crédits	..	..	..	..	..	..	..	..
Actions et parts de fonds d'investissement	..	..	..	..	..	..	..	..
Actions	..	..	..	..	..	..	..	..
Parts de fonds d'investissement	..	..	..	..	..	..	..	..
Parts de fonds d'investissement monétaires	..	..	..	..	..	..	..	..
Parts de fonds d'investissement non monétaires	..	..	..	..	..	..	..	..
Systèmes d'assurance, de pensions et garanties standard	..	..	..	..	..	..	..	..
Produits financiers dérivés et options sur titres des salariés	..	..	..	..	..	..	..	..
Autres comptes à recevoir	..	..	..	..	..	..	..	..
Passifs financiers	..	..	..	..	..	..	..	..
Titres de dette	..	..	..	..	..	..	..	..
Titres de dette à court terme	..	..	..	..	..	..	..	..
Titres de dette à long terme	..	..	..	..	..	..	..	..
Crédits	..	..	..	..	..	..	..	..
Crédits à court terme	..	..	..	..	..	..	..	..
Crédits à long terme	..	..	..	..	..	..	..	..
Actions et parts de fonds d'investissement	..	..	..	..	..	..	..	..
Systèmes d'assurance, de pensions et garanties standard	..	..	..	..	..	..	..	..
Produits financiers dérivés et options sur titres des salariés	..	..	..	..	..	..	..	..
Autres comptes à payer	..	..	..	..	..	..	..	..
Actifs non financiers	..	..	..	..	..	..	..	..

Note : Voir les métadonnées détaillées sur : http://metalinks.oecd.org/instinv/20160427/0c9f

Tableau 3. Actifs financiers des sociétés d'assurance et fonds de pension

Millions HUF

	2007	2008	2009	2010	2011	2012	2013	2014
Sociétés d'assurance et fonds de pension								
Valeur nette financière	-90 276	-136 636	-75 208	-78 569	-147 740	-31 427	-49 742	-16 310
Actifs financiers	5 024 211	4 778 687	5 878 928	6 485 845	3 440 329	3 583 272	3 705 051	4 018 745
Numéraire et dépôts	176 563	221 631	278 375	239 809	210 811	170 518	207 871	248 991
Titres de dette	3 312 514	3 088 709	3 475 654	3 654 838	2 030 279	2 174 370	2 238 054	2 386 927
Crédits	14 759	31 017	23 977	18 228	16 658	10 449	7 755	7 992
Actions et parts de fonds d'investissement	1 381 303	1 278 100	1 938 728	2 392 998	1 033 348	1 067 638	1 102 997	1 227 216
Actions	563 757	426 682	484 040	448 869	133 573	120 920	112 582	125 361
Parts de fonds d'investissement	817 546	851 418	1 454 688	1 944 129	899 775	946 718	990 415	1 101 855
Parts de fonds d'investissement monétaires	12 989	19 034	64 163	78 548	77 130	72 978	77 076	54 223
Parts de fonds d'investissement non monétaires	804 557	832 384	1 390 525	1 865 581	822 645	873 740	913 339	1 047 632
Systèmes d'assurance, de pensions et garanties standard	62 428	64 234	79 689	88 503	89 953	93 929	80 832	83 421
Produits financiers dérivés et options sur titres des salariés	0	0	0	78	75	2	218	4 226
Autres comptes à recevoir	76 644	94 996	82 505	91 391	59 205	66 366	67 324	59 972
Passifs financiers	5 114 487	4 915 323	5 954 136	6 564 414	3 588 069	3 614 699	3 754 793	4 035 055
Titres de dette	0	0	0	0	0	0	26	25
Titres de dette à court terme	0	0	0	0	0	0	0	0
Titres de dette à long terme	0	0	0	0	0	0	26	25
Crédits	3 378	3 387	4 465	4 187	7 853	6 577	5 832	8 111
Crédits à court terme	527	1 203	1 501	1 149	1 533	3 341	1 239	1 818
Crédits à long terme	2 851	2 184	2 964	3 038	6 320	3 236	4 593	6 293
Actions et parts de fonds d'investissement	302 046	347 516	366 674	360 627	335 647	302 205	309 980	312 792
Systèmes d'assurance, de pensions et garanties standard	4 747 543	4 480 253	5 511 962	6 132 265	3 163 128	3 217 327	3 347 215	3 617 392
Produits financiers dérivés et options sur titres des salariés	0	0	0	85	1 228	336	56	4 955
Autres comptes à payer	61 520	84 167	71 035	67 250	80 213	88 254	91 684	91 780
Actifs non financiers	..	..	..	..	..	..	..	..
Sociétés d'assurance								
Valeur nette financière	12 366	-101 871	-90 361	-116 700	-122 200	5 070	-9 474	12 664
Actifs financiers	2 256 466	2 132 160	2 331 655	2 411 337	2 327 550	2 426 170	2 476 915	2 659 999
Numéraire et dépôts	105 787	124 784	170 151	155 843	147 468	107 862	119 017	156 882
Titres de dette	1 479 988	1 457 252	1 366 811	1 281 553	1 314 391	1 426 933	1 442 501	1 498 215
Crédits	13 521	29 944	22 715	16 571	15 019	8 873	6 150	6 337
Actions et parts de fonds d'investissement	550 860	392 575	639 429	777 476	701 512	722 243	760 903	851 028
Actions	176 787	111 942	116 334	83 432	64 131	57 800	55 435	58 561
Parts de fonds d'investissement	374 073	280 633	523 095	694 044	637 381	664 443	705 468	792 467
Parts de fonds d'investissement monétaires	11 603	16 773	59 826	73 257	73 575	70 532	74 389	51 016
Parts de fonds d'investissement non monétaires	362 470	263 860	463 269	620 787	563 806	593 911	631 079	741 451
Systèmes d'assurance, de pensions et garanties standard	62 428	64 234	79 689	88 503	89 953	93 929	80 832	83 421
Produits financiers dérivés et options sur titres des salariés	0	0	0	78	75	2	218	4 226
Autres comptes à recevoir	43 882	63 371	52 860	91 313	59 132	66 328	67 294	59 890
Passifs financiers	2 244 100	2 234 031	2 422 016	2 528 037	2 449 750	2 421 100	2 486 389	2 647 335
Titres de dette	0	0	0	0	0	0	26	25
Titres de dette à court terme	0	0	0	0	0	0	0	0
Titres de dette à long terme	0	0	0	0	0	0	26	25
Crédits	3 378	3 387	4 465	4 187	7 853	6 577	5 832	8 111
Crédits à court terme	527	1 203	1 501	1 149	1 533	3 341	1 239	1 818
Crédits à long terme	2 851	2 184	2 964	3 038	6 320	3 236	4 593	6 293
Actions et parts de fonds d'investissement	286 602	331 833	351 334	344 771	319 481	285 872	293 350	295 127
Systèmes d'assurance, de pensions et garanties standard	1 904 514	1 830 434	2 015 735	2 113 867	2 045 389	2 042 932	2 096 699	2 247 722
Produits financiers dérivés et options sur titres des salariés	0	0	0	85	1 228	336	56	4 955
Autres comptes à payer	49 606	68 377	50 482	65 127	75 799	85 383	90 426	91 395
Actifs non financiers	..	..	..	..	..	..	..	..
Fonds de pension								
Valeur nette financière	-102 642	-34 765	15 153	38 131	-25 540	-36 497	-40 268	-28 974
Actifs financiers	2 767 745	2 646 527	3 547 273	4 074 508	1 112 779	1 157 102	1 228 136	1 358 746
Numéraire et dépôts	70 776	96 847	108 224	83 966	63 343	62 656	88 854	92 109
Titres de dette	1 832 526	1 631 457	2 108 843	2 373 285	715 888	747 437	795 553	888 712
Crédits	1 238	1 073	1 262	1 657	1 639	1 576	1 605	1 655
Actions et parts de fonds d'investissement	830 443	885 525	1 299 299	1 615 522	331 836	345 395	342 094	376 188
Actions	386 970	314 740	367 706	365 437	69 442	63 120	57 147	66 800
Parts de fonds d'investissement	443 473	570 785	931 593	1 250 085	262 394	282 275	284 947	309 388
Parts de fonds d'investissement monétaires	1 386	2 261	4 337	5 291	3 555	2 446	2 687	3 207
Parts de fonds d'investissement non monétaires	442 087	568 524	927 256	1 244 794	258 839	279 829	282 260	306 181
Systèmes d'assurance, de pensions et garanties standard	0	0	0	0	0	0	0	0
Produits financiers dérivés et options sur titres des salariés	0	0	0	0	0	0	0	0
Autres comptes à recevoir	32 762	31 625	29 645	78	73	38	30	82
Passifs financiers	2 870 387	2 681 292	3 532 120	4 036 377	1 138 319	1 193 599	1 268 404	1 387 720
Titres de dette	0	0	0	0	0	0	0	0
Titres de dette à court terme	0	0	0	0	0	0	0	0
Titres de dette à long terme	0	0	0	0	0	0	0	0
Crédits	0	0	0	0	0	0	0	0
Crédits à court terme	0	0	0	0	0	0	0	0
Crédits à long terme	0	0	0	0	0	0	0	0
Actions et parts de fonds d'investissement	15 444	15 683	15 340	15 856	16 166	16 333	16 630	17 665
Systèmes d'assurance, de pensions et garanties standard	2 843 029	2 649 819	3 496 227	4 018 398	1 117 739	1 174 395	1 250 516	1 369 670
Produits financiers dérivés et options sur titres des salariés	0	0	0	0	0	0	0	0
Autres comptes à payer	11 914	15 790	20 553	2 123	4 414	2 871	1 258	385
Actifs non financiers	..	..	..	..	..	..	..	..

Note : Voir les métadonnées détaillées sur : http://metalinks.oecd.org/instinv/20160427/0c9f

Tableau 4. Composition du portefeuille par type d'investisseur

En pourcentage des actifs financiers et des passifs financiers

Pour cent

	2007	2008	2009	2010	2011	2012	2013	2014
Fonds d'investissement								
Actifs financiers	100.0	100.0	100.0	100.0	100.0	100.0	100.0	100.0
Numéraire et dépôts	40.4	45.8	43.2	36.7	49.6	52.2	43.9	43.3
Titres de dettes	28.3	21.1	24.8	27.8	23.3	24.9	32.0	32.2
Crédits	0.0	0.0	0.0	0.0	0.0	0.0	0.0	0.0
Actions et parts de fonds d'investissement	24.3	21.2	27.3	30.9	21.3	18.5	17.2	20.3
Systèmes d'assurance de pensions et garanties standard	0.0	0.0	0.0	0.0	0.0	0.0	0.0	0.0
Produits financiers dérivés et options sur titres des salariés	2.1	1.6	1.5	1.3	0.9	1.2	1.2	0.8
Autres comptes à recevoir	4.9	10.3	3.2	3.3	4.9	3.2	5.7	3.4
Passifs financiers	100.0	100.0	100.0	100.0	100.0	100.0	100.0	100.0
Numéraire et dépôts	0.0	0.0	0.0	0.0	0.0	0.0	0.0	0.0
Titres de dettes	0.0	0.0	0.0	0.0	0.0	0.0	0.0	0.0
Crédits	2.2	3.8	2.3	1.7	2.3	2.0	1.4	1.4
Actions et parts de fonds d'investissement	97.5	95.8	97.6	98.1	97.3	97.5	98.4	97.9
Systèmes d'assurance de pensions et garanties standard	0.0	0.0	0.0	0.0	0.0	0.0	0.0	0.0
Produits financiers dérivés et options sur titres des salariés	0.0	0.3	0.1	0.2	0.3	0.3	0.1	0.6
Autres comptes à recevoir	0.3	0.1	0.0	0.0	0.1	0.2	0.1	0.1
Sociétés d'assurance								
Actifs financiers	100.0	100.0	100.0	100.0	100.0	100.0	100.0	100.0
Numéraire et dépôts	4.7	5.9	7.3	6.5	6.3	4.4	4.8	5.9
Titres de dettes	65.6	68.3	58.6	53.1	56.5	58.8	58.2	56.3
Crédits	0.6	1.4	1.0	0.7	0.6	0.4	0.2	0.2
Actions et parts de fonds d'investissement	24.4	18.4	27.4	32.2	30.1	29.8	30.7	32.0
Systèmes d'assurance de pensions et garanties standard	2.8	3.0	3.4	3.7	3.9	3.9	3.3	3.1
Produits financiers dérivés et options sur titres des salariés	0.0	0.0	0.0	0.0	0.0	0.0	0.0	0.2
Autres comptes à recevoir	1.9	3.0	2.3	3.8	2.5	2.7	2.7	2.3
Passifs financiers	100.0	100.0	100.0	100.0	100.0	100.0	100.0	100.0
Numéraire et dépôts	0.0	0.0	0.0	0.0	0.0	0.0	0.0	0.0
Titres de dettes	0.0	0.0	0.0	0.0	0.0	0.0	0.0	0.0
Crédits	0.2	0.2	0.2	0.2	0.3	0.3	0.2	0.3
Actions et parts de fonds d'investissement	12.8	14.9	14.5	13.6	13.0	11.8	11.8	11.1
Systèmes d'assurance de pensions et garanties standard	84.9	81.9	83.2	83.6	83.5	84.4	84.3	84.9
Produits financiers dérivés et options sur titres des salariés	0.0	0.0	0.0	0.0	0.1	0.0	0.0	0.2
Autres comptes à recevoir	2.2	3.1	2.1	2.6	3.1	3.5	3.6	3.5
Fonds de pension								
Actifs financiers	100.0	100.0	100.0	100.0	100.0	100.0	100.0	100.0
Numéraire et dépôts	2.6	3.7	3.1	2.1	5.7	5.4	7.2	6.8
Titres de dettes	66.2	61.6	59.4	58.2	64.3	64.6	64.8	65.4
Crédits	0.0	0.0	0.0	0.0	0.1	0.1	0.1	0.1
Actions et parts de fonds d'investissement	30.0	33.5	36.6	39.6	29.8	29.9	27.9	27.7
Systèmes d'assurance de pensions et garanties standard	0.0	0.0	0.0	0.0	0.0	0.0	0.0	0.0
Produits financiers dérivés et options sur titres des salariés	0.0	0.0	0.0	0.0	0.0	0.0	0.0	0.0
Autres comptes à recevoir	1.2	1.2	0.8	0.0	0.0	0.0	0.0	0.0
Passifs financiers	100.0	100.0	100.0	100.0	100.0	100.0	100.0	100.0
Numéraire et dépôts	0.0	0.0	0.0	0.0	0.0	0.0	0.0	0.0
Titres de dettes	0.0	0.0	0.0	0.0	0.0	0.0	0.0	0.0
Crédits	0.0	0.0	0.0	0.0	0.0	0.0	0.0	0.0
Actions et parts de fonds d'investissement	0.5	0.6	0.4	0.4	1.4	1.4	1.3	1.3
Systèmes d'assurance de pensions et garanties standard	99.0	98.8	99.0	99.6	98.2	98.4	98.6	98.7
Produits financiers dérivés et options sur titres des salariés	0.0	0.0	0.0	0.0	0.0	0.0	0.0	0.0
Autres comptes à recevoir	0.4	0.6	0.6	0.1	0.4	0.2	0.1	0.0

Note : Voir les métadonnées détaillées sur : http://metalinks.oecd.org/instinv/20160427/2c5e

ISLANDE

Tableau 1. Actifs financiers des investisseurs institutionnels, 2014

Millions ISK

		Total	Fonds d'investissement			
			Fonds d'investissement non-monétaire			Fonds d'investissement monétaires
			Total	Fonds d'investissement à capital variable, non monétaire	Fonds d'investissement à capital fixe, non monétaire	Total
2	Actifs financiers	502 500	451 663	323 700	127 962	50 837
2.1	Numéraire et dépôts	68 399	20 561	15 158	5 403	47 838
2.2	Titres de dette	262 187	259 297	199 817	59 481	2 890
2.2.1	Titres de dette à court terme	..	..	..	..	931
2.2.2	Titres de dette à long terme	262 187	259 297	199 817	59 481	1 958
2.2.3	Titres de dette émis par les résidents	256 172	253 282	199 817	53 466	2 890
2.2.4	Titres de dette émis par les non-résidents	6 015	6 015	0	6 015	0
2.3	Crédits	0	0	0	0	0
2.3.1	Crédits à court terme	..	..	..	..	..
2.3.2	Crédits à long terme	..	..	..	..	..
2.3.3	Crédits accordés aux résidents	..	..	..	..	..
2.3.4	Crédits accordés aux non-résidents	..	..	..	..	..
2.4	Actions et parts de fonds d'investissement	158 331	158 331	108 011	50 321	0
2.4.1	Actions et parts de fonds d'investissements émises par les résidents	130 964	130 964	97 652	33 312	0
2.4.2	Actions et part de fonds d'investissements émises par les non-résidents	27 368	27 368	10 359	17 009	0
2.5	Autres comptes à recevoir	11 445	11 335	703	10 632	110

		Total	Fonds d'investissement			
			Fonds d'investissement non-monétaire			Fonds d'investissement monétaires
			Total	Fonds d'investissement à capital variable, non monétaire	Fonds d'investissement à capital fixe, non monétaire	Total
2	Pasifs financiers	502 624	451 787	323 721	128 066	50 837
2.1	Numéraire et dépôts	..	..	..	..	..
2.2	Titres de dette	56 263	56 263	0	56 263	0
2.2.1	Titres de dette à court terme	..	..	..	..	..
2.2.2	Titres de dette à long terme	..	..	..	..	..
2.3	Crédits	8 428	8 375	1 714	6 661	53
2.3.1	Crédits à court terme	..	..	..	..	..
2.3.2	Crédits à long terme	..	..	..	..	..
2.4	Actions et parts de fonds d'investissement	422 661	371 876	315 716	56 161	50 784
2.5	Systèmes d'assurance, de pensions et garanties standard	..	..	..	..	..
2.5	Produits financiers dérivés et options sur titres des salariés	224	224	9	215	0
2.8	Autres comptes à payer	15 048	15 048	6 282	8 766	0

		Total	Sociétés d'assurance et fonds de pension autonomes			
			Sociétés d'assurance			Fonds de pension autonomes
			Total	Sociétés d'assurance vie	Sociétés d'assurance non-vie	Total
2	Actifs financiers	3 093 300	161 950	16 418	145 531	2 931 351
2.1	Numéraire et dépôts	137 897	7 415	723	6 692	130 481
2.2	Titres de dette	1 486 747	75 073	5 457	69 616	1 411 674
2.2.1	Titres de dette à court terme	..	0	0	0	..
2.2.2	Titres de dette à long terme	..	75 073	5 457	69 616	..
2.2.3	Titres de dette émis par les résidents	1 478 982	70 578	5 442	65 136	1 408 405
2.2.4	Titres de dette émis par les non-résidents	7 764	4 495	16	4 480	3 269
2.3	Crédits	173 709	2 646	7	2 639	171 063
2.3.1	Crédits à court terme	0	0	0	0	..
2.3.2	Crédits à long terme	173 709	2 646	7	2 639	171 063
2.3.3	Crédits accordés aux résidents	173 708	2 645	6	2 639	171 063
2.3.4	Crédits accordés aux non-résidents	1	1	1	0	..
2.4	Actions et parts de fonds d'investissement	1 247 478	50 677	3 210	47 466	1 196 801
2.4.1	Actions et parts de fonds d'investissement émises par les résidents	555 242	43 870	2 891	40 979	511 373
2.4.2	Actions et parts de fonds d'investissement émises par les non-résidents	692 235	6 807	319	6 488	685 428
2.5	Autrescomptes à recevoir	38 796	17 464	1 013	16 451	21 332

		Total	Sociétés d'assurance et fonds de pension autonomes			
			Sociétés d'assurance			Fonds de pension autonomes
			Total	Sociétés d'assurance vie	Sociétés d'assurance non-vie	Total
2	Pasifs financiers	3 103 636	168 565	16 542	152 023	2 935 072
2.1	Numéraire et dépôts	..	..	..	..	..
2.2	Titres de dette	0	0	0	0	..
2.2.1	Titres de dette à court terme	0	0	0	0	..
2.2.2	Titres de dette à long terme	0	0	0	0	..
2.3	Crédits	154	154	61	93	..
2.3.1	Crédits à court terme	..	..	..	..	..
2.3.2	Crédits à long terme	154	154	61	93	..
2.4	Actions et parts de fonds d'investissement	84 610	84 610	6 871	77 739	..
2.5	Systèmes d'assurance, de pensions et garanties standard	3 003 037	78 645	9 116	69 529	2 924 392
2.5	Produits financiers dérivés et options sur titres des salariés	2 171	..	..	..	2 171
2.8	Autres comptes à payer	13 665	5 156	493	4 663	8 509

Note : Voir les métadonnées détaillées sur : http://metalinks.oecd.org/instinv/20160427/0c9f

ISLANDE

Tableau 2. Actifs financiers des fonds d'investissement

Millions ISK

	2007	2008	2009	2010	2011	2012	2013	2014
Fonds d'investissement								
Valeur nette financière	0	0	0	0	-3 577	-1 510	-714	-124
Actifs financiers	696 758	212 133	195 242	284 249	386 382	427 809	468 126	502 500
Numéraire et dépôts	121 115	18 168	18 306	18 087	39 389	35 340	49 471	68 399
Titres de dette	490 227	178 327	159 973	236 679	279 886	305 040	285 132	262 187
Crédits	..	..	..	..	0	0	0	0
Actions et parts de fonds d'investissement	73 411	13 946	16 318	28 234	58 147	85 288	129 033	158 331
Actions	58 555	6 105	6 560	8 832	19 953	39 615	77 810	102 435
Parts de fonds d'investissement	14 856	7 840	9 758	19 402	38 194	45 673	51 223	55 897
Parts de fonds d'investissement monétaires	..	..	..	..	..	..	..	..
Parts de fonds d'investissement non monétaires	..	..	..	..	..	..	..	..
Systèmes d'assurance, de pensions et garanties standard	..	..	..	..	..	..	..	..
Produits financiers dérivés et options sur titres des salariés	..	..	..	..	1 492	1 455	2 016	2 138
Autres comptes à recevoir	12 006	1 691	646	1 249	7 469	686	2 474	11 445
Passifs financiers	696 758	212 133	195 242	284 249	389 960	429 319	468 840	502 624
Titres de dette	..	..	..	..	4 789	26 608	32 451	56 263
Titres de dette à court terme	..	..	..	..	..	..	..	..
Titres de dette à long terme	..	..	..	..	..	..	..	..
Crédits	9 988	5 585	4 454	3 835	17 190	4 868	5 304	8 428
Crédits à court terme	..	..	..	..	..	..	..	..
Crédits à long terme	..	..	..	..	..	..	..	..
Actions et parts de fonds d'investissement	686 771	206 548	190 788	280 414	347 714	378 034	414 466	422 661
Systèmes d'assurance, de pensions et garanties standard	..	..	..	..	..	..	..	..
Produits financiers dérivés et options sur titres des salariés	..	..	..	..	1 555	96	190	224
Autres comptes à payer	..	..	..	..	18 713	19 713	16 428	15 048
Actifs non financiers	..	..	..	..	3 577	1 510	714	124
Fonds d'investissement monéaires								
Valeur nette financière	0	0	0	0	0	0	0	0
Actifs financiers	0	0	..	..	18 294	19 624	26 449	50 837
Numéraire et dépôts	0	0	..	..	11 479	14 872	21 161	47 838
Titres de dette	0	0	..	..	6 801	4 715	3 798	2 890
Crédits	..	..	..	..	0	0	0	0
Actions et parts de fonds d'investissement	0	0	0	0	0	0	0	0
Actions	0	0	0	0	0	0	0	0
Parts de fonds d'investissement	0	0	0	0	0	0	0	0
Parts de fonds d'investissement monétaires	..	..	..	..	..	..	..	..
Parts de fonds d'investissement non monétaires	..	..	..	..	..	..	..	..
Systèmes d'assurance, de pensions et garanties standard	..	..	..	..	..	..	..	..
Produits financiers dérivés et options sur titres des salariés	..	..	..	..	0	0	0	0
Autres comptes à recevoir	..	..	..	..	13	37	1 489	110
Passifs financiers	0	0	..	..	18 294	19 624	26 449	50 837
Titres de dette	..	..	..	..	0	0	0	0
Titres de dette à court terme	..	..	..	..	..	..	..	..
Titres de dette à long terme	..	..	..	..	..	..	..	..
Crédits	0	0	..	..	24	127	26	53
Crédits à court terme	..	..	..	..	..	..	..	..
Crédits à long terme	..	..	..	..	..	..	..	..
Actions et parts de fonds d'investissement	0	0	..	..	18 270	19 497	26 422	50 784
Systèmes d'assurance, de pensions et garanties standard	..	..	..	..	..	..	..	..
Produits financiers dérivés et options sur titres des salariés	..	..	..	..	0	0	0	0
Autres comptes à payer	..	..	..	..	0	0	0	0
Actifs non financiers	..	..	..	..	0	0	0	0
Fonds d'investissement non monéaires								
Valeur nette financière	0	0	0	0	-3 577	-1 510	-714	-124
Actifs financiers	696 758	212 133	190 512	270 858	368 089	408 185	441 677	451 663
Numéraire et dépôts	121 115	18 168	15 537	11 949	27 909	20 468	28 309	20 561
Titres de dette	490 227	178 327	158 013	229 428	273 085	300 325	281 333	259 297
Crédits	..	..	..	..	0	0	0	0
Actions et parts de fonds d'investissement	73 411	13 946	16 318	28 234	58 147	85 288	129 033	158 331
Actions	58 555	6 105	6 560	8 832	19 953	39 615	77 810	102 435
Parts de fonds d'investissement	14 856	7 840	9 758	19 402	38 194	45 673	51 223	55 897
Parts de fonds d'investissement monétaires	..	..	..	..	..	..	..	..
Parts de fonds d'investissement non monétaires	..	..	..	..	..	..	..	..
Systèmes d'assurance, de pensions et garanties standard	..	..	..	..	..	..	..	..
Produits financiers dérivés et options sur titres des salariés	..	..	..	..	1 492	1 455	2 016	2 138
Autres comptes à recevoir	12 006	1 691	645	1 247	7 456	648	985	11 335
Passifs financiers	696 758	212 133	190 512	270 858	371 666	409 695	442 391	451 787
Titres de dette	..	..	..	..	4 789	26 608	32 451	56 263
Titres de dette à court terme	..	..	..	..	..	..	..	..
Titres de dette à long terme	..	..	..	..	..	..	..	..
Crédits	9 988	5 585	4 444	3 820	17 166	4 740	5 277	8 375
Crédits à court terme	..	..	..	..	..	..	..	..
Crédits à long terme	..	..	..	..	..	..	..	..
Actions et parts de fonds d'investissement	686 771	206 548	186 068	267 037	329 444	358 537	388 044	371 876
Systèmes d'assurance, de pensions et garanties standard	..	..	..	..	..	..	..	..
Produits financiers dérivés et options sur titres des salariés	..	..	..	..	1 555	96	190	224
Autres comptes à payer	..	..	..	..	18 713	19 713	16 428	15 048
Actifs non financiers	..	..	..	..	3 577	1 510	714	124
Fonds d'investissement non monéaires à capital variable								
Valeur nette financière	0	0	0	0	-1 070	-447	-110	-20
Actifs financiers	696 758	212 133	190 512	270 858	296 547	319 872	340 054	323 700

Tableau 2. Actifs financiers des fonds d'investissement *(suite)*

Millions ISK

	2007	2008	2009	2010	2011	2012	2013	2014
Numéraire et dépôts	121 115	18 168	15 537	11 949	14 510	14 152	22 099	15 158
Titres de dette	490 227	178 327	158 013	229 428	246 295	252 614	225 847	199 817
Crédits	..	..	..	..	0	0	0	0
Actions et parts de fonds d'investissement	73 411	13 946	16 318	28 234	33 465	52 696	91 383	108 011
Actions	58 555	6 105	6 560	8 832	11 177	27 168	59 541	73 907
Parts de fonds d'investissement	14 856	7 840	9 758	19 402	22 287	25 528	31 842	34 104
Parts de fonds d'investissement monétaires	..	..	..	..	..	..	..	..
Parts de fonds d'investissement non monétaires	..	..	..	..	..	..	..	..
Systèmes d'assurance, de pensions et garanties standard	..	..	..	..	..	..	..	..
Produits financiers dérivés et options sur titres des salariés	..	..	..	..	703	0	12	13
Autres comptes à recevoir	12 006	1 691	645	1 247	1 573	409	713	703
Passifs financiers	696 758	212 133	190 512	270 858	297 617	320 318	340 164	323 721
Titres de dette	..	..	..	..	0	0	0	0
Titres de dette à court terme	..	..	..	..	..	..	..	..
Titres de dette à long terme	..	..	..	..	..	..	..	..
Crédits	9 988	5 585	4 444	3 820	4 187	1 643	1 268	1 714
Crédits à court terme	..	..	..	..	..	..	..	..
Crédits à long terme	..	..	..	..	..	..	..	..
Actions et parts de fonds d'investissement	686 771	206 548	186 068	267 037	279 654	307 669	330 434	315 716
Systèmes d'assurance, de pensions et garanties standard	..	..	..	..	..	..	..	..
Produits financiers dérivés et options sur titres des salariés	..	..	..	..	1 554	0	0	9
Autres comptes à payer	..	..	..	..	12 222	11 006	8 463	6 282
Actifs non financiers	..	..	..	..	1 070	447	110	20
Fonds d'investissement à capital variable								
Valeur nette financière	0	0	0	0	-1 070	-447	-110	-20
Actifs financiers	696 758	212 133	195 242	284 249	314 840	339 496	366 503	374 538
Numéraire et dépôts	121 115	18 168	18 306	18 087	25 990	29 024	43 260	62 995
Titres de dette	490 227	178 327	159 973	236 679	253 096	257 330	229 645	202 706
Crédits	..	..	..	..	0	0	0	0
Actions et parts de fonds d'investissement	73 411	13 946	16 318	28 234	33 465	52 696	91 383	108 011
Actions	58 555	6 105	6 560	8 832	11 177	27 168	59 541	73 907
Parts de fonds d'investissement	14 856	7 840	9 758	19 402	22 287	25 528	31 842	34 104
Parts de fonds d'investissement monétaires	..	..	..	..	..	..	..	..
Parts de fonds d'investissement non monétaires	..	..	..	..	..	..	..	..
Systèmes d'assurance, de pensions et garanties standard	..	..	..	..	..	..	..	..
Produits financiers dérivés et options sur titres des salariés	..	..	..	..	703	0	12	13
Autres comptes à recevoir	12 006	1 691	646	1 249	1 586	446	2 202	812
Passifs financiers	696 758	212 133	195 242	284 249	315 911	339 943	366 613	374 558
Titres de dette	..	..	..	..	0	0	0	0
Titres de dette à court terme	..	..	..	..	..	..	..	..
Titres de dette à long terme	..	..	..	..	..	..	..	..
Crédits	9 988	5 585	4 454	3 835	4 210	1 770	1 294	1 767
Crédits à court terme	..	..	..	..	..	..	..	..
Crédits à long terme	..	..	..	..	..	..	..	..
Actions et parts de fonds d'investissement	686 771	206 548	190 788	280 414	297 924	327 166	356 856	366 500
Systèmes d'assurance, de pensions et garanties standard	..	..	..	..	..	..	..	..
Produits financiers dérivés et options sur titres des salariés	..	..	..	..	1 554	0	0	9
Autres comptes à payer	..	..	..	..	12 222	11 006	8 463	6 282
Actifs non financiers	..	..	..	..	1 070	447	110	20

Note : Voir les métadonnées détaillées sur : http://metalinks.oecd.org/instinv/20160427/0c9f

ISLANDE

Tableau 3. Actifs financiers des sociétés d'assurance et fonds de pension

Millions ISK

	2007	2008	2009	2010	2011	2012	2013	2014
Sociétés d'assurance et fonds de pension								
Valeur nette financière	-1 332	-2 332	-2 860	-2 733	-5 042	-11 693	-10 335	-10 336
Actifs financiers	157 923	1 785 138	1 977 202	2 124 243	2 309 498	2 579 877	2 849 934	3 093 300
Numéraire et dépôts	6 342	186 114	175 035	168 679	168 815	178 767	175 522	137 897
Titres de dette	21 255	765 693	923 791	1 094 265	1 208 952	1 304 220	1 401 813	1 486 747
Crédits	9 878	171 592	181 045	176 800	179 718	178 315	178 970	173 709
Actions et parts de fonds d'investissement	85 085	615 022	647 969	633 917	710 263	877 334	1 048 642	1 247 478
Actions	67 798	120 520	124 997	142 187	205 831	293 614	414 956	548 325
Parts de fonds d'investissement	17 287	494 502	522 973	491 730	504 433	583 720	633 686	699 153
Parts de fonds d'investissement monétaires	..	..	..	..	..	..	..	..
Parts de fonds d'investissement non monétaires	..	..	..	..	..	..	..	..
Systèmes d'assurance, de pensions et garanties standard	2 502	2 578	2 355	3 010	3 017	6 846	7 938	8 675
Produits financiers dérivés et options sur titres des salariés	..	119	172	0	0	0	0	0
Autres comptes à recevoir	32 861	44 019	46 836	47 570	38 732	34 396	37 051	38 796
Passifs financiers	159 255	1 787 470	1 980 063	2 126 976	2 314 540	2 591 570	2 860 270	3 103 636
Titres de dette	0	0	3 976	4 078	0	0	0	0
Titres de dette à court terme	0	0	0	0	0	0	0	0
Titres de dette à long terme	0	0	3 976	4 078	0	0	0	0
Crédits	9 764	12 444	359	295	334	190	127	154
Crédits à court terme	..	..	..	..	..	..	..	..
Crédits à long terme	9 764	12 444	359	295	334	190	127	154
Actions et parts de fonds d'investissement	64 202	23 510	53 177	57 988	64 995	72 184	79 851	84 610
Systèmes d'assurance, de pensions et garanties standard	67 885	1 669 256	1 843 906	1 981 163	2 173 698	2 467 466	2 740 741	3 003 037
Produits financiers dérivés et options sur titres des salariés	..	56 927	69 865	72 165	60 162	31 941	21 575	2 171
Autres comptes à payer	17 404	25 332	8 780	11 287	15 351	19 789	17 975	13 665
Actifs non financiers	1 332	2 332	2 860	2 733	5 042	11 693	10 335	10 336
Sociétés d'assurance								
Valeur nette financière	-1 332	-1 289	-1 722	-1 598	-1 647	-6 691	-6 083	-6 615
Actifs financiers	157 923	120 871	129 004	136 528	143 748	147 901	158 612	161 950
Numéraire et dépôts	6 342	17 083	12 505	10 035	11 507	11 128	10 758	7 415
Titres de dette	21 255	24 131	45 459	54 920	60 754	65 643	72 049	75 073
Crédits	9 878	8 310	6 609	4 911	4 463	3 180	2 842	2 646
Actions et parts de fonds d'investissement	85 085	43 376	32 540	34 723	39 904	41 358	44 514	50 677
Actions	67 798	29 773	14 866	16 372	20 241	22 153	25 514	35 394
Parts de fonds d'investissement	17 287	13 603	17 673	18 351	19 663	19 205	18 999	15 283
Parts de fonds d'investissement monétaires	..	..	..	..	..	..	..	..
Parts de fonds d'investissement non monétaires	..	..	..	..	..	..	..	..
Systèmes d'assurance, de pensions et garanties standard	2 502	2 578	2 355	3 010	3 017	6 846	7 938	8 675
Produits financiers dérivés et options sur titres des salariés	..	..	..	..	..	..	..	..
Autres comptes à recevoir	32 861	25 394	29 535	28 929	24 103	19 745	20 511	17 464
Passifs financiers	159 255	122 160	130 726	138 126	145 395	154 592	164 694	168 565
Titres de dette	0	0	3 976	4 078	0	0	0	0
Titres de dette à court terme	0	0	0	0	0	0	0	0
Titres de dette à long terme	0	0	3 976	4 078	0	0	0	0
Crédits	9 764	12 444	359	295	334	190	127	154
Crédits à court terme	..	..	..	..	..	..	..	..
Crédits à long terme	9 764	12 444	359	295	334	190	127	154
Actions et parts de fonds d'investissement	64 202	23 510	53 177	57 988	64 995	72 184	79 851	84 610
Systèmes d'assurance, de pensions et garanties standard	67 885	71 360	69 182	71 647	75 849	77 324	80 123	78 645
Produits financiers dérivés et options sur titres des salariés	..	..	..	..	..	..	..	..
Autres comptes à payer	17 404	14 846	4 032	4 119	4 216	4 894	4 593	5 156
Actifs non financiers	1 332	1 289	1 722	1 598	1 647	6 691	6 083	6 615
Fonds de pension								
Valeur nette financière	..	-1 043	-1 138	-1 135	-3 395	-5 002	-4 253	-3 721
Actifs financiers	..	1 664 266	1 848 199	1 987 715	2 165 750	2 431 976	2 691 323	2 931 351
Numéraire et dépôts	..	169 032	162 529	158 644	157 308	167 638	164 764	130 481
Titres de dette	..	741 561	878 331	1 039 345	1 148 198	1 238 576	1 329 764	1 411 674
Crédits	..	163 282	174 436	171 889	175 255	175 134	176 127	171 063
Actions et parts de fonds d'investissement	..	571 646	615 430	599 195	670 360	835 977	1 004 128	1 196 801
Actions	..	90 747	110 130	125 816	185 590	271 462	389 441	512 931
Parts de fonds d'investissement	..	480 899	505 299	473 379	484 770	564 515	614 687	683 870
Parts de fonds d'investissement monétaires	..	..	..	..	..	..	..	..
Parts de fonds d'investissement non monétaires	..	..	..	..	..	..	..	..
Systèmes d'assurance, de pensions et garanties standard	..	..	..	..	..	..	..	..
Produits financiers dérivés et options sur titres des salariés	..	119	172	0	0	0	0	0
Autres comptes à recevoir	..	18 626	17 301	18 641	14 629	14 651	16 539	21 332
Passifs financiers	..	1 665 310	1 849 337	1 988 850	2 169 145	2 436 979	2 695 575	2 935 072
Titres de dette	..	..	..	..	..	..	..	..
Titres de dette à court terme	..	..	..	..	..	..	..	..
Titres de dette à long terme	..	..	..	..	..	..	..	..
Crédits	..	..	..	..	..	..	..	..
Crédits à court terme	..	..	..	..	..	..	..	..
Crédits à long terme	..	..	..	..	..	..	..	..
Actions et parts de fonds d'investissement	..	..	..	..	..	..	..	..
Systèmes d'assurance, de pensions et garanties standard	..	1 597 896	1 774 723	1 909 517	2 097 849	2 390 142	2 660 618	2 924 392
Produits financiers dérivés et options sur titres des salariés	..	56 927	69 865	72 165	60 162	31 941	21 575	2 171
Autres comptes à payer	..	10 486	4 748	7 168	11 135	14 895	13 382	8 509
Actifs non financiers	..	1 043	1 138	1 135	3 395	5 002	4 253	3 721

Note : Voir les métadonnées détaillées sur : http://metalinks.oecd.org/instinv/20160427/0c9f

Tableau 4. Composition du portefeuille par type d'investisseur

En pourcentage des actifs financiers et des passifs financiers

Pour cent

	2007	2008	2009	2010	2011	2012	2013	2014
Fonds d'investissement								
Actifs financiers	100.0	100.0	100.0	100.0	100.0	100.0	100.0	100.0
Numéraire et dépôts	17.4	8.6	9.4	6.4	10.2	8.3	10.6	13.6
Titres de dettes	70.4	84.1	81.9	83.3	72.4	71.3	60.9	52.2
Crédits	0.0	0.0	0.0	0.0	0.0	0.0	0.0	0.0
Actions et parts de fonds d'investissement	10.5	6.6	8.4	9.9	15.0	19.9	27.6	31.5
Systèmes d'assurance de pensions et garanties standard	0.0	0.0	0.0	0.0	0.0	0.0	0.0	0.0
Produits financiers dérivés et options sur titres des salariés	0.0	0.0	0.0	0.0	0.4	0.3	0.4	0.4
Autres comptes à recevoir	1.7	0.8	0.3	0.4	1.9	0.2	0.5	2.3
Passifs financiers	100.0	100.0	100.0	100.0	100.0	100.0	100.0	100.0
Numéraire et dépôts	0.0	0.0	0.0	0.0	0.0	0.0	0.0	0.0
Titres de dettes	0.0	0.0	0.0	0.0	1.2	6.2	6.9	11.2
Crédits	1.4	2.6	2.3	1.3	4.4	1.1	1.1	1.7
Actions et parts de fonds d'investissement	98.6	97.4	97.7	98.7	89.2	88.1	88.4	84.1
Systèmes d'assurance de pensions et garanties standard	0.0	0.0	0.0	0.0	0.0	0.0	0.0	0.0
Produits financiers dérivés et options sur titres des salariés	0.0	0.0	0.0	0.0	0.4	0.0	0.0	0.0
Autres comptes à recevoir	0.0	0.0	0.0	0.0	4.8	4.6	3.5	3.0
Sociétés d'assurance								
Actifs financiers	100.0	100.0	100.0	100.0	100.0	100.0	100.0	100.0
Numéraire et dépôts	4.0	14.1	9.7	7.3	8.0	7.5	6.8	4.6
Titres de dettes	13.5	20.0	35.2	40.2	42.3	44.4	45.4	46.4
Crédits	6.3	6.9	5.1	3.6	3.1	2.2	1.8	1.6
Actions et parts de fonds d'investissement	53.9	35.9	25.2	25.4	27.8	28.0	28.1	31.3
Systèmes d'assurance de pensions et garanties standard	1.6	2.1	1.8	2.2	2.1	4.6	5.0	5.4
Produits financiers dérivés et options sur titres des salariés	0.0	0.0	0.0	0.0	0.0	0.0	0.0	0.0
Autres comptes à recevoir	20.8	21.0	22.9	21.2	16.8	13.4	12.9	10.8
Passifs financiers	100.0	100.0	100.0	100.0	100.0	100.0	100.0	100.0
Numéraire et dépôts	0.0	0.0	0.0	0.0	0.0	0.0	0.0	0.0
Titres de dettes	0.0	0.0	3.0	3.0	0.0	0.0	0.0	0.0
Crédits	6.1	10.2	0.3	0.2	0.2	0.1	0.1	0.1
Actions et parts de fonds d'investissement	40.3	19.2	40.7	42.0	44.7	46.7	48.5	50.2
Systèmes d'assurance de pensions et garanties standard	42.6	58.4	52.9	51.9	52.2	50.0	48.6	46.7
Produits financiers dérivés et options sur titres des salariés	0.0	0.0	0.0	0.0	0.0	0.0	0.0	0.0
Autres comptes à recevoir	10.9	12.2	3.1	3.0	2.9	3.2	2.8	3.1
Fonds de pension								
Actifs financiers	..	100.0	100.0	100.0	100.0	100.0	100.0	100.0
Numéraire et dépôts	..	10.2	8.8	8.0	7.3	6.9	6.1	4.5
Titres de dettes	..	44.6	47.5	52.3	53.0	50.9	49.4	48.2
Crédits	..	9.8	9.4	8.6	8.1	7.2	6.5	5.8
Actions et parts de fonds d'investissement	..	34.3	33.3	30.1	31.0	34.4	37.3	40.8
Systèmes d'assurance de pensions et garanties standard	..	0.0	0.0	0.0	0.0	0.0	0.0	0.0
Produits financiers dérivés et options sur titres des salariés	..	0.0	0.0	0.0	0.0	0.0	0.0	0.0
Autres comptes à recevoir	..	1.1	0.9	0.9	0.7	0.6	0.6	0.7
Passifs financiers	..	100.0	100.0	100.0	100.0	100.0	100.0	100.0
Numéraire et dépôts	..	0.0	0.0	0.0	0.0	0.0	0.0	0.0
Titres de dettes	..	0.0	0.0	0.0	0.0	0.0	0.0	0.0
Crédits	..	0.0	0.0	0.0	0.0	0.0	0.0	0.0
Actions et parts de fonds d'investissement	..	0.0	0.0	0.0	0.0	0.0	0.0	0.0
Systèmes d'assurance de pensions et garanties standard	..	96.0	96.0	96.0	96.7	98.1	98.7	99.6
Produits financiers dérivés et options sur titres des salariés	..	3.4	3.8	3.6	2.8	1.3	0.8	0.1
Autres comptes à recevoir	..	0.6	0.3	0.4	0.5	0.6	0.5	0.3

Note : Voir les métadonnées détaillées sur : http://metalinks.oecd.org/instinv/20160427/2c5e

IRLANDE

Tableau 1. Actifs financiers des investisseurs institutionnels, 2014

Millions EUR (1999 IEP euro)

		Total	Fonds d'investissement			
			Fonds d'investissement non-monétaire			Fonds d'investissement monétaires
			Total	Fonds d'investissement à capital variable, non monétaire	Fonds d'investissement à capital fixe, non monétaire	Total
2	Actifs financiers	..	1 602 980 e	..	..	..
2.1	Numéraire et dépôts	..	55 260 e	..	..	..
2.2	Titres de dette	..	555 490 e	..	..	..
2.2.1	Titres de dette à court terme	..	66 439 e	..	..	..
2.2.2	Titres de dette à long terme	..	489 051 e	..	..	..
2.2.3	Titres de dette émis par les résidents	..	..	..	..	..
2.2.4	Titres de dette émis par les non-résidents	..	..	..	..	..
2.3	Crédits	..	15 115 e	..	..	..
2.3.1	Crédits à court terme	..	..	..	..	..
2.3.2	Crédits à long terme	..	15 115 e	..	..	..
2.3.3	Crédits accordés aux résidents	..	..	..	..	..
2.3.4	Crédits accordés aux non-résidents	..	..	..	..	..
2.4	Actions et parts de fonds d'investissement	..	672 225 e	..	..	..
2.4.1	Actions et parts de fonds d'investissements émises par les résidents	..	..	..	..	..
2.4.2	Actions et part de fonds d'investissements émises par les non-résidents	..	..	..	..	..
2.5	Autres comptes à recevoir	..	76 446 e	..	..	..

		Total	Fonds d'investissement			
			Fonds d'investissement non-monétaire			Fonds d'investissement monétaires
			Total	Fonds d'investissement à capital variable, non monétaire	Fonds d'investissement à capital fixe, non monétaire	Total
2	Pasifs financiers	..	1 679 597 e	..	..	..
2.1	Numéraire et dépôts	..	0 e	..	..	..
2.2	Titres de dette	..	0 e	..	..	..
2.2.1	Titres de dette à court terme	..	0 e	..	..	..
2.2.2	Titres de dette à long terme	..	0 e	..	..	..
2.3	Crédits	..	57 556 e	..	..	..
2.3.1	Crédits à court terme	..	52 446 e	..	..	..
2.3.2	Crédits à long terme	..	5 110 e	..	..	..
2.4	Actions et parts de fonds d'investissement	..	1 280 389 e	..	..	..
2.5	Systèmes d'assurance, de pensions et garanties standard	..	0 e	..	..	..
2.5	Produits financiers dérivés et options sur titres des salariés	..	220 448 e	..	..	..
2.8	Autres comptes à payer	..	121 204 e	..	..	..

		Sociétés d'assurance et fonds de pension autonomes				
		Total	Sociétés d'assurance			Fonds de pension autonomes
			Total	Sociétés d'assurance vie	Sociétés d'assurance non-vie	Total
2	Actifs financiers	344 255 e	244 766 e	..	..	99 489 e
2.1	Numéraire et dépôts	23 683 e	19 663 e	..	..	4 020 e
2.2	Titres de dette	89 639 e	50 289 e	..	..	39 350 e
2.2.1	Titres de dette à court terme	4 506 e	2 939 e	..	..	1 567 e
2.2.2	Titres de dette à long terme	85 133 e	47 350 e	..	..	37 783 e
2.2.3	Titres de dette émis par les résidents	..	..	..	..	..
2.2.4	Titres de dette émis par les non-résidents	..	..	..	..	..
2.3	Crédits	1 512 e	1 512 e	..	..	0 e
2.3.1	Crédits à court terme	1 069 e	1 069 e	..	..	0 e
2.3.2	Crédits à long terme	444 e	444 e	..	..	0 e
2.3.3	Crédits accordés aux résidents	..	..	..	..	..
2.3.4	Crédits accordés aux non-résidents	..	..	..	..	..
2.4	Actions et parts de fonds d'investissement	177 637 e	122 974 e	..	..	54 663 e
2.4.1	Actions et parts de fonds d'investissement émises par les résidents	..	..	..	..	..
2.4.2	Actions et parts de fonds d'investissement émises par les non-résidents	..	..	..	..	..
2.5	Autrescomptes à recevoir	17 990 e	16 778 e	..	..	1 212 e

		Sociétés d'assurance et fonds de pension autonomes				
		Total	Sociétés d'assurance			Fonds de pension autonomes
			Total	Sociétés d'assurance vie	Sociétés d'assurance non-vie	Total
2	Pasifs financiers	354 253 e	247 428 e	..	..	106 825 e
2.1	Numéraire et dépôts	0 e	0 e	..	..	0 e
2.2	Titres de dette	2 732 e	1 126 e	..	..	1 606 e
2.2.1	Titres de dette à court terme	0 e	0 e	..	..	0 e
2.2.2	Titres de dette à long terme	2 732 e	1 126 e	..	..	1 606 e
2.3	Crédits	3 184 e	3 184 e	..	..	0 e
2.3.1	Crédits à court terme	123 e	123 e	..	..	0 e
2.3.2	Crédits à long terme	3 061 e	3 061 e	..	..	0 e
2.4	Actions et parts de fonds d'investissement	26 806 e	26 787 e	..	..	19 e
2.5	Systèmes d'assurance, de pensions et garanties standard	305 166 e	199 966 e	..	..	105 200 e
2.5	Produits financiers dérivés et options sur titres des salariés	0 e	0 e	..	..	0 e
2.8	Autres comptes à payer	16 365 e	16 365 e	..	..	0 e

Note : Voir les métadonnées détaillées sur : http://metalinks.oecd.org/instinv/20160427/0c9f

IRLANDE

Tableau 2. Actifs financiers des fonds d'investissement

Millions EUR

	2007	2008	2009	2010	2011	2012	2013	2014
Fonds d'investissement								
Valeur nette financière	..	..	..	..	..	..	..	..
Actifs financiers	..	..	..	..	..	..	..	..
Numéraire et dépôts	..	..	..	..	..	..	..	..
Titres de dette	..	..	..	..	..	..	..	..
Crédits	..	..	..	..	..	..	..	..
Actions et parts de fonds d'investissement	..	..	..	..	..	..	..	..
Actions	..	..	..	..	..	..	..	..
Parts de fonds d'investissement	..	..	..	..	..	..	..	..
Parts de fonds d'investissement monétaires	..	..	..	..	..	..	..	..
Parts de fonds d'investissement non monétaires	..	..	..	..	..	..	..	..
Systèmes d'assurance, de pensions et garanties standard	..	..	..	..	..	..	..	..
Produits financiers dérivés et options sur titres des salariés	..	..	..	..	..	..	..	..
Autres comptes à recevoir	..	..	..	..	..	..	..	..
Passifs financiers	..	..	..	..	..	..	..	..
Titres de dette	..	..	..	..	..	..	..	..
Titres de dette à court terme	..	..	..	..	..	..	..	..
Titres de dette à long terme	..	..	..	..	..	..	..	..
Crédits	..	..	..	..	..	..	..	..
Crédits à court terme	..	..	..	..	..	..	..	..
Crédits à long terme	..	..	..	..	..	..	..	..
Actions et parts de fonds d'investissement	..	..	..	..	..	..	..	..
Systèmes d'assurance, de pensions et garanties standard	..	..	..	..	..	..	..	..
Produits financiers dérivés et options sur titres des salariés	..	..	..	..	..	..	..	..
Autres comptes à payer	..	..	..	..	..	..	..	..
Actifs non financiers	..	..	..	..	..	..	..	..
Fonds d'investissement monéaires								
Valeur nette financière	..	..	..	..	..	..	..	..
Actifs financiers	..	..	..	..	..	..	..	..
Numéraire et dépôts	..	..	..	..	..	..	..	..
Titres de dette	..	..	..	..	..	..	..	..
Crédits	..	..	..	..	..	..	..	..
Actions et parts de fonds d'investissement	..	..	..	..	..	..	..	..
Actions	..	..	..	..	..	..	..	..
Parts de fonds d'investissement	..	..	..	..	..	..	..	..
Parts de fonds d'investissement monétaires	..	..	..	..	..	..	..	..
Parts de fonds d'investissement non monétaires	..	..	..	..	..	..	..	..
Systèmes d'assurance, de pensions et garanties standard	..	..	..	..	..	..	..	..
Produits financiers dérivés et options sur titres des salariés	..	..	..	..	..	..	..	..
Autres comptes à recevoir	..	..	..	..	..	..	..	..
Passifs financiers	..	..	..	..	..	..	..	..
Titres de dette	..	..	..	..	..	..	..	..
Titres de dette à court terme	..	..	..	..	..	..	..	..
Titres de dette à long terme	..	..	..	..	..	..	..	..
Crédits	..	..	..	..	..	..	..	..
Crédits à court terme	..	..	..	..	..	..	..	..
Crédits à long terme	..	..	..	..	..	..	..	..
Actions et parts de fonds d'investissement	..	..	..	..	..	..	..	..
Systèmes d'assurance, de pensions et garanties standard	..	..	..	..	..	..	..	..
Produits financiers dérivés et options sur titres des salariés	..	..	..	..	..	..	..	..
Autres comptes à payer	..	..	..	..	..	..	..	..
Actifs non financiers	..	..	..	..	..	..	..	..
Fonds d'investissement non monéaires								
Valeur nette financière	..	..	..	..	..	..	..	..
Actifs financiers	..	..	..	..	..	1 027 723 e	1 200 124 e	1 602 980 e
Numéraire et dépôts	..	..	..	..	..	49 293 e	52 075 e	55 260 e
Titres de dette	..	..	..	..	..	459 606 e	514 280 e	555 490 e
Crédits	..	..	..	..	..	31 131 e	23 290 e	15 115 e
Actions et parts de fonds d'investissement	..	..	..	..	..	417 650 e	523 363 e	672 225 e
Actions	..	..	..	..	..	330 884 e	412 859 e	501 278 e
Parts de fonds d'investissement	..	..	..	..	..	86 766 e	110 504 e	170 947 e
Parts de fonds d'investissement monétaires	..	..	..	..	..	1 356 e	1 670 e	3 043 e
Parts de fonds d'investissement non monétaires	..	..	..	..	..	85 410 e	108 834 e	167 904 e
Systèmes d'assurance, de pensions et garanties standard	..	..	..	..	..	0 e	0 e	0 e
Produits financiers dérivés et options sur titres des salariés	..	..	..	..	..	32 231 e	39 759 e	228 444 e
Autres comptes à recevoir	..	..	..	..	..	37 813 e	47 357 e	76 446 e
Passifs financiers	..	..	..	..	..	1 008 084 e	1 191 829 e	1 679 597 e
Titres de dette	..	..	..	..	..	0 e	0 e	0 e
Titres de dette à court terme	..	..	..	..	..	0 e	0 e	0 e
Titres de dette à long terme	..	..	..	..	..	0 e	0 e	0 e
Crédits	..	..	..	..	..	22 179 e	36 093 e	57 556 e
Crédits à court terme	..	..	..	..	..	21 744 e	33 183 e	52 446 e
Crédits à long terme	..	..	..	..	..	435 e	2 911 e	5 110 e
Actions et parts de fonds d'investissement	..	..	..	..	..	913 213 e	1 062 907 e	1 280 389 e
Systèmes d'assurance, de pensions et garanties standard	..	..	..	..	..	0 e	0 e	0 e
Produits financiers dérivés et options sur titres des salariés	..	..	..	..	..	34 873 e	40 270 e	220 448 e
Autres comptes à payer	..	..	..	..	..	37 819 e	52 559 e	121 204 e
Actifs non financiers	..	..	..	..	..	..	..	..
Fonds d'investissement non monéaires à capital variable								
Valeur nette financière	..	..	..	..	..	..	..	..
Actifs financiers	..	..	..	..	..	..	..	..

Tableau 2. Actifs financiers des fonds d'investissement *(suite)*

Millions EUR

	2007	2008	2009	2010	2011	2012	2013	2014
Numéraire et dépôts	..	..	..	..	..	..	..	..
Titres de dette	..	..	..	..	..	..	..	..
Crédits	..	..	..	..	..	..	..	..
Actions et parts de fonds d'investissement	..	..	..	..	..	..	..	..
Actions	..	..	..	..	..	..	..	..
Parts de fonds d'investissement	..	..	..	..	..	..	..	..
Parts de fonds d'investissement monétaires	..	..	..	..	..	..	..	..
Parts de fonds d'investissement non monétaires	..	..	..	..	..	..	..	..
Systèmes d'assurance, de pensions et garanties standard	..	..	..	..	..	..	..	..
Produits financiers dérivés et options sur titres des salariés	..	..	..	..	..	..	..	..
Autres comptes à recevoir	..	..	..	..	..	..	..	..
Passifs financiers	..	..	..	..	..	..	..	..
Titres de dette	..	..	..	..	..	..	..	..
Titres de dette à court terme	..	..	..	..	..	..	..	..
Titres de dette à long terme	..	..	..	..	..	..	..	..
Crédits	..	..	..	..	..	..	..	..
Crédits à court terme	..	..	..	..	..	..	..	..
Crédits à long terme	..	..	..	..	..	..	..	..
Actions et parts de fonds d'investissement	..	..	..	..	..	..	..	..
Systèmes d'assurance, de pensions et garanties standard	..	..	..	..	..	..	..	..
Produits financiers dérivés et options sur titres des salariés	..	..	..	..	..	..	..	..
Autres comptes à payer	..	..	..	..	..	..	..	..
Actifs non financiers	..	..	..	..	..	..	..	..
Fonds d'investissement à capital variable								
Valeur nette financière	..	..	..	..	..	..	..	..
Actifs financiers	..	..	..	..	..	..	..	..
Numéraire et dépôts	..	..	..	..	..	..	..	..
Titres de dette	..	..	..	..	..	..	..	..
Crédits	..	..	..	..	..	..	..	..
Actions et parts de fonds d'investissement	..	..	..	..	..	..	..	..
Actions	..	..	..	..	..	..	..	..
Parts de fonds d'investissement	..	..	..	..	..	..	..	..
Parts de fonds d'investissement monétaires	..	..	..	..	..	..	..	..
Parts de fonds d'investissement non monétaires	..	..	..	..	..	..	..	..
Systèmes d'assurance, de pensions et garanties standard	..	..	..	..	..	..	..	..
Produits financiers dérivés et options sur titres des salariés	..	..	..	..	..	..	..	..
Autres comptes à recevoir	..	..	..	..	..	..	..	..
Passifs financiers	..	..	..	..	..	..	..	..
Titres de dette	..	..	..	..	..	..	..	..
Titres de dette à court terme	..	..	..	..	..	..	..	..
Titres de dette à long terme	..	..	..	..	..	..	..	..
Crédits	..	..	..	..	..	..	..	..
Crédits à court terme	..	..	..	..	..	..	..	..
Crédits à long terme	..	..	..	..	..	..	..	..
Actions et parts de fonds d'investissement	..	..	..	..	..	..	..	..
Systèmes d'assurance, de pensions et garanties standard	..	..	..	..	..	..	..	..
Produits financiers dérivés et options sur titres des salariés	..	..	..	..	..	..	..	..
Autres comptes à payer	..	..	..	..	..	..	..	..
Actifs non financiers	..	..	..	..	..	..	..	..

Note : Voir les métadonnées détaillées sur : http://metalinks.oecd.org/instinv/20160427/0c9f

Tableau 3. Actifs financiers des sociétés d'assurance et fonds de pension

Millions EUR

	2007	2008	2009	2010	2011	2012	2013	2014
Sociétés d'assurance et fonds de pension								
Valeur nette financière	..	..	..	..	..	..	..	..
Actifs financiers	..	..	..	..	..	296 609 e	309 305 e	344 255 e
Numéraire et dépôts	..	..	..	..	..	25 444 e	24 061 e	23 683 e
Titres de dette	..	..	..	..	..	83 276 e	80 271 e	89 639 e
Crédits	..	..	..	..	..	2 678 e	1 290 e	1 512 e
Actions et parts de fonds d'investissement	..	..	..	..	..	138 203 e	152 768 e	177 637 e
Actions	..	..	..	..	..	67 597 e	70 809 e	78 969 e
Parts de fonds d'investissement	..	..	..	..	..	70 606 e	81 960 e	98 668 e
Parts de fonds d'investissement monétaires	..	..	..	..	..	4 305 e	3 211 e	6 167 e
Parts de fonds d'investissement non monétaires	..	..	..	..	..	66 301 e	78 748 e	92 501 e
Systèmes d'assurance, de pensions et garanties standard	..	..	..	..	..	28 352 e	26 698 e	31 297 e
Produits financiers dérivés et options sur titres des salariés	..	..	..	..	..	2 461 e	1 769 e	2 498 e
Autres comptes à recevoir	..	..	..	..	..	16 196 e	22 448 e	17 990 e
Passifs financiers	..	..	..	..	..	303 432 e	311 707 e	354 253 e
Titres de dette	..	..	..	..	..	1 152 e	2 242 e	2 732 e
Titres de dette à court terme	..	..	..	..	..	0 e	0 e	0 e
Titres de dette à long terme	..	..	..	..	..	1 152 e	2 242 e	2 732 e
Crédits	..	..	..	..	..	4 236 e	3 163 e	3 184 e
Crédits à court terme	..	..	..	..	..	887 e	207 e	123 e
Crédits à long terme	..	..	..	..	..	3 348 e	2 956 e	3 061 e
Actions et parts de fonds d'investissement	..	..	..	..	..	27 241 e	25 156 e	26 806 e
Systèmes d'assurance, de pensions et garanties standard	..	..	..	..	..	257 654 e	265 963 e	305 166 e
Produits financiers dérivés et options sur titres des salariés	..	..	..	..	..	0 e	0 e	0 e
Autres comptes à payer	..	..	..	..	..	13 149 e	15 184 e	16 365 e
Actifs non financiers	..	..	..	..	..	..	..	..
Sociétés d'assurance								
Valeur nette financière	..	..	..	..	..	..	..	..
Actifs financiers	..	..	..	..	..	216 309 e	220 584 e	244 766 e
Numéraire et dépôts	..	..	..	..	..	22 139 e	20 735 e	19 663 e
Titres de dette	..	..	..	..	..	55 247 e	48 275 e	50 289 e
Crédits	..	..	..	..	..	2 678 e	1 290 e	1 512 e
Actions et parts de fonds d'investissement	..	..	..	..	..	90 196 e	102 705 e	122 974 e
Actions	..	..	..	..	..	26 725 e	27 005 e	30 084 e
Parts de fonds d'investissement	..	..	..	..	..	63 471 e	75 700 e	92 890 e
Parts de fonds d'investissement monétaires	..	..	..	..	..	4 198 e	3 131 e	4 864 e
Parts de fonds d'investissement non monétaires	..	..	..	..	..	59 273 e	72 568 e	88 026 e
Systèmes d'assurance, de pensions et garanties standard	..	..	..	..	..	28 352 e	26 698 e	31 297 e
Produits financiers dérivés et options sur titres des salariés	..	..	..	..	..	2 235 e	1 619 e	2 254 e
Autres comptes à recevoir	..	..	..	..	..	15 462 e	19 262 e	16 778 e
Passifs financiers	..	..	..	..	..	222 883 e	218 434 e	247 428 e
Titres de dette	..	..	..	..	..	1 152 e	634 e	1 126 e
Titres de dette à court terme	..	..	..	..	..	0 e	0 e	0 e
Titres de dette à long terme	..	..	..	..	..	1 152 e	634 e	1 126 e
Crédits	..	..	..	..	..	3 987 e	3 017 e	3 184 e
Crédits à court terme	..	..	..	..	..	887 e	207 e	123 e
Crédits à long terme	..	..	..	..	..	3 099 e	2 810 e	3 061 e
Actions et parts de fonds d'investissement	..	..	..	..	..	27 241 e	25 137 e	26 787 e
Systèmes d'assurance, de pensions et garanties standard	..	..	..	..	..	177 354 e	174 463 e	199 966 e
Produits financiers dérivés et options sur titres des salariés	..	..	..	..	..	0 e	0 e	0 e
Autres comptes à payer	..	..	..	..	..	13 149 e	15 184 e	16 365 e
Actifs non financiers	..	..	..	..	..	..	..	..
Fonds de pension								
Valeur nette financière	..	..	..	..	..	..	..	..
Actifs financiers	..	..	..	..	..	80 300 e	88 721 e	99 489 e
Numéraire et dépôts	..	..	..	..	..	3 305 e	3 326 e	4 020 e
Titres de dette	..	..	..	..	..	28 029 e	31 996 e	39 350 e
Crédits	..	..	..	..	..	0 e	0 e	0 e
Actions et parts de fonds d'investissement	..	..	..	..	..	48 007 e	50 063 e	54 663 e
Actions	..	..	..	..	..	40 872 e	43 804 e	48 885 e
Parts de fonds d'investissement	..	..	..	..	..	7 135 e	6 260 e	5 778 e
Parts de fonds d'investissement monétaires	..	..	..	..	..	107 e	80 e	1 303 e
Parts de fonds d'investissement non monétaires	..	..	..	..	..	7 028 e	6 180 e	4 475 e
Systèmes d'assurance, de pensions et garanties standard	..	..	..	..	..	0 e	0 e	0 e
Produits financiers dérivés et options sur titres des salariés	..	..	..	..	..	226 e	150 e	244 e
Autres comptes à recevoir	..	..	..	..	..	734 e	3 186 e	1 212 e
Passifs financiers	..	..	..	..	..	80 549 e	93 273 e	106 825 e
Titres de dette	..	..	..	..	..	0 e	1 608 e	1 606 e
Titres de dette à court terme	..	..	..	..	..	0 e	0 e	0 e
Titres de dette à long terme	..	..	..	..	..	0 e	1 608 e	1 606 e
Crédits	..	..	..	..	..	249 e	146 e	0 e
Crédits à court terme	..	..	..	..	..	0 e	0 e	0 e
Crédits à long terme	..	..	..	..	..	249 e	146 e	0 e
Actions et parts de fonds d'investissement	..	..	..	..	..	0 e	19 e	19 e
Systèmes d'assurance, de pensions et garanties standard	..	..	..	..	..	80 300 e	91 500 e	105 200 e
Produits financiers dérivés et options sur titres des salariés	..	..	..	..	..	0 e	0 e	0 e
Autres comptes à payer	..	..	..	..	..	0 e	0 e	0 e
Actifs non financiers	..	..	..	..	..	..	..	..

Note : Voir les métadonnées détaillées sur : http://metalinks.oecd.org/instinv/20160427/0c9f

Tableau 4. Composition du portefeuille par type d'investisseur

En pourcentage des actifs financiers et des passifs financiers

Pour cent

	2007	2008	2009	2010	2011	2012	2013	2014
Fonds d'investissement								
Actifs financiers	..	..	..	..	..	..	..	..
Numéraire et dépôts	..	..	..	..	..	..	..	..
Titres de dettes	..	..	..	..	..	..	..	..
Crédits	..	..	..	..	..	..	..	..
Actions et parts de fonds d'investissement	..	..	..	..	..	..	..	..
Systèmes d'assurance de pensions et garanties standard	..	..	..	..	..	..	..	..
Produits financiers dérivés et options sur titres des salariés	..	..	..	..	..	..	..	..
Autres comptes à recevoir	..	..	..	..	..	..	..	..
Passifs financiers	..	..	..	..	..	..	..	..
Numéraire et dépôts	..	..	..	..	..	..	..	..
Titres de dettes	..	..	..	..	..	..	..	..
Crédits	..	..	..	..	..	..	..	..
Actions et parts de fonds d'investissement	..	..	..	..	..	..	..	..
Systèmes d'assurance de pensions et garanties standard	..	..	..	..	..	..	..	..
Produits financiers dérivés et options sur titres des salariés	..	..	..	..	..	..	..	..
Autres comptes à recevoir	..	..	..	..	..	..	..	..
Sociétés d'assurance								
Actifs financiers	..	..	..	..	..	100.0	100.0	100.0
Numéraire et dépôts	..	..	..	..	..	10.2	9.4	8.0
Titres de dettes	..	..	..	..	..	25.5	21.9	20.5
Crédits	..	..	..	..	..	1.2	0.6	0.6
Actions et parts de fonds d'investissement	..	..	..	..	..	41.7	46.6	50.2
Systèmes d'assurance de pensions et garanties standard	..	..	..	..	..	13.1	12.1	12.8
Produits financiers dérivés et options sur titres des salariés	..	..	..	..	..	1.0	0.7	0.9
Autres comptes à recevoir	..	..	..	..	..	7.1	8.7	6.9
Passifs financiers	..	..	..	..	..	100.0	100.0	100.0
Numéraire et dépôts	..	..	..	..	..	0.0	0.0	0.0
Titres de dettes	..	..	..	..	..	0.5	0.3	0.5
Crédits	..	..	..	..	..	1.8	1.4	1.3
Actions et parts de fonds d'investissement	..	..	..	..	..	12.2	11.5	10.8
Systèmes d'assurance de pensions et garanties standard	..	..	..	..	..	79.6	79.9	80.8
Produits financiers dérivés et options sur titres des salariés	..	..	..	..	..	0.0	0.0	0.0
Autres comptes à recevoir	..	..	..	..	..	5.9	7.0	6.6
Fonds de pension								
Actifs financiers	..	..	..	..	..	100.0	100.0	100.0
Numéraire et dépôts	..	..	..	..	..	4.1	3.7	4.0
Titres de dettes	..	..	..	..	..	34.9	36.1	39.6
Crédits	..	..	..	..	..	0.0	0.0	0.0
Actions et parts de fonds d'investissement	..	..	..	..	..	59.8	56.4	54.9
Systèmes d'assurance de pensions et garanties standard	..	..	..	..	..	0.0	0.0	0.0
Produits financiers dérivés et options sur titres des salariés	..	..	..	..	..	0.3	0.2	0.2
Autres comptes à recevoir	..	..	..	..	..	0.9	3.6	1.2
Passifs financiers	..	..	..	..	..	100.0	100.0	100.0
Numéraire et dépôts	..	..	..	..	..	0.0	0.0	0.0
Titres de dettes	..	..	..	..	..	0.0	1.7	1.5
Crédits	..	..	..	..	..	0.3	0.2	0.0
Actions et parts de fonds d'investissement	..	..	..	..	..	0.0	0.0	0.0
Systèmes d'assurance de pensions et garanties standard	..	..	..	..	..	99.7	98.1	98.5
Produits financiers dérivés et options sur titres des salariés	..	..	..	..	..	0.0	0.0	0.0
Autres comptes à recevoir	..	..	..	..	..	0.0	0.0	0.0

Note : Voir les métadonnées détaillées sur : http://metalinks.oecd.org/instinv/20160427/2c5e

Tableau 1. Actifs financiers des investisseurs institutionnels, 2014

Millions ILS

		Total	Fonds d'investissement – Fonds d'investissement non-monétaire – Total	Fonds d'investissement à capital variable, non monétaire	Fonds d'investissement à capital fixe, non monétaire	Fonds d'investissement monétaires – Total
2	Actifs financiers	261 522	207 488	207 488	..	54 035
2.1	Numéraire et dépôts	42 192	13 235	13 235	..	28 956
2.2	Titres de dette	194 131	169 053	169 053	..	25 078
2.2.1	Titres de dette à court terme	41 552	26 787	26 787	..	14 765
2.2.2	Titres de dette à long terme	152 579	142 266	142 266	..	10 313
2.2.3	Titres de dette émis par les résidents	180 939	156 936	156 936	..	24 003
2.2.4	Titres de dette émis par les non-résidents	13 192	12 117	12 117	..	1 075
2.3	Crédits	0	0	0	..	0
2.3.1	Crédits à court terme	0	0	0	..	0
2.3.2	Crédits à long terme	0	0	0	..	0
2.3.3	Crédits accordés aux résidents	0	0	0	..	0
2.3.4	Crédits accordés aux non-résidents	0	0	0	..	0
2.4	Actions et parts de fonds d'investissement	25 218	25 218	25 218	..	0
2.4.1	Actions et parts de fonds d'investissements émises par les résidents	13 775	13 775	13 775	..	0
2.4.2	Actions et part de fonds d'investissements émises par les non-résidents	11 442	11 442	11 442	..	0
2.5	Autres comptes à recevoir	..	..	..	..	..

		Total	Fonds d'investissement – Fonds d'investissement non-monétaire – Total	Fonds d'investissement à capital variable, non monétaire	Fonds d'investissement à capital fixe, non monétaire	Fonds d'investissement monétaires – Total
2	Pasifs financiers	..	..	..	..	..
2.1	Numéraire et dépôts	..	..	..	..	..
2.2	Titres de dette	..	..	..	..	..
2.2.1	Titres de dette à court terme	..	..	..	..	..
2.2.2	Titres de dette à long terme	..	..	..	..	..
2.3	Crédits	..	..	..	..	..
2.3.1	Crédits à court terme	..	..	..	..	..
2.3.2	Crédits à long terme	..	..	..	..	..
2.4	Actions et parts de fonds d'investissement	..	..	..	..	..
2.5	Systèmes d'assurance, de pensions et garanties standard	..	..	..	..	..
2.5	Produits financiers dérivés et options sur titres des salariés	..	..	..	..	..
2.8	Autres comptes à payer	..	..	..	..	..

		Total	Sociétés d'assurance et fonds de pension autonomes – Sociétés d'assurance – Total	Sociétés d'assurance vie	Sociétés d'assurance non-vie	Fonds de pension autonomes – Total
2	Actifs financiers	1 221 043	395 785	..	..	825 258
2.1	Numéraire et dépôts	82 003	25 346	..	..	56 657
2.2	Titres de dette	690 205	194 668	..	..	495 537
2.2.1	Titres de dette à court terme	37 093	7 437	..	..	29 656
2.2.2	Titres de dette à long terme	653 112	187 231	..	..	465 881
2.2.3	Titres de dette émis par les résidents	645 931	180 857	..	..	465 074
2.2.4	Titres de dette émis par les non-résidents	44 274	13 812	..	..	30 463
2.3	Crédits	60 459	25 704	..	..	34 755
2.3.1	Crédits à court terme	..	..	..	..	..
2.3.2	Crédits à long terme	..	..	..	..	..
2.3.3	Crédits accordés aux résidents	56 992	23 989	..	..	33 002
2.3.4	Crédits accordés aux non-résidents	3 467	1 714	..	..	1 753
2.4	Actions et parts de fonds d'investissement	343 806	113 666	..	..	230 140
2.4.1	Actions et parts de fonds d'investissement émises par les résidents	154 115	52 012	..	..	102 103
2.4.2	Actions et parts de fonds d'investissement émises par les non-résidents	189 691	61 654	..	..	128 037
2.5	Autrescomptes à recevoir	27 597	20 097	..	..	7 500

		Total	Sociétés d'assurance et fonds de pension autonomes – Sociétés d'assurance – Total	Sociétés d'assurance vie	Sociétés d'assurance non-vie	Fonds de pension autonomes – Total
2	Pasifs financiers	..	..	..	..	..
2.1	Numéraire et dépôts	..	..	..	..	..
2.2	Titres de dette	..	..	..	..	..
2.2.1	Titres de dette à court terme	..	..	..	..	..
2.2.2	Titres de dette à long terme	..	..	..	..	..
2.3	Crédits	..	..	..	..	..
2.3.1	Crédits à court terme	..	..	..	..	..
2.3.2	Crédits à long terme	..	..	..	..	..
2.4	Actions et parts de fonds d'investissement	..	..	..	..	..
2.5	Systèmes d'assurance, de pensions et garanties standard	..	..	..	..	..
2.5	Produits financiers dérivés et options sur titres des salariés	..	..	..	..	..
2.8	Autres comptes à payer	..	..	..	..	..

Note : Voir les métadonnées détaillées sur : http://metalinks.oecd.org/instinv/20160427/23ab
Informations sur les données concernant Israël : http://oe.cd/israel-disclaimer

Tableau 2. Actifs financiers des fonds d'investissement

Millions ILS

	2007	2008	2009	2010	2011	2012	2013	2014
Fonds d'investissement								
Valeur nette financière	..	..	..	..	..	..	..	..
Actifs financiers	120 321	98 099	133 200	156 582	142 353	170 099	230 785	261 522
Numéraire et dépôts	7 185	23 194	13 932	14 926	17 173	23 524	42 730	42 192
Titres de dette	88 021	68 881	104 230	120 707	112 183	133 809	167 843	194 131
Crédits	0	0	0	0	0	0	0	0
Actions et parts de fonds d'investissement	24 976	6 274	15 020	21 079	13 198	12 863	20 295	25 218
Actions	24 918	6 218	14 726	19 958	12 469	12 028	19 845	24 395
Parts de fonds d'investissement	57	56	294	1 121	729	835	450	822
Parts de fonds d'investissement monétaires	..	..	..	..	..	..	..	..
Parts de fonds d'investissement non monétaires	..	..	..	..	..	..	..	..
Systèmes d'assurance, de pensions et garanties standard	..	..	..	..	..	..	..	..
Produits financiers dérivés et options sur titres des salariés	115	-251	18	-129	-201	-97	-83	-17
Autres comptes à recevoir	..	..	..	..	..	..	..	..
Passifs financiers	..	..	..	..	..	..	..	..
Titres de dette	..	..	..	..	..	..	..	..
Titres de dette à court terme	..	..	..	..	..	..	..	..
Titres de dette à long terme	..	..	..	..	..	..	..	..
Crédits	..	..	..	..	..	..	..	..
Crédits à court terme	..	..	..	..	..	..	..	..
Crédits à long terme	..	..	..	..	..	..	..	..
Actions et parts de fonds d'investissement	..	..	..	..	..	..	..	..
Systèmes d'assurance, de pensions et garanties standard	..	..	..	..	..	..	..	..
Produits financiers dérivés et options sur titres des salariés	..	..	..	..	..	..	..	..
Autres comptes à payer	..	..	..	..	..	..	..	..
Actifs non financiers	0	0	0	0	0	0	0	0
Fonds d'investissement monéaires								
Valeur nette financière	..	..	..	..	..	..	..	..
Actifs financiers	3 320	31 773	16 959	17 941	34 076	35 688	61 079	54 035
Numéraire et dépôts	639	17 644	7 104	7 736	12 934	16 635	31 060	28 956
Titres de dette	2 681	14 130	9 855	10 204	21 141	19 053	30 019	25 078
Crédits	0	0	0	0	0	0	0	0
Actions et parts de fonds d'investissement	0	0	0	0	0	0	0	0
Actions	0	0	0	0	0	0	0	0
Parts de fonds d'investissement	0	0	0	0	0	0	0	0
Parts de fonds d'investissement monétaires	..	..	..	..	..	..	..	..
Parts de fonds d'investissement non monétaires	..	..	..	..	..	..	..	..
Systèmes d'assurance, de pensions et garanties standard	..	..	..	..	..	..	..	..
Produits financiers dérivés et options sur titres des salariés	0	0	0	0	0	0	0	0
Autres comptes à recevoir	..	..	..	..	..	..	..	..
Passifs financiers	..	..	..	..	..	..	..	..
Titres de dette	..	..	..	..	..	..	..	..
Titres de dette à court terme	..	..	..	..	..	..	..	..
Titres de dette à long terme	..	..	..	..	..	..	..	..
Crédits	..	..	..	..	..	..	..	..
Crédits à court terme	..	..	..	..	..	..	..	..
Crédits à long terme	..	..	..	..	..	..	..	..
Actions et parts de fonds d'investissement	..	..	..	..	..	..	..	..
Systèmes d'assurance, de pensions et garanties standard	..	..	..	..	..	..	..	..
Produits financiers dérivés et options sur titres des salariés	..	..	..	..	..	..	..	..
Autres comptes à payer	..	..	..	..	..	..	..	..
Actifs non financiers	0	0	0	0	0	0	0	0
Fonds d'investissement non monéaires								
Valeur nette financière	..	..	..	..	..	..	..	..
Actifs financiers	117 000	66 325	116 240	138 641	108 277	134 411	169 705	207 488
Numéraire et dépôts	6 546	5 551	6 828	7 189	4 239	6 889	11 670	13 235
Titres de dette	85 339	54 751	94 375	110 503	91 042	114 756	137 824	169 053
Crédits	0	0	0	0	0	0	0	0
Actions et parts de fonds d'investissement	24 976	6 274	15 020	21 079	13 198	12 863	20 295	25 218
Actions	24 918	6 218	14 726	19 958	12 469	12 028	19 845	24 395
Parts de fonds d'investissement	57	56	294	1 121	729	835	450	822
Parts de fonds d'investissement monétaires	..	..	..	..	..	..	..	..
Parts de fonds d'investissement non monétaires	..	..	..	..	..	..	..	..
Systèmes d'assurance, de pensions et garanties standard	..	..	..	..	..	..	..	..
Produits financiers dérivés et options sur titres des salariés	115	-251	18	-129	-201	-97	-83	-17
Autres comptes à recevoir	..	..	..	..	..	..	..	..
Passifs financiers	..	..	..	..	..	..	..	..
Titres de dette	..	..	..	..	..	..	..	..
Titres de dette à court terme	..	..	..	..	..	..	..	..
Titres de dette à long terme	..	..	..	..	..	..	..	..
Crédits	..	..	..	..	..	..	..	..
Crédits à court terme	..	..	..	..	..	..	..	..
Crédits à long terme	..	..	..	..	..	..	..	..
Actions et parts de fonds d'investissement	..	..	..	..	..	..	..	..
Systèmes d'assurance, de pensions et garanties standard	..	..	..	..	..	..	..	..
Produits financiers dérivés et options sur titres des salariés	..	..	..	..	..	..	..	..
Autres comptes à payer	..	..	..	..	..	..	..	..
Actifs non financiers	0	0	0	0	0	0	0	0
Fonds d'investissement non monéaires à capital variable								
Valeur nette financière	..	..	..	..	..	..	..	..
Actifs financiers	117 000	66 325	116 240	138 641	108 277	134 411	169 705	207 488

Tableau 2. Actifs financiers des fonds d'investissement *(suite)*

Millions ILS

	2007	2008	2009	2010	2011	2012	2013	2014
Numéraire et dépôts	6 546	5 551	6 828	7 189	4 239	6 889	11 670	13 235
Titres de dette	85 339	54 751	94 375	110 503	91 042	114 756	137 824	169 053
Crédits	0	0	0	0	0	0	0	0
Actions et parts de fonds d'investissement	24 976	6 274	15 020	21 079	13 198	12 863	20 295	25 218
Actions	24 918	6 218	14 726	19 958	12 469	12 028	19 845	24 395
Parts de fonds d'investissement	57	56	294	1 121	729	835	450	822
Parts de fonds d'investissement monétaires	..	..	..	..	..	..	..	..
Parts de fonds d'investissement non monétaires	..	..	..	..	..	..	..	..
Systèmes d'assurance, de pensions et garanties standard	..	..	..	..	..	..	..	..
Produits financiers dérivés et options sur titres des salariés	115	-251	18	-129	-201	-97	-83	-17
Autres comptes à recevoir	..	..	..	..	..	..	..	..
Passifs financiers	..	..	..	..	..	..	..	..
Titres de dette	..	..	..	..	..	..	..	..
Titres de dette à court terme	..	..	..	..	..	..	..	..
Titres de dette à long terme	..	..	..	..	..	..	..	..
Crédits	..	..	..	..	..	..	..	..
Crédits à court terme	..	..	..	..	..	..	..	..
Crédits à long terme	..	..	..	..	..	..	..	..
Actions et parts de fonds d'investissement	..	..	..	..	..	..	..	..
Systèmes d'assurance, de pensions et garanties standard	..	..	..	..	..	..	..	..
Produits financiers dérivés et options sur titres des salariés	..	..	..	..	..	..	..	..
Autres comptes à payer	..	..	..	..	..	..	..	..
Actifs non financiers	0	0	0	0	0	0	0	0
Fonds d'investissement à capital variable								
Valeur nette financière	..	..	..	..	..	..	..	..
Actifs financiers	120 321	98 099	133 200	156 582	142 353	170 099	230 785	261 522
Numéraire et dépôts	7 185	23 194	13 932	14 926	17 173	23 524	42 730	42 192
Titres de dette	88 021	68 881	104 230	120 707	112 183	133 809	167 843	194 131
Crédits	0	0	0	0	0	0	0	0
Actions et parts de fonds d'investissement	24 976	6 274	15 020	21 079	13 198	12 863	20 295	25 218
Actions	24 918	6 218	14 726	19 958	12 469	12 028	19 845	24 395
Parts de fonds d'investissement	57	56	294	1 121	729	835	450	822
Parts de fonds d'investissement monétaires	..	..	..	..	..	..	..	..
Parts de fonds d'investissement non monétaires	..	..	..	..	..	..	..	..
Systèmes d'assurance, de pensions et garanties standard	..	..	..	..	..	..	..	..
Produits financiers dérivés et options sur titres des salariés	115	-251	18	-129	-201	-97	-83	-17
Autres comptes à recevoir	..	..	..	..	..	..	..	..
Passifs financiers	..	..	..	..	..	..	..	..
Titres de dette	..	..	..	..	..	..	..	..
Titres de dette à court terme	..	..	..	..	..	..	..	..
Titres de dette à long terme	..	..	..	..	..	..	..	..
Crédits	..	..	..	..	..	..	..	..
Crédits à court terme	..	..	..	..	..	..	..	..
Crédits à long terme	..	..	..	..	..	..	..	..
Actions et parts de fonds d'investissement	..	..	..	..	..	..	..	..
Systèmes d'assurance, de pensions et garanties standard	..	..	..	..	..	..	..	..
Produits financiers dérivés et options sur titres des salariés	..	..	..	..	..	..	..	..
Autres comptes à payer	..	..	..	..	..	..	..	..
Actifs non financiers	0	0	0	0	0	0	0	0

Note : Voir les métadonnées détaillées sur : http://metalinks.oecd.org/instinv/20160427/23ab

Informations sur les données concernant Israël : http://oe.cd/israel-disclaimer

Tableau 3. Actifs financiers des sociétés d'assurance et fonds de pension

Millions ILS

	2007	2008	2009	2010	2011	2012	2013	2014
Sociétés d'assurance et fonds de pension								
Valeur nette financière	..	..	..	..	..	..	..	..
Actifs financiers	682 190	649 659	810 580	897 183	906 865	1 011 560	1 117 101	1 221 043
Numéraire et dépôts	59 121	62 736	74 364	75 010	68 910	73 576	78 134	82 003
Titres de dette	432 669	448 188	511 832	543 987	561 429	607 790	642 423	690 205
Crédits	15 844	15 381	19 789	23 405	31 599	41 079	51 951	60 459
Actions et parts de fonds d'investissement	145 689	88 217	168 253	217 104	208 026	247 784	300 937	343 806
Actions	122 294	66 872	133 935	166 584	149 408	181 334	221 469	250 003
Parts de fonds d'investissement	23 395	21 345	34 319	50 521	58 618	66 450	79 468	93 803
Parts de fonds d'investissement monétaires	..	..	..	..	..	..	..	..
Parts de fonds d'investissement non monétaires	..	..	..	..	..	..	..	..
Systèmes d'assurance, de pensions et garanties standard	10 577	10 980	12 521	13 704	14 386	14 639	14 997	14 819
Produits financiers dérivés et options sur titres des salariés	1 052	139	597	2 745	-504	2 358	4 691	2 154
Autres comptes à recevoir	17 238	24 018	23 225	21 228	23 018	24 334	23 968	27 597
Passifs financiers	..	..	..	..	..	..	..	..
Titres de dette	..	..	..	..	..	..	..	..
Titres de dette à court terme	..	..	..	..	..	..	..	..
Titres de dette à long terme	..	..	..	..	..	..	..	..
Crédits	..	..	..	..	..	..	..	..
Crédits à court terme	..	..	..	..	..	..	..	..
Crédits à long terme	..	..	..	..	..	..	..	..
Actions et parts de fonds d'investissement	..	..	..	..	..	..	..	..
Systèmes d'assurance, de pensions et garanties standard	..	..	..	..	..	..	..	..
Produits financiers dérivés et options sur titres des salariés	..	..	..	..	..	..	..	..
Autres comptes à payer	..	..	..	..	..	..	..	..
Actifs non financiers	7 887	10 463	10 814	12 396	15 151	17 111	19 996	22 771
Sociétés d'assurance								
Valeur nette financière	..	..	..	..	..	..	..	..
Actifs financiers	209 766	202 213	251 815	282 779	292 257	328 405	363 866	395 785
Numéraire et dépôts	22 153	21 522	22 041	22 201	24 361	25 111	26 780	25 346
Titres de dette	105 252	112 632	131 346	144 142	149 944	167 129	180 900	194 668
Crédits	11 270	10 692	12 598	13 503	16 885	19 832	23 579	25 704
Actions et parts de fonds d'investissement	45 758	30 630	57 384	72 661	69 613	82 930	97 803	113 666
Actions	33 108	21 298	43 062	52 716	50 347	61 276	71 969	83 613
Parts de fonds d'investissement	12 650	9 333	14 322	19 945	19 266	21 654	25 835	30 052
Parts de fonds d'investissement monétaires	..	..	..	..	..	..	..	..
Parts de fonds d'investissement non monétaires	..	..	..	..	..	..	..	..
Systèmes d'assurance, de pensions et garanties standard	10 577	10 980	12 521	13 704	14 386	14 639	14 997	14 819
Produits financiers dérivés et options sur titres des salariés	372	181	391	1 035	373	1 407	1 664	1 486
Autres comptes à recevoir	14 384	15 577	15 535	15 533	16 696	17 358	18 142	20 097
Passifs financiers	..	..	..	..	..	..	..	..
Titres de dette	..	..	..	..	..	..	..	..
Titres de dette à court terme	..	..	..	..	..	..	..	..
Titres de dette à long terme	..	..	..	..	..	..	..	..
Crédits	..	..	..	..	..	..	..	..
Crédits à court terme	..	..	..	..	..	..	..	..
Crédits à long terme	..	..	..	..	..	..	..	..
Actions et parts de fonds d'investissement	..	..	..	..	..	..	..	..
Systèmes d'assurance, de pensions et garanties standard	..	..	..	..	..	..	..	..
Produits financiers dérivés et options sur titres des salariés	..	..	..	..	..	..	..	..
Autres comptes à payer	..	..	..	..	..	..	..	..
Actifs non financiers	6 192	8 522	8 599	9 937	12 093	13 654	15 955	18 156
Fonds de pension								
Valeur nette financière	..	..	..	..	..	..	..	..
Actifs financiers	472 424	447 446	558 765	614 404	614 608	683 155	753 235	825 258
Numéraire et dépôts	36 968	41 214	52 322	52 809	44 550	48 465	51 354	56 657
Titres de dette	327 417	335 556	380 486	399 845	411 485	440 661	461 523	495 537
Crédits	4 574	4 689	7 191	9 901	14 715	21 247	28 372	34 755
Actions et parts de fonds d'investissement	99 932	57 587	110 870	144 443	138 413	164 854	203 134	230 140
Actions	89 187	45 574	90 873	113 867	99 061	120 058	149 501	166 389
Parts de fonds d'investissement	10 745	12 013	19 997	30 576	39 352	44 796	53 633	63 751
Parts de fonds d'investissement monétaires	..	..	..	..	..	..	..	..
Parts de fonds d'investissement non monétaires	..	..	..	..	..	..	..	..
Systèmes d'assurance, de pensions et garanties standard	0	0	0	0	0	0	0	0
Produits financiers dérivés et options sur titres des salariés	680	-42	206	1 710	-877	951	3 027	668
Autres comptes à recevoir	2 854	8 441	7 691	5 695	6 322	6 977	5 826	7 500
Passifs financiers	..	..	..	..	..	..	..	..
Titres de dette	..	..	..	..	..	..	..	..
Titres de dette à court terme	..	..	..	..	..	..	..	..
Titres de dette à long terme	..	..	..	..	..	..	..	..
Crédits	..	..	..	..	..	..	..	..
Crédits à court terme	..	..	..	..	..	..	..	..
Crédits à long terme	..	..	..	..	..	..	..	..
Actions et parts de fonds d'investissement	..	..	..	..	..	..	..	..
Systèmes d'assurance, de pensions et garanties standard	..	..	..	..	..	..	..	..
Produits financiers dérivés et options sur titres des salariés	..	..	..	..	..	..	..	..
Autres comptes à payer	..	..	..	..	..	..	..	..
Actifs non financiers	1 695	1 941	2 214	2 459	3 059	3 457	4 041	4 616

Note : Voir les métadonnées détaillées sur : http://metalinks.oecd.org/instinv/20160427/23ab
Informations sur les données concernant Israël : http://oe.cd/israel-disclaimer

Tableau 4. Composition du portefeuille par type d'investisseur

En pourcentage des actifs financiers et des passifs financiers

Pour cent

	2007	2008	2009	2010	2011	2012	2013	2014
Fonds d'investissement								
Actifs financiers	100.0	100.0	100.0	100.0	100.0	100.0	100.0	100.0
Numéraire et dépôts	6.0	23.6	10.5	9.5	12.1	13.8	18.5	16.1
Titres de dettes	73.2	70.2	78.3	77.1	78.8	78.7	72.7	74.2
Crédits	0.0	0.0	0.0	0.0	0.0	0.0	0.0	0.0
Actions et parts de fonds d'investissement	20.8	6.4	11.3	13.5	9.3	7.6	8.8	9.6
Systèmes d'assurance de pensions et garanties standard	0.0	0.0	0.0	0.0	0.0	0.0	0.0	0.0
Produits financiers dérivés et options sur titres des salariés	0.1	-0.3	0.0	-0.1	-0.1	-0.1	0.0	0.0
Autres comptes à recevoir	0.0	0.0	0.0	0.0	0.0	0.0	0.0	0.0
Passifs financiers	..	..	..	..	..	..	..	..
Numéraire et dépôts	..	..	..	..	..	..	..	..
Titres de dettes	..	..	..	..	..	..	..	..
Crédits	..	..	..	..	..	..	..	..
Actions et parts de fonds d'investissement	..	..	..	..	..	..	..	..
Systèmes d'assurance de pensions et garanties standard	..	..	..	..	..	..	..	..
Produits financiers dérivés et options sur titres des salariés	..	..	..	..	..	..	..	..
Autres comptes à recevoir	..	..	..	..	..	..	..	..
Sociétés d'assurance								
Actifs financiers	100.0	100.0	100.0	100.0	100.0	100.0	100.0	100.0
Numéraire et dépôts	10.6	10.6	8.8	7.9	8.3	7.6	7.4	6.4
Titres de dettes	50.2	55.7	52.2	51.0	51.3	50.9	49.7	49.2
Crédits	5.4	5.3	5.0	4.8	5.8	6.0	6.5	6.5
Actions et parts de fonds d'investissement	21.8	15.1	22.8	25.7	23.8	25.3	26.9	28.7
Systèmes d'assurance de pensions et garanties standard	5.0	5.4	5.0	4.8	4.9	4.5	4.1	3.7
Produits financiers dérivés et options sur titres des salariés	0.2	0.1	0.2	0.4	0.1	0.4	0.5	0.4
Autres comptes à recevoir	6.9	7.7	6.2	5.5	5.7	5.3	5.0	5.1
Passifs financiers	..	..	..	..	..	..	..	..
Numéraire et dépôts	..	..	..	..	..	..	..	..
Titres de dettes	..	..	..	..	..	..	..	..
Crédits	..	..	..	..	..	..	..	..
Actions et parts de fonds d'investissement	..	..	..	..	..	..	..	..
Systèmes d'assurance de pensions et garanties standard	..	..	..	..	..	..	..	..
Produits financiers dérivés et options sur titres des salariés	..	..	..	..	..	..	..	..
Autres comptes à recevoir	..	..	..	..	..	..	..	..
Fonds de pension								
Actifs financiers	100.0	100.0	100.0	100.0	100.0	100.0	100.0	100.0
Numéraire et dépôts	7.8	9.2	9.4	8.6	7.2	7.1	6.8	6.9
Titres de dettes	69.3	75.0	68.1	65.1	67.0	64.5	61.3	60.0
Crédits	1.0	1.0	1.3	1.6	2.4	3.1	3.8	4.2
Actions et parts de fonds d'investissement	21.2	12.9	19.8	23.5	22.5	24.1	27.0	27.9
Systèmes d'assurance de pensions et garanties standard	0.0	0.0	0.0	0.0	0.0	0.0	0.0	0.0
Produits financiers dérivés et options sur titres des salariés	0.1	0.0	0.0	0.3	-0.1	0.1	0.4	0.1
Autres comptes à recevoir	0.6	1.9	1.4	0.9	1.0	1.0	0.8	0.9
Passifs financiers	..	..	..	..	..	..	..	..
Numéraire et dépôts	..	..	..	..	..	..	..	..
Titres de dettes	..	..	..	..	..	..	..	..
Crédits	..	..	..	..	..	..	..	..
Actions et parts de fonds d'investissement	..	..	..	..	..	..	..	..
Systèmes d'assurance de pensions et garanties standard	..	..	..	..	..	..	..	..
Produits financiers dérivés et options sur titres des salariés	..	..	..	..	..	..	..	..
Autres comptes à recevoir	..	..	..	..	..	..	..	..

Note : Voir les métadonnées détaillées sur : http://metalinks.oecd.org/instinv/20160427/2c5e
Informations sur les données concernant Israël : http://oe.cd/israel-disclaimer

Tableau 1. Actifs financiers des investisseurs institutionnels, 2014

Millions EUR (1999 ITL euro)

			Fonds d'investissement			
			Fonds d'investissement non-monétaire			Fonds d'investissement monétaires
		Total	Total	Fonds d'investissement à capital variable, non monétaire	Fonds d'investissement à capital fixe, non monétaire	Total
2	Actifs financiers	241 608	234 283	220 256	14 027	7 325
2.1	Numéraire et dépôts	..	17 917	14 232	3 685	..
2.2	Titres de dette	130 241	123 148	122 787	360	7 093
2.2.1	Titres de dette à court terme	12 042	12 030	11 735	295	12
2.2.2	Titres de dette à long terme	118 199	111 118	111 053	65	7 081
2.2.3	Titres de dette émis par les résidents	69 436	69 353	68 568	785	83
2.2.4	Titres de dette émis par les non-résidents	60 805	53 795	54 219	-424	7 010
2.3	Crédits	232	0	0	0	232
2.3.1	Crédits à court terme	232	0	0	0	232
2.3.2	Crédits à long terme	0	0	0	0	0
2.3.3	Crédits accordés aux résidents	232	0	0	0	232
2.3.4	Crédits accordés aux non-résidents	0	0	0	0	0
2.4	Actions et parts de fonds d'investissement	91 952	91 952	81 971	9 982	0
2.4.1	Actions et parts de fonds d'investissements émises par les résidents	13 126	13 126	5 631	7 494	0
2.4.2	Actions et part de fonds d'investissements émises par les non-résidents	78 827	78 827	76 340	2 487	0
2.5	Autres comptes à recevoir	0	0	0	0	0

			Fonds d'investissement			
			Fonds d'investissement non-monétaire			Fonds d'investissement monétaires
		Total	Total	Fonds d'investissement à capital variable, non monétaire	Fonds d'investissement à capital fixe, non monétaire	Total
2	Pasifs financiers	253 645	246 342	215 604	30 738	7 303
2.1	Numéraire et dépôts	0	0	0	0	0
2.2	Titres de dette	0	0	0	0	0
2.2.1	Titres de dette à court terme	0	0	0	0	0
2.2.2	Titres de dette à long terme	0	0	0	0	0
2.3	Crédits	0	0	0	0	0
2.3.1	Crédits à court terme	0	0	0	0	0
2.3.2	Crédits à long terme	0	0	0	0	0
2.4	Actions et parts de fonds d'investissement	253 645	246 342	215 604	30 738	7 303
2.5	Systèmes d'assurance, de pensions et garanties standard	0	0	0	0	0
2.5	Produits financiers dérivés et options sur titres des salariés	0	0	0	0	0
2.8	Autres comptes à payer	0	0	0	0	0

			Sociétés d'assurance et fonds de pension autonomes			
			Sociétés d'assurance			Fonds de pension autonomes
		Total	Total	Sociétés d'assurance vie	Sociétés d'assurance non-vie	Total
2	Actifs financiers	735 223	690 264	612 289	77 975	44 959
2.1	Numéraire et dépôts	22 987	19 099	16 941	2 157	3 888
2.2	Titres de dette	498 127	481 204	426 845	54 359	16 923
2.2.1	Titres de dette à court terme	9 881	8 743	7 755	988	1 138
2.2.2	Titres de dette à long terme	488 246	472 461	419 090	53 371	15 785
2.2.3	Titres de dette émis par les résidents	376 366	359 444	318 840	40 604	16 923
2.2.4	Titres de dette émis par les non-résidents	121 760	121 760	108 006	13 755	0
2.3	Crédits	10 069	10 069	8 931	1 137	0
2.3.1	Crédits à court terme	5	5	4	1	0
2.3.2	Crédits à long terme	10 064	10 064	8 927	1 137	0
2.3.3	Crédits accordés aux résidents	2 770	2 767	2 454	313	3
2.3.4	Crédits accordés aux non-résidents	7 299	7 302	6 477	825	-3
2.4	Actions et parts de fonds d'investissement	201 832	177 684	157 612	20 072	24 148
2.4.1	Actions et parts de fonds d'investissement émises par les résidents	37 033	23 672	20 998	2 674	13 361
2.4.2	Actions et parts de fonds d'investissement émises par les non-résidents	..	..	..	..	..
2.5	Autrescomptes à recevoir	22	22	20	3	0

			Sociétés d'assurance et fonds de pension autonomes			
			Sociétés d'assurance			Fonds de pension autonomes
		Total	Total	Sociétés d'assurance vie	Sociétés d'assurance non-vie	Total
2	Pasifs financiers	769 861	683 881	606 627	77 254	85 981
2.1	Numéraire et dépôts	0	0	0	0	0
2.2	Titres de dette	15 348	15 348	13 615	1 734	0
2.2.1	Titres de dette à court terme	0	0	0	0	0
2.2.2	Titres de dette à long terme	15 348	15 348	13 615	1 734	0
2.3	Crédits	11 009	11 006	9 763	1 243	4
2.3.1	Crédits à court terme	489	486	431	55	3
2.3.2	Crédits à long terme	10 520	10 520	9 332	1 188	0
2.4	Actions et parts de fonds d'investissement	60 520	60 520	53 683	6 837	0
2.5	Systèmes d'assurance, de pensions et garanties standard	679 742	593 765	526 691	67 074	85 977
2.5	Produits financiers dérivés et options sur titres des salariés	1 514	1 514	1 343	171	0
2.8	Autres comptes à payer	1 727	1 727	1 532	195	0

Note : Voir les métadonnées détaillées sur : http://metalinks.oecd.org/instinv/20160427/0c9f

ITALIE

Tableau 2. Actifs financiers des fonds d'investissement

Millions EUR

	2007	2008	2009	2010	2011	2012	2013	2014
Fonds d'investissement								
Valeur nette financière	..	-23 165	-21 411	-13 526	-16 742	-18 688	-13 355	-12 037
Actifs financiers	..	217 062	221 063	210 872	170 013	164 439	188 710	241 608
Numéraire et dépôts	..	..	..	..	..	..	..	..
Titres de dette	..	143 248	142 552	126 711	98 563	94 549	102 404	130 241
Crédits	..	7 181	9 648	2 666	2 925	1 347	749	232
Actions et parts de fonds d'investissement	..	55 045	56 773	69 174	55 161	52 278	66 474	91 952
Actions	..	53 124	54 523	57 128	44 935	43 478	51 060	68 232
Parts de fonds d'investissement	..	1 922	2 250	12 046	10 226	8 800	15 414	23 720
Parts de fonds d'investissement monétaires	..	..	..	..	..	..	..	..
Parts de fonds d'investissement non monétaires	..	..	..	..	..	..	..	..
Systèmes d'assurance, de pensions et garanties standard	..	0	0	0	0	0	0	0
Produits financiers dérivés et options sur titres des salariés	..	565	464	361	335	449	884	1 266
Autres comptes à recevoir	..	0	0	0	0	0	0	0
Passifs financiers	..	240 227	242 474	224 398	186 755	183 127	202 064	253 645
Titres de dette	..	0	0	0	0	0	0	0
Titres de dette à court terme	..	0	0	0	0	0	0	0
Titres de dette à long terme	..	0	0	0	0	0	0	0
Crédits	..	0	0	0	0	0	0	0
Crédits à court terme	..	0	0	0	0	0	0	0
Crédits à long terme	..	0	0	0	0	0	0	0
Actions et parts de fonds d'investissement	..	240 227	242 474	224 398	186 755	183 127	202 064	253 645
Systèmes d'assurance, de pensions et garanties standard	..	0	0	0	0	0	0	0
Produits financiers dérivés et options sur titres des salariés	..	0	0	0	0	0	0	0
Autres comptes à payer	..	0	0	0	0	0	0	0
Actifs non financiers	..	..	..	..	..	..	..	..
Fonds d'investissement monéaires								
Valeur nette financière	..	-100	369	319	604	31	114	22
Actifs financiers	..	57 495	55 221	38 664	27 537	9 154	9 636	7 325
Numéraire et dépôts	..	..	..	..	..	..	..	..
Titres de dette	..	50 183	45 393	35 878	24 485	7 770	8 775	7 093
Crédits	..	7 181	9 648	2 666	2 925	1 347	749	232
Actions et parts de fonds d'investissement	..	131	180	120	127	36	112	0
Actions	..	73	154	86	116	36	37	0
Parts de fonds d'investissement	..	58	26	34	11	0	76	0
Parts de fonds d'investissement monétaires	..	..	..	..	..	..	..	..
Parts de fonds d'investissement non monétaires	..	..	..	..	..	..	..	..
Systèmes d'assurance, de pensions et garanties standard	..	0	0	0	0	0	0	0
Produits financiers dérivés et options sur titres des salariés	..	0	0	0	0	0	0	0
Autres comptes à recevoir	..	0	0	0	0	0	0	0
Passifs financiers	..	57 596	54 852	38 345	26 933	9 123	9 522	7 303
Titres de dette	..	0	0	0	0	0	0	0
Titres de dette à court terme	..	0	0	0	0	0	0	0
Titres de dette à long terme	..	0	0	0	0	0	0	0
Crédits	..	0	0	0	0	0	0	0
Crédits à court terme	..	0	0	0	0	0	0	0
Crédits à long terme	..	0	0	0	0	0	0	0
Actions et parts de fonds d'investissement	..	57 596	54 852	38 345	26 933	9 123	9 522	7 303
Systèmes d'assurance, de pensions et garanties standard	..	0	0	0	0	0	0	0
Produits financiers dérivés et options sur titres des salariés	..	0	0	0	0	0	0	0
Autres comptes à payer	..	0	0	0	0	0	0	0
Actifs non financiers	..	..	..	..	..	..	..	..
Fonds d'investissement non monéaires								
Valeur nette financière	..	-23 065	-21 780	-13 845	-17 346	-18 718	-13 469	-12 059
Actifs financiers	..	159 567	165 842	172 208	142 475	155 285	179 073	234 283
Numéraire et dépôts	..	11 023	11 626	11 960	13 029	15 815	18 198	17 917
Titres de dette	..	93 065	97 159	90 833	74 078	86 779	93 630	123 148
Crédits	..	0	0	0	0	0	0	0
Actions et parts de fonds d'investissement	..	54 914	56 593	69 054	55 034	52 242	66 362	91 952
Actions	..	53 051	54 369	57 042	44 819	43 442	51 024	68 232
Parts de fonds d'investissement	..	1 863	2 224	12 013	10 215	8 800	15 338	23 720
Parts de fonds d'investissement monétaires	..	..	..	..	..	..	..	..
Parts de fonds d'investissement non monétaires	..	..	..	..	..	..	..	..
Systèmes d'assurance, de pensions et garanties standard	..	0	0	0	0	0	0	0
Produits financiers dérivés et options sur titres des salariés	..	565	464	361	335	449	884	1 266
Autres comptes à recevoir	..	0	0	0	0	0	0	0
Passifs financiers	..	182 632	187 622	186 054	159 822	174 004	192 543	246 342
Titres de dette	..	0	0	0	0	0	0	0
Titres de dette à court terme	..	0	0	0	0	0	0	0
Titres de dette à long terme	..	0	0	0	0	0	0	0
Crédits	..	0	0	0	0	0	0	0
Crédits à court terme	..	0	0	0	0	0	0	0
Crédits à long terme	..	0	0	0	0	0	0	0
Actions et parts de fonds d'investissement	..	182 632	187 622	186 054	159 822	174 004	192 543	246 342
Systèmes d'assurance, de pensions et garanties standard	..	0	0	0	0	0	0	0
Produits financiers dérivés et options sur titres des salariés	..	0	0	0	0	0	0	0
Autres comptes à payer	..	0	0	0	0	0	0	0
Actifs non financiers	..	..	..	..	..	..	..	..
Fonds d'investissement non monéaires à capital variable								
Valeur nette financière	..	-8 863	-4 640	5 384	1 534	-1 792	1 982	4 652
Actifs financiers	..	158 147	163 884	170 512	141 166	153 370	177 300	220 256

Tableau 2. Actifs financiers des fonds d'investissement *(suite)*

Millions EUR

	2007	2008	2009	2010	2011	2012	2013	2014
Numéraire et dépôts	..	11 023	11 626	11 960	13 029	15 815	18 198	14 232
Titres de dette	..	92 873	96 930	90 406	73 886	86 477	93 397	122 787
Crédits	..	0	0	0	0	0	0	0
Actions et parts de fonds d'investissement	..	53 686	54 865	67 785	53 916	50 629	64 821	81 971
Actions	..	53 051	54 369	57 042	44 819	43 442	51 024	61 554
Parts de fonds d'investissement	..	636	497	10 744	9 097	7 187	13 797	20 417
Parts de fonds d'investissement monétaires	..	..	..	..	..	..	..	..
Parts de fonds d'investissement non monétaires	..	..	..	..	..	..	..	..
Systèmes d'assurance, de pensions et garanties standard	..	0	0	0	0	0	0	0
Produits financiers dérivés et options sur titres des salariés	..	565	464	361	335	449	884	1 266
Autres comptes à recevoir	..	0	0	0	0	0	0	0
Passifs financiers	..	167 010	168 525	165 128	139 632	155 162	175 318	215 604
Titres de dette	..	0	0	0	0	0	0	0
Titres de dette à court terme	..	0	0	0	0	0	0	0
Titres de dette à long terme	..	0	0	0	0	0	0	0
Crédits	..	0	0	0	0	0	0	0
Crédits à court terme	..	0	0	0	0	0	0	0
Crédits à long terme	..	0	0	0	0	0	0	0
Actions et parts de fonds d'investissement	..	167 010	168 525	165 128	139 632	155 162	175 318	215 604
Systèmes d'assurance, de pensions et garanties standard	..	0	0	0	0	0	0	0
Produits financiers dérivés et options sur titres des salariés	..	0	0	0	0	0	0	0
Autres comptes à payer	..	0	0	0	0	0	0	0
Actifs non financiers	..	..	..	..	..	..	..	..
Fonds d'investissement à capital variable								
Valeur nette financière	..	-8 963	-4 271	5 703	2 138	-1 761	2 096	4 674
Actifs financiers	..	215 642	219 105	209 176	168 703	162 524	186 936	227 581
Numéraire et dépôts	..	11 023	11 626	11 960	13 029	15 815	18 198	14 232
Titres de dette	..	143 056	142 323	126 283	98 371	94 247	102 172	129 881
Crédits	..	7 181	9 648	2 666	2 925	1 347	749	232
Actions et parts de fonds d'investissement	..	53 818	55 045	67 905	54 043	50 665	64 933	81 971
Actions	..	53 124	54 523	57 128	44 935	43 478	51 060	61 554
Parts de fonds d'investissement	..	694	523	10 778	9 108	7 187	13 873	20 417
Parts de fonds d'investissement monétaires	..	..	..	..	..	..	..	..
Parts de fonds d'investissement non monétaires	..	..	..	..	..	..	..	..
Systèmes d'assurance, de pensions et garanties standard	..	0	0	0	0	0	0	0
Produits financiers dérivés et options sur titres des salariés	..	565	464	361	335	449	884	1 266
Autres comptes à recevoir	..	0	0	0	0	0	0	0
Passifs financiers	..	224 605	223 377	203 473	166 565	164 285	184 840	222 907
Titres de dette	..	0	0	0	0	0	0	0
Titres de dette à court terme	..	0	0	0	0	0	0	0
Titres de dette à long terme	..	0	0	0	0	0	0	0
Crédits	..	0	0	0	0	0	0	0
Crédits à court terme	..	0	0	0	0	0	0	0
Crédits à long terme	..	0	0	0	0	0	0	0
Actions et parts de fonds d'investissement	..	224 605	223 377	203 473	166 565	164 285	184 840	222 907
Systèmes d'assurance, de pensions et garanties standard	..	0	0	0	0	0	0	0
Produits financiers dérivés et options sur titres des salariés	..	0	0	0	0	0	0	0
Autres comptes à payer	..	0	0	0	0	0	0	0
Actifs non financiers	..	..	..	..	..	..	..	..

Note : Voir les métadonnées détaillées sur : http://metalinks.oecd.org/instinv/20160427/0c9f

ITALIE

Tableau 3. Actifs financiers des sociétés d'assurance et fonds de pension

Millions EUR

	2007	2008	2009	2010	2011	2012	2013	2014
Sociétés d'assurance et fonds de pension								
Valeur nette financière	..	-45 631	-38 699	-78 982	-82 617	-51 785	-52 067	-34 639
Actifs financiers	..	505 894	559 540	543 487	534 957	588 168	636 849	735 223
Numéraire et dépôts	..	20 959	18 485	17 584	21 242	27 781	25 655	22 987
Titres de dette	..	324 626	365 239	356 161	351 531	392 594	424 244	498 127
Crédits	..	13 246	13 650	13 567	11 412	10 701	10 122	10 069
Actions et parts de fonds d'investissement	..	143 234	158 102	152 728	146 904	153 467	173 493	201 832
Actions	..	78 340	85 872	72 631	66 320	65 095	75 028	76 438
Parts de fonds d'investissement	..	64 894	72 230	80 097	80 584	88 372	98 465	125 394
Parts de fonds d'investissement monétaires	..	440	546	391	282	123	175	157
Parts de fonds d'investissement non monétaires	..	64 454	71 684	79 706	80 302	88 249	98 290	125 237
Systèmes d'assurance, de pensions et garanties standard	..	2 200	2 148	2 153	2 146	2 122	1 973	1 533
Produits financiers dérivés et options sur titres des salariés	..	1 340	1 689	1 085	1 567	1 391	1 321	653
Autres comptes à recevoir	..	289	226	208	154	111	40	22
Passifs financiers	..	551 524	598 239	622 469	617 574	639 952	688 916	769 861
Titres de dette	..	4 946	7 904	6 914	6 334	9 374	9 444	15 348
Titres de dette à court terme	..	0	0	0	0	0	0	0
Titres de dette à long terme	..	4 946	7 904	6 914	6 334	9 374	9 444	15 348
Crédits	..	16 785	17 402	15 852	14 080	13 502	7 350	11 009
Crédits à court terme	..	2 393	444	403	622	154	314	489
Crédits à long terme	..	14 393	16 958	15 449	13 458	13 349	7 036	10 520
Actions et parts de fonds d'investissement	..	65 947	59 415	46 770	39 538	41 082	60 330	60 520
Systèmes d'assurance, de pensions et garanties standard	..	460 516	510 644	550 216	554 283	572 492	608 723	679 742
Produits financiers dérivés et options sur titres des salariés	..	1 633	1 192	1 039	1 645	1 803	1 350	1 514
Autres comptes à payer	..	1 696	1 681	1 678	1 695	1 698	1 718	1 727
Actifs non financiers	..	..	..	..	..	..	..	..
Sociétés d'assurance								
Valeur nette financière	..	-24 244	-14 763	-53 220	-53 687	-18 169	-12 096	6 383
Actifs financiers	..	484 930	533 624	512 826	503 319	552 105	599 997	690 264
Numéraire et dépôts	..	17 086	15 369	13 037	17 710	24 126	22 254	19 099
Titres de dette	..	316 691	355 270	345 599	339 907	379 066	410 663	481 204
Crédits	..	13 246	13 650	13 567	11 412	10 701	10 122	10 069
Actions et parts de fonds d'investissement	..	134 077	145 271	137 176	130 423	134 588	153 624	177 684
Actions	..	74 029	79 586	65 353	59 279	55 217	64 907	63 077
Parts de fonds d'investissement	..	60 048	65 685	71 823	71 144	79 371	88 717	114 607
Parts de fonds d'investissement monétaires	..	407	500	357	256	112	159	144
Parts de fonds d'investissement non monétaires	..	59 641	65 185	71 466	70 888	79 259	88 558	114 463
Systèmes d'assurance, de pensions et garanties standard	..	2 200	2 148	2 153	2 146	2 122	1 973	1 533
Produits financiers dérivés et options sur titres des salariés	..	1 340	1 689	1 085	1 567	1 391	1 321	653
Autres comptes à recevoir	..	289	226	208	154	111	40	22
Passifs financiers	..	509 174	548 387	566 046	557 006	570 274	612 093	683 881
Titres de dette	..	4 946	7 904	6 914	6 334	9 374	9 444	15 348
Titres de dette à court terme	..	0	0	0	0	0	0	0
Titres de dette à long terme	..	4 946	7 904	6 914	6 334	9 374	9 444	15 348
Crédits	..	16 564	17 399	15 847	14 072	13 477	7 348	11 006
Crédits à court terme	..	2 179	443	399	614	129	312	486
Crédits à long terme	..	14 385	16 956	15 448	13 458	13 348	7 035	10 520
Actions et parts de fonds d'investissement	..	65 947	59 415	46 770	39 538	41 082	60 330	60 520
Systèmes d'assurance, de pensions et garanties standard	..	418 387	460 795	493 798	493 723	502 839	531 902	593 765
Produits financiers dérivés et options sur titres des salariés	..	1 633	1 192	1 039	1 645	1 803	1 350	1 514
Autres comptes à payer	..	1 696	1 681	1 678	1 695	1 698	1 718	1 727
Actifs non financiers	..	..	..	..	..	..	..	..
Fonds de pension								
Valeur nette financière	..	-21 386	-23 936	-25 762	-28 930	-33 616	-39 971	-41 022
Actifs financiers	..	20 964	25 916	30 661	31 638	36 062	36 852	44 959
Numéraire et dépôts	..	3 872	3 116	4 547	3 532	3 655	3 401	3 888
Titres de dette	..	7 935	9 969	10 562	11 624	13 528	13 582	16 923
Crédits	..	0	0	0	0	0	0	0
Actions et parts de fonds d'investissement	..	9 157	12 831	15 552	16 481	18 879	19 869	24 148
Actions	..	4 311	6 286	7 278	7 041	9 878	10 121	13 361
Parts de fonds d'investissement	..	4 846	6 545	8 274	9 440	9 001	9 748	10 787
Parts de fonds d'investissement monétaires	..	33	46	35	26	11	16	13
Parts de fonds d'investissement non monétaires	..	4 813	6 499	8 239	9 414	8 990	9 732	10 774
Systèmes d'assurance, de pensions et garanties standard	..	0	0	0	0	0	0	0
Produits financiers dérivés et options sur titres des salariés	..	0	0	0	0	0	0	0
Autres comptes à recevoir	..	0	0	0	0	0	0	0
Passifs financiers	..	42 351	49 852	56 423	60 568	69 678	76 823	85 981
Titres de dette	..	0	0	0	0	0	0	0
Titres de dette à court terme	..	0	0	0	0	0	0	0
Titres de dette à long terme	..	0	0	0	0	0	0	0
Crédits	..	222	3	5	8	25	2	4
Crédits à court terme	..	214	1	4	8	24	2	3
Crédits à long terme	..	7	2	1	1	0	1	0
Actions et parts de fonds d'investissement	..	0	0	0	0	0	0	0
Systèmes d'assurance, de pensions et garanties standard	..	42 129	49 849	56 418	60 560	69 653	76 821	85 977
Produits financiers dérivés et options sur titres des salariés	..	0	0	0	0	0	0	0
Autres comptes à payer	..	0	0	0	0	0	0	0
Actifs non financiers	..	..	..	..	..	..	..	..

Note : Voir les métadonnées détaillées sur : http://metalinks.oecd.org/instinv/20160427/0c9f

Tableau 4. Composition du portefeuille par type d'investisseur

En pourcentage des actifs financiers et des passifs financiers

Pour cent

	2007	2008	2009	2010	2011	2012	2013	2014
Fonds d'investissement								
Actifs financiers	..	100.0	100.0	100.0	100.0	100.0	100.0	100.0
Numéraire et dépôts	..	..	..	..	..	..	..	..
Titres de dettes	..	66.0	64.5	60.1	58.0	57.5	54.3	53.9
Crédits	..	3.3	4.4	1.3	1.7	0.8	0.4	0.1
Actions et parts de fonds d'investissement	..	25.4	25.7	32.8	32.4	31.8	35.2	38.1
Systèmes d'assurance de pensions et garanties standard	..	0.0	0.0	0.0	0.0	0.0	0.0	0.0
Produits financiers dérivés et options sur titres des salariés	..	0.3	0.2	0.2	0.2	0.3	0.5	0.5
Autres comptes à recevoir	..	0.0	0.0	0.0	0.0	0.0	0.0	0.0
Passifs financiers	..	100.0	100.0	100.0	100.0	100.0	100.0	100.0
Numéraire et dépôts	..	0.0	0.0	0.0	0.0	0.0	0.0	0.0
Titres de dettes	..	0.0	0.0	0.0	0.0	0.0	0.0	0.0
Crédits	..	0.0	0.0	0.0	0.0	0.0	0.0	0.0
Actions et parts de fonds d'investissement	..	100.0	100.0	100.0	100.0	100.0	100.0	100.0
Systèmes d'assurance de pensions et garanties standard	..	0.0	0.0	0.0	0.0	0.0	0.0	0.0
Produits financiers dérivés et options sur titres des salariés	..	0.0	0.0	0.0	0.0	0.0	0.0	0.0
Autres comptes à recevoir	..	0.0	0.0	0.0	0.0	0.0	0.0	0.0
Sociétés d'assurance								
Actifs financiers	..	100.0	100.0	100.0	100.0	100.0	100.0	100.0
Numéraire et dépôts	..	3.5	2.9	2.5	3.5	4.4	3.7	2.8
Titres de dettes	..	65.3	66.6	67.4	67.5	68.7	68.4	69.7
Crédits	..	2.7	2.6	2.6	2.3	1.9	1.7	1.5
Actions et parts de fonds d'investissement	..	27.6	27.2	26.7	25.9	24.4	25.6	25.7
Systèmes d'assurance de pensions et garanties standard	..	0.5	0.4	0.4	0.4	0.4	0.3	0.2
Produits financiers dérivés et options sur titres des salariés	..	0.3	0.3	0.2	0.3	0.3	0.2	0.1
Autres comptes à recevoir	..	0.1	0.0	0.0	0.0	0.0	0.0	0.0
Passifs financiers	..	100.0	100.0	100.0	100.0	100.0	100.0	100.0
Numéraire et dépôts	..	0.0	0.0	0.0	0.0	0.0	0.0	0.0
Titres de dettes	..	1.0	1.4	1.2	1.1	1.6	1.5	2.2
Crédits	..	3.3	3.2	2.8	2.5	2.4	1.2	1.6
Actions et parts de fonds d'investissement	..	13.0	10.8	8.3	7.1	7.2	9.9	8.8
Systèmes d'assurance de pensions et garanties standard	..	82.2	84.0	87.2	88.6	88.2	86.9	86.8
Produits financiers dérivés et options sur titres des salariés	..	0.3	0.2	0.2	0.3	0.3	0.2	0.2
Autres comptes à recevoir	..	0.3	0.3	0.3	0.3	0.3	0.3	0.3
Fonds de pension								
Actifs financiers	..	100.0	100.0	100.0	100.0	100.0	100.0	100.0
Numéraire et dépôts	..	18.5	12.0	14.8	11.2	10.1	9.2	8.6
Titres de dettes	..	37.9	38.5	34.4	36.7	37.5	36.9	37.6
Crédits	..	0.0	0.0	0.0	0.0	0.0	0.0	0.0
Actions et parts de fonds d'investissement	..	43.7	49.5	50.7	52.1	52.4	53.9	53.7
Systèmes d'assurance de pensions et garanties standard	..	0.0	0.0	0.0	0.0	0.0	0.0	0.0
Produits financiers dérivés et options sur titres des salariés	..	0.0	0.0	0.0	0.0	0.0	0.0	0.0
Autres comptes à recevoir	..	0.0	0.0	0.0	0.0	0.0	0.0	0.0
Passifs financiers	..	100.0	100.0	100.0	100.0	100.0	100.0	100.0
Numéraire et dépôts	..	0.0	0.0	0.0	0.0	0.0	0.0	0.0
Titres de dettes	..	0.0	0.0	0.0	0.0	0.0	0.0	0.0
Crédits	..	0.5	0.0	0.0	0.0	0.0	0.0	0.0
Actions et parts de fonds d'investissement	..	0.0	0.0	0.0	0.0	0.0	0.0	0.0
Systèmes d'assurance de pensions et garanties standard	..	99.5	100.0	100.0	100.0	100.0	100.0	100.0
Produits financiers dérivés et options sur titres des salariés	..	0.0	0.0	0.0	0.0	0.0	0.0	0.0
Autres comptes à recevoir	..	0.0	0.0	0.0	0.0	0.0	0.0	0.0

Note : Voir les métadonnées détaillées sur : http://metalinks.oecd.org/instinv/20160427/2c5e

CORÉE

Tableau 1. Actifs financiers des investisseurs institutionnels, 2014

Milliards KRW

		Total	Fonds d'investissement – Fonds d'investissement non-monétaire – Total	Fonds d'investissement à capital variable, non monétaire	Fonds d'investissement à capital fixe, non monétaire	Fonds d'investissement monétaires – Total
2	Actifs financiers	428 334	342 483	..	..	85 851
2.1	Numéraire et dépôts	33 550	10 035	..	..	23 515
2.2	Titres de dette	163 254	103 380	..	..	59 874
2.2.1	Titres de dette à court terme	58 025	10 870	..	..	47 154
2.2.2	Titres de dette à long terme	105 229	92 510	..	..	12 719
2.2.3	Titres de dette émis par les résidents	144 835	84 961	..	..	59 874
2.2.4	Titres de dette émis par les non-résidents	18 419	18 419	..	..	0
2.3	Crédits	22 682	21 717	..	..	966
2.3.1	Crédits à court terme	7 734	6 769	..	..	966
2.3.2	Crédits à long terme	14 948	14 948	..	..	0
2.3.3	Crédits accordés aux résidents	..	..	..	..	..
2.3.4	Crédits accordés aux non-résidents	..	..	..	..	..
2.4	Actions et parts de fonds d'investissement	144 026	143 458	..	..	568
2.4.1	Actions et parts de fonds d'investissements émises par les résidents	108 161	107 594	..	..	568
2.4.2	Actions et part de fonds d'investissements émises par les non-résidents	35 865	35 865	..	..	0
2.5	Autres comptes à recevoir	63 916	62 988	..	..	929

		Total	Fonds d'investissement – Fonds d'investissement non-monétaire – Total	Fonds d'investissement à capital variable, non monétaire	Fonds d'investissement à capital fixe, non monétaire	Fonds d'investissement monétaires – Total
2	Pasifs financiers	385 339	301 825	..	..	83 514
2.1	Numéraire et dépôts	60	60	..	..	0
2.2	Titres de dette	258	258	..	..	0
2.2.1	Titres de dette à court terme	0	0	..	..	0
2.2.2	Titres de dette à long terme	258	258	..	..	0
2.3	Crédits	1 629	1 629	..	..	0
2.3.1	Crédits à court terme	291	291	..	..	0
2.3.2	Crédits à long terme	1 338	1 338	..	..	0
2.4	Actions et parts de fonds d'investissement	377 038	293 804	..	..	83 234
2.5	Systèmes d'assurance, de pensions et garanties standard	0	0	..	..	0
2.5	Produits financiers dérivés et options sur titres des salariés	0	0	..	..	0
2.8	Autres comptes à payer	6 355	6 075	..	..	280

		Total	Sociétés d'assurance et fonds de pension autonomes – Sociétés d'assurance – Total	Sociétés d'assurance vie	Sociétés d'assurance non-vie	Fonds de pension autonomes – Total
2	Actifs financiers	1 033 123	922 461	678 967	243 494	110 662
2.1	Numéraire et dépôts	103 722	46 930	24 345	22 585	56 792
2.2	Titres de dette	508 165	485 459	399 369	86 090	22 706
2.2.1	Titres de dette à court terme	12 216	10 363	8 343	2 021	1 853
2.2.2	Titres de dette à long terme	495 949	475 096	391 026	84 069	20 853
2.2.3	Titres de dette émis par les résidents	488 619	465 913	383 677	82 237	22 706
2.2.4	Titres de dette émis par les non-résidents	19 546	19 546	15 692	3 853	0
2.3	Crédits	161 657	156 647	103 409	53 237	5 011
2.3.1	Crédits à court terme	22 449	20 916	15 876	5 040	1 533
2.3.2	Crédits à long terme	139 208	135 731	87 534	48 197	3 478
2.3.3	Crédits accordés aux résidents	..	..	..	..	..
2.3.4	Crédits accordés aux non-résidents	..	..	..	..	..
2.4	Actions et parts de fonds d'investissement	168 013	159 883	113 892	45 990	8 130
2.4.1	Actions et parts de fonds d'investissement émises par les résidents	162 700	154 570	109 647	44 922	8 130
2.4.2	Actions et parts de fonds d'investissement émises par les non-résidents	5 313	5 313	4 245	1 068	0
2.5	Autrescomptes à recevoir	84 450	66 448	37 092	29 356	18 002

		Total	Sociétés d'assurance et fonds de pension autonomes – Sociétés d'assurance – Total	Sociétés d'assurance vie	Sociétés d'assurance non-vie	Fonds de pension autonomes – Total
2	Pasifs financiers	1 041 099	926 434	681 144	245 291	114 665
2.1	Numéraire et dépôts	0	0	0	0	0
2.2	Titres de dette	2 107	2 107	817	1 290	0
2.2.1	Titres de dette à court terme	386	386	0	386	0
2.2.2	Titres de dette à long terme	1 721	1 721	817	904	0
2.3	Crédits	867	867	119	749	0
2.3.1	Crédits à court terme	19	19	19	0	0
2.3.2	Crédits à long terme	849	849	100	749	0
2.4	Actions et parts de fonds d'investissement	69 200	69 200	38 856	30 343	0
2.5	Systèmes d'assurance, de pensions et garanties standard	919 747	809 993	610 187	199 805	109 755
2.5	Produits financiers dérivés et options sur titres des salariés	2 405	2 351	1 948	403	55
2.8	Autres comptes à payer	46 773	41 917	29 216	12 701	4 856

Note : Voir les métadonnées détaillées sur : http://metalinks.oecd.org/instinv/20160427/0c9f

Tableau 2. Actifs financiers des fonds d'investissement

Milliards KRW

	2007	2008	2009	2010	2011	2012	2013	2014
Fonds d'investissement								
Valeur nette financière	..	31 284	18 112	13 029	43 415	33 375	34 988	42 995
Actifs financiers	..	325 534	344 224	340 413	327 040	345 992	371 039	428 334
Numéraire et dépôts	..	61 416	38 306	32 924	26 395	25 053	23 056	33 550
Titres de dette	..	83 399	99 187	112 948	103 651	112 573	129 789	163 254
Crédits	..	16 015	11 816	15 410	19 224	25 355	23 445	22 682
Actions et parts de fonds d'investissement	..	111 646	144 031	131 893	129 088	132 391	142 014	144 026
Actions	..	108 947	133 444	116 262	120 848	124 402	127 890	116 323
Parts de fonds d'investissement	..	2 698	10 587	15 631	8 240	7 989	14 124	27 703
Parts de fonds d'investissement monétaires	..	2 062	385	506	393	1 672	3 437	6 755
Parts de fonds d'investissement non monétaires	..	636	10 202	15 125	7 847	6 317	10 688	20 948
Systèmes d'assurance, de pensions et garanties standard	..	0	0	0	0	0	0	0
Produits financiers dérivés et options sur titres des salariés	..	7 876	5 415	3 283	3 020	2 847	3 431	905
Autres comptes à recevoir	..	45 181	45 469	43 956	45 663	47 774	49 303	63 916
Passifs financiers	..	294 250	326 112	327 384	283 626	312 617	336 051	385 339
Titres de dette	..	0	0	114	282	303	987	258
Titres de dette à court terme	..	0	0	114	44	21	644	0
Titres de dette à long terme	..	0	0	0	239	282	343	258
Crédits	..	1 620	1 810	2 218	2 319	729	549	1 629
Crédits à court terme	..	0	27	203	171	214	276	291
Crédits à long terme	..	1 620	1 784	2 016	2 148	515	274	1 338
Actions et parts de fonds d'investissement	..	290 845	319 004	318 652	278 824	308 632	329 843	377 038
Systèmes d'assurance, de pensions et garanties standard	..	0	0	0	0	0	0	0
Produits financiers dérivés et options sur titres des salariés	..	158	160	1	0	0	0	0
Autres comptes à payer	..	1 580	2 910	3 049	2 200	2 777	4 561	6 355
Actifs non financiers	..	..	..	..	..	..	..	..
Fonds d'investissement monéaires								
Valeur nette financière	..	-6 683	-3 590	-1 146	-560	-240	-317	2 337
Actifs financiers	..	84 239	69 485	67 123	54 077	64 183	67 533	85 851
Numéraire et dépôts	..	34 525	23 782	22 768	16 709	17 059	14 159	23 515
Titres de dette	..	46 953	42 631	40 944	34 371	42 570	48 285	59 874
Crédits	..	2 176	2 436	2 670	1 636	3 732	2 118	966
Actions et parts de fonds d'investissement	..	37	50	156	169	252	1 430	568
Actions	..	0	0	0	0	0	0	0
Parts de fonds d'investissement	..	37	50	156	169	252	1 430	568
Parts de fonds d'investissement monétaires	..	37	50	54	94	185	267	418
Parts de fonds d'investissement non monétaires	..	0	0	102	75	67	1 163	150
Systèmes d'assurance, de pensions et garanties standard	..	0	0	0	0	0	0	0
Produits financiers dérivés et options sur titres des salariés	..	0	0	0	0	0	0	0
Autres comptes à recevoir	..	547	586	585	1 192	570	1 541	929
Passifs financiers	..	90 922	73 075	68 269	54 637	64 423	67 850	83 514
Titres de dette	..	0	0	0	0	0	0	0
Titres de dette à court terme	..	0	0	0	0	0	0	0
Titres de dette à long terme	..	0	0	0	0	0	0	0
Crédits	..	0	0	0	0	0	0	0
Crédits à court terme	..	0	0	0	0	0	0	0
Crédits à long terme	..	0	0	0	0	0	0	0
Actions et parts de fonds d'investissement	..	90 615	72 425	67 669	54 386	63 985	67 089	83 234
Systèmes d'assurance, de pensions et garanties standard	..	0	0	0	0	0	0	0
Produits financiers dérivés et options sur titres des salariés	..	0	0	0	0	0	0	0
Autres comptes à payer	..	306	606	600	251	439	761	280
Actifs non financiers	..	..	..	..	..	..	..	..
Fonds d'investissement non monéaires								
Valeur nette financière	..	37 967	21 701	14 175	43 975	33 615	35 305	40 658
Actifs financiers	..	241 295	274 739	273 290	272 964	281 809	303 506	342 483
Numéraire et dépôts	..	26 891	14 524	10 155	9 686	7 994	8 897	10 035
Titres de dette	..	36 447	56 557	72 004	69 279	70 003	81 505	103 380
Crédits	..	13 839	9 380	12 740	17 588	21 623	21 327	21 717
Actions et parts de fonds d'investissement	..	111 608	143 980	131 738	128 919	132 140	140 584	143 458
Actions	..	108 947	133 444	116 262	120 848	124 402	127 890	116 323
Parts de fonds d'investissement	..	2 661	10 537	15 476	8 071	7 737	12 694	27 135
Parts de fonds d'investissement monétaires	..	2 025	335	453	300	1 487	3 170	6 336
Parts de fonds d'investissement non monétaires	..	636	10 202	15 023	7 771	6 250	9 524	20 799
Systèmes d'assurance, de pensions et garanties standard	..	0	0	0	0	0	0	0
Produits financiers dérivés et options sur titres des salariés	..	7 876	5 415	3 283	3 020	2 847	3 431	905
Autres comptes à recevoir	..	44 634	44 883	43 371	44 472	47 204	47 763	62 988
Passifs financiers	..	203 328	253 037	259 116	228 988	248 194	268 201	301 825
Titres de dette	..	0	0	114	282	303	987	258
Titres de dette à court terme	..	0	0	114	44	21	644	0
Titres de dette à long terme	..	0	0	0	239	282	343	258
Crédits	..	1 620	1 810	2 218	2 319	729	549	1 629
Crédits à court terme	..	0	27	203	171	214	276	291
Crédits à long terme	..	1 620	1 784	2 016	2 148	515	274	1 338
Actions et parts de fonds d'investissement	..	200 230	246 579	250 984	224 438	244 647	262 754	293 804
Systèmes d'assurance, de pensions et garanties standard	..	0	0	0	0	0	0	0
Produits financiers dérivés et options sur titres des salariés	..	158	160	1	0	0	0	0
Autres comptes à payer	..	1 274	2 304	2 450	1 949	2 339	3 800	6 075
Actifs non financiers	..	..	..	..	..	..	..	..
Fonds d'investissement non monéaires à capital variable								
Valeur nette financière	..	..	..	..	..	..	..	..
Actifs financiers	..	..	..	..	..	..	..	..

Tableau 2. Actifs financiers des fonds d'investissement *(suite)*

Milliards KRW

	2007	2008	2009	2010	2011	2012	2013	2014
Numéraire et dépôts	..	..	..	..	..	..	..	..
Titres de dette	..	..	..	..	..	..	..	..
Crédits	..	..	..	..	..	..	..	..
Actions et parts de fonds d'investissement	..	..	..	..	..	..	..	..
Actions	..	..	..	..	..	..	..	..
Parts de fonds d'investissement	..	..	..	..	..	..	..	..
Parts de fonds d'investissement monétaires	..	..	..	..	..	..	..	..
Parts de fonds d'investissement non monétaires	..	..	..	..	..	..	..	..
Systèmes d'assurance, de pensions et garanties standard	..	..	..	..	..	..	..	..
Produits financiers dérivés et options sur titres des salariés	..	..	..	..	..	..	..	..
Autres comptes à recevoir	..	..	..	..	..	..	..	..
Passifs financiers	..	..	..	..	..	..	..	..
Titres de dette	..	..	..	..	..	..	..	..
Titres de dette à court terme	..	..	..	..	..	..	..	..
Titres de dette à long terme	..	..	..	..	..	..	..	..
Crédits	..	..	..	..	..	..	..	..
Crédits à court terme	..	..	..	..	..	..	..	..
Crédits à long terme	..	..	..	..	..	..	..	..
Actions et parts de fonds d'investissement	..	..	..	..	..	..	..	..
Systèmes d'assurance, de pensions et garanties standard	..	..	..	..	..	..	..	..
Produits financiers dérivés et options sur titres des salariés	..	..	..	..	..	..	..	..
Autres comptes à payer	..	..	..	..	..	..	..	..
Actifs non financiers	..	..	..	..	..	..	..	..
Fonds d'investissement à capital variable								
Valeur nette financière	..	..	..	..	..	..	..	..
Actifs financiers	..	..	..	..	..	..	..	..
Numéraire et dépôts	..	..	..	..	..	..	..	..
Titres de dette	..	..	..	..	..	..	..	..
Crédits	..	..	..	..	..	..	..	..
Actions et parts de fonds d'investissement	..	..	..	..	..	..	..	..
Actions	..	..	..	..	..	..	..	..
Parts de fonds d'investissement	..	..	..	..	..	..	..	..
Parts de fonds d'investissement monétaires	..	..	..	..	..	..	..	..
Parts de fonds d'investissement non monétaires	..	..	..	..	..	..	..	..
Systèmes d'assurance, de pensions et garanties standard	..	..	..	..	..	..	..	..
Produits financiers dérivés et options sur titres des salariés	..	..	..	..	..	..	..	..
Autres comptes à recevoir	..	..	..	..	..	..	..	..
Passifs financiers	..	..	..	..	..	..	..	..
Titres de dette	..	..	..	..	..	..	..	..
Titres de dette à court terme	..	..	..	..	..	..	..	..
Titres de dette à long terme	..	..	..	..	..	..	..	..
Crédits	..	..	..	..	..	..	..	..
Crédits à court terme	..	..	..	..	..	..	..	..
Crédits à long terme	..	..	..	..	..	..	..	..
Actions et parts de fonds d'investissement	..	..	..	..	..	..	..	..
Systèmes d'assurance, de pensions et garanties standard	..	..	..	..	..	..	..	..
Produits financiers dérivés et options sur titres des salariés	..	..	..	..	..	..	..	..
Autres comptes à payer	..	..	..	..	..	..	..	..
Actifs non financiers	..	..	..	..	..	..	..	..

Note : Voir les métadonnées détaillées sur : http://metalinks.oecd.org/instinv/20160427/0c9f

Tableau 3. Actifs financiers des sociétés d'assurance et fonds de pension

Milliards KRW

	2007	2008	2009	2010	2011	2012	2013	2014
Sociétés d'assurance et fonds de pension								
Valeur nette financière	..	-13 975	1 408	-13 773	-9 357	-2 382	-10 019	-7 976
Actifs financiers	..	472 742	548 830	630 362	711 549	830 156	919 079	1 033 123
Numéraire et dépôts	..	35 285	41 806	54 717	67 999	88 960	90 430	103 722
Titres de dette	..	220 325	251 550	298 679	344 983	393 854	444 762	508 165
Crédits	..	98 653	103 448	109 298	119 358	129 918	144 703	161 657
Actions et parts de fonds d'investissement	..	70 101	94 684	109 191	109 769	139 913	157 816	168 013
Actions	..	36 523	47 509	55 670	52 979	62 516	67 288	66 573
Parts de fonds d'investissement	..	33 578	47 175	53 521	56 790	77 397	90 528	101 440
Parts de fonds d'investissement monétaires	..	2 739	6 404	4 893	4 404	8 359	10 217	15 870
Parts de fonds d'investissement non monétaires	..	30 839	40 770	48 627	52 387	69 038	80 311	85 569
Systèmes d'assurance, de pensions et garanties standard	..	115	116	177	5 025	5 429	5 831	6 309
Produits financiers dérivés et options sur titres des salariés	..	508	840	1 159	609	1 844	1 821	808
Autres comptes à recevoir	..	47 756	56 386	57 142	63 806	70 238	73 716	84 450
Passifs financiers	..	486 717	547 422	644 135	720 906	832 538	929 098	1 041 099
Titres de dette	..	2 197	1 078	1 083	1 236	1 660	2 124	2 107
Titres de dette à court terme	..	1 457	669	548	686	611	296	386
Titres de dette à long terme	..	740	409	535	550	1 049	1 828	1 721
Crédits	..	2 311	2 089	1 657	1 448	1 345	805	867
Crédits à court terme	..	19	280	76	247	343	63	19
Crédits à long terme	..	2 292	1 809	1 581	1 202	1 003	742	849
Actions et parts de fonds d'investissement	..	27 305	31 471	58 791	56 521	62 221	65 835	69 200
Systèmes d'assurance, de pensions et garanties standard	..	425 893	481 235	548 088	624 517	725 519	821 659	919 747
Produits financiers dérivés et options sur titres des salariés	..	6 869	3 688	2 107	2 586	1 348	1 133	2 405
Autres comptes à payer	..	22 108	27 844	32 402	34 599	40 140	37 522	46 773
Actifs non financiers	..	..	..	..	..	..	..	..
Sociétés d'assurance								
Valeur nette financière	..	-14 064	1 250	-13 881	-9 541	-1 734	-9 418	-3 973
Actifs financiers	..	438 962	510 565	586 276	654 915	760 224	832 788	922 461
Numéraire et dépôts	..	24 624	28 529	35 099	36 934	47 829	42 299	46 930
Titres de dette	..	205 068	237 106	285 954	332 867	380 549	426 813	485 459
Crédits	..	97 059	102 103	108 082	118 248	128 313	142 015	156 647
Actions et parts de fonds d'investissement	..	67 709	90 370	105 241	105 710	134 951	151 333	159 883
Actions	..	36 308	47 221	55 387	52 701	62 353	67 212	66 454
Parts de fonds d'investissement	..	31 401	43 150	49 854	53 009	72 599	84 121	93 428
Parts de fonds d'investissement monétaires	..	2 725	5 319	3 041	4 145	7 919	9 569	15 186
Parts de fonds d'investissement non monétaires	..	28 677	37 830	46 813	48 864	64 679	74 553	78 242
Systèmes d'assurance, de pensions et garanties standard	..	115	116	177	5 025	5 429	5 831	6 309
Produits financiers dérivés et options sur titres des salariés	..	505	790	1 144	602	1 811	1 783	787
Autres comptes à recevoir	..	43 882	51 550	50 579	55 529	61 343	62 715	66 448
Passifs financiers	..	453 026	509 315	600 157	664 455	761 959	842 206	926 434
Titres de dette	..	2 197	1 078	1 083	1 236	1 660	2 124	2 107
Titres de dette à court terme	..	1 457	669	548	686	611	296	386
Titres de dette à long terme	..	740	409	535	550	1 049	1 828	1 721
Crédits	..	2 311	2 089	1 657	1 445	1 342	805	867
Crédits à court terme	..	19	280	76	247	343	63	19
Crédits à long terme	..	2 292	1 809	1 581	1 198	999	742	849
Actions et parts de fonds d'investissement	..	27 305	31 471	58 791	56 521	62 221	65 835	69 200
Systèmes d'assurance, de pensions et garanties standard	..	393 496	445 419	506 361	570 438	656 952	736 878	809 993
Produits financiers dérivés et options sur titres des salariés	..	6 865	3 688	2 104	2 582	1 348	1 129	2 351
Autres comptes à payer	..	20 818	25 553	30 154	32 235	38 131	35 417	41 917
Actifs non financiers	..	..	..	..	..	..	..	..
Fonds de pension								
Valeur nette financière	..	89	157	108	183	-648	-601	-4 003
Actifs financiers	..	33 780	38 265	44 086	56 634	69 932	86 291	110 662
Numéraire et dépôts	..	10 660	13 277	19 618	31 064	41 131	48 132	56 792
Titres de dette	..	15 257	14 444	12 725	12 116	13 305	17 949	22 706
Crédits	..	1 594	1 345	1 216	1 110	1 606	2 688	5 011
Actions et parts de fonds d'investissement	..	2 392	4 314	3 950	4 060	4 962	6 483	8 130
Actions	..	215	289	283	279	163	77	119
Parts de fonds d'investissement	..	2 177	4 025	3 667	3 781	4 799	6 407	8 011
Parts de fonds d'investissement monétaires	..	15	1 085	1 853	259	440	648	684
Parts de fonds d'investissement non monétaires	..	2 162	2 940	1 814	3 522	4 359	5 759	7 327
Systèmes d'assurance, de pensions et garanties standard	..	0	0	0	0	0	0	0
Produits financiers dérivés et options sur titres des salariés	..	3	50	15	8	33	38	21
Autres comptes à recevoir	..	3 874	4 836	6 564	8 277	8 894	11 002	18 002
Passifs financiers	..	33 691	38 107	43 978	56 451	70 579	86 892	114 665
Titres de dette	..	0	0	0	0	0	0	0
Titres de dette à court terme	..	0	0	0	0	0	0	0
Titres de dette à long terme	..	0	0	0	0	0	0	0
Crédits	..	0	0	0	4	4	0	0
Crédits à court terme	..	0	0	0	0	0	0	0
Crédits à long terme	..	0	0	0	4	4	0	0
Actions et parts de fonds d'investissement	..	0	0	0	0	0	0	0
Systèmes d'assurance, de pensions et garanties standard	..	32 397	35 816	41 726	54 080	68 567	84 781	109 755
Produits financiers dérivés et options sur titres des salariés	..	4	0	3	4	0	5	55
Autres comptes à payer	..	1 290	2 291	2 249	2 364	2 009	2 106	4 856
Actifs non financiers	..	..	..	..	..	..	..	..

Note : Voir les métadonnées détaillées sur : http://metalinks.oecd.org/instinv/20160427/0c9f

Tableau 4. Composition du portefeuille par type d'investisseur

En pourcentage des actifs financiers et des passifs financiers

Pour cent

	2007	2008	2009	2010	2011	2012	2013	2014
Fonds d'investissement								
Actifs financiers	..	100.0	100.0	100.0	100.0	100.0	100.0	100.0
Numéraire et dépôts	..	18.9	11.1	9.7	8.1	7.2	6.2	7.8
Titres de dettes	..	25.6	28.8	33.2	31.7	32.5	35.0	38.1
Crédits	..	4.9	3.4	4.5	5.9	7.3	6.3	5.3
Actions et parts de fonds d'investissement	..	34.3	41.8	38.7	39.5	38.3	38.3	33.6
Systèmes d'assurance de pensions et garanties standard	..	0.0	0.0	0.0	0.0	0.0	0.0	0.0
Produits financiers dérivés et options sur titres des salariés	..	2.4	1.6	1.0	0.9	0.8	0.9	0.2
Autres comptes à recevoir	..	13.9	13.2	12.9	14.0	13.8	13.3	14.9
Passifs financiers	..	100.0	100.0	100.0	100.0	100.0	100.0	100.0
Numéraire et dépôts	..	0.0	0.7	1.0	0.0	0.1	0.0	0.0
Titres de dettes	..	0.0	0.0	0.0	0.1	0.1	0.3	0.1
Crédits	..	0.6	0.6	0.7	0.8	0.2	0.2	0.4
Actions et parts de fonds d'investissement	..	98.8	97.8	97.3	98.3	98.7	98.2	97.8
Systèmes d'assurance de pensions et garanties standard	..	0.0	0.0	0.0	0.0	0.0	0.0	0.0
Produits financiers dérivés et options sur titres des salariés	..	0.1	0.0	0.0	0.0	0.0	0.0	0.0
Autres comptes à recevoir	..	0.5	0.9	0.9	0.8	0.9	1.4	1.6
Sociétés d'assurance								
Actifs financiers	..	100.0	100.0	100.0	100.0	100.0	100.0	100.0
Numéraire et dépôts	..	5.6	5.6	6.0	5.6	6.3	5.1	5.1
Titres de dettes	..	46.7	46.4	48.8	50.8	50.1	51.3	52.6
Crédits	..	22.1	20.0	18.4	18.1	16.9	17.1	17.0
Actions et parts de fonds d'investissement	..	15.4	17.7	18.0	16.1	17.8	18.2	17.3
Systèmes d'assurance de pensions et garanties standard	..	0.0	0.0	0.0	0.8	0.7	0.7	0.7
Produits financiers dérivés et options sur titres des salariés	..	0.1	0.2	0.2	0.1	0.2	0.2	0.1
Autres comptes à recevoir	..	10.0	10.1	8.6	8.5	8.1	7.5	7.2
Passifs financiers	..	100.0	100.0	100.0	100.0	100.0	100.0	100.0
Numéraire et dépôts	..	0.0	0.0	0.0	0.0	0.0	0.0	0.0
Titres de dettes	..	0.5	0.2	0.2	0.2	0.2	0.3	0.2
Crédits	..	0.5	0.4	0.3	0.2	0.2	0.1	0.1
Actions et parts de fonds d'investissement	..	6.0	6.2	9.8	8.5	8.2	7.8	7.5
Systèmes d'assurance de pensions et garanties standard	..	86.9	87.5	84.4	85.9	86.2	87.5	87.4
Produits financiers dérivés et options sur titres des salariés	..	1.5	0.7	0.4	0.4	0.2	0.1	0.3
Autres comptes à recevoir	..	4.6	5.0	5.0	4.9	5.0	4.2	4.5
Fonds de pension								
Actifs financiers	..	100.0	100.0	100.0	100.0	100.0	100.0	100.0
Numéraire et dépôts	..	31.6	34.7	44.5	54.9	58.8	55.8	51.3
Titres de dettes	..	45.2	37.7	28.9	21.4	19.0	20.8	20.5
Crédits	..	4.7	3.5	2.8	2.0	2.3	3.1	4.5
Actions et parts de fonds d'investissement	..	7.1	11.3	9.0	7.2	7.1	7.5	7.3
Systèmes d'assurance de pensions et garanties standard	..	0.0	0.0	0.0	0.0	0.0	0.0	0.0
Produits financiers dérivés et options sur titres des salariés	..	0.0	0.1	0.0	0.0	0.0	0.0	0.0
Autres comptes à recevoir	..	11.5	12.6	14.9	14.6	12.7	12.7	16.3
Passifs financiers	..	100.0	100.0	100.0	100.0	100.0	100.0	100.0
Numéraire et dépôts	..	0.0	0.0	0.0	0.0	0.0	0.0	0.0
Titres de dettes	..	0.0	0.0	0.0	0.0	0.0	0.0	0.0
Crédits	..	0.0	0.0	0.0	0.0	0.0	0.0	0.0
Actions et parts de fonds d'investissement	..	0.0	0.0	0.0	0.0	0.0	0.0	0.0
Systèmes d'assurance de pensions et garanties standard	..	96.2	94.0	94.9	95.8	97.1	97.6	95.7
Produits financiers dérivés et options sur titres des salariés	..	0.0	0.0	0.0	0.0	0.0	0.0	0.0
Autres comptes à recevoir	..	3.8	6.0	5.1	4.2	2.8	2.4	4.2

Note : Voir les métadonnées détaillées sur : http://metalinks.oecd.org/instinv/20160427/2c5e

Tableau 1. Actifs financiers des investisseurs institutionnels, 2014

Millions EUR (1999 LUF euro)

		Fonds d'investissement				
		Total	Fonds d'investissement non-monétaire			Fonds d'investissement monétaires
			Total	Fonds d'investissement à capital variable, non monétaire	Fonds d'investissement à capital fixe, non monétaire	Total
2	Actifs financiers	3 507 735	3 283 971	3 231 678	52 294	223 764
2.1	Numéraire et dépôts	265 223	230 851	224 550	6 301	34 372
2.2	Titres de dette	1 458 601	1 276 240	1 270 102	6 139	182 360
2.2.1	Titres de dette à court terme	248 983	101 248	101 162	87	147 735
2.2.2	Titres de dette à long terme	1 209 617	1 174 992	1 168 940	6 052	34 625
2.2.3	Titres de dette émis par les résidents	49 704	47 698	43 489	4 209	2 006
2.2.4	Titres de dette émis par les non-résidents	1 408 897	1 228 543	1 226 613	1 930	180 354
2.3	Crédits	0	0	0	0	0
2.3.1	Crédits à court terme	0	0	0	0	0
2.3.2	Crédits à long terme	0	0	0	0	0
2.3.3	Crédits accordés aux résidents	0	0	0	0	0
2.3.4	Crédits accordés aux non-résidents	0	0	0	0	0
2.4	Actions et parts de fonds d'investissement	1 455 228	1 451 070	1 415 052	36 018	4 157
2.4.1	Actions et parts de fonds d'investissements émises par les résidents	255 201	251 282	238 452	12 830	3 919
2.4.2	Actions et part de fonds d'investissements émises par les non-résidents	1 200 027	1 199 788	1 176 600	23 188	239
2.5	Autres comptes à recevoir	95 207	92 385	88 902	3 483	2 821

		Fonds d'investissement				
		Total	Fonds d'investissement non-monétaire			Fonds d'investissement monétaires
			Total	Fonds d'investissement à capital variable, non monétaire	Fonds d'investissement à capital fixe, non monétaire	Total
2	Pasifs financiers	3 518 495	3 294 731	3 241 007	53 724	223 764
2.1	Numéraire et dépôts	0	0	0	0	0
2.2	Titres de dette	3 339	3 339	3 318	21	0
2.2.1	Titres de dette à court terme	0	0	0	0	0
2.2.2	Titres de dette à long terme	3 339	3 339	3 318	21	0
2.3	Crédits	60 754	60 221	58 065	2 156	533
2.3.1	Crédits à court terme	57 644	57 110	55 645	1 465	533
2.3.2	Crédits à long terme	3 111	3 111	2 420	691	0
2.4	Actions et parts de fonds d'investissement	3 130 237	2 915 953	2 867 028	48 925	214 284
2.5	Systèmes d'assurance, de pensions et garanties standard	0	0	0	0	0
2.5	Produits financiers dérivés et options sur titres des salariés	199 895	199 882	199 857	25	13
2.8	Autres comptes à payer	124 270	115 336	112 740	2 596	8 934

		Sociétés d'assurance et fonds de pension autonomes				
		Total	Sociétés d'assurance			Fonds de pension autonomes
			Total	Sociétés d'assurance vie	Sociétés d'assurance non-vie	Total
2	Actifs financiers	163 822	162 648	133 037	29 612	1 174
2.1	Numéraire et dépôts	13 160	13 111	9 321	3 791	49
2.2	Titres de dette	45 621	45 014	32 645	12 369	608
2.2.1	Titres de dette à court terme	1 233	1 233	894	339	0
2.2.2	Titres de dette à long terme	44 388	43 781	31 751	12 030	608
2.2.3	Titres de dette émis par les résidents	2 959	2 920	2 118	802	39
2.2.4	Titres de dette émis par les non-résidents	42 662	42 094	30 527	11 567	568
2.3	Crédits	2 028	2 026	587	1 439	1
2.3.1	Crédits à court terme	1 909	1 907	509	1 399	1
2.3.2	Crédits à long terme	119	119	79	40	0
2.3.3	Crédits accordés aux résidents	424	423	42	380	1
2.3.4	Crédits accordés aux non-résidents	1 604	1 604	545	1 059	0
2.4	Actions et parts de fonds d'investissement	76 821	76 320	69 248	7 072	501
2.4.1	Actions et parts de fonds d'investissement émises par les résidents	41 922	41 622	37 711	3 911	301
2.4.2	Actions et parts de fonds d'investissement émises par les non-résidents	34 899	34 698	31 537	3 161	201
2.5	Autrescomptes à recevoir	1 205	1 190	431	760	15

		Sociétés d'assurance et fonds de pension autonomes				
		Total	Sociétés d'assurance			Fonds de pension autonomes
			Total	Sociétés d'assurance vie	Sociétés d'assurance non-vie	Total
2	Pasifs financiers	159 738	158 564	132 442	26 122	1 174
2.1	Numéraire et dépôts	0	0	0	0	0
2.2	Titres de dette	3	3	0	3	0
2.2.1	Titres de dette à court terme	0	0	0	0	0
2.2.2	Titres de dette à long terme	3	3	0	3	0
2.3	Crédits	7 179	7 179	6 827	352	0
2.3.1	Crédits à court terme	7 117	7 117	6 765	352	0
2.3.2	Crédits à long terme	62	62	62	0	0
2.4	Actions et parts de fonds d'investissement	8 378	8 378	2 836	5 542	0
2.5	Systèmes d'assurance, de pensions et garanties standard	143 454	142 285	122 382	19 903	1 169
2.5	Produits financiers dérivés et options sur titres des salariés	0	0	0	0	0
2.8	Autres comptes à payer	724	719	397	322	5

Note : Voir les métadonnées détaillées sur : http://metalinks.oecd.org/instinv/20160427/bbac

Tableau 2. Actifs financiers des fonds d'investissement

Millions EUR

	2007	2008	2009	2010	2011	2012	2013	2014
Fonds d'investissement								
Valeur nette financière	..	-7 851	-6 853	-11 742	-7 799	-7 776	-8 065	-10 760
Actifs financiers	..	1 741 727	2 009 510	2 415 359	2 361 149	2 650 942	2 921 807	3 507 735
Numéraire et dépôts	..	238 715	159 614	181 513	216 250	204 793	230 406	265 223
Titres de dette	..	727 552	867 292	984 497	1 004 787	1 175 833	1 206 105	1 458 601
Crédits	..	0	0	0	0	0	0	0
Actions et parts de fonds d'investissement	..	597 483	803 280	1 014 274	871 707	993 919	1 196 586	1 455 228
Actions	..	420 027	607 711	763 939	635 878	724 696	876 831	1 055 403
Parts de fonds d'investissement	..	177 456	195 569	250 335	235 829	269 223	319 755	399 825
Parts de fonds d'investissement monétaires	..	25 431	16 653	16 333	23 391	11 651	17 142	21 990
Parts de fonds d'investissement non monétaires	..	152 025	178 916	234 002	212 438	257 572	302 614	377 835
Systèmes d'assurance, de pensions et garanties standard	..	0	0	0	0	0	0	0
Produits financiers dérivés et options sur titres des salariés	..	99 438	116 085	162 855	192 169	190 826	203 777	233 478
Autres comptes à recevoir	..	78 538	63 238	72 221	76 236	85 572	84 933	95 207
Passifs financiers	..	1 749 577	2 016 363	2 427 101	2 368 949	2 658 718	2 929 872	3 518 495
Titres de dette	..	538	1 277	1 243	1 691	1 582	2 449	3 339
Titres de dette à court terme	..	0	0	0	0	0	0	0
Titres de dette à long terme	..	538	1 277	1 243	1 691	1 582	2 449	3 339
Crédits	..	46 193	22 077	25 759	27 744	30 116	48 442	60 754
Crédits à court terme	..	41 426	18 074	22 112	24 599	27 255	45 167	57 644
Crédits à long terme	..	4 767	4 004	3 646	3 145	2 861	3 275	3 111
Actions et parts de fonds d'investissement	..	1 560 779	1 863 141	2 215 520	2 106 445	2 397 513	2 627 253	3 130 237
Systèmes d'assurance, de pensions et garanties standard	..	0	0	0	0	0	0	0
Produits financiers dérivés et options sur titres des salariés	..	75 742	55 274	110 672	148 761	142 402	161 744	199 895
Autres comptes à payer	..	66 325	74 594	73 907	84 306	87 103	89 984	124 270
Actifs non financiers	..	7 851	6 853	11 742	7 799	7 776	8 065	10 760
Fonds d'investissement monéaires								
Valeur nette financière	..	0	0	0	0	0	0	0
Actifs financiers	..	346 369	322 716	289 002	305 900	224 286	198 793	223 764
Numéraire et dépôts	..	109 380	55 024	57 535	75 450	52 086	43 604	34 372
Titres de dette	..	231 255	265 385	225 370	223 421	167 631	149 345	182 360
Crédits	..	0	0	0	0	0	0	0
Actions et parts de fonds d'investissement	..	97	486	786	858	647	3 555	4 157
Actions	..	42	0	44	20	0	5	0
Parts de fonds d'investissement	..	55	486	742	838	647	3 550	4 157
Parts de fonds d'investissement monétaires	..	44	391	505	782	549	3 547	4 152
Parts de fonds d'investissement non monétaires	..	11	95	237	56	98	3	5
Systèmes d'assurance, de pensions et garanties standard	..	0	0	0	0	0	0	0
Produits financiers dérivés et options sur titres des salariés	..	368	171	1 047	821	28	25	53
Autres comptes à recevoir	..	5 269	1 651	4 264	5 350	3 894	2 264	2 821
Passifs financiers	..	346 369	322 716	289 002	305 900	224 286	198 793	223 764
Titres de dette	..	0	0	0	0	0	0	0
Titres de dette à court terme	..	0	0	0	0	0	0	0
Titres de dette à long terme	..	0	0	0	0	0	0	0
Crédits	..	4 932	1 011	809	957	67	594	533
Crédits à court terme	..	4 932	1 011	809	957	67	594	533
Crédits à long terme	..	0	0	0	0	0	0	0
Actions et parts de fonds d'investissement	..	328 388	317 849	283 252	298 168	220 251	194 787	214 284
Systèmes d'assurance, de pensions et garanties standard	..	0	0	0	0	0	0	0
Produits financiers dérivés et options sur titres des salariés	..	832	209	1 147	845	32	5	13
Autres comptes à payer	..	12 217	3 647	3 794	5 930	3 937	3 407	8 934
Actifs non financiers	..	0	0	0	0	0	0	0
Fonds d'investissement non monéaires								
Valeur nette financière	..	-7 851	-6 853	-11 742	-7 799	-7 776	-8 065	-10 760
Actifs financiers	..	1 395 358	1 686 793	2 126 357	2 055 249	2 426 656	2 723 014	3 283 971
Numéraire et dépôts	..	129 336	104 591	123 978	140 800	152 707	186 802	230 851
Titres de dette	..	496 297	601 908	759 126	781 366	1 008 202	1 056 760	1 276 240
Crédits	..	0	0	0	0	0	0	0
Actions et parts de fonds d'investissement	..	597 386	802 794	1 013 488	870 849	993 272	1 193 031	1 451 070
Actions	..	419 985	607 711	763 895	635 858	724 696	876 826	1 055 403
Parts de fonds d'investissement	..	177 401	195 083	249 593	234 991	268 576	316 205	395 668
Parts de fonds d'investissement monétaires	..	25 388	16 262	15 828	22 609	11 101	13 595	17 838
Parts de fonds d'investissement non monétaires	..	152 014	178 822	233 765	212 382	257 474	302 610	377 830
Systèmes d'assurance, de pensions et garanties standard	..	0	0	0	0	0	0	0
Produits financiers dérivés et options sur titres des salariés	..	99 070	115 914	161 807	191 347	190 798	203 752	233 424
Autres comptes à recevoir	..	73 269	61 587	67 957	70 887	81 678	82 669	92 385
Passifs financiers	..	1 403 209	1 693 647	2 138 099	2 063 048	2 434 432	2 731 079	3 294 731
Titres de dette	..	538	1 277	1 243	1 691	1 582	2 449	3 339
Titres de dette à court terme	..	0	0	0	0	0	0	0
Titres de dette à long terme	..	538	1 277	1 243	1 691	1 582	2 449	3 339
Crédits	..	41 262	21 066	24 949	26 787	30 050	47 848	60 221
Crédits à court terme	..	36 495	17 063	21 303	23 642	27 188	44 573	57 110
Crédits à long terme	..	4 767	4 004	3 646	3 145	2 861	3 275	3 111
Actions et parts de fonds d'investissement	..	1 232 391	1 545 291	1 932 269	1 808 277	2 177 262	2 432 465	2 915 953
Systèmes d'assurance, de pensions et garanties standard	..	0	0	0	0	0	0	0
Produits financiers dérivés et options sur titres des salariés	..	74 910	55 065	109 524	147 917	142 371	161 739	199 882
Autres comptes à payer	..	54 108	70 947	70 113	78 376	83 167	86 577	115 336
Actifs non financiers	..	7 851	6 853	11 742	7 799	7 776	8 065	10 760
Fonds d'investissement non monéaires à capital variable								
Valeur nette financière	..	-7 144	-6 528	-11 348	-7 691	-7 755	-8 037	-9 330
Actifs financiers	..	1 390 355	1 680 418	2 118 365	2 042 949	2 412 370	2 706 977	3 231 678

Tableau 2. Actifs financiers des fonds d'investissement *(suite)*

Millions EUR

	2007	2008	2009	2010	2011	2012	2013	2014
Numéraire et dépôts	..	128 462	103 527	122 783	138 057	149 686	184 463	224 550
Titres de dette	..	495 944	601 089	756 885	779 035	1 005 479	1 054 245	1 270 102
Crédits	..	0	0	0	0	0	0	0
Actions et parts de fonds d'investissement	..	594 218	799 449	1 009 521	864 252	985 877	1 183 723	1 415 052
Actions	..	417 899	604 824	760 666	630 959	719 214	870 545	1 038 128
Parts de fonds d'investissement	..	176 319	194 625	248 854	233 293	266 663	313 179	376 924
Parts de fonds d'investissement monétaires	..	25 285	16 161	15 549	22 537	11 032	13 594	17 830
Parts de fonds d'investissement non monétaires	..	151 034	178 464	233 305	210 756	255 631	299 585	359 094
Systèmes d'assurance, de pensions et garanties standard	..	0	0	0	0	0	0	0
Produits financiers dérivés et options sur titres des salariés	..	99 066	115 904	161 793	191 339	190 796	203 752	233 072
Autres comptes à recevoir	..	72 664	60 449	67 383	70 267	80 531	80 794	88 902
Passifs financiers	..	1 397 499	1 686 946	2 129 713	2 050 640	2 420 124	2 715 014	3 241 007
Titres de dette	..	538	1 277	1 243	1 691	1 582	2 449	3 318
Titres de dette à court terme	..	0	0	0	0	0	0	0
Titres de dette à long terme	..	538	1 277	1 243	1 691	1 582	2 449	3 318
Crédits	..	40 608	20 518	24 436	26 437	29 135	47 282	58 065
Crédits à court terme	..	36 435	16 933	21 265	23 598	27 129	44 535	55 645
Crédits à long terme	..	4 172	3 585	3 171	2 839	2 006	2 747	2 420
Actions et parts de fonds d'investissement	..	1 227 824	1 539 704	1 924 978	1 796 830	2 164 687	2 417 568	2 867 028
Systèmes d'assurance, de pensions et garanties standard	..	0	0	0	0	0	0	0
Produits financiers dérivés et options sur titres des salariés	..	74 891	55 027	109 469	147 887	142 352	161 739	199 857
Autres comptes à payer	..	53 638	70 421	69 587	77 795	82 368	85 976	112 740
Actifs non financiers	..	7 144	6 528	11 348	7 691	7 755	8 037	9 330
Fonds d'investissement à capital variable								
Valeur nette financière	..	-7 144	-6 528	-11 348	-7 691	-7 755	-8 037	-9 330
Actifs financiers	..	1 736 723	2 003 134	2 407 367	2 348 850	2 636 655	2 905 770	3 455 442
Numéraire et dépôts	..	237 842	158 551	180 318	213 507	201 772	228 067	258 921
Titres de dette	..	727 199	866 474	982 256	1 002 456	1 173 110	1 203 590	1 452 462
Crédits	..	0	0	0	0	0	0	0
Actions et parts de fonds d'investissement	..	594 315	799 935	1 010 306	865 111	986 524	1 187 279	1 419 210
Actions	..	417 942	604 824	760 710	630 980	719 214	870 550	1 038 128
Parts de fonds d'investissement	..	176 374	195 111	249 596	234 131	267 310	316 729	381 081
Parts de fonds d'investissement monétaires	..	25 329	16 552	16 055	23 319	11 581	17 140	21 982
Parts de fonds d'investissement non monétaires	..	151 045	178 559	233 542	210 812	255 729	299 589	359 099
Systèmes d'assurance, de pensions et garanties standard	..	0	0	0	0	0	0	0
Produits financiers dérivés et options sur titres des salariés	..	99 434	116 075	162 840	192 160	190 824	203 776	233 125
Autres comptes à recevoir	..	77 934	62 100	71 646	75 616	84 425	83 058	91 723
Passifs financiers	..	1 743 867	2 009 662	2 418 715	2 356 541	2 644 410	2 913 807	3 464 772
Titres de dette	..	538	1 277	1 243	1 691	1 582	2 449	3 318
Titres de dette à court terme	..	0	0	0	0	0	0	0
Titres de dette à long terme	..	538	1 277	1 243	1 691	1 582	2 449	3 318
Crédits	..	45 539	21 529	25 245	27 394	29 202	47 876	58 598
Crédits à court terme	..	41 367	17 944	22 074	24 555	27 196	45 129	56 178
Crédits à long terme	..	4 172	3 585	3 171	2 839	2 006	2 747	2 420
Actions et parts de fonds d'investissement	..	1 556 212	1 857 553	2 208 230	2 094 998	2 384 938	2 612 355	3 081 312
Systèmes d'assurance, de pensions et garanties standard	..	0	0	0	0	0	0	0
Produits financiers dérivés et options sur titres des salariés	..	75 723	55 236	110 616	148 732	142 383	161 744	199 869
Autres comptes à payer	..	65 855	74 068	73 381	83 726	86 305	89 383	121 675
Actifs non financiers	..	7 144	6 528	11 348	7 691	7 755	8 037	9 330

Note : Voir les métadonnées détaillées sur : http://metalinks.oecd.org/instinv/20160427/bbac

LUXEMBOURG

Tableau 3. Actifs financiers des sociétés d'assurance et fonds de pension

Millions EUR

	2007	2008	2009	2010	2011	2012	2013	2014
Sociétés d'assurance et fonds de pension								
Valeur nette financière	..	349	341	174	626	913	880	4 084
Actifs financiers	..	81 724	102 048	121 917	123 153	135 052	143 835	163 822
Numéraire et dépôts	..	8 086	9 457	9 385	10 830	11 748	12 210	13 160
Titres de dette	..	25 447	29 815	36 510	37 256	40 096	39 994	45 621
Crédits	..	1 884	1 504	1 625	1 786	2 076	1 739	2 028
Actions et parts de fonds d'investissement	..	36 706	47 335	56 215	55 832	62 269	67 364	76 821
Actions	..	7 021	11 331	12 557	12 653	12 925	14 308	14 406
Parts de fonds d'investissement	..	29 685	36 004	43 658	43 178	49 343	53 056	62 416
Parts de fonds d'investissement monétaires	..	5 802	5 123	4 283	5 500	3 968	3 087	3 520
Parts de fonds d'investissement non monétaires	..	23 883	30 881	39 375	37 679	45 375	49 969	58 896
Systèmes d'assurance, de pensions et garanties standard	..	8 469	12 928	16 982	16 312	17 514	21 250	24 987
Produits financiers dérivés et options sur titres des salariés	..	0	0	0	0	0	0	0
Autres comptes à recevoir	..	1 132	1 009	1 200	1 137	1 350	1 279	1 205
Passifs financiers	..	81 375	101 706	121 742	122 527	134 139	142 955	159 738
Titres de dette	..	9	8	4	6	6	3	3
Titres de dette à court terme	..	0	0	0	0	0	0	0
Titres de dette à long terme	..	9	8	4	6	6	3	3
Crédits	..	6 679	9 090	11 371	8 729	6 204	6 284	7 179
Crédits à court terme	..	6 653	9 028	11 300	8 655	6 152	6 231	7 117
Crédits à long terme	..	26	62	71	75	52	53	62
Actions et parts de fonds d'investissement	..	6 262	10 047	9 769	10 416	10 635	9 506	8 378
Systèmes d'assurance, de pensions et garanties standard	..	67 849	82 120	100 096	102 714	116 546	126 414	143 454
Produits financiers dérivés et options sur titres des salariés	..	0	0	0	0	0	0	0
Autres comptes à payer	..	577	440	503	662	748	747	724
Actifs non financiers	..	205	240	268	291	230	235	198
Sociétés d'assurance								
Valeur nette financière	..	348	341	174	626	913	880	4 084
Actifs financiers	..	81 334	101 204	121 020	122 184	133 963	142 654	162 648
Numéraire et dépôts	..	8 040	9 200	9 312	10 789	11 707	12 164	13 111
Titres de dette	..	25 388	29 623	36 057	36 752	39 554	39 419	45 014
Crédits	..	1 880	1 502	1 623	1 784	2 075	1 737	2 026
Actions et parts de fonds d'investissement	..	36 430	46 947	55 857	55 425	61 776	66 820	76 320
Actions	..	7 020	11 329	12 555	12 652	12 924	14 260	14 405
Parts de fonds d'investissement	..	29 410	35 618	43 302	42 772	48 852	52 560	61 915
Parts de fonds d'investissement monétaires	..	5 748	5 068	4 249	5 448	3 929	3 058	3 492
Parts de fonds d'investissement non monétaires	..	23 662	30 550	39 053	37 324	44 923	49 502	58 424
Systèmes d'assurance, de pensions et garanties standard	..	8 469	12 928	16 982	16 312	17 514	21 250	24 987
Produits financiers dérivés et options sur titres des salariés	..	0	0	0	0	0	0	0
Autres comptes à recevoir	..	1 127	1 004	1 190	1 122	1 338	1 264	1 190
Passifs financiers	..	80 986	100 863	120 846	121 558	133 050	141 775	158 564
Titres de dette	..	9	8	4	6	6	3	3
Titres de dette à court terme	..	0	0	0	0	0	0	0
Titres de dette à long terme	..	9	8	4	6	6	3	3
Crédits	..	6 679	9 090	11 371	8 729	6 204	6 284	7 179
Crédits à court terme	..	6 653	9 028	11 300	8 655	6 152	6 231	7 117
Crédits à long terme	..	26	62	71	75	52	53	62
Actions et parts de fonds d'investissement	..	6 262	10 047	9 769	10 416	10 635	9 506	8 378
Systèmes d'assurance, de pensions et garanties standard	..	67 465	81 279	99 205	101 753	115 462	125 241	142 285
Produits financiers dérivés et options sur titres des salariés	..	0	0	0	0	0	0	0
Autres comptes à payer	..	571	437	498	654	743	740	719
Actifs non financiers	..	205	240	268	291	230	235	198
Fonds de pension								
Valeur nette financière	..	1	0	0	0	0	0	0
Actifs financiers	..	390	844	896	969	1 089	1 181	1 174
Numéraire et dépôts	..	47	256	73	41	41	46	49
Titres de dette	..	58	193	453	503	542	575	608
Crédits	..	4	2	2	2	1	1	1
Actions et parts de fonds d'investissement	..	276	388	359	407	493	544	501
Actions	..	1	2	2	1	2	48	1
Parts de fonds d'investissement	..	275	386	356	406	491	496	501
Parts de fonds d'investissement monétaires	..	54	55	35	52	40	29	28
Parts de fonds d'investissement non monétaires	..	221	331	321	355	452	467	472
Systèmes d'assurance, de pensions et garanties standard	..	0	0	0	0	0	0	0
Produits financiers dérivés et options sur titres des salariés	..	0	0	0	0	0	0	0
Autres comptes à recevoir	..	5	5	11	16	12	15	15
Passifs financiers	..	390	843	896	968	1 089	1 180	1 174
Titres de dette	..	0	0	0	0	0	0	0
Titres de dette à court terme	..	0	0	0	0	0	0	0
Titres de dette à long terme	..	0	0	0	0	0	0	0
Crédits	..	0	0	0	0	0	0	0
Crédits à court terme	..	0	0	0	0	0	0	0
Crédits à long terme	..	0	0	0	0	0	0	0
Actions et parts de fonds d'investissement	..	0	0	0	0	0	0	0
Systèmes d'assurance, de pensions et garanties standard	..	384	841	891	961	1 084	1 173	1 169
Produits financiers dérivés et options sur titres des salariés	..	0	0	0	0	0	0	0
Autres comptes à payer	..	5	2	5	8	5	7	5
Actifs non financiers	..	0	0	0	0	0	0	0

Note : Voir les métadonnées détaillées sur : http://metalinks.oecd.org/instinv/20160427/bbac

Tableau 4. Composition du portefeuille par type d'investisseur

En pourcentage des actifs financiers et des passifs financiers

Pour cent

	2007	2008	2009	2010	2011	2012	2013	2014
Fonds d'investissement								
Actifs financiers	..	100.0	100.0	100.0	100.0	100.0	100.0	100.0
Numéraire et dépôts	..	13.7	7.9	7.5	9.2	7.7	7.9	7.6
Titres de dettes	..	41.8	43.2	40.8	42.6	44.4	41.3	41.6
Crédits	..	0.0	0.0	0.0	0.0	0.0	0.0	0.0
Actions et parts de fonds d'investissement	..	34.3	40.0	42.0	36.9	37.5	41.0	41.5
Systèmes d'assurance de pensions et garanties standard	..	0.0	0.0	0.0	0.0	0.0	0.0	0.0
Produits financiers dérivés et options sur titres des salariés	..	5.7	5.8	6.7	8.1	7.2	7.0	6.7
Autres comptes à recevoir	..	4.5	3.1	3.0	3.2	3.2	2.9	2.7
Passifs financiers	..	100.0	100.0	100.0	100.0	100.0	100.0	100.0
Numéraire et dépôts	..	0.0	0.0	0.0	0.0	0.0	0.0	0.0
Titres de dettes	..	0.0	0.1	0.1	0.1	0.1	0.1	0.1
Crédits	..	2.6	1.1	1.1	1.2	1.1	1.7	1.7
Actions et parts de fonds d'investissement	..	89.2	92.4	91.3	88.9	90.2	89.7	89.0
Systèmes d'assurance de pensions et garanties standard	..	0.0	0.0	0.0	0.0	0.0	0.0	0.0
Produits financiers dérivés et options sur titres des salariés	..	4.3	2.7	4.6	6.3	5.4	5.5	5.7
Autres comptes à recevoir	..	3.8	3.7	3.0	3.6	3.3	3.1	3.5
Sociétés d'assurance								
Actifs financiers	..	100.0	100.0	100.0	100.0	100.0	100.0	100.0
Numéraire et dépôts	..	9.9	9.1	7.7	8.8	8.7	8.5	8.1
Titres de dettes	..	31.2	29.3	29.8	30.1	29.5	27.6	27.7
Crédits	..	2.3	1.5	1.3	1.5	1.5	1.2	1.2
Actions et parts de fonds d'investissement	..	44.8	46.4	46.2	45.4	46.1	46.8	46.9
Systèmes d'assurance de pensions et garanties standard	..	10.4	12.8	14.0	13.4	13.1	14.9	15.4
Produits financiers dérivés et options sur titres des salariés	..	0.0	0.0	0.0	0.0	0.0	0.0	0.0
Autres comptes à recevoir	..	1.4	1.0	1.0	0.9	1.0	0.9	0.7
Passifs financiers	..	100.0	100.0	100.0	100.0	100.0	100.0	100.0
Numéraire et dépôts	..	0.0	0.0	0.0	0.0	0.0	0.0	0.0
Titres de dettes	..	0.0	0.0	0.0	0.0	0.0	0.0	0.0
Crédits	..	8.2	9.0	9.4	7.2	4.7	4.4	4.5
Actions et parts de fonds d'investissement	..	7.7	10.0	8.1	8.6	8.0	6.7	5.3
Systèmes d'assurance de pensions et garanties standard	..	83.3	80.6	82.1	83.7	86.8	88.3	89.7
Produits financiers dérivés et options sur titres des salariés	..	0.0	0.0	0.0	0.0	0.0	0.0	0.0
Autres comptes à recevoir	..	0.7	0.4	0.4	0.5	0.6	0.5	0.5
Fonds de pension								
Actifs financiers	..	100.0	100.0	100.0	100.0	100.0	100.0	100.0
Numéraire et dépôts	..	12.0	30.4	8.1	4.2	3.8	3.9	4.2
Titres de dettes	..	14.9	22.8	50.5	52.0	49.8	48.7	51.7
Crédits	..	1.0	0.2	0.2	0.2	0.1	0.1	0.1
Actions et parts de fonds d'investissement	..	70.7	46.0	40.0	42.0	45.3	46.1	42.7
Systèmes d'assurance de pensions et garanties standard	..	0.0	0.0	0.0	0.0	0.0	0.0	0.0
Produits financiers dérivés et options sur titres des salariés	..	0.0	0.0	0.0	0.0	0.0	0.0	0.0
Autres comptes à recevoir	..	1.3	0.6	1.2	1.6	1.1	1.3	1.3
Passifs financiers	..	100.0	100.0	100.0	100.0	100.0	100.0	100.0
Numéraire et dépôts	..	0.0	0.0	0.0	0.0	0.0	0.0	0.0
Titres de dettes	..	0.0	0.0	0.0	0.0	0.0	0.0	0.0
Crédits	..	0.0	0.0	0.0	0.0	0.0	0.0	0.0
Actions et parts de fonds d'investissement	..	0.0	0.0	0.0	0.0	0.0	0.0	0.0
Systèmes d'assurance de pensions et garanties standard	..	98.6	99.7	99.5	99.2	99.5	99.4	99.6
Produits financiers dérivés et options sur titres des salariés	..	0.0	0.0	0.0	0.0	0.0	0.0	0.0
Autres comptes à recevoir	..	1.4	0.3	0.5	0.8	0.5	0.6	0.4

Note : Voir les métadonnées détaillées sur : http://metalinks.oecd.org/instinv/20160427/2c5e

MEXIQUE

Tableau 1. Actifs financiers des investisseurs institutionnels, 2014

Millions MXN

		Fonds d'investissement				
		Total	Fonds d'investissement non-monétaire			Fonds d'investissement monétaires
			Total	Fonds d'investissement à capital variable, non monétaire	Fonds d'investissement à capital fixe, non monétaire	Total
2	Actifs financiers	..	..	..	..	..
2.1	Numéraire et dépôts	..	..	..	..	..
2.2	Titres de dette	..	..	..	..	..
2.2.1	Titres de dette à court terme	..	..	..	..	..
2.2.2	Titres de dette à long terme	..	..	..	..	..
2.2.3	Titres de dette émis par les résidents	..	..	..	..	..
2.2.4	Titres de dette émis par les non-résidents	..	..	..	..	..
2.3	Crédits	..	..	..	..	..
2.3.1	Crédits à court terme	..	..	..	..	..
2.3.2	Crédits à long terme	..	..	..	..	..
2.3.3	Crédits accordés aux résidents	..	..	..	..	..
2.3.4	Crédits accordés aux non-résidents	..	..	..	..	..
2.4	Actions et parts de fonds d'investissement	..	..	..	..	..
2.4.1	Actions et parts de fonds d'investissements émises par les résidents	..	..	..	..	..
2.4.2	Actions et part de fonds d'investissements émises par les non-résidents	..	..	..	..	..
2.5	Autres comptes à recevoir	..	..	..	..	..

		Fonds d'investissement				
		Total	Fonds d'investissement non-monétaire			Fonds d'investissement monétaires
			Total	Fonds d'investissement à capital variable, non monétaire	Fonds d'investissement à capital fixe, non monétaire	Total
2	Pasifs financiers	..	..	..	..	..
2.1	Numéraire et dépôts	..	..	..	..	..
2.2	Titres de dette	..	..	..	..	..
2.2.1	Titres de dette à court terme	..	..	..	..	..
2.2.2	Titres de dette à long terme	..	..	..	..	..
2.3	Crédits	..	..	..	..	..
2.3.1	Crédits à court terme	..	..	..	..	..
2.3.2	Crédits à long terme	..	..	..	..	..
2.4	Actions et parts de fonds d'investissement	..	..	..	..	..
2.5	Systèmes d'assurance, de pensions et garanties standard	..	..	..	..	..
2.5	Produits financiers dérivés et options sur titres des salariés	..	..	..	..	..
2.8	Autres comptes à payer	..	..	..	..	..

		Sociétés d'assurance et fonds de pension autonomes				
		Total	Sociétés d'assurance			Fonds de pension autonomes
			Total	Sociétés d'assurance vie	Sociétés d'assurance non-vie	Total
2	Actifs financiers	834 222	607 409	..	..	226 813
2.1	Numéraire et dépôts	3 507	3 443	..	..	64
2.2	Titres de dette	644 327	428 056	..	..	216 270
2.2.1	Titres de dette à court terme	..	..	..	..	..
2.2.2	Titres de dette à long terme	..	..	..	..	..
2.2.3	Titres de dette émis par les résidents	633 057	418 508	..	..	214 550
2.2.4	Titres de dette émis par les non-résidents	11 269	9 549	..	..	1 720
2.3	Crédits	25 910	23 718	..	..	2 193
2.3.1	Crédits à court terme	..	..	..	..	..
2.3.2	Crédits à long terme	..	..	..	..	..
2.3.3	Crédits accordés aux résidents	..	..	..	..	..
2.3.4	Crédits accordés aux non-résidents	..	..	..	..	..
2.4	Actions et parts de fonds d'investissement	115 627	115 562	..	..	65
2.4.1	Actions et parts de fonds d'investissement émises par les résidents	109 362	109 297	..	..	65
2.4.2	Actions et parts de fonds d'investissement émises par les non-résidents	6 264	6 264	..	..	..
2.5	Autrescomptes à recevoir	44 672	36 451	..	..	8 221

		Sociétés d'assurance et fonds de pension autonomes				
		Total	Sociétés d'assurance			Fonds de pension autonomes
			Total	Sociétés d'assurance vie	Sociétés d'assurance non-vie	Total
2	Pasifs financiers	7 013	7 013	..	..	..
2.1	Numéraire et dépôts	..	..	..	..	..
2.2	Titres de dette	..	..	..	..	..
2.2.1	Titres de dette à court terme	..	..	..	..	..
2.2.2	Titres de dette à long terme	..	..	..	..	..
2.3	Crédits	..	..	..	..	..
2.3.1	Crédits à court terme	..	..	..	..	..
2.3.2	Crédits à long terme	..	..	..	..	..
2.4	Actions et parts de fonds d'investissement	..	..	..	..	..
2.5	Systèmes d'assurance, de pensions et garanties standard	7 013	7 013	..	..	..
2.5	Produits financiers dérivés et options sur titres des salariés	..	..	..	..	..
2.8	Autres comptes à payer	..	..	..	..	..

Note : Voir les métadonnées détaillées sur : http://metalinks.oecd.org/instinv/20160427/0c9f

MEXIQUE

Tableau 3. Actifs financiers des sociétés d'assurance et fonds de pension

Millions MXN

	2007	2008	2009	2010	2011	2012	2013	2014
Sociétés d'assurance et fonds de pension								
Valeur nette financière	..	..	..	..	..	..	..	827 209
Actifs financiers	..	..	..	..	..	..	..	834 222
Numéraire et dépôts	..	..	..	..	..	..	..	3 507
Titres de dette	..	..	..	..	..	..	..	644 327
Crédits	..	..	..	..	..	..	..	25 910
Actions et parts de fonds d'investissement	..	..	..	..	..	..	..	115 627
Actions	..	..	..	..	..	..	..	20 343
Parts de fonds d'investissement	..	..	..	..	..	..	..	95 284
Parts de fonds d'investissement monétaires	..	..	..	..	..	..	..	..
Parts de fonds d'investissement non monétaires	..	..	..	..	..	..	..	..
Systèmes d'assurance, de pensions et garanties standard	..	..	..	..	..	..	..	..
Produits financiers dérivés et options sur titres des salariés	..	..	..	..	..	..	..	180
Autres comptes à recevoir	..	..	..	..	..	..	..	44 672
Passifs financiers	..	..	..	..	..	..	..	7 013
Titres de dette	..	..	..	..	..	..	..	..
Titres de dette à court terme	..	..	..	..	..	..	..	..
Titres de dette à long terme	..	..	..	..	..	..	..	..
Crédits	..	..	..	..	..	..	..	..
Crédits à court terme	..	..	..	..	..	..	..	..
Crédits à long terme	..	..	..	..	..	..	..	..
Actions et parts de fonds d'investissement	..	..	..	..	..	..	..	..
Systèmes d'assurance, de pensions et garanties standard	..	..	..	..	..	..	..	7 013
Produits financiers dérivés et options sur titres des salariés	..	..	..	..	..	..	..	..
Autres comptes à payer	..	..	..	..	..	..	..	..
Actifs non financiers	..	..	..	..	..	..	..	233 439
Sociétés d'assurance								
Valeur nette financière	..	..	..	..	..	..	..	600 396
Actifs financiers	..	..	..	..	..	..	..	607 409
Numéraire et dépôts	..	..	..	..	..	..	..	3 443
Titres de dette	..	..	..	..	..	..	..	428 056
Crédits	..	..	..	..	..	..	..	23 718
Actions et parts de fonds d'investissement	..	..	..	..	..	..	..	115 562
Actions	..	..	..	..	..	..	..	20 277
Parts de fonds d'investissement	..	..	..	..	..	..	..	95 284
Parts de fonds d'investissement monétaires	..	..	..	..	..	..	..	..
Parts de fonds d'investissement non monétaires	..	..	..	..	..	..	..	..
Systèmes d'assurance, de pensions et garanties standard	..	..	..	..	..	..	..	..
Produits financiers dérivés et options sur titres des salariés	..	..	..	..	..	..	..	180
Autres comptes à recevoir	..	..	..	..	..	..	..	36 451
Passifs financiers	..	..	..	..	..	..	..	7 013
Titres de dette	..	..	..	..	..	..	..	..
Titres de dette à court terme	..	..	..	..	..	..	..	..
Titres de dette à long terme	..	..	..	..	..	..	..	..
Crédits	..	..	..	..	..	..	..	..
Crédits à court terme	..	..	..	..	..	..	..	..
Crédits à long terme	..	..	..	..	..	..	..	..
Actions et parts de fonds d'investissement	..	..	..	..	..	..	..	..
Systèmes d'assurance, de pensions et garanties standard	..	..	..	..	..	..	..	7 013
Produits financiers dérivés et options sur titres des salariés	..	..	..	..	..	..	..	..
Autres comptes à payer	..	..	..	..	..	..	..	..
Actifs non financiers	..	..	..	..	..	..	..	230 811
Fonds de pension								
Valeur nette financière	..	..	..	..	..	..	..	226 813
Actifs financiers	..	..	..	..	..	..	..	226 813
Numéraire et dépôts	..	..	..	..	..	..	..	64
Titres de dette	..	..	..	..	..	..	..	216 270
Crédits	..	..	..	..	..	..	..	2 193
Actions et parts de fonds d'investissement	..	..	..	..	..	..	..	65
Actions	..	..	..	..	..	..	..	65
Parts de fonds d'investissement	..	..	..	..	..	..	..	0
Parts de fonds d'investissement monétaires	..	..	..	..	..	..	..	..
Parts de fonds d'investissement non monétaires	..	..	..	..	..	..	..	..
Systèmes d'assurance, de pensions et garanties standard	..	..	..	..	..	..	..	..
Produits financiers dérivés et options sur titres des salariés	..	..	..	..	..	..	..	..
Autres comptes à recevoir	..	..	..	..	..	..	..	8 221
Passifs financiers	..	..	..	..	..	..	..	..
Titres de dette	..	..	..	..	..	..	..	..
Titres de dette à court terme	..	..	..	..	..	..	..	..
Titres de dette à long terme	..	..	..	..	..	..	..	..
Crédits	..	..	..	..	..	..	..	..
Crédits à court terme	..	..	..	..	..	..	..	..
Crédits à long terme	..	..	..	..	..	..	..	..
Actions et parts de fonds d'investissement	..	..	..	..	..	..	..	..
Systèmes d'assurance, de pensions et garanties standard	..	..	..	..	..	..	..	..
Produits financiers dérivés et options sur titres des salariés	..	..	..	..	..	..	..	..
Autres comptes à payer	..	..	..	..	..	..	..	..
Actifs non financiers	..	..	..	..	..	..	..	2 628

Note : Voir les métadonnées détaillées sur : http://metalinks.oecd.org/instinv/20160427/0c9f

Tableau 4. Composition du portefeuille par type d'investisseur

En pourcentage des actifs financiers et des passifs financiers

Pour cent

	2007	2008	2009	2010	2011	2012	2013	2014
Fonds d'investissement								
Actifs financiers	..	..	..	..	..	..	..	..
Numéraire et dépôts	..	..	..	..	..	..	..	..
Titres de dettes	..	..	..	..	..	..	..	..
Crédits	..	..	..	..	..	..	..	..
Actions et parts de fonds d'investissement	..	..	..	..	..	..	..	..
Systèmes d'assurance de pensions et garanties standard	..	..	..	..	..	..	..	..
Produits financiers dérivés et options sur titres des salariés	..	..	..	..	..	..	..	..
Autres comptes à recevoir	..	..	..	..	..	..	..	..
Passifs financiers	..	..	..	..	..	..	..	..
Numéraire et dépôts	..	..	..	..	..	..	..	..
Titres de dettes	..	..	..	..	..	..	..	..
Crédits	..	..	..	..	..	..	..	..
Actions et parts de fonds d'investissement	..	..	..	..	..	..	..	..
Systèmes d'assurance de pensions et garanties standard	..	..	..	..	..	..	..	..
Produits financiers dérivés et options sur titres des salariés	..	..	..	..	..	..	..	..
Autres comptes à recevoir	..	..	..	..	..	..	..	..
Sociétés d'assurance								
Actifs financiers	..	..	..	..	..	..	..	100.0
Numéraire et dépôts	..	..	..	..	..	..	..	0.6
Titres de dettes	..	..	..	..	..	..	..	70.5
Crédits	..	..	..	..	..	..	..	3.9
Actions et parts de fonds d'investissement	..	..	..	..	..	..	..	19.0
Systèmes d'assurance de pensions et garanties standard	..	..	..	..	..	..	..	0.0
Produits financiers dérivés et options sur titres des salariés	..	..	..	..	..	..	..	0.0
Autres comptes à recevoir	..	..	..	..	..	..	..	6.0
Passifs financiers	..	..	..	..	..	..	..	100.0
Numéraire et dépôts	..	..	..	..	..	..	..	0.0
Titres de dettes	..	..	..	..	..	..	..	0.0
Crédits	..	..	..	..	..	..	..	0.0
Actions et parts de fonds d'investissement	..	..	..	..	..	..	..	0.0
Systèmes d'assurance de pensions et garanties standard	..	..	..	..	..	..	..	100.0
Produits financiers dérivés et options sur titres des salariés	..	..	..	..	..	..	..	0.0
Autres comptes à recevoir	..	..	..	..	..	..	..	0.0
Fonds de pension								
Actifs financiers	..	..	..	..	..	..	..	100.0
Numéraire et dépôts	..	..	..	..	..	..	..	0.0
Titres de dettes	..	..	..	..	..	..	..	95.4
Crédits	..	..	..	..	..	..	..	1.0
Actions et parts de fonds d'investissement	..	..	..	..	..	..	..	0.0
Systèmes d'assurance de pensions et garanties standard	..	..	..	..	..	..	..	0.0
Produits financiers dérivés et options sur titres des salariés	..	..	..	..	..	..	..	0.0
Autres comptes à recevoir	..	..	..	..	..	..	..	3.6
Passifs financiers	..	..	..	..	..	..	..	..
Numéraire et dépôts	..	..	..	..	..	..	..	..
Titres de dettes	..	..	..	..	..	..	..	..
Crédits	..	..	..	..	..	..	..	..
Actions et parts de fonds d'investissement	..	..	..	..	..	..	..	..
Systèmes d'assurance de pensions et garanties standard	..	..	..	..	..	..	..	..
Produits financiers dérivés et options sur titres des salariés	..	..	..	..	..	..	..	..
Autres comptes à recevoir	..	..	..	..	..	..	..	..

Note : Voir les métadonnées détaillées sur : http://metalinks.oecd.org/instinv/20160427/2c5e

Tableau 1. Actifs financiers des investisseurs institutionnels, 2014

Millions EUR (1999 NLD euro)

		Total	Fonds d'investissement			
			Fonds d'investissement non-monétaire			Fonds d'investissement monétaires
			Total	Fonds d'investissement à capital variable, non monétaire	Fonds d'investissement à capital fixe, non monétaire	Total
2	Actifs financiers	..	701 956	..	..	..
2.1	Numéraire et dépôts	..	13 695	..	..	..
2.2	Titres de dette	..	228 002	..	..	..
2.2.1	Titres de dette à court terme	..	403	..	..	..
2.2.2	Titres de dette à long terme	..	227 599	..	..	..
2.2.3	Titres de dette émis par les résidents	..	20 923	..	..	..
2.2.4	Titres de dette émis par les non-résidents	..	207 079	..	..	..
2.3	Crédits	..	45 784	..	..	..
2.3.1	Crédits à court terme	..	27 738	..	..	..
2.3.2	Crédits à long terme	..	18 046	..	..	..
2.3.3	Crédits accordés aux résidents	..	34 301	..	..	0
2.3.4	Crédits accordés aux non-résidents	..	11 483	..	..	0
2.4	Actions et parts de fonds d'investissement	..	402 151	..	..	..
2.4.1	Actions et parts de fonds d'investissements émises par les résidents	..	43 534	..	..	0
2.4.2	Actions et part de fonds d'investissements émises par les non-résidents	..	358 617	..	..	0
2.5	Autres comptes à recevoir	..	11 663	..	..	..

		Total	Fonds d'investissement			
			Fonds d'investissement non-monétaire			Fonds d'investissement monétaires
			Total	Fonds d'investissement à capital variable, non monétaire	Fonds d'investissement à capital fixe, non monétaire	Total
2	Pasifs financiers	..	732 650	..	..	..
2.1	Numéraire et dépôts	..	..	..	..	..
2.2	Titres de dette	..	2 580	..	..	..
2.2.1	Titres de dette à court terme	..	398	..	..	..
2.2.2	Titres de dette à long terme	..	2 182	..	..	..
2.3	Crédits	..	18 928	..	..	..
2.3.1	Crédits à court terme	..	10 086	..	..	..
2.3.2	Crédits à long terme	..	8 842	..	..	..
2.4	Actions et parts de fonds d'investissement	..	699 774	..	..	..
2.5	Systèmes d'assurance, de pensions et garanties standard	..	..	..	..	..
2.5	Produits financiers dérivés et options sur titres des salariés	..	335	..	..	..
2.8	Autres comptes à payer	..	11 033	..	..	..

		Total	Sociétés d'assurance et fonds de pension autonomes			
			Sociétés d'assurance			Fonds de pension autonomes
			Total	Sociétés d'assurance vie	Sociétés d'assurance non-vie	Total
2	Actifs financiers	1 706 937	483 448	..	..	1 223 489
2.1	Numéraire et dépôts	22 585	12 701	..	..	9 884
2.2	Titres de dette	500 748	202 877	..	..	297 871
2.2.1	Titres de dette à court terme	6 685	4 525	..	..	2 160
2.2.2	Titres de dette à long terme	494 063	198 352	..	..	295 711
2.2.3	Titres de dette émis par les résidents	..	57 276	..	..	65 244
2.2.4	Titres de dette émis par les non-résidents	378 228	145 601	..	..	232 627
2.3	Crédits	108 133	72 376	..	..	35 757
2.3.1	Crédits à court terme	24 567	6 212	..	..	18 355
2.3.2	Crédits à long terme	83 566	66 164	..	..	17 402
2.3.3	Crédits accordés aux résidents	..	68 060	..	..	33 914
2.3.4	Crédits accordés aux non-résidents	6 159	4 316	..	..	1 843
2.4	Actions et parts de fonds d'investissement	917 455	118 485	..	..	798 970
2.4.1	Actions et parts de fonds d'investissement émises par les résidents	..	97 053	..	..	571 209
2.4.2	Actions et parts de fonds d'investissement émises par les non-résidents	249 193	21 432	..	..	227 761
2.5	Autrescomptes à recevoir	45 211	39 171	..	..	6 040

		Total	Sociétés d'assurance et fonds de pension autonomes			
			Sociétés d'assurance			Fonds de pension autonomes
			Total	Sociétés d'assurance vie	Sociétés d'assurance non-vie	Total
2	Pasifs financiers	1 682 731	508 037	..	..	1 174 694
2.1	Numéraire et dépôts	..	..	..	..	..
2.2	Titres de dette	847	847	..	..	0
2.2.1	Titres de dette à court terme	0	0	..	..	0
2.2.2	Titres de dette à long terme	847	847	..	..	0
2.3	Crédits	45 231	24 631	..	..	20 600
2.3.1	Crédits à court terme	32 660	13 590	..	..	19 070
2.3.2	Crédits à long terme	12 571	11 041	..	..	1 530
2.4	Actions et parts de fonds d'investissement	57 658	57 658	..	..	0
2.5	Systèmes d'assurance, de pensions et garanties standard	1 499 428	384 993	..	..	1 114 435
2.5	Produits financiers dérivés et options sur titres des salariés	781	384	..	..	397
2.8	Autres comptes à payer	78 786	39 524	..	..	39 262

Note : Voir les métadonnées détaillées sur : http://metalinks.oecd.org/instinv/20160427/0c9f

PAYS-BAS

Tableau 2. Actifs financiers des fonds d'investissement

Millions EUR

	2007	2008	2009	2010	2011	2012	2013	2014
Fonds d'investissement								
Valeur nette financière	..	..	..	..	..	..	..	..
Actifs financiers	..	..	..	..	..	..	..	..
Numéraire et dépôts	..	..	..	..	..	..	..	..
Titres de dette	..	..	..	..	..	..	..	..
Crédits	..	..	..	..	..	..	..	..
Actions et parts de fonds d'investissement	..	..	..	..	..	..	..	..
Actions	..	..	..	..	..	..	..	..
Parts de fonds d'investissement	..	..	..	..	..	..	..	..
Parts de fonds d'investissement monétaires	..	..	..	..	..	..	..	..
Parts de fonds d'investissement non monétaires	..	..	..	..	..	..	..	..
Systèmes d'assurance, de pensions et garanties standard	..	..	..	..	..	..	..	..
Produits financiers dérivés et options sur titres des salariés	..	..	..	..	..	..	..	..
Autres comptes à recevoir	..	..	..	..	..	..	..	..
Passifs financiers	..	..	..	..	..	..	..	..
Titres de dette	..	..	..	..	..	..	..	..
Titres de dette à court terme	..	..	..	..	..	..	..	..
Titres de dette à long terme	..	..	..	..	..	..	..	..
Crédits	..	..	..	..	..	..	..	..
Crédits à court terme	..	..	..	..	..	..	..	..
Crédits à long terme	..	..	..	..	..	..	..	..
Actions et parts de fonds d'investissement	..	..	..	..	..	..	..	..
Systèmes d'assurance, de pensions et garanties standard	..	..	..	..	..	..	..	..
Produits financiers dérivés et options sur titres des salariés	..	..	..	..	..	..	..	..
Autres comptes à payer	..	..	..	..	..	..	..	..
Actifs non financiers	..	..	..	..	..	..	..	27 742
Fonds d'investissement monéaires								
Valeur nette financière	..	..	..	..	..	..	..	..
Actifs financiers	..	..	..	..	..	..	..	..
Numéraire et dépôts	..	..	..	..	..	..	..	..
Titres de dette	..	..	..	..	..	..	..	..
Crédits	..	..	..	..	..	..	..	..
Actions et parts de fonds d'investissement	..	..	..	..	..	..	..	..
Actions	0	0	0	0	0	0	0	0
Parts de fonds d'investissement	0	0	0	0	0	0	0	0
Parts de fonds d'investissement monétaires	0	0	0	0	0	0	0	0
Parts de fonds d'investissement non monétaires	0	0	0	0	0	0	0	0
Systèmes d'assurance, de pensions et garanties standard	..	..	..	..	..	..	..	..
Produits financiers dérivés et options sur titres des salariés	..	..	..	..	..	..	..	..
Autres comptes à recevoir	..	..	..	..	..	..	..	..
Passifs financiers	..	..	..	..	..	..	..	..
Titres de dette	..	..	..	..	..	..	..	..
Titres de dette à court terme	..	..	..	..	..	..	..	..
Titres de dette à long terme	..	..	..	..	..	..	..	..
Crédits	..	..	..	..	..	..	..	..
Crédits à court terme	..	..	..	..	..	..	..	..
Crédits à long terme	..	..	..	..	..	..	..	..
Actions et parts de fonds d'investissement	..	..	..	..	..	..	..	..
Systèmes d'assurance, de pensions et garanties standard	..	..	..	..	..	..	..	..
Produits financiers dérivés et options sur titres des salariés	..	..	..	..	..	..	..	..
Autres comptes à payer	..	..	..	..	..	..	..	..
Actifs non financiers	..	..	..	..	..	..	..	..
Fonds d'investissement non monéaires								
Valeur nette financière	-6 525	-7 815	-10 848	-25 547	-31 189	-30 866	-31 228	-30 694
Actifs financiers	86 632	180 909	439 545	464 955	475 829	549 293	608 125	701 956
Numéraire et dépôts	2 619	5 920	14 452	11 417	9 058	10 080	9 748	13 695
Titres de dette	12 382	63 059	153 366	153 722	167 495	194 861	207 505	228 002
Crédits	7 695	15 130	39 429	29 281	29 957	36 894	44 088	45 784
Actions et parts de fonds d'investissement	59 226	92 053	224 558	261 212	262 917	300 115	330 112	402 151
Actions	39 189	52 819	175 810	191 997	193 254	227 554	252 883	304 822
Parts de fonds d'investissement	20 037	39 234	48 748	69 215	69 663	72 561	77 229	97 329
Parts de fonds d'investissement monétaires	..	521	530	359	528	626	588	2 455
Parts de fonds d'investissement non monétaires	..	38 713	48 218	68 856	69 135	71 935	76 641	94 874
Systèmes d'assurance, de pensions et garanties standard	0	0	0	0	0	0	0	0
Produits financiers dérivés et options sur titres des salariés	642	1 550	-859	-530	-243	2 466	722	661
Autres comptes à recevoir	4 068	3 197	8 599	9 853	6 645	4 877	15 950	11 663
Passifs financiers	93 157	188 724	450 393	490 502	507 018	580 159	639 353	732 650
Titres de dette	193	164	524	1 537	1 296	1 369	1 970	2 580
Titres de dette à court terme	0	0	0	0	0	0	131	398
Titres de dette à long terme	193	164	524	1 537	1 296	1 369	1 839	2 182
Crédits	7 958	9 991	40 110	20 388	17 726	17 631	12 948	18 928
Crédits à court terme	1 329	1 808	28 954	7 872	6 935	7 301	3 096	10 086
Crédits à long terme	6 629	8 183	11 156	12 516	10 791	10 330	9 852	8 842
Actions et parts de fonds d'investissement	81 793	176 448	405 082	456 902	484 674	556 061	609 119	699 774
Systèmes d'assurance, de pensions et garanties standard	..	..	..	..	..	..	..	..
Produits financiers dérivés et options sur titres des salariés	0	40	13	219	173	275	223	335
Autres comptes à payer	3 213	2 081	4 664	11 456	3 149	4 823	15 093	11 033
Actifs non financiers	7 308	25 719	24 197	30 307	31 088	30 374	29 101	27 742
Fonds d'investissement non monéaires à capital variable								
Valeur nette financière	..	..	..	..	..	..	..	..
Actifs financiers	..	..	..	..	..	..	..	..

Tableau 2. Actifs financiers des fonds d'investissement (*suite*)

Millions EUR

	2007	2008	2009	2010	2011	2012	2013	2014
Numéraire et dépôts	..	..	..	..	..	..	..	..
Titres de dette	..	..	..	..	..	..	..	..
Crédits	..	..	..	..	..	..	..	..
Actions et parts de fonds d'investissement	..	..	..	..	..	..	..	..
Actions	..	..	..	..	..	..	..	..
Parts de fonds d'investissement	..	..	..	..	..	..	..	..
Parts de fonds d'investissement monétaires	..	..	..	..	..	..	..	..
Parts de fonds d'investissement non monétaires	..	..	..	..	..	..	..	..
Systèmes d'assurance, de pensions et garanties standard	..	..	..	..	..	..	..	..
Produits financiers dérivés et options sur titres des salariés	..	..	..	..	..	..	..	..
Autres comptes à recevoir	..	..	..	..	..	..	..	..
Passifs financiers								
Titres de dette	..	..	..	..	..	..	..	..
Titres de dette à court terme	..	..	..	..	..	..	..	..
Titres de dette à long terme	..	..	..	..	..	..	..	..
Crédits	..	..	..	..	..	..	..	..
Crédits à court terme	..	..	..	..	..	..	..	..
Crédits à long terme	..	..	..	..	..	..	..	..
Actions et parts de fonds d'investissement	..	..	..	..	..	..	..	..
Systèmes d'assurance, de pensions et garanties standard	..	..	..	..	..	..	..	..
Produits financiers dérivés et options sur titres des salariés	..	..	..	..	..	..	..	..
Autres comptes à payer	..	..	..	..	..	..	..	..
Actifs non financiers	..	..	..	..	..	..	..	..
Fonds d'investissement à capital variable								
Valeur nette financière	..	..	..	..	..	..	..	..
Actifs financiers	..	..	..	..	..	..	..	..
Numéraire et dépôts	..	..	..	..	..	..	..	..
Titres de dette	..	..	..	..	..	..	..	..
Crédits	..	..	..	..	..	..	..	..
Actions et parts de fonds d'investissement	..	..	..	..	..	..	..	..
Actions	..	..	..	..	..	..	..	..
Parts de fonds d'investissement	..	..	..	..	..	..	..	..
Parts de fonds d'investissement monétaires	..	..	..	..	..	..	..	..
Parts de fonds d'investissement non monétaires	..	..	..	..	..	..	..	..
Systèmes d'assurance, de pensions et garanties standard	..	..	..	..	..	..	..	..
Produits financiers dérivés et options sur titres des salariés	..	..	..	..	..	..	..	..
Autres comptes à recevoir	..	..	..	..	..	..	..	..
Passifs financiers	..	..	..	..	..	..	..	..
Titres de dette	..	..	..	..	..	..	..	..
Titres de dette à court terme	..	..	..	..	..	..	..	..
Titres de dette à long terme	..	..	..	..	..	..	..	..
Crédits	..	..	..	..	..	..	..	..
Crédits à court terme	..	..	..	..	..	..	..	..
Crédits à long terme	..	..	..	..	..	..	..	..
Actions et parts de fonds d'investissement	..	..	..	..	..	..	..	..
Systèmes d'assurance, de pensions et garanties standard	..	..	..	..	..	..	..	..
Produits financiers dérivés et options sur titres des salariés	..	..	..	..	..	..	..	..
Autres comptes à payer	..	..	..	..	..	..	..	..
Actifs non financiers	..	..	..	..	..	..	..	..

Note : Voir les métadonnées détaillées sur : http://metalinks.oecd.org/instinv/20160427/0c9f

Tableau 3. Actifs financiers des sociétés d'assurance et fonds de pension

Millions EUR

	2007	2008	2009	2010	2011	2012	2013	2014
Sociétés d'assurance et fonds de pension								
Valeur nette financière	-18 442	-57 593	8 738	12 423	-43 940	-13 436	28 297	24 206
Actifs financiers	1 110 272	1 078 535	1 106 664	1 193 719	1 288 984	1 442 506	1 440 623	1 706 937
Numéraire et dépôts	48 987	43 692	30 792	27 527	26 869	29 745	17 203	22 585
Titres de dette	427 497	402 577	339 694	347 270	378 432	434 893	422 597	500 748
Crédits	84 271	104 949	89 054	99 308	97 792	95 803	96 154	108 133
Actions et parts de fonds d'investissement	489 214	385 558	556 092	620 573	647 331	737 187	798 412	917 455
Actions	357 300	186 465	128 802	145 984	133 442	151 114	161 099	181 995
Parts de fonds d'investissement	131 914	199 093	427 290	474 589	513 889	586 073	637 313	735 460
Parts de fonds d'investissement monétaires	..	..	..	..	..	..	..	..
Parts de fonds d'investissement non monétaires	..	..	..	..	..	..	..	..
Systèmes d'assurance, de pensions et garanties standard	21 157	34 442	29 359	29 720	34 077	34 058	35 084	35 344
Produits financiers dérivés et options sur titres des salariés	705	45 771	12 695	17 736	58 851	67 408	31 268	77 461
Autres comptes à recevoir	38 441	61 546	48 978	51 585	45 632	43 412	39 905	45 211
Passifs financiers	1 128 714	1 136 128	1 097 926	1 181 296	1 332 924	1 455 942	1 412 326	1 682 731
Titres de dette	500	0	0	0	419	553	705	847
Titres de dette à court terme	0	0	0	0	0	0	0	0
Titres de dette à long terme	500	0	0	0	419	553	705	847
Crédits	37 043	66 011	68 244	49 798	53 780	47 256	37 427	45 231
Crédits à court terme	24 282	43 494	52 472	34 041	39 084	32 244	24 742	32 660
Crédits à long terme	12 761	22 517	15 772	15 757	14 696	15 012	12 685	12 571
Actions et parts de fonds d'investissement	39 401	38 711	43 827	48 038	51 104	54 945	53 409	57 658
Systèmes d'assurance, de pensions et garanties standard	1 009 033	933 968	953 227	1 048 522	1 176 903	1 278 215	1 259 028	1 499 428
Produits financiers dérivés et options sur titres des salariés	0	1 234	403	593	556	677	812	781
Autres comptes à payer	42 737	96 204	32 225	34 345	50 162	74 296	60 945	78 786
Actifs non financiers	31 837	28 265	40 247	39 859	40 596	39 387	37 834	36 429
Sociétés d'assurance								
Valeur nette financière	968	-12 017	-11 114	-12 257	-28 251	-12 076	-15 973	-24 589
Actifs financiers	386 312	399 950	394 162	410 363	419 679	453 049	433 802	483 448
Numéraire et dépôts	16 216	16 650	14 038	14 744	17 290	17 506	7 634	12 701
Titres de dette	147 146	151 532	164 012	170 892	177 957	200 514	180 422	202 877
Crédits	55 711	59 109	57 820	58 650	64 971	60 681	67 073	72 376
Actions et parts de fonds d'investissement	129 629	100 896	93 231	100 463	84 370	102 426	115 855	118 485
Actions	95 710	35 988	35 724	39 628	36 447	37 778	34 586	28 145
Parts de fonds d'investissement	33 919	64 908	57 507	60 835	47 923	64 648	81 269	90 340
Parts de fonds d'investissement monétaires	..	398	1 038	1 426	732	2 942	2 718	1 958
Parts de fonds d'investissement non monétaires	..	64 510	56 469	59 409	47 191	61 706	78 551	88 382
Systèmes d'assurance, de pensions et garanties standard	9 920	15 897	15 131	15 448	19 881	20 215	21 269	21 531
Produits financiers dérivés et options sur titres des salariés	729	9 302	4 364	6 216	14 216	13 548	6 690	16 307
Autres comptes à recevoir	26 961	46 564	45 566	43 950	40 994	38 159	34 859	39 171
Passifs financiers	385 344	411 967	405 276	422 620	447 930	465 125	449 775	508 037
Titres de dette	500	0	0	0	419	553	705	847
Titres de dette à court terme	0	0	0	0	0	0	0	0
Titres de dette à long terme	500	0	0	0	419	553	705	847
Crédits	23 865	41 518	35 835	33 295	30 327	26 475	22 011	24 631
Crédits à court terme	12 633	20 914	21 385	18 821	17 244	13 174	11 102	13 590
Crédits à long terme	11 232	20 604	14 450	14 474	13 083	13 301	10 909	11 041
Actions et parts de fonds d'investissement	39 401	38 711	43 827	48 038	51 104	54 945	53 409	57 658
Systèmes d'assurance, de pensions et garanties standard	290 292	303 855	301 504	311 613	328 874	341 879	335 179	384 993
Produits financiers dérivés et options sur titres des salariés	0	520	133	155	350	422	373	384
Autres comptes à payer	31 286	27 363	23 977	29 519	36 856	40 851	38 098	39 524
Actifs non financiers	12 427	11 588	24 197	30 307	31 088	30 374	29 101	27 742
Fonds de pension								
Valeur nette financière	-19 410	-45 576	19 852	24 680	-15 689	-1 360	44 270	48 795
Actifs financiers	723 960	678 585	712 502	783 356	869 305	989 457	1 006 821	1 223 489
Numéraire et dépôts	32 771	27 042	16 754	12 783	9 579	12 239	9 569	9 884
Titres de dette	280 351	251 045	175 682	176 378	200 475	234 379	242 175	297 871
Crédits	28 560	45 840	31 234	40 658	32 821	35 122	29 081	35 757
Actions et parts de fonds d'investissement	359 585	284 662	462 861	520 110	562 961	634 761	682 557	798 970
Actions	261 590	150 477	93 078	106 356	96 995	113 336	126 513	153 850
Parts de fonds d'investissement	97 995	134 185	369 783	413 754	465 966	521 425	556 044	645 120
Parts de fonds d'investissement monétaires	..	10 348	8 363	4 931	4 451	5 740	4 952	6 398
Parts de fonds d'investissement non monétaires	..	123 837	361 420	408 823	461 515	515 685	551 092	638 722
Systèmes d'assurance, de pensions et garanties standard	11 237	18 545	14 228	14 272	14 196	13 843	13 815	13 813
Produits financiers dérivés et options sur titres des salariés	-24	36 469	8 331	11 520	44 635	53 860	24 578	61 154
Autres comptes à recevoir	11 480	14 982	3 412	7 635	4 638	5 253	5 046	6 040
Passifs financiers	743 370	724 161	692 650	758 676	884 994	990 817	962 551	1 174 694
Titres de dette	0	0	0	0	0	0	0	0
Titres de dette à court terme	0	0	0	0	0	0	0	0
Titres de dette à long terme	0	0	0	0	0	0	0	0
Crédits	13 178	24 493	32 409	16 503	23 453	20 781	15 416	20 600
Crédits à court terme	11 649	22 580	31 087	15 220	21 840	19 070	13 640	19 070
Crédits à long terme	1 529	1 913	1 322	1 283	1 613	1 711	1 776	1 530
Actions et parts de fonds d'investissement	0	0	0	0	0	0	0	0
Systèmes d'assurance, de pensions et garanties standard	718 741	630 113	651 723	736 909	848 029	936 336	923 849	1 114 435
Produits financiers dérivés et options sur titres des salariés	0	714	270	438	206	255	439	397
Autres comptes à payer	11 451	68 841	8 248	4 826	13 306	33 445	22 847	39 262
Actifs non financiers	19 410	16 677	16 050	9 552	9 508	9 013	8 733	8 687

Note : Voir les métadonnées détaillées sur : http://metalinks.oecd.org/instinv/20160427/0c9f

Tableau 4. Composition du portefeuille par type d'investisseur

En pourcentage des actifs financiers et des passifs financiers

Pour cent

	2007	2008	2009	2010	2011	2012	2013	2014
Fonds d'investissement								
Actifs financiers	..	..	..	..	..	..	..	..
Numéraire et dépôts	..	..	..	..	..	..	..	..
Titres de dettes	..	..	..	..	..	..	..	..
Crédits	..	..	..	..	..	..	..	..
Actions et parts de fonds d'investissement	..	..	..	..	..	..	..	..
Systèmes d'assurance de pensions et garanties standard	..	..	..	..	..	..	..	..
Produits financiers dérivés et options sur titres des salariés	..	..	..	..	..	..	..	..
Autres comptes à recevoir	..	..	..	..	..	..	..	..
Passifs financiers	..	..	..	..	..	..	..	..
Numéraire et dépôts	..	..	..	..	..	..	..	..
Titres de dettes	..	..	..	..	..	..	..	..
Crédits	..	..	..	..	..	..	..	..
Actions et parts de fonds d'investissement	..	..	..	..	..	..	..	..
Systèmes d'assurance de pensions et garanties standard	..	..	..	..	..	..	..	..
Produits financiers dérivés et options sur titres des salariés	..	..	..	..	..	..	..	..
Autres comptes à recevoir	..	..	..	..	..	..	..	..
Sociétés d'assurance								
Actifs financiers	100.0	100.0	100.0	100.0	100.0	100.0	100.0	100.0
Numéraire et dépôts	4.2	4.2	3.6	3.6	4.1	3.9	1.8	2.6
Titres de dettes	38.1	37.9	41.6	41.6	42.4	44.3	41.6	42.0
Crédits	14.4	14.8	14.7	14.3	15.5	13.4	15.5	15.0
Actions et parts de fonds d'investissement	33.6	25.2	23.7	24.5	20.1	22.6	26.7	24.5
Systèmes d'assurance de pensions et garanties standard	2.6	4.0	3.8	3.8	4.7	4.5	4.9	4.5
Produits financiers dérivés et options sur titres des salariés	0.2	2.3	1.1	1.5	3.4	3.0	1.5	3.4
Autres comptes à recevoir	7.0	11.6	11.6	10.7	9.8	8.4	8.0	8.1
Passifs financiers	100.0	100.0	100.0	100.0	100.0	100.0	100.0	100.0
Numéraire et dépôts	0.0	0.0	0.0	0.0	0.0	0.0	0.0	0.0
Titres de dettes	0.1	0.0	0.0	0.0	0.1	0.1	0.2	0.2
Crédits	6.2	10.1	8.8	7.9	6.8	5.7	4.9	4.8
Actions et parts de fonds d'investissement	10.2	9.4	10.8	11.4	11.4	11.8	11.9	11.3
Systèmes d'assurance de pensions et garanties standard	75.3	73.8	74.4	73.7	73.4	73.5	74.5	75.8
Produits financiers dérivés et options sur titres des salariés	0.0	0.1	0.0	0.0	0.1	0.1	0.1	0.1
Autres comptes à recevoir	8.1	6.6	5.9	7.0	8.2	8.8	8.5	7.8
Fonds de pension								
Actifs financiers	100.0	100.0	100.0	100.0	100.0	100.0	100.0	100.0
Numéraire et dépôts	4.5	4.0	2.4	1.6	1.1	1.2	1.0	0.8
Titres de dettes	38.7	37.0	24.7	22.5	23.1	23.7	24.1	24.3
Crédits	3.9	6.8	4.4	5.2	3.8	3.5	2.9	2.9
Actions et parts de fonds d'investissement	49.7	41.9	65.0	66.4	64.8	64.2	67.8	65.3
Systèmes d'assurance de pensions et garanties standard	1.6	2.7	2.0	1.8	1.6	1.4	1.4	1.1
Produits financiers dérivés et options sur titres des salariés	0.0	5.4	1.2	1.5	5.1	5.4	2.4	5.0
Autres comptes à recevoir	1.6	2.2	0.5	1.0	0.5	0.5	0.5	0.5
Passifs financiers	100.0	100.0	100.0	100.0	100.0	100.0	100.0	100.0
Numéraire et dépôts	0.0	0.0	0.0	0.0	0.0	0.0	0.0	0.0
Titres de dettes	0.0	0.0	0.0	0.0	0.0	0.0	0.0	0.0
Crédits	1.8	3.4	4.7	2.2	2.7	2.1	1.6	1.8
Actions et parts de fonds d'investissement	0.0	0.0	0.0	0.0	0.0	0.0	0.0	0.0
Systèmes d'assurance de pensions et garanties standard	96.7	87.0	94.1	97.1	95.8	94.5	96.0	94.9
Produits financiers dérivés et options sur titres des salariés	0.0	0.1	0.0	0.1	0.0	0.0	0.0	0.0
Autres comptes à recevoir	1.5	9.5	1.2	0.6	1.5	3.4	2.4	3.3

Note : Voir les métadonnées détaillées sur : http://metalinks.oecd.org/instinv/20160427/2c5e

NOUVELLE-ZÉLANDE

Tableau 1. Actifs financiers des investisseurs institutionnels, 2014

Millions NZD

			Fonds d'investissement			
		Total	Fonds d'investissement non-monétaire			Fonds d'investissement monétaires
			Total	Fonds d'investissement à capital variable, non monétaire	Fonds d'investissement à capital fixe, non monétaire	Total
2	Actifs financiers	87 485	77 269	..	..	10 216
2.1	Numéraire et dépôts	20 509	12 516	..	..	7 994
2.2	Titres de dette	25 010	22 788	..	..	2 222
2.2.1	Titres de dette à court terme	5 386	3 405	..	..	1 981
2.2.2	Titres de dette à long terme	19 624	19 383	..	..	241
2.2.3	Titres de dette émis par les résidents	14 876	12 654	..	..	2 222
2.2.4	Titres de dette émis par les non-résidents	10 134	10 134	..	..	0
2.3	Crédits	75	75	..	..	0
2.3.1	Crédits à court terme	..	..	..	..	..
2.3.2	Crédits à long terme	..	..	..	..	..
2.3.3	Crédits accordés aux résidents	75	75	..	..	0
2.3.4	Crédits accordés aux non-résidents	0	0	..	..	0
2.4	Actions et parts de fonds d'investissement	41 049	41 049	..	..	0
2.4.1	Actions et parts de fonds d'investissements émises par les résidents	14 062	14 062	..	..	0
2.4.2	Actions et part de fonds d'investissements émises par les non-résidents	26 987	26 987	..	..	0
2.5	Autres comptes à recevoir	545	545	..	..	0

			Fonds d'investissement			
		Total	Fonds d'investissement non-monétaire			Fonds d'investissement monétaires
			Total	Fonds d'investissement à capital variable, non monétaire	Fonds d'investissement à capital fixe, non monétaire	Total
2	Pasifs financiers	..	..	..	..	..
2.1	Numéraire et dépôts	..	..	..	..	..
2.2	Titres de dette	..	..	..	..	..
2.2.1	Titres de dette à court terme	..	..	..	..	..
2.2.2	Titres de dette à long terme	..	..	..	..	..
2.3	Crédits	..	..	..	..	..
2.3.1	Crédits à court terme	..	..	..	..	..
2.3.2	Crédits à long terme	..	..	..	..	..
2.4	Actions et parts de fonds d'investissement	..	..	..	..	..
2.5	Systèmes d'assurance, de pensions et garanties standard	..	..	..	..	..
2.5	Produits financiers dérivés et options sur titres des salariés	..	..	..	..	..
2.8	Autres comptes à payer	..	..	..	..	..

			Sociétés d'assurance et fonds de pension autonomes			
		Total	Sociétés d'assurance			Fonds de pension autonomes
			Total	Sociétés d'assurance vie	Sociétés d'assurance non-vie	Total
2	Actifs financiers	..	..	..	..	50 534
2.1	Numéraire et dépôts	..	..	..	..	3 674
2.2	Titres de dette	..	..	..	..	11 313
2.2.1	Titres de dette à court terme	..	..	..	..	1 229
2.2.2	Titres de dette à long terme	..	..	..	..	10 084
2.2.3	Titres de dette émis par les résidents	..	..	..	..	5 110
2.2.4	Titres de dette émis par les non-résidents	..	..	..	..	6 203
2.3	Crédits	..	..	..	..	22
2.3.1	Crédits à court terme	..	..	..	..	..
2.3.2	Crédits à long terme	..	..	..	..	..
2.3.3	Crédits accordés aux résidents	..	..	..	..	22
2.3.4	Crédits accordés aux non-résidents	..	..	..	..	0
2.4	Actions et parts de fonds d'investissement	..	..	..	..	34 977
2.4.1	Actions et parts de fonds d'investissement émises par les résidents	..	..	..	..	16 676
2.4.2	Actions et parts de fonds d'investissement émises par les non-résidents	..	..	..	..	18 300
2.5	Autrescomptes à recevoir	..	..	..	..	244

			Sociétés d'assurance et fonds de pension autonomes			
		Total	Sociétés d'assurance			Fonds de pension autonomes
			Total	Sociétés d'assurance vie	Sociétés d'assurance non-vie	Total
2	Pasifs financiers	..	..	..	..	..
2.1	Numéraire et dépôts	..	..	..	..	..
2.2	Titres de dette	..	..	..	..	..
2.2.1	Titres de dette à court terme	..	..	..	..	..
2.2.2	Titres de dette à long terme	..	..	..	..	..
2.3	Crédits	..	..	..	..	..
2.3.1	Crédits à court terme	..	..	..	..	..
2.3.2	Crédits à long terme	..	..	..	..	..
2.4	Actions et parts de fonds d'investissement	..	..	..	..	..
2.5	Systèmes d'assurance, de pensions et garanties standard	..	..	..	..	..
2.5	Produits financiers dérivés et options sur titres des salariés	..	..	..	..	..
2.8	Autres comptes à payer	..	..	..	..	..

Note : Voir les métadonnées détaillées sur : http://metalinks.oecd.org/instinv/20160427/0c9f

Tableau 2. Actifs financiers des fonds d'investissement

Millions NZD

	2007	2008	2009	2010	2011	2012	2013	2014
Fonds d'investissement								
Valeur nette financière	..	..	..	..	..	..	..	..
Actifs financiers	..	..	..	..	..	..	..	87 485
Numéraire et dépôts	..	..	..	..	..	..	..	20 509
Titres de dette	..	..	..	..	..	..	..	25 010
Crédits	..	..	..	..	..	..	..	75
Actions et parts de fonds d'investissement	..	..	..	..	..	..	..	41 049
Actions	..	..	..	..	..	..	..	22 436
Parts de fonds d'investissement	..	..	..	..	..	..	..	18 614
Parts de fonds d'investissement monétaires	..	..	..	..	..	..	..	..
Parts de fonds d'investissement non monétaires	..	..	..	..	..	..	..	..
Systèmes d'assurance, de pensions et garanties standard	..	..	..	..	..	..	..	..
Produits financiers dérivés et options sur titres des salariés	..	..	..	..	..	..	..	296
Autres comptes à recevoir	..	..	..	..	..	..	..	545
Passifs financiers	..	..	..	..	..	..	..	..
Titres de dette	..	..	..	..	..	..	..	..
Titres de dette à court terme	..	..	..	..	..	..	..	..
Titres de dette à long terme	..	..	..	..	..	..	..	..
Crédits	..	..	..	..	..	..	..	..
Crédits à court terme	..	..	..	..	..	..	..	..
Crédits à long terme	..	..	..	..	..	..	..	..
Actions et parts de fonds d'investissement	..	..	..	..	..	..	..	..
Systèmes d'assurance, de pensions et garanties standard	..	..	..	..	..	..	..	..
Produits financiers dérivés et options sur titres des salariés	..	..	..	..	..	..	..	..
Autres comptes à payer	..	..	..	..	..	..	..	..
Actifs non financiers	..	..	..	..	..	..	..	1
Fonds d'investissement monéaires								
Valeur nette financière	..	..	..	..	..	..	..	..
Actifs financiers	..	..	..	..	..	..	..	10 216
Numéraire et dépôts	..	..	..	..	..	..	..	7 994
Titres de dette	..	..	..	..	..	..	..	2 222
Crédits	..	..	..	..	..	..	..	0
Actions et parts de fonds d'investissement	..	..	..	..	..	..	..	0
Actions	..	..	..	..	..	..	..	0
Parts de fonds d'investissement	..	..	..	..	..	..	..	0
Parts de fonds d'investissement monétaires	..	..	..	..	..	..	..	..
Parts de fonds d'investissement non monétaires	..	..	..	..	..	..	..	..
Systèmes d'assurance, de pensions et garanties standard	..	..	..	..	..	..	..	..
Produits financiers dérivés et options sur titres des salariés	..	..	..	..	..	..	..	0
Autres comptes à recevoir	..	..	..	..	..	..	..	0
Passifs financiers	..	..	..	..	..	..	..	..
Titres de dette	..	..	..	..	..	..	..	..
Titres de dette à court terme	..	..	..	..	..	..	..	..
Titres de dette à long terme	..	..	..	..	..	..	..	..
Crédits	..	..	..	..	..	..	..	..
Crédits à court terme	..	..	..	..	..	..	..	..
Crédits à long terme	..	..	..	..	..	..	..	..
Actions et parts de fonds d'investissement	..	..	..	..	..	..	..	..
Systèmes d'assurance, de pensions et garanties standard	..	..	..	..	..	..	..	..
Produits financiers dérivés et options sur titres des salariés	..	..	..	..	..	..	..	..
Autres comptes à payer	..	..	..	..	..	..	..	..
Actifs non financiers	..	..	..	..	..	..	..	0
Fonds d'investissement non monéaires								
Valeur nette financière	..	..	..	..	..	..	..	..
Actifs financiers	..	..	..	..	..	..	..	77 269
Numéraire et dépôts	..	..	..	..	..	..	..	12 516
Titres de dette	..	..	..	..	..	..	..	22 788
Crédits	..	..	..	..	..	..	..	75
Actions et parts de fonds d'investissement	..	..	..	..	..	..	..	41 049
Actions	..	..	..	..	..	..	..	22 436
Parts de fonds d'investissement	..	..	..	..	..	..	..	18 614
Parts de fonds d'investissement monétaires	..	..	..	..	..	..	..	..
Parts de fonds d'investissement non monétaires	..	..	..	..	..	..	..	..
Systèmes d'assurance, de pensions et garanties standard	..	..	..	..	..	..	..	..
Produits financiers dérivés et options sur titres des salariés	..	..	..	..	..	..	..	296
Autres comptes à recevoir	..	..	..	..	..	..	..	545
Passifs financiers	..	..	..	..	..	..	..	..
Titres de dette	..	..	..	..	..	..	..	..
Titres de dette à court terme	..	..	..	..	..	..	..	..
Titres de dette à long terme	..	..	..	..	..	..	..	..
Crédits	..	..	..	..	..	..	..	..
Crédits à court terme	..	..	..	..	..	..	..	..
Crédits à long terme	..	..	..	..	..	..	..	..
Actions et parts de fonds d'investissement	..	..	..	..	..	..	..	..
Systèmes d'assurance, de pensions et garanties standard	..	..	..	..	..	..	..	..
Produits financiers dérivés et options sur titres des salariés	..	..	..	..	..	..	..	..
Autres comptes à payer	..	..	..	..	..	..	..	..
Actifs non financiers	..	..	..	..	..	..	..	1
Fonds d'investissement non monéaires à capital variable								
Valeur nette financière	..	..	..	..	..	..	..	..
Actifs financiers	..	..	..	..	..	..	..	..

Tableau 2. Actifs financiers des fonds d'investissement *(suite)*

Millions NZD

	2007	2008	2009	2010	2011	2012	2013	2014
Numéraire et dépôts	..	..	..	..	..	..	..	..
Titres de dette	..	..	..	..	..	..	..	..
Crédits	..	..	..	..	..	..	..	..
Actions et parts de fonds d'investissement	..	..	..	..	..	..	..	..
Actions	..	..	..	..	..	..	..	..
Parts de fonds d'investissement	..	..	..	..	..	..	..	..
Parts de fonds d'investissement monétaires	..	..	..	..	..	..	..	..
Parts de fonds d'investissement non monétaires	..	..	..	..	..	..	..	..
Systèmes d'assurance, de pensions et garanties standard	..	..	..	..	..	..	..	..
Produits financiers dérivés et options sur titres des salariés	..	..	..	..	..	..	..	..
Autres comptes à recevoir	..	..	..	..	..	..	..	..
Passifs financiers	..	..	..	..	..	..	..	..
Titres de dette	..	..	..	..	..	..	..	..
Titres de dette à court terme	..	..	..	..	..	..	..	..
Titres de dette à long terme	..	..	..	..	..	..	..	..
Crédits	..	..	..	..	..	..	..	..
Crédits à court terme	..	..	..	..	..	..	..	..
Crédits à long terme	..	..	..	..	..	..	..	..
Actions et parts de fonds d'investissement	..	..	..	..	..	..	..	..
Systèmes d'assurance, de pensions et garanties standard	..	..	..	..	..	..	..	..
Produits financiers dérivés et options sur titres des salariés	..	..	..	..	..	..	..	..
Autres comptes à payer	..	..	..	..	..	..	..	..
Actifs non financiers	..	..	..	..	..	..	..	..
Fonds d'investissement à capital variable								
Valeur nette financière	..	..	..	..	..	..	..	..
Actifs financiers	..	..	..	..	..	..	..	..
Numéraire et dépôts	..	..	..	..	..	..	..	..
Titres de dette	..	..	..	..	..	..	..	..
Crédits	..	..	..	..	..	..	..	..
Actions et parts de fonds d'investissement	..	..	..	..	..	..	..	..
Actions	..	..	..	..	..	..	..	..
Parts de fonds d'investissement	..	..	..	..	..	..	..	..
Parts de fonds d'investissement monétaires	..	..	..	..	..	..	..	..
Parts de fonds d'investissement non monétaires	..	..	..	..	..	..	..	..
Systèmes d'assurance, de pensions et garanties standard	..	..	..	..	..	..	..	..
Produits financiers dérivés et options sur titres des salariés	..	..	..	..	..	..	..	..
Autres comptes à recevoir	..	..	..	..	..	..	..	..
Passifs financiers	..	..	..	..	..	..	..	..
Titres de dette	..	..	..	..	..	..	..	..
Titres de dette à court terme	..	..	..	..	..	..	..	..
Titres de dette à long terme	..	..	..	..	..	..	..	..
Crédits	..	..	..	..	..	..	..	..
Crédits à court terme	..	..	..	..	..	..	..	..
Crédits à long terme	..	..	..	..	..	..	..	..
Actions et parts de fonds d'investissement	..	..	..	..	..	..	..	..
Systèmes d'assurance, de pensions et garanties standard	..	..	..	..	..	..	..	..
Produits financiers dérivés et options sur titres des salariés	..	..	..	..	..	..	..	..
Autres comptes à payer	..	..	..	..	..	..	..	..
Actifs non financiers	..	..	..	..	..	..	..	..

Note : Voir les métadonnées détaillées sur : http://metalinks.oecd.org/instinv/20160427/0c9f

Tableau 3. Actifs financiers des sociétés d'assurance et fonds de pension

Millions NZD

	2007	2008	2009	2010	2011	2012	2013	2014
Sociétés d'assurance et fonds de pension								
Valeur nette financière	..	..	..	..	..	..	..	..
Actifs financiers	..	..	..	..	..	..	..	..
Numéraire et dépôts	..	..	..	..	..	..	..	..
Titres de dette	..	..	..	..	..	..	..	..
Crédits	..	..	..	..	..	..	..	..
Actions et parts de fonds d'investissement	..	..	..	..	..	..	..	..
Actions	..	..	..	..	..	..	..	..
Parts de fonds d'investissement	..	..	..	..	..	..	..	..
Parts de fonds d'investissement monétaires	..	..	..	..	..	..	..	..
Parts de fonds d'investissement non monétaires	..	..	..	..	..	..	..	..
Systèmes d'assurance, de pensions et garanties standard	..	..	..	..	..	..	..	..
Produits financiers dérivés et options sur titres des salariés	..	..	..	..	..	..	..	..
Autres comptes à recevoir	..	..	..	..	..	..	..	..
Passifs financiers	..	..	..	..	..	..	..	..
Titres de dette	..	..	..	..	..	..	..	..
Titres de dette à court terme	..	..	..	..	..	..	..	..
Titres de dette à long terme	..	..	..	..	..	..	..	..
Crédits	..	..	..	..	..	..	..	..
Crédits à court terme	..	..	..	..	..	..	..	..
Crédits à long terme	..	..	..	..	..	..	..	..
Actions et parts de fonds d'investissement	..	..	..	..	..	..	..	..
Systèmes d'assurance, de pensions et garanties standard	..	..	..	..	..	..	..	..
Produits financiers dérivés et options sur titres des salariés	..	..	..	..	..	..	..	..
Autres comptes à payer	..	..	..	..	..	..	..	..
Actifs non financiers	..	..	..	..	..	..	..	..
Sociétés d'assurance								
Valeur nette financière	..	..	..	..	..	..	..	..
Actifs financiers	..	..	..	..	..	..	..	..
Numéraire et dépôts	..	..	..	..	..	..	..	..
Titres de dette	..	..	..	..	..	..	..	..
Crédits	..	..	..	..	..	..	..	..
Actions et parts de fonds d'investissement	..	..	..	..	..	..	..	..
Actions	..	..	..	..	..	..	..	..
Parts de fonds d'investissement	..	..	..	..	..	..	..	..
Parts de fonds d'investissement monétaires	..	..	..	..	..	..	..	..
Parts de fonds d'investissement non monétaires	..	..	..	..	..	..	..	..
Systèmes d'assurance, de pensions et garanties standard	..	..	..	..	..	..	..	..
Produits financiers dérivés et options sur titres des salariés	..	..	..	..	..	..	..	..
Autres comptes à recevoir	..	..	..	..	..	..	..	..
Passifs financiers	..	..	..	..	..	..	..	..
Titres de dette	..	..	..	..	..	..	..	..
Titres de dette à court terme	..	..	..	..	..	..	..	..
Titres de dette à long terme	..	..	..	..	..	..	..	..
Crédits	..	..	..	..	..	..	..	..
Crédits à court terme	..	..	..	..	..	..	..	..
Crédits à long terme	..	..	..	..	..	..	..	..
Actions et parts de fonds d'investissement	..	..	..	..	..	..	..	..
Systèmes d'assurance, de pensions et garanties standard	..	..	..	..	..	..	..	..
Produits financiers dérivés et options sur titres des salariés	..	..	..	..	..	..	..	..
Autres comptes à payer	..	..	..	..	..	..	..	..
Actifs non financiers	..	..	..	..	..	..	..	..
Fonds de pension								
Valeur nette financière	..	..	..	..	..	..	..	..
Actifs financiers	..	..	..	..	..	..	..	50 534
Numéraire et dépôts	..	..	..	..	..	..	..	3 674
Titres de dette	..	..	..	..	..	..	..	11 313
Crédits	..	..	..	..	..	..	..	22
Actions et parts de fonds d'investissement	..	..	..	..	..	..	..	34 977
Actions	..	..	..	..	..	..	..	13 640
Parts de fonds d'investissement	..	..	..	..	..	..	..	21 336
Parts de fonds d'investissement monétaires	..	..	..	..	..	..	..	..
Parts de fonds d'investissement non monétaires	..	..	..	..	..	..	..	..
Systèmes d'assurance, de pensions et garanties standard	..	..	..	..	..	..	..	..
Produits financiers dérivés et options sur titres des salariés	..	..	..	..	..	..	..	305
Autres comptes à recevoir	..	..	..	..	..	..	..	244
Passifs financiers	..	..	..	..	..	..	..	..
Titres de dette	..	..	..	..	..	..	..	..
Titres de dette à court terme	..	..	..	..	..	..	..	..
Titres de dette à long terme	..	..	..	..	..	..	..	..
Crédits	..	..	..	..	..	..	..	..
Crédits à court terme	..	..	..	..	..	..	..	..
Crédits à long terme	..	..	..	..	..	..	..	..
Actions et parts de fonds d'investissement	..	..	..	..	..	..	..	..
Systèmes d'assurance, de pensions et garanties standard	..	..	..	..	..	..	..	..
Produits financiers dérivés et options sur titres des salariés	..	..	..	..	..	..	..	..
Autres comptes à payer	..	..	..	..	..	..	..	..
Actifs non financiers	..	..	..	..	..	..	..	114

Note : Voir les métadonnées détaillées sur : http://metalinks.oecd.org/instinv/20160427/0c9f

Tableau 4. Composition du portefeuille par type d'investisseur

En pourcentage des actifs financiers et des passifs financiers

Pour cent

	2007	2008	2009	2010	2011	2012	2013	2014
Fonds d'investissement								
Actifs financiers	..	..	..	..	..	..	..	100.0
Numéraire et dépôts	..	..	..	..	..	..	..	23.4
Titres de dettes	..	..	..	..	..	..	..	28.6
Crédits	..	..	..	..	..	..	..	0.1
Actions et parts de fonds d'investissement	..	..	..	..	..	..	..	46.9
Systèmes d'assurance de pensions et garanties standard	..	..	..	..	..	..	..	0.0
Produits financiers dérivés et options sur titres des salariés	..	..	..	..	..	..	..	0.3
Autres comptes à recevoir	..	..	..	..	..	..	..	0.6
Passifs financiers	..	..	..	..	..	..	..	..
Numéraire et dépôts	..	..	..	..	..	..	..	..
Titres de dettes	..	..	..	..	..	..	..	..
Crédits	..	..	..	..	..	..	..	..
Actions et parts de fonds d'investissement	..	..	..	..	..	..	..	..
Systèmes d'assurance de pensions et garanties standard	..	..	..	..	..	..	..	..
Produits financiers dérivés et options sur titres des salariés	..	..	..	..	..	..	..	..
Autres comptes à recevoir	..	..	..	..	..	..	..	..
Sociétés d'assurance								
Actifs financiers								
Numéraire et dépôts	..	..	..	..	..	..	..	..
Titres de dettes	..	..	..	..	..	..	..	..
Crédits	..	..	..	..	..	..	..	..
Actions et parts de fonds d'investissement	..	..	..	..	..	..	..	..
Systèmes d'assurance de pensions et garanties standard	..	..	..	..	..	..	..	..
Produits financiers dérivés et options sur titres des salariés	..	..	..	..	..	..	..	..
Autres comptes à recevoir	..	..	..	..	..	..	..	..
Passifs financiers	..	..	..	..	..	..	..	..
Numéraire et dépôts	..	..	..	..	..	..	..	..
Titres de dettes	..	..	..	..	..	..	..	..
Crédits	..	..	..	..	..	..	..	..
Actions et parts de fonds d'investissement	..	..	..	..	..	..	..	..
Systèmes d'assurance de pensions et garanties standard	..	..	..	..	..	..	..	..
Produits financiers dérivés et options sur titres des salariés	..	..	..	..	..	..	..	..
Autres comptes à recevoir	..	..	..	..	..	..	..	..
Fonds de pension								
Actifs financiers	..	..	..	..	..	..	..	100.0
Numéraire et dépôts	..	..	..	..	..	..	..	7.3
Titres de dettes	..	..	..	..	..	..	..	22.4
Crédits	..	..	..	..	..	..	..	0.0
Actions et parts de fonds d'investissement	..	..	..	..	..	..	..	69.2
Systèmes d'assurance de pensions et garanties standard	..	..	..	..	..	..	..	0.0
Produits financiers dérivés et options sur titres des salariés	..	..	..	..	..	..	..	0.6
Autres comptes à recevoir	..	..	..	..	..	..	..	0.5
Passifs financiers	..	..	..	..	..	..	..	..
Numéraire et dépôts	..	..	..	..	..	..	..	..
Titres de dettes	..	..	..	..	..	..	..	..
Crédits	..	..	..	..	..	..	..	..
Actions et parts de fonds d'investissement	..	..	..	..	..	..	..	..
Systèmes d'assurance de pensions et garanties standard	..	..	..	..	..	..	..	..
Produits financiers dérivés et options sur titres des salariés	..	..	..	..	..	..	..	..
Autres comptes à recevoir	..	..	..	..	..	..	..	..

Note : Voir les métadonnées détaillées sur : http://metalinks.oecd.org/instinv/20160427/2c5e

NORVÈGE

Tableau 1. Actifs financiers des investisseurs institutionnels, 2014

Millions NOK

		Fonds d'investissement				
		Total	Fonds d'investissement non-monétaire			Fonds d'investissement monétaires
			Total	Fonds d'investissement à capital variable, non monétaire	Fonds d'investissement à capital fixe, non monétaire	Total
2	Actifs financiers	..	..	830 710	..	87 275
2.1	Numéraire et dépôts	..	..	30 979	..	14 016
2.2	Titres de dette	..	..	293 484	..	66 346
2.2.1	Titres de dette à court terme	..	..	12 967	..	11 951
2.2.2	Titres de dette à long terme	..	..	280 517	..	54 395
2.2.3	Titres de dette émis par les résidents	..	..	181 285	..	60 624
2.2.4	Titres de dette émis par les non-résidents	..	..	112 199	..	5 722
2.3	Crédits	..	..	0	..	..
2.3.1	Crédits à court terme	..	..	..	..	..
2.3.2	Crédits à long terme	..	..	0	..	..
2.3.3	Crédits accordés aux résidents	..	..	0	..	..
2.3.4	Crédits accordés aux non-résidents	..	..	..	..	..
2.4	Actions et parts de fonds d'investissement	..	..	499 285	..	6 468
2.4.1	Actions et parts de fonds d'investissements émises par les résidents	..	..	183 666	..	6 468
2.4.2	Actions et part de fonds d'investissements émises par les non-résidents	..	..	315 619	..	..
2.5	Autres comptes à recevoir	..	..	12 311	..	445

		Fonds d'investissement				
		Total	Fonds d'investissement non-monétaire			Fonds d'investissement monétaires
			Total	Fonds d'investissement à capital variable, non monétaire	Fonds d'investissement à capital fixe, non monétaire	Total
2	Pasifs financiers	..	..	829 001	..	89 627
2.1	Numéraire et dépôts	..	..	..	..	..
2.2	Titres de dette	..	..	..	..	..
2.2.1	Titres de dette à court terme	..	..	..	..	..
2.2.2	Titres de dette à long terme	..	..	..	..	..
2.3	Crédits	..	..	1 027	..	..
2.3.1	Crédits à court terme	..	..	1 027	..	..
2.3.2	Crédits à long terme	..	..	..	..	..
2.4	Actions et parts de fonds d'investissement	..	..	818 518	..	86 336
2.5	Systèmes d'assurance, de pensions et garanties standard	..	..	..	..	..
2.5	Produits financiers dérivés et options sur titres des salariés	..	..	22	..	..
2.8	Autres comptes à payer	..	..	9 434	..	3 291

		Sociétés d'assurance et fonds de pension autonomes				
		Total	Sociétés d'assurance			Fonds de pension autonomes
			Total	Sociétés d'assurance vie	Sociétés d'assurance non-vie	Total
2	Actifs financiers	1 724 337	1 434 936	1 217 363	217 573	289 401
2.1	Numéraire et dépôts	45 782	38 262	31 181	7 081	7 520
2.2	Titres de dette	710 730	578 955	489 981	88 974	131 775
2.2.1	Titres de dette à court terme	35 584	30 342	19 434	10 908	5 242
2.2.2	Titres de dette à long terme	675 146	548 613	470 547	78 066	126 533
2.2.3	Titres de dette émis par les résidents	413 449	307 547	244 003	63 544	105 902
2.2.4	Titres de dette émis par les non-résidents	297 281	271 408	245 978	25 430	25 873
2.3	Crédits	84 648	81 978	77 973	4 005	2 670
2.3.1	Crédits à court terme	14 780	14 780	14 780	0	..
2.3.2	Crédits à long terme	69 868	67 198	63 193	4 005	2 670
2.3.3	Crédits accordés aux résidents	65 112	62 482	58 479	4 003	2 630
2.3.4	Crédits accordés aux non-résidents	19 536	19 496	19 494	2	40
2.4	Actions et parts de fonds d'investissement	800 387	655 242	607 068	48 174	145 145
2.4.1	Actions et parts de fonds d'investissement émises par les résidents	591 731	506 193	484 346	21 847	85 538
2.4.2	Actions et parts de fonds d'investissement émises par les non-résidents	208 656	149 049	122 722	26 327	59 607
2.5	Autrescomptes à recevoir	61 767	59 865	6 859	53 006	1 902

		Sociétés d'assurance et fonds de pension autonomes				
		Total	Sociétés d'assurance			Fonds de pension autonomes
			Total	Sociétés d'assurance vie	Sociétés d'assurance non-vie	Total
2	Pasifs financiers	1 750 624	1 461 750	1 204 759	256 991	288 874
2.1	Numéraire et dépôts	..	..	..	..	..
2.2	Titres de dette	13 161	13 160	11 901	1 259	1
2.2.1	Titres de dette à court terme	..	..	..	..	..
2.2.2	Titres de dette à long terme	13 161	13 160	11 901	1 259	1
2.3	Crédits	4 586	4 118	4 014	104	468
2.3.1	Crédits à court terme	31	31	17	14	..
2.3.2	Crédits à long terme	4 555	4 087	3 997	90	468
2.4	Actions et parts de fonds d'investissement	227 550	200 584	72 912	127 672	26 966
2.5	Systèmes d'assurance, de pensions et garanties standard	1 462 234	1 202 508	1 087 154	115 354	259 726
2.5	Produits financiers dérivés et options sur titres des salariés	16 596	15 939	14 082	1 857	657
2.8	Autres comptes à payer	26 497	25 441	14 696	10 745	1 056

Note : Voir les métadonnées détaillées sur : http://metalinks.oecd.org/instinv/20160427/0c9f

NORVÈGE

Tableau 2. Actifs financiers des fonds d'investissement

Millions NOK

	2007	2008	2009	2010	2011	2012	2013	2014
Fonds d'investissement								
Valeur nette financière	..	..	..	..	..	..	..	..
Actifs financiers	..	..	..	..	..	..	..	..
Numéraire et dépôts	..	..	..	..	..	..	..	..
Titres de dette	..	..	..	..	..	..	..	..
Crédits	..	..	..	..	..	..	..	..
Actions et parts de fonds d'investissement	..	..	..	..	..	..	..	..
Actions	..	..	..	..	..	..	..	..
Parts de fonds d'investissement	..	..	..	..	..	..	..	..
Parts de fonds d'investissement monétaires	..	..	..	..	..	..	..	..
Parts de fonds d'investissement non monétaires	..	..	..	..	..	..	..	..
Systèmes d'assurance, de pensions et garanties standard	..	..	..	..	..	..	..	..
Produits financiers dérivés et options sur titres des salariés	..	..	..	..	..	..	..	..
Autres comptes à recevoir	..	..	..	..	..	..	..	..
Passifs financiers	..	..	..	..	..	..	..	..
Titres de dette	..	..	..	..	..	..	..	..
Titres de dette à court terme	..	..	..	..	..	..	..	..
Titres de dette à long terme	..	..	..	..	..	..	..	..
Crédits	..	..	..	..	..	..	..	..
Crédits à court terme	..	..	..	..	..	..	..	..
Crédits à long terme	..	..	..	..	..	..	..	..
Actions et parts de fonds d'investissement	..	..	..	..	..	..	..	..
Systèmes d'assurance, de pensions et garanties standard	..	..	..	..	..	..	..	..
Produits financiers dérivés et options sur titres des salariés	..	..	..	..	..	..	..	..
Autres comptes à payer	..	..	..	..	..	..	..	..
Actifs non financiers	..	..	..	..	..	..	..	..
Fonds d'investissement monéaires								
Valeur nette financière	1 279	1 605	85	-1 318	265	-2 474	-2 406	-2 352
Actifs financiers	126 299	107 797	111 816	109 163	120 275	94 322	91 305	87 275
Numéraire et dépôts	6 257	5 117	6 525	6 845	5 494	9 570	13 420	14 016
Titres de dette	102 093	87 801	89 737	85 875	98 069	76 552	68 008	66 346
Crédits	..	..	..	..	..	..	..	..
Actions et parts de fonds d'investissement	16 625	13 433	14 694	15 488	16 006	7 592	8 560	6 468
Actions	..	..	..	..	..	..	..	..
Parts de fonds d'investissement	16 625	13 433	14 694	15 488	16 006	7 592	8 560	6 468
Parts de fonds d'investissement monétaires	16 625	13 433	14 694	15 488	16 006	7 592	8 560	6 468
Parts de fonds d'investissement non monétaires	..	..	..	..	..	..	..	..
Systèmes d'assurance, de pensions et garanties standard	..	..	..	..	..	..	..	..
Produits financiers dérivés et options sur titres des salariés	..	..	..	..	..	..	..	..
Autres comptes à recevoir	1 324	1 446	860	955	706	608	1 317	445
Passifs financiers	125 020	106 192	111 731	110 481	120 010	96 796	93 711	89 627
Titres de dette	..	..	..	..	..	..	..	..
Titres de dette à court terme	..	..	..	..	..	..	..	..
Titres de dette à long terme	..	..	..	..	..	..	..	..
Crédits	..	..	..	..	..	..	..	..
Crédits à court terme	..	..	..	..	..	..	..	..
Crédits à long terme	..	..	..	..	..	..	..	..
Actions et parts de fonds d'investissement	123 923	105 089	111 078	110 146	119 472	95 520	89 545	86 336
Systèmes d'assurance, de pensions et garanties standard	..	..	..	..	..	..	..	..
Produits financiers dérivés et options sur titres des salariés	..	..	..	..	..	..	..	..
Autres comptes à payer	1 097	1 103	653	335	538	1 276	4 166	3 291
Actifs non financiers	..	..	..	..	..	..	..	..
Fonds d'investissement non monéaires								
Valeur nette financière	..	..	..	..	..	..	..	..
Actifs financiers	..	..	..	..	..	..	..	..
Numéraire et dépôts	..	..	..	..	..	..	..	..
Titres de dette	..	..	..	..	..	..	..	..
Crédits	..	..	..	..	..	..	..	..
Actions et parts de fonds d'investissement	..	..	..	..	..	..	..	..
Actions	..	..	..	..	..	..	..	..
Parts de fonds d'investissement	..	..	..	..	..	..	..	..
Parts de fonds d'investissement monétaires	..	..	..	..	..	..	..	..
Parts de fonds d'investissement non monétaires	..	..	..	..	..	..	..	..
Systèmes d'assurance, de pensions et garanties standard	..	..	..	..	..	..	..	..
Produits financiers dérivés et options sur titres des salariés	..	..	..	..	..	..	..	..
Autres comptes à recevoir	..	..	..	..	..	..	..	..
Passifs financiers	..	..	..	..	..	..	..	..
Titres de dette	..	..	..	..	..	..	..	..
Titres de dette à court terme	..	..	..	..	..	..	..	..
Titres de dette à long terme	..	..	..	..	..	..	..	..
Crédits	..	..	..	..	..	..	..	..
Crédits à court terme	..	..	..	..	..	..	..	..
Crédits à long terme	..	..	..	..	..	..	..	..
Actions et parts de fonds d'investissement	..	..	..	..	..	..	..	..
Systèmes d'assurance, de pensions et garanties standard	..	..	..	..	..	..	..	..
Produits financiers dérivés et options sur titres des salariés	..	..	..	..	..	..	..	..
Autres comptes à payer	..	..	..	..	..	..	..	..
Actifs non financiers	..	..	..	..	..	..	..	..
Fonds d'investissement non monéaires à capital variable								
Valeur nette financière	479	379	3 129	4 194	2 719	2 818	2 771	1 709
Actifs financiers	333 053	212 999	340 850	435 788	409 383	521 129	646 367	830 710

Tableau 2. Actifs financiers des fonds d'investissement (*suite*)

Millions NOK

	2007	2008	2009	2010	2011	2012	2013	2014
Numéraire et dépôts	9 381	6 780	16 142	13 080	16 470	18 760	19 301	30 979
Titres de dette	54 228	55 203	62 562	89 792	107 306	158 418	178 517	293 484
Crédits	0	0	0	0	0	0	0	0
Actions et parts de fonds d'investissement	266 199	148 032	258 601	327 629	282 251	330 722	438 402	499 285
Actions	218 397	121 737	212 733	273 308	232 679	260 330	342 826	380 048
Parts de fonds d'investissement	47 802	26 295	45 868	54 321	49 572	70 392	95 576	119 237
Parts de fonds d'investissement monétaires	0	0	0	0	0	6 274	4 895	5 977
Parts de fonds d'investissement non monétaires	47 802	26 295	45 868	54 321	49 572	64 118	90 681	113 260
Systèmes d'assurance, de pensions et garanties standard	..	..	..	..	..	..	..	..
Produits financiers dérivés et options sur titres des salariés	0	0	0	0	0	705	-190	-5 349
Autres comptes à recevoir	3 245	2 984	3 545	5 287	3 356	12 524	10 337	12 311
Passifs financiers	332 574	212 620	337 721	431 594	406 664	518 311	643 596	829 001
Titres de dette	..	..	..	..	..	..	..	..
Titres de dette à court terme	..	..	..	..	..	..	..	..
Titres de dette à long terme	..	..	..	..	..	..	..	..
Crédits	0	0	0	0	0	0	47	1 027
Crédits à court terme	0	0	0	0	0	0	47	1 027
Crédits à long terme	..	..	..	..	..	..	..	..
Actions et parts de fonds d'investissement	332 388	212 552	337 661	431 521	406 598	513 910	636 305	818 518
Systèmes d'assurance, de pensions et garanties standard	..	..	..	..	..	..	..	..
Produits financiers dérivés et options sur titres des salariés	0	0	0	0	0	200	120	22
Autres comptes à payer	186	68	60	73	66	4 201	7 124	9 434
Actifs non financiers	..	..	..	..	..	..	..	..
Fonds d'investissement à capital variable								
Valeur nette financière	1 758	1 984	3 214	2 876	2 984	344	365	-643
Actifs financiers	459 352	320 796	452 666	544 951	529 658	615 451	737 672	917 985
Numéraire et dépôts	15 638	11 897	22 667	19 925	21 964	28 330	32 721	44 995
Titres de dette	156 321	143 004	152 299	175 667	205 375	234 970	246 525	359 830
Crédits	0	0	0	0	0	0	0	0
Actions et parts de fonds d'investissement	282 824	161 465	273 295	343 117	298 257	338 314	446 962	505 753
Actions	218 397	121 737	212 733	273 308	232 679	260 330	342 826	380 048
Parts de fonds d'investissement	64 427	39 728	60 562	69 809	65 578	77 984	104 136	125 705
Parts de fonds d'investissement monétaires	16 625	13 433	14 694	15 488	16 006	13 866	13 455	12 445
Parts de fonds d'investissement non monétaires	47 802	26 295	45 868	54 321	49 572	64 118	90 681	113 260
Systèmes d'assurance, de pensions et garanties standard	..	..	..	..	..	..	..	..
Produits financiers dérivés et options sur titres des salariés	0	0	0	0	0	705	-190	-5 349
Autres comptes à recevoir	4 569	4 430	4 405	6 242	4 062	13 132	11 654	12 756
Passifs financiers	457 594	318 812	449 452	542 075	526 674	615 107	737 307	918 628
Titres de dette	..	..	..	..	..	..	..	..
Titres de dette à court terme	..	..	..	..	..	..	..	..
Titres de dette à long terme	..	..	..	..	..	..	..	..
Crédits	0	0	0	0	0	0	47	1 027
Crédits à court terme	0	0	0	0	0	0	47	1 027
Crédits à long terme	..	..	..	..	..	..	..	..
Actions et parts de fonds d'investissement	456 311	317 641	448 739	541 667	526 070	609 430	725 850	904 854
Systèmes d'assurance, de pensions et garanties standard	..	..	..	..	..	..	..	..
Produits financiers dérivés et options sur titres des salariés	0	0	0	0	0	200	120	22
Autres comptes à payer	1 283	1 171	713	408	604	5 477	11 290	12 725
Actifs non financiers	..	..	..	..	..	..	..	..

Note : Voir les métadonnées détaillées sur : http://metalinks.oecd.org/instinv/20160427/0c9f

NORVÈGE

Tableau 3. Actifs financiers des sociétés d'assurance et fonds de pension

Millions NOK

	2007	2008	2009	2010	2011	2012	2013	2014
Sociétés d'assurance et fonds de pension								
Valeur nette financière	36 683	36 209	28 110	26 183	19 050	-23 507	-37 351	-26 287
Actifs financiers	1 022 700	1 036 247	1 107 812	1 209 650	1 273 579	1 409 882	1 553 012	1 724 337
Numéraire et dépôts	48 956	47 061	40 412	39 519	38 768	44 030	54 388	45 782
Titres de dette	442 063	528 930	543 148	550 608	615 902	669 870	730 708	710 730
Crédits	32 720	51 594	73 691	57 450	54 059	53 788	65 007	84 648
Actions et parts de fonds d'investissement	418 479	315 876	379 281	485 463	492 237	567 804	624 980	800 387
Actions	227 479	165 181	203 521	260 160	218 490	242 558	245 386	268 675
Parts de fonds d'investissement	191 000	150 695	175 760	225 303	273 747	325 246	379 594	531 712
Parts de fonds d'investissement monétaires	31 540	27 849	31 291	32 236	41 235	36 833	32 472	30 393
Parts de fonds d'investissement non monétaires	159 460	122 846	144 469	193 067	232 512	288 413	347 122	501 319
Systèmes d'assurance, de pensions et garanties standard	13 174	17 235	14 888	13 369	13 065	14 123	16 260	16 022
Produits financiers dérivés et options sur titres des salariés	1 219	6 387	1 844	3 856	1 509	5 541	3 913	5 001
Autres comptes à recevoir	66 089	69 164	54 548	59 385	58 039	54 726	57 756	61 767
Passifs financiers	986 017	1 000 038	1 079 702	1 183 467	1 254 529	1 433 389	1 590 363	1 750 624
Titres de dette	3 762	7 721	8 199	11 147	10 994	11 015	11 376	13 161
Titres de dette à court terme	..	..	..	..	..	..	..	..
Titres de dette à long terme	3 762	7 721	8 199	11 147	10 994	11 015	11 376	13 161
Crédits	10 378	11 413	9 619	4 320	4 393	4 778	3 865	4 586
Crédits à court terme	9	25	1	5	0	37	25	31
Crédits à long terme	10 369	11 388	9 618	4 315	4 393	4 741	3 840	4 555
Actions et parts de fonds d'investissement	31 511	36 424	40 988	71 243	90 483	175 478	208 353	227 550
Systèmes d'assurance, de pensions et garanties standard	911 310	904 691	991 606	1 076 188	1 120 210	1 215 307	1 336 517	1 462 234
Produits financiers dérivés et options sur titres des salariés	102	9 814	2 169	1 699	2 083	2 241	4 092	16 596
Autres comptes à payer	28 954	29 975	27 121	18 870	26 366	24 570	26 160	26 497
Actifs non financiers	..	..	..	..	..	..	..	..
Sociétés d'assurance								
Valeur nette financière	43 367	54 977	53 893	54 485	47 435	-17 289	-34 038	-26 814
Actifs financiers	858 894	891 920	941 613	1 027 696	1 088 313	1 185 556	1 297 280	1 434 936
Numéraire et dépôts	43 033	39 789	32 610	33 745	32 732	38 011	48 304	38 262
Titres de dette	362 536	437 090	447 094	451 003	502 667	555 111	607 277	578 955
Crédits	30 570	49 334	71 562	55 191	51 949	51 131	61 935	81 978
Actions et parts de fonds d'investissement	347 010	277 860	325 019	417 530	434 270	469 566	503 374	655 242
Actions	186 146	149 614	178 703	228 707	193 022	208 176	206 167	226 784
Parts de fonds d'investissement	160 864	128 246	146 316	188 823	241 248	261 390	297 207	428 458
Parts de fonds d'investissement monétaires	31 540	27 849	31 291	32 236	41 235	32 278	26 499	23 474
Parts de fonds d'investissement non monétaires	129 324	100 397	115 025	156 587	200 013	229 112	270 708	404 984
Systèmes d'assurance, de pensions et garanties standard	13 174	17 235	14 888	13 369	13 065	14 123	16 260	16 022
Produits financiers dérivés et options sur titres des salariés	1 219	6 387	1 844	3 856	1 509	4 996	3 611	4 612
Autres comptes à recevoir	61 352	64 225	48 596	53 002	52 121	52 618	56 519	59 865
Passifs financiers	815 527	836 943	887 720	973 211	1 040 878	1 202 845	1 331 318	1 461 750
Titres de dette	3 762	7 721	8 199	11 147	10 994	10 778	11 029	13 160
Titres de dette à court terme	..	..	..	..	..	..	..	..
Titres de dette à long terme	3 762	7 721	8 199	11 147	10 994	10 778	11 029	13 160
Crédits	10 378	11 413	9 619	4 320	4 393	4 280	3 347	4 118
Crédits à court terme	9	25	1	5	0	37	25	31
Crédits à long terme	10 369	11 388	9 618	4 315	4 393	4 243	3 322	4 087
Actions et parts de fonds d'investissement	20 399	24 793	25 992	53 848	72 861	153 807	184 076	200 584
Systèmes d'assurance, de pensions et garanties standard	753 542	754 176	816 249	884 472	925 684	1 008 260	1 103 680	1 202 508
Produits financiers dérivés et options sur titres des salariés	102	9 814	2 169	1 699	2 083	2 169	3 810	15 939
Autres comptes à payer	27 344	29 026	25 492	17 725	24 863	23 551	25 376	25 441
Actifs non financiers	..	..	..	..	..	..	..	..
Fonds de pension								
Valeur nette financière	-6 684	-18 768	-25 783	-28 302	-28 385	-6 218	-3 313	527
Actifs financiers	163 806	144 327	166 199	181 954	185 266	224 326	255 732	289 401
Numéraire et dépôts	5 923	7 272	7 802	5 774	6 036	6 019	6 084	7 520
Titres de dette	79 527	91 840	96 054	99 605	113 235	114 759	123 431	131 775
Crédits	2 150	2 260	2 129	2 259	2 110	2 657	3 072	2 670
Actions et parts de fonds d'investissement	71 469	38 016	54 262	67 933	57 967	98 238	121 606	145 145
Actions	41 333	15 567	24 818	31 453	25 468	34 382	39 219	41 891
Parts de fonds d'investissement	30 136	22 449	29 444	36 480	32 499	63 856	82 387	103 254
Parts de fonds d'investissement monétaires	0	0	0	0	0	4 555	5 973	6 919
Parts de fonds d'investissement non monétaires	30 136	22 449	29 444	36 480	32 499	59 301	76 414	96 335
Systèmes d'assurance, de pensions et garanties standard	..	..	..	..	..	..	..	..
Produits financiers dérivés et options sur titres des salariés	0	0	0	0	0	545	302	389
Autres comptes à recevoir	4 737	4 939	5 952	6 383	5 918	2 108	1 237	1 902
Passifs financiers	170 490	163 095	191 982	210 256	213 651	230 544	259 045	288 874
Titres de dette	0	0	0	0	0	237	347	1
Titres de dette à court terme	..	..	..	..	..	..	..	..
Titres de dette à long terme	0	0	0	0	0	237	347	1
Crédits	0	0	0	0	0	498	518	468
Crédits à court terme	..	..	..	..	..	..	..	..
Crédits à long terme	0	0	0	0	0	498	518	468
Actions et parts de fonds d'investissement	11 112	11 631	14 996	17 395	17 622	21 671	24 277	26 966
Systèmes d'assurance, de pensions et garanties standard	157 768	150 515	175 357	191 716	194 526	207 047	232 837	259 726
Produits financiers dérivés et options sur titres des salariés	0	0	0	0	0	72	282	657
Autres comptes à payer	1 610	949	1 629	1 145	1 503	1 019	784	1 056
Actifs non financiers	..	..	..	..	..	..	..	..

Note : Voir les métadonnées détaillées sur : http://metalinks.oecd.org/instinv/20160427/0c9f

Tableau 4. Composition du portefeuille par type d'investisseur

En pourcentage des actifs financiers et des passifs financiers

Pour cent

	2007	2008	2009	2010	2011	2012	2013	2014
Fonds d'investissement								
Actifs financiers	..	..	..	..	..	..	..	..
Numéraire et dépôts	..	..	..	..	..	..	..	..
Titres de dettes	..	..	..	..	..	..	..	..
Crédits	..	..	..	..	..	..	..	..
Actions et parts de fonds d'investissement	..	..	..	..	..	..	..	..
Systèmes d'assurance de pensions et garanties standard	..	..	..	..	..	..	..	..
Produits financiers dérivés et options sur titres des salariés	..	..	..	..	..	..	..	..
Autres comptes à recevoir	..	..	..	..	..	..	..	..
Passifs financiers	..	..	..	..	..	..	..	..
Numéraire et dépôts	..	..	..	..	..	..	..	..
Titres de dettes	..	..	..	..	..	..	..	..
Crédits	..	..	..	..	..	..	..	..
Actions et parts de fonds d'investissement	..	..	..	..	..	..	..	..
Systèmes d'assurance de pensions et garanties standard	..	..	..	..	..	..	..	..
Produits financiers dérivés et options sur titres des salariés	..	..	..	..	..	..	..	..
Autres comptes à recevoir	..	..	..	..	..	..	..	..
Sociétés d'assurance								
Actifs financiers	100.0	100.0	100.0	100.0	100.0	100.0	100.0	100.0
Numéraire et dépôts	5.0	4.5	3.5	3.3	3.0	3.2	3.7	2.7
Titres de dettes	42.2	49.0	47.5	43.9	46.2	46.8	46.8	40.3
Crédits	3.6	5.5	7.6	5.4	4.8	4.3	4.8	5.7
Actions et parts de fonds d'investissement	40.4	31.2	34.5	40.6	39.9	39.6	38.8	45.7
Systèmes d'assurance de pensions et garanties standard	1.5	1.9	1.6	1.3	1.2	1.2	1.3	1.1
Produits financiers dérivés et options sur titres des salariés	0.1	0.7	0.2	0.4	0.1	0.4	0.3	0.3
Autres comptes à recevoir	7.1	7.2	5.2	5.2	4.8	4.4	4.4	4.2
Passifs financiers	100.0	100.0	100.0	100.0	100.0	100.0	100.0	100.0
Numéraire et dépôts	0.0	0.0	0.0	0.0	0.0	0.0	0.0	0.0
Titres de dettes	0.5	0.9	0.9	1.1	1.1	0.9	0.8	0.9
Crédits	1.3	1.4	1.1	0.4	0.4	0.4	0.3	0.3
Actions et parts de fonds d'investissement	2.5	3.0	2.9	5.5	7.0	12.8	13.8	13.7
Systèmes d'assurance de pensions et garanties standard	92.4	90.1	91.9	90.9	88.9	83.8	82.9	82.3
Produits financiers dérivés et options sur titres des salariés	0.0	1.2	0.2	0.2	0.2	0.2	0.3	1.1
Autres comptes à recevoir	3.4	3.5	2.9	1.8	2.4	2.0	1.9	1.7
Fonds de pension								
Actifs financiers	100.0	100.0	100.0	100.0	100.0	100.0	100.0	100.0
Numéraire et dépôts	3.6	5.0	4.7	3.2	3.3	2.7	2.4	2.6
Titres de dettes	48.5	63.6	57.8	54.7	61.1	51.2	48.3	45.5
Crédits	1.3	1.6	1.3	1.2	1.1	1.2	1.2	0.9
Actions et parts de fonds d'investissement	43.6	26.3	32.6	37.3	31.3	43.8	47.6	50.2
Systèmes d'assurance de pensions et garanties standard	0.0	0.0	0.0	0.0	0.0	0.0	0.0	0.0
Produits financiers dérivés et options sur titres des salariés	0.0	0.0	0.0	0.0	0.0	0.2	0.1	0.1
Autres comptes à recevoir	2.9	3.4	3.6	3.5	3.2	0.9	0.5	0.7
Passifs financiers	100.0	100.0	100.0	100.0	100.0	100.0	100.0	100.0
Numéraire et dépôts	0.0	0.0	0.0	0.0	0.0	0.0	0.0	0.0
Titres de dettes	0.0	0.0	0.0	0.0	0.0	0.1	0.1	0.0
Crédits	0.0	0.0	0.0	0.0	0.0	0.2	0.2	0.2
Actions et parts de fonds d'investissement	6.5	7.1	7.8	8.3	8.2	9.4	9.4	9.3
Systèmes d'assurance de pensions et garanties standard	92.5	92.3	91.3	91.2	91.0	89.8	89.9	89.9
Produits financiers dérivés et options sur titres des salariés	0.0	0.0	0.0	0.0	0.0	0.0	0.1	0.2
Autres comptes à recevoir	0.9	0.6	0.8	0.5	0.7	0.4	0.3	0.4

Note : Voir les métadonnées détaillées sur : http://metalinks.oecd.org/instinv/20160427/2c5e

POLOGNE

Tableau 1. Actifs financiers des investisseurs institutionnels, 2014

Millions PLN

		Total	Fonds d'investissement			
			Fonds d'investissement non-monétaire			Fonds d'investissement monétaires
			Total	Fonds d'investissement à capital variable, non monétaire	Fonds d'investissement à capital fixe, non monétaire	Total
2	Actifs financiers	..	237 992	142 814	95 178	..
2.1	Numéraire et dépôts	..	17 330	12 328	5 002	..
2.2	Titres de dette	..	107 560	84 334	23 226	..
2.2.1	Titres de dette à court terme	..	3 371	1 800	1 571	..
2.2.2	Titres de dette à long terme	..	104 189	82 534	21 655	..
2.2.3	Titres de dette émis par les résidents	..	94 579	73 769	20 810	..
2.2.4	Titres de dette émis par les non-résidents	..	12 982	10 566	2 416	..
2.3	Crédits	..	3 796	2	3 794	..
2.3.1	Crédits à court terme	..	271	2	269	..
2.3.2	Crédits à long terme	..	3 525	0	3 525	..
2.3.3	Crédits accordés aux résidents	..	2 528	2	2 526	..
2.3.4	Crédits accordés aux non-résidents	..	1 269	0	1 269	..
2.4	Actions et parts de fonds d'investissement	..	90 023	43 700	46 323	..
2.4.1	Actions et parts de fonds d'investissements émises par les résidents	..	62 094	27 386	34 708	..
2.4.2	Actions et part de fonds d'investissements émises par les non-résidents	..	27 929	16 314	11 615	..
2.5	Autres comptes à recevoir	..	18 986	2 381	16 605	..

		Total	Fonds d'investissement			
			Fonds d'investissement non-monétaire			Fonds d'investissement monétaires
			Total	Fonds d'investissement à capital variable, non monétaire	Fonds d'investissement à capital fixe, non monétaire	Total
2	Pasifs financiers	..	240 490	142 816	97 674	..
2.1	Numéraire et dépôts	..	..	..	..	..
2.2	Titres de dette	..	..	..	..	..
2.2.1	Titres de dette à court terme	..	..	..	..	..
2.2.2	Titres de dette à long terme	..	..	..	..	..
2.3	Crédits	..	11 106	8 137	2 969	..
2.3.1	Crédits à court terme	..	11 012	8 137	2 875	..
2.3.2	Crédits à long terme	..	94	0	94	..
2.4	Actions et parts de fonds d'investissement	..	216 134	127 583	88 551	..
2.5	Systèmes d'assurance, de pensions et garanties standard	..	..	..	..	..
2.5	Produits financiers dérivés et options sur titres des salariés	..	534	420	114	..
2.8	Autres comptes à payer	..	12 715	6 675	6 040	..

		Total	Sociétés d'assurance et fonds de pension autonomes			
			Sociétés d'assurance			Fonds de pension autonomes
			Total	Sociétés d'assurance vie	Sociétés d'assurance non-vie	Total
2	Actifs financiers	334 184	182 993	105 292	77 701	151 191
2.1	Numéraire et dépôts	24 153	13 281	9 298	3 983	10 872
2.2	Titres de dette	80 118	64 883	38 743	26 140	15 235
2.2.1	Titres de dette à court terme	3 e	3 e	3 e	0 e	0 e
2.2.2	Titres de dette à long terme	80 115 e	64 880 e	38 740 e	26 140 e	15 235 e
2.2.3	Titres de dette émis par les résidents	77 413 e	62 329	37 284	25 045	15 084 e
2.2.4	Titres de dette émis par les non-résidents	2 705 e	2 554	1 459	1 095	151 e
2.3	Crédits	5 347	5 347	1 441	3 906	0
2.3.1	Crédits à court terme	..	..	..	..	0
2.3.2	Crédits à long terme	..	..	..	..	0
2.3.3	Crédits accordés aux résidents	5 197	5 197	1 441	3 756	0
2.3.4	Crédits accordés aux non-résidents	..	..	0	150	0
2.4	Actions et parts de fonds d'investissement	197 425	72 842	48 721	24 121	124 583
2.4.1	Actions et parts de fonds d'investissement émises par les résidents	184 475	65 475	42 905	22 570	119 000 e
2.4.2	Actions et parts de fonds d'investissement émises par les non-résidents	12 950	7 367	5 816	1 551	5 583 e
2.5	Autrescomptes à recevoir	19 030	18 534	5 834	12 700	496

		Total	Sociétés d'assurance et fonds de pension autonomes			
			Sociétés d'assurance			Fonds de pension autonomes
			Total	Sociétés d'assurance vie	Sociétés d'assurance non-vie	Total
2	Pasifs financiers	337 015	185 824	106 094	79 730	151 191
2.1	Numéraire et dépôts	1 540	1 540	168	1 372	0
2.2	Titres de dette	..	..	..	..	0
2.2.1	Titres de dette à court terme	..	..	..	..	0
2.2.2	Titres de dette à long terme	..	..	..	..	0
2.3	Crédits	..	..	..	..	0
2.3.1	Crédits à court terme	..	..	..	..	0
2.3.2	Crédits à long terme	..	..	..	..	0
2.4	Actions et parts de fonds d'investissement	..	..	..	..	0
2.5	Systèmes d'assurance, de pensions et garanties standard	283 800	132 971	86 543	46 428	150 829
2.5	Produits financiers dérivés et options sur titres des salariés	..	..	..	..	0
2.8	Autres comptes à payer	..	..	..	..	362

Note : Voir les métadonnées détaillées sur : http://metalinks.oecd.org/instinv/20160427/1216

Tableau 2. Actifs financiers des fonds d'investissement

Millions PLN

	2007	2008	2009	2010	2011	2012	2013	2014
Fonds d'investissement								
Valeur nette financière	..	..	..	..	..	..	..	..
Actifs financiers	..	..	..	..	..	..	..	..
Numéraire et dépôts	..	..	..	..	..	..	..	..
Titres de dette	..	..	..	..	..	..	..	..
Crédits	..	..	..	..	..	..	..	..
Actions et parts de fonds d'investissement	..	..	..	..	..	..	..	..
Actions	..	..	..	..	..	..	..	..
Parts de fonds d'investissement	..	..	..	..	..	..	..	..
Parts de fonds d'investissement monétaires	..	..	..	..	..	..	..	..
Parts de fonds d'investissement non monétaires	..	..	..	..	..	..	..	..
Systèmes d'assurance, de pensions et garanties standard	..	..	..	..	..	..	..	..
Produits financiers dérivés et options sur titres des salariés	..	..	..	..	..	..	..	..
Autres comptes à recevoir	..	..	..	..	..	..	..	..
Passifs financiers	..	..	..	..	..	..	..	..
Titres de dette	..	..	..	..	..	..	..	..
Titres de dette à court terme	..	..	..	..	..	..	..	..
Titres de dette à long terme	..	..	..	..	..	..	..	..
Crédits	..	..	..	..	..	..	..	..
Crédits à court terme	..	..	..	..	..	..	..	..
Crédits à long terme	..	..	..	..	..	..	..	..
Actions et parts de fonds d'investissement	..	..	..	..	..	..	..	..
Systèmes d'assurance, de pensions et garanties standard	..	..	..	..	..	..	..	..
Produits financiers dérivés et options sur titres des salariés	..	..	..	..	..	..	..	..
Autres comptes à payer	..	..	..	..	..	..	..	..
Actifs non financiers	..	..	..	..	..	..	..	..
Fonds d'investissement monéaires								
Valeur nette financière	..	..	..	..	..	..	..	..
Actifs financiers	..	..	..	..	..	..	..	..
Numéraire et dépôts	..	..	..	..	..	..	..	..
Titres de dette	..	..	..	..	..	..	..	..
Crédits	..	..	..	..	..	..	..	..
Actions et parts de fonds d'investissement	..	..	..	..	..	..	..	..
Actions	..	..	..	..	..	..	..	..
Parts de fonds d'investissement	..	..	..	..	..	..	..	..
Parts de fonds d'investissement monétaires	..	..	..	..	..	..	..	..
Parts de fonds d'investissement non monétaires	..	..	..	..	..	..	..	..
Systèmes d'assurance, de pensions et garanties standard	..	..	..	..	..	..	..	..
Produits financiers dérivés et options sur titres des salariés	..	..	..	..	..	..	..	..
Autres comptes à recevoir	..	..	..	..	..	..	..	..
Passifs financiers	..	..	..	..	..	..	..	..
Titres de dette	..	..	..	..	..	..	..	..
Titres de dette à court terme	..	..	..	..	..	..	..	..
Titres de dette à long terme	..	..	..	..	..	..	..	..
Crédits	..	..	..	..	..	..	..	..
Crédits à court terme	..	..	..	..	..	..	..	..
Crédits à long terme	..	..	..	..	..	..	..	..
Actions et parts de fonds d'investissement	..	..	..	..	..	..	..	..
Systèmes d'assurance, de pensions et garanties standard	..	..	..	..	..	..	..	..
Produits financiers dérivés et options sur titres des salariés	..	..	..	..	..	..	..	..
Autres comptes à payer	..	..	..	..	..	..	..	..
Actifs non financiers	..	..	..	..	..	..	..	..
Fonds d'investissement non monéaires								
Valeur nette financière	..	..	..	-2	-4	-3	-749	-2 498
Actifs financiers	..	..	..	133 201	123 794	158 821	209 923	237 992
Numéraire et dépôts	..	..	..	7 644	8 510	12 150	18 749	17 330
Titres de dette	..	..	..	54 247	52 946	66 395	86 207	107 560
Crédits	..	..	..	317	294	402	895	3 796
Actions et parts de fonds d'investissement	..	..	..	67 654	55 869	67 500	88 632	90 023
Actions	..	..	..	59 437	48 172	59 602	79 090	74 532
Parts de fonds d'investissement	..	..	..	8 217	7 697	7 898	9 542	15 491
Parts de fonds d'investissement monétaires	..	..	..	192	151	0	0	2
Parts de fonds d'investissement non monétaires	..	..	..	8 025	7 546	7 898	9 542	15 489
Systèmes d'assurance, de pensions et garanties standard	..	..	..	..	..	..	..	..
Produits financiers dérivés et options sur titres des salariés	..	..	..	172	144	119	279	297
Autres comptes à recevoir	..	..	..	3 167	6 031	12 255	15 161	18 986
Passifs financiers	..	..	..	133 203	123 798	158 824	210 672	240 490
Titres de dette	..	..	..	..	..	..	..	..
Titres de dette à court terme	..	..	..	..	..	..	..	..
Titres de dette à long terme	..	..	..	..	..	..	..	..
Crédits	..	..	..	9 179	4 023	3 627	6 240	11 106
Crédits à court terme	..	..	..	9 179	3 850	3 627	6 166	11 012
Crédits à long terme	..	..	..	0	173	0	74	94
Actions et parts de fonds d'investissement	..	..	..	121 013	116 991	150 428	192 273	216 134
Systèmes d'assurance, de pensions et garanties standard	..	..	..	..	..	..	..	..
Produits financiers dérivés et options sur titres des salariés	..	..	..	86	113	144	120	534
Autres comptes à payer	..	..	..	2 924	2 670	4 627	12 038	12 715
Actifs non financiers	..	..	..	1	1	0	748	2 496
Fonds d'investissement non monéaires à capital variable								
Valeur nette financière	..	..	..	-1	-2	-1	-1	-2
Actifs financiers	..	..	..	107 252	87 657	106 075	128 591	142 814

Tableau 2. Actifs financiers des fonds d'investissement *(suite)*

Millions PLN

	2007	2008	2009	2010	2011	2012	2013	2014
Numéraire et dépôts	..	..	..	6 062	5 781	8 777	13 373	12 328
Titres de dette	..	..	..	51 147	48 649	60 927	69 103	84 334
Crédits	..	..	..	0	0	2	3	2
Actions et parts de fonds d'investissement	..	..	..	48 734	31 334	34 143	44 069	43 700
Actions	..	..	..	42 528	25 657	28 172	35 747	32 304
Parts de fonds d'investissement	..	..	..	6 206	5 677	5 971	8 322	11 396
Parts de fonds d'investissement monétaires	..	..	..	191	150	0	0	2
Parts de fonds d'investissement non monétaires	..	..	..	6 015	5 527	5 971	8 322	11 394
Systèmes d'assurance, de pensions et garanties standard	..	..	..	..	..	..	..	..
Produits financiers dérivés et options sur titres des salariés	..	..	..	117	102	70	185	69
Autres comptes à recevoir	..	..	..	1 192	1 791	2 156	1 858	2 381
Passifs financiers	..	..	..	107 253	87 659	106 076	128 592	142 816
Titres de dette	..	..	..	..	..	..	..	..
Titres de dette à court terme	..	..	..	..	..	..	..	..
Titres de dette à long terme	..	..	..	..	..	..	..	..
Crédits	..	..	..	9 136	3 772	3 539	5 442	8 137
Crédits à court terme	..	..	..	9 136	3 676	3 539	5 416	8 137
Crédits à long terme	..	..	..	0	96	0	26	0
Actions et parts de fonds d'investissement	..	..	..	96 079	82 463	99 293	115 358	127 583
Systèmes d'assurance, de pensions et garanties standard	..	..	..	..	..	..	..	..
Produits financiers dérivés et options sur titres des salariés	..	..	..	12	42	67	55	420
Autres comptes à payer	..	..	..	2 025	1 381	3 178	7 737	6 675
Actifs non financiers	..	..	..	0	0	0	0	0
Fonds d'investissement à capital variable								
Valeur nette financière	..	..	..	..	..	..	..	..
Actifs financiers	..	..	..	..	..	..	..	..
Numéraire et dépôts	..	..	..	..	..	..	..	..
Titres de dette	..	..	..	..	..	..	..	..
Crédits	..	..	..	..	..	..	..	..
Actions et parts de fonds d'investissement	..	..	..	..	..	..	..	..
Actions	..	..	..	..	..	..	..	..
Parts de fonds d'investissement	..	..	..	..	..	..	..	..
Parts de fonds d'investissement monétaires	..	..	..	..	..	..	..	..
Parts de fonds d'investissement non monétaires	..	..	..	..	..	..	..	..
Systèmes d'assurance, de pensions et garanties standard	..	..	..	..	..	..	..	..
Produits financiers dérivés et options sur titres des salariés	..	..	..	..	..	..	..	..
Autres comptes à recevoir	..	..	..	..	..	..	..	..
Passifs financiers	..	..	..	..	..	..	..	..
Titres de dette	..	..	..	..	..	..	..	..
Titres de dette à court terme	..	..	..	..	..	..	..	..
Titres de dette à long terme	..	..	..	..	..	..	..	..
Crédits	..	..	..	..	..	..	..	..
Crédits à court terme	..	..	..	..	..	..	..	..
Crédits à long terme	..	..	..	..	..	..	..	..
Actions et parts de fonds d'investissement	..	..	..	..	..	..	..	..
Systèmes d'assurance, de pensions et garanties standard	..	..	..	..	..	..	..	..
Produits financiers dérivés et options sur titres des salariés	..	..	..	..	..	..	..	..
Autres comptes à payer	..	..	..	..	..	..	..	..
Actifs non financiers	..	..	..	..	..	..	..	..

Note : Voir les métadonnées détaillées sur : http://metalinks.oecd.org/instinv/20160427/1216

Tableau 3. Actifs financiers des sociétés d'assurance et fonds de pension

Millions PLN

	2007	2008	2009	2010	2011	2012	2013	2014
Sociétés d'assurance et fonds de pension								
Valeur nette financière	..	-2 197	-2 166	-2 208	-2 253	-2 340	-2 496	-2 831
Actifs financiers	..	280 058	323 133	373 247	378 542	441 731	474 234	334 184
Numéraire et dépôts	..	25 867	21 152	24 072	28 402	36 249	29 340	24 153
Titres de dette	..	175 376	189 378	198 804	211 036	223 591	222 296	80 118
Crédits	..	1 137	913	2 124	2 107	3 410	5 116	5 347
Actions et parts de fonds d'investissement	..	62 634	95 223	127 572	115 163	155 137	192 442	197 425
Actions	..	41 978	69 628	96 182	84 156	110 518	137 230	138 276
Parts de fonds d'investissement	..	20 656	25 595	31 390	31 007	44 620	55 212	59 150
Parts de fonds d'investissement monétaires	..	..	..	..	..	..	..	..
Parts de fonds d'investissement non monétaires	..	..	..	..	..	..	..	..
Systèmes d'assurance, de pensions et garanties standard	..	4 471	4 642	5 500	5 639	7 024	6 271	7 194
Produits financiers dérivés et options sur titres des salariés	..	99	165	313	443	641	653	915
Autres comptes à recevoir	..	10 474	11 660	14 861	15 749	15 678	18 118	19 030
Passifs financiers	..	282 255	325 300	375 455	380 795	444 071	476 730	337 015
Titres de dette	..	..	..	..	..	..	..	..
Titres de dette à court terme	..	..	..	..	..	..	..	..
Titres de dette à long terme	..	..	..	..	..	..	..	..
Crédits	..	..	..	..	..	..	..	..
Crédits à court terme	..	..	..	..	..	..	..	..
Crédits à long terme	..	..	..	..	..	..	..	..
Actions et parts de fonds d'investissement	..	..	..	..	..	..	..	..
Systèmes d'assurance, de pensions et garanties standard	..	237 171	280 047	332 570	335 563	392 259	428 089	283 800
Produits financiers dérivés et options sur titres des salariés	..	..	..	..	..	..	..	..
Autres comptes à payer	..	..	..	..	..	..	..	..
Actifs non financiers	..	2 197	2 166	2 208	2 253	2 340	2 496	2 839
Sociétés d'assurance								
Valeur nette financière	..	-2 197	-2 166	-2 208	-2 253	-2 340	-2 496	-2 831
Actifs financiers	..	140 266	141 260	148 414	149 520	167 538	171 365	182 993
Numéraire et dépôts	..	23 582	16 943	15 086	16 103	16 575	12 995	13 281
Titres de dette	..	69 045	68 178	65 929	66 507	66 380	62 893	64 883
Crédits	..	1 137	913	2 124	2 107	3 410	5 116	5 347
Actions et parts de fonds d'investissement	..	31 647	39 279	45 206	43 821	58 074	66 157	72 842
Actions	..	11 957	14 836	15 104	13 988	14 520	11 575	13 992
Parts de fonds d'investissement	..	19 690	24 443	30 101	29 833	43 555	54 582	58 851
Parts de fonds d'investissement monétaires	..	..	..	..	..	..	..	..
Parts de fonds d'investissement non monétaires	..	..	..	..	..	..	..	..
Systèmes d'assurance, de pensions et garanties standard	..	4 471	4 642	5 500	5 639	7 024	6 271	7 194
Produits financiers dérivés et options sur titres des salariés	..	97	163	313	370	639	651	911
Autres comptes à recevoir	..	10 288	11 142	14 255	14 971	15 434	17 284	18 534
Passifs financiers	..	142 463	143 427	150 622	151 773	169 878	173 861	185 824
Titres de dette	..	..	..	..	..	..	..	..
Titres de dette à court terme	..	..	..	..	..	..	..	..
Titres de dette à long terme	..	..	..	..	..	..	..	..
Crédits	..	..	..	..	..	..	..	..
Crédits à court terme	..	..	..	..	..	..	..	..
Crédits à long terme	..	..	..	..	..	..	..	..
Actions et parts de fonds d'investissement	..	..	..	..	..	..	..	..
Systèmes d'assurance, de pensions et garanties standard	..	97 874	100 084	109 763	109 285	120 780	126 778	132 971
Produits financiers dérivés et options sur titres des salariés	..	..	..	..	..	..	..	..
Autres comptes à payer	..	..	..	..	..	..	..	..
Actifs non financiers	..	2 197	2 166	2 208	2 253	2 340	2 496	2 839
Fonds de pension								
Valeur nette financière	..	0	0	0	0	0	0	0
Actifs financiers	..	139 792	181 873	224 833	229 022	274 193	302 869	151 191
Numéraire et dépôts	..	2 285	4 209	8 986	12 299	19 674	16 345	10 872
Titres de dette	..	106 331	121 200	132 875	144 529	157 211	159 403	15 235
Crédits	..	0	0	0	0	0	0	0
Actions et parts de fonds d'investissement	..	30 987	55 944	82 366	71 342	97 063	126 285	124 583
Actions	..	30 021	54 792	81 078	70 168	95 998	125 655	124 284
Parts de fonds d'investissement	..	966	1 152	1 289	1 174	1 065	630	299
Parts de fonds d'investissement monétaires	..	..	..	..	..	..	..	..
Parts de fonds d'investissement non monétaires	..	..	..	..	..	..	..	..
Systèmes d'assurance, de pensions et garanties standard	..	0	0	0	0	0	0	0
Produits financiers dérivés et options sur titres des salariés	..	2	2	0	73	2	2	4
Autres comptes à recevoir	..	186	518	606	778	244	834	496
Passifs financiers	..	139 792	181 873	224 833	229 022	274 193	302 869	151 191
Titres de dette	..	0	0	0	0	0	0	0
Titres de dette à court terme	..	0	0	0	0	0	0	0
Titres de dette à long terme	..	0	0	0	0	0	0	0
Crédits	..	0	584	958	1 190	2 116	759	0
Crédits à court terme	..	0	..	..	..	..	..	0
Crédits à long terme	..	0	..	..	..	..	..	0
Actions et parts de fonds d'investissement	..	0	0	0	0	0	0	0
Systèmes d'assurance, de pensions et garanties standard	..	139 297	179 963	222 807	226 278	271 479	301 311	150 829
Produits financiers dérivés et options sur titres des salariés	..	0	0	0	0	0	0	0
Autres comptes à payer	..	494	1 326	1 069	1 554	598	798	362
Actifs non financiers	..	0	0	0	0	0	0	0

Note : Voir les métadonnées détaillées sur : http://metalinks.oecd.org/instinv/20160427/1216

Tableau 4. Composition du portefeuille par type d'investisseur

En pourcentage des actifs financiers et des passifs financiers

Pour cent

	2007	2008	2009	2010	2011	2012	2013	2014
Fonds d'investissement								
Actifs financiers	..	..	..	..	..	..	..	..
Numéraire et dépôts	..	..	..	..	..	..	..	..
Titres de dettes	..	..	..	..	..	..	..	..
Crédits	..	..	..	..	..	..	..	..
Actions et parts de fonds d'investissement	..	..	..	..	..	..	..	..
Systèmes d'assurance de pensions et garanties standard	..	..	..	..	..	..	..	..
Produits financiers dérivés et options sur titres des salariés	..	..	..	..	..	..	..	..
Autres comptes à recevoir	..	..	..	..	..	..	..	..
Passifs financiers	..	..	..	..	..	..	..	..
Numéraire et dépôts	..	..	..	..	..	..	..	..
Titres de dettes	..	..	..	..	..	..	..	..
Crédits	..	..	..	..	..	..	..	..
Actions et parts de fonds d'investissement	..	..	..	..	..	..	..	..
Systèmes d'assurance de pensions et garanties standard	..	..	..	..	..	..	..	..
Produits financiers dérivés et options sur titres des salariés	..	..	..	..	..	..	..	..
Autres comptes à recevoir	..	..	..	..	..	..	..	..
Sociétés d'assurance								
Actifs financiers	..	100.0	100.0	100.0	100.0	100.0	100.0	100.0
Numéraire et dépôts	..	16.8	12.0	10.2	10.8	9.9	7.6	7.3
Titres de dettes	..	49.2	48.3	44.4	44.5	39.6	36.7	35.5
Crédits	..	0.8	0.6	1.4	1.4	2.0	3.0	2.9
Actions et parts de fonds d'investissement	..	22.6	27.8	30.5	29.3	34.7	38.6	39.8
Systèmes d'assurance de pensions et garanties standard	..	3.2	3.3	3.7	3.8	4.2	3.7	3.9
Produits financiers dérivés et options sur titres des salariés	..	0.1	0.1	0.2	0.2	0.4	0.4	0.5
Autres comptes à recevoir	..	7.3	7.9	9.6	10.0	9.2	10.1	10.1
Passifs financiers	..	100.0	100.0	100.0	100.0	100.0	100.0	100.0
Numéraire et dépôts	..	1.2	1.2	1.4	1.3	1.5	1.1	0.8
Titres de dettes	..	..	..	..	..	..	..	..
Crédits	..	..	..	..	..	..	..	..
Actions et parts de fonds d'investissement	..	..	..	..	..	..	..	..
Systèmes d'assurance de pensions et garanties standard	..	68.7	69.8	72.9	72.0	71.1	72.9	71.6
Produits financiers dérivés et options sur titres des salariés	..	..	..	..	..	..	..	..
Autres comptes à recevoir	..	..	..	..	..	..	..	..
Fonds de pension								
Actifs financiers	..	100.0	100.0	100.0	100.0	100.0	100.0	100.0
Numéraire et dépôts	..	1.6	2.3	4.0	5.4	7.2	5.4	7.2
Titres de dettes	..	76.1	66.6	59.1	63.1	57.3	52.6	10.1
Crédits	..	0.0	0.0	0.0	0.0	0.0	0.0	0.0
Actions et parts de fonds d'investissement	..	22.2	30.8	36.6	31.2	35.4	41.7	82.4
Systèmes d'assurance de pensions et garanties standard	..	0.0	0.0	0.0	0.0	0.0	0.0	0.0
Produits financiers dérivés et options sur titres des salariés	..	0.0	0.0	0.0	0.0	0.0	0.0	0.0
Autres comptes à recevoir	..	0.1	0.3	0.3	0.3	0.1	0.3	0.3
Passifs financiers	..	100.0	100.0	100.0	100.0	100.0	100.0	100.0
Numéraire et dépôts	..	0.0	0.0	0.0	0.0	0.0	0.0	0.0
Titres de dettes	..	0.0	0.0	0.0	0.0	0.0	0.0	0.0
Crédits	..	0.0	0.3	0.4	0.5	0.8	0.3	0.0
Actions et parts de fonds d'investissement	..	0.0	0.0	0.0	0.0	0.0	0.0	0.0
Systèmes d'assurance de pensions et garanties standard	..	99.6	98.9	99.1	98.8	99.0	99.5	99.8
Produits financiers dérivés et options sur titres des salariés	..	0.0	0.0	0.0	0.0	0.0	0.0	0.0
Autres comptes à recevoir	..	0.4	0.7	0.5	0.7	0.2	0.3	0.2

Note : Voir les métadonnées détaillées sur : http://metalinks.oecd.org/instinv/20160427/2c5e

Tableau 1. Actifs financiers des investisseurs institutionnels, 2014

Millions EUR (1999 PTE euro)

			Fonds d'investissement				
		Total	Fonds d'investissement non-monétaire			Fonds d'investissement monétaires
			Total	Fonds d'investissement à capital variable, non monétaire	Fonds d'investissement à capital fixe, non monétaire	Total
2	Actifs financiers	..	..	..	..	..
2.1	Numéraire et dépôts	..	..	..	..	..
2.2	Titres de dette	..	4 442	..	..	..
2.2.1	Titres de dette à court terme	..	..	..	..	..
2.2.2	Titres de dette à long terme	..	..	..	..	..
2.2.3	Titres de dette émis par les résidents	..	975	..	..	..
2.2.4	Titres de dette émis par les non-résidents	..	3 467	..	..	..
2.3	Crédits	..	..	..	..	..
2.3.1	Crédits à court terme	..	..	..	..	..
2.3.2	Crédits à long terme	..	..	..	..	..
2.3.3	Crédits accordés aux résidents	..	..	..	..	..
2.3.4	Crédits accordés aux non-résidents	..	..	..	..	..
2.4	Actions et parts de fonds d'investissement	..	..	..	..	..
2.4.1	Actions et parts de fonds d'investissements émises par les résidents	..	1 877	..	..	..
2.4.2	Actions et part de fonds d'investissements émises par les non-résidents	..	3 029	..	..	..
2.5	Autres comptes à recevoir	..	..	..	..	..

			Fonds d'investissement				
		Total	Fonds d'investissement non-monétaire			Fonds d'investissement monétaires
			Total	Fonds d'investissement à capital variable, non monétaire	Fonds d'investissement à capital fixe, non monétaire	Total
2	Pasifs financiers	..	..	..	..	..
2.1	Numéraire et dépôts	..	..	..	..	..
2.2	Titres de dette	..	..	..	..	..
2.2.1	Titres de dette à court terme	..	..	..	..	..
2.2.2	Titres de dette à long terme	..	..	..	..	..
2.3	Crédits	..	2 383	..	..	..
2.3.1	Crédits à court terme	..	..	..	..	..
2.3.2	Crédits à long terme	..	..	..	..	..
2.4	Actions et parts de fonds d'investissement	27 117	24 620	..	..	2 497
2.5	Systèmes d'assurance, de pensions et garanties standard	..	..	..	..	..
2.5	Produits financiers dérivés et options sur titres des salariés	..	..	..	..	..
2.8	Autres comptes à payer	..	..	..	..	..

			Sociétés d'assurance et fonds de pension autonomes			
		Total	Sociétés d'assurance			Fonds de pension autonomes
			Total	Sociétés d'assurance vie	Sociétés d'assurance non-vie	Total
2	Actifs financiers	..	..	..	..	..
2.1	Numéraire et dépôts	9 483	..	..	..	..
2.2	Titres de dette	51 757	..	..	..	..
2.2.1	Titres de dette à court terme	1 382	..	..	..	..
2.2.2	Titres de dette à long terme	50 375	..	..	..	..
2.2.3	Titres de dette émis par les résidents	..	..	..	..	..
2.2.4	Titres de dette émis par les non-résidents	..	..	..	..	..
2.3	Crédits	152	..	..	..	..
2.3.1	Crédits à court terme	49	..	..	..	..
2.3.2	Crédits à long terme	103	..	..	..	..
2.3.3	Crédits accordés aux résidents	..	..	..	..	..
2.3.4	Crédits accordés aux non-résidents	..	..	..	..	..
2.4	Actions et parts de fonds d'investissement	16 762	..	..	..	..
2.4.1	Actions et parts de fonds d'investissement émises par les résidents	..	..	..	..	..
2.4.2	Actions et parts de fonds d'investissement émises par les non-résidents	..	..	..	..	..
2.5	Autrescomptes à recevoir	2 943	..	..	..	..

			Sociétés d'assurance et fonds de pension autonomes			
		Total	Sociétés d'assurance			Fonds de pension autonomes
			Total	Sociétés d'assurance vie	Sociétés d'assurance non-vie	Total
2	Pasifs financiers	..	..	..	..	..
2.1	Numéraire et dépôts	..	..	..	..	..
2.2	Titres de dette	203	..	..	..	..
2.2.1	Titres de dette à court terme	0	..	..	..	..
2.2.2	Titres de dette à long terme	203	..	..	..	..
2.3	Crédits	465	..	..	..	..
2.3.1	Crédits à court terme	95	..	..	..	..
2.3.2	Crédits à long terme	370	..	..	..	..
2.4	Actions et parts de fonds d'investissement	5 841	..	..	..	..
2.5	Systèmes d'assurance, de pensions et garanties standard	72 002	..	..	..	..
2.5	Produits financiers dérivés et options sur titres des salariés	..	..	..	..	..
2.8	Autres comptes à payer	1 504	..	..	..	..

Note : Voir les métadonnées détaillées sur : http://metalinks.oecd.org/instinv/20160427/0c9f

Tableau 2. Actifs financiers des fonds d'investissement

Millions EUR

	2007	2008	2009	2010	2011	2012	2013	2014
Fonds d'investissement								
Valeur nette financière	..	..	..	..	..	..	..	..
Actifs financiers	..	..	..	..	..	..	..	..
Numéraire et dépôts	..	..	..	..	..	..	..	..
Titres de dette	..	..	..	..	..	..	..	..
Crédits	..	..	..	..	..	..	..	..
Actions et parts de fonds d'investissement	..	..	..	..	..	..	..	..
Actions	..	..	..	..	..	..	..	..
Parts de fonds d'investissement	..	..	..	..	..	..	..	..
Parts de fonds d'investissement monétaires	..	..	..	..	..	..	..	..
Parts de fonds d'investissement non monétaires	..	..	..	..	..	..	..	..
Systèmes d'assurance, de pensions et garanties standard	..	..	..	..	..	..	..	..
Produits financiers dérivés et options sur titres des salariés	..	..	..	..	..	..	..	..
Autres comptes à recevoir	..	..	..	..	..	..	..	..
Passifs financiers	..	..	..	..	..	..	..	..
Titres de dette	..	..	..	..	..	..	..	..
Titres de dette à court terme	..	..	..	..	..	..	..	..
Titres de dette à long terme	..	..	..	..	..	..	..	..
Crédits	..	..	..	..	..	..	..	..
Crédits à court terme	..	..	..	..	..	..	..	..
Crédits à long terme	..	..	..	..	..	..	..	..
Actions et parts de fonds d'investissement	37 511	26 485	30 290	28 078	24 731	26 914	28 398	27 117
Systèmes d'assurance, de pensions et garanties standard	..	..	..	..	..	..	..	..
Produits financiers dérivés et options sur titres des salariés	..	..	..	..	..	..	..	..
Autres comptes à payer	..	..	..	..	..	..	..	..
Actifs non financiers	..	..	..	..	..	..	..	..
Fonds d'investissement monéaires								
Valeur nette financière	..	..	..	..	..	..	..	..
Actifs financiers	..	..	..	..	..	..	..	..
Numéraire et dépôts	..	..	..	..	..	..	..	..
Titres de dette	..	..	..	..	..	..	..	..
Crédits	..	..	..	..	..	..	..	..
Actions et parts de fonds d'investissement	..	..	..	..	..	..	..	..
Actions	..	..	..	..	..	..	..	..
Parts de fonds d'investissement	..	..	..	..	..	..	..	..
Parts de fonds d'investissement monétaires	..	..	..	..	..	..	..	..
Parts de fonds d'investissement non monétaires	..	..	..	..	..	..	..	..
Systèmes d'assurance, de pensions et garanties standard	..	..	..	..	..	..	..	..
Produits financiers dérivés et options sur titres des salariés	..	..	..	..	..	..	..	..
Autres comptes à recevoir	..	..	..	..	..	..	..	..
Passifs financiers	..	..	..	..	..	..	..	..
Titres de dette	..	..	..	..	..	..	..	..
Titres de dette à court terme	..	..	..	..	..	..	..	..
Titres de dette à long terme	..	..	..	..	..	..	..	..
Crédits	..	..	..	..	..	..	..	..
Crédits à court terme	..	..	..	..	..	..	..	..
Crédits à long terme	..	..	..	..	..	..	..	..
Actions et parts de fonds d'investissement	381	15	12	46	65	1 308	2 383	2 497
Systèmes d'assurance, de pensions et garanties standard	..	..	..	..	..	..	..	..
Produits financiers dérivés et options sur titres des salariés	..	..	..	..	..	..	..	..
Autres comptes à payer	..	..	..	..	..	..	..	..
Actifs non financiers	..	..	..	..	..	..	..	..
Fonds d'investissement non monéaires								
Valeur nette financière	..	..	..	..	..	..	..	..
Actifs financiers	..	..	..	..	..	..	..	..
Numéraire et dépôts	..	..	..	..	..	..	..	..
Titres de dette	16 040	9 215	10 581	8 325	6 357	6 773	5 634	4 442
Crédits	..	..	..	..	..	..	..	..
Actions et parts de fonds d'investissement	..	..	..	..	..	..	..	..
Actions	4 684	2 588	3 662	3 856	2 640	2 576	2 484	2 597
Parts de fonds d'investissement	3 248	1 917	1 736	1 741	1 773	1 688	1 963	2 308
Parts de fonds d'investissement monétaires	..	..	..	..	..	..	..	..
Parts de fonds d'investissement non monétaires	..	..	..	..	..	..	..	..
Systèmes d'assurance, de pensions et garanties standard	..	..	..	..	..	..	..	..
Produits financiers dérivés et options sur titres des salariés	..	..	..	..	..	..	..	..
Autres comptes à recevoir	..	..	..	..	..	..	..	..
Passifs financiers	..	..	..	..	..	..	..	..
Titres de dette	..	..	..	..	..	..	..	..
Titres de dette à court terme	..	..	..	..	..	..	..	..
Titres de dette à long terme	..	..	..	..	..	..	..	..
Crédits	1 968	2 581	2 825	3 064	3 326	3 193	2 737	2 383
Crédits à court terme	..	..	..	..	..	..	..	..
Crédits à long terme	..	..	..	..	..	..	..	..
Actions et parts de fonds d'investissement	37 131	26 469	30 278	28 032	24 666	25 606	26 015	24 620
Systèmes d'assurance, de pensions et garanties standard	..	..	..	..	..	..	..	..
Produits financiers dérivés et options sur titres des salariés	..	..	..	..	..	..	..	..
Autres comptes à payer	..	..	..	..	..	..	..	..
Actifs non financiers	11 614	12 885	13 666	14 471	14 743	14 651	14 572	13 476
Fonds d'investissement non monéaires à capital variable								
Valeur nette financière	..	..	..	..	..	..	..	..
Actifs financiers	..	..	..	..	..	..	..	..

Tableau 2. Actifs financiers des fonds d'investissement *(suite)*

Millions EUR

	2007	2008	2009	2010	2011	2012	2013	2014
Numéraire et dépôts	..	..	..	..	..	..	..	..
Titres de dette	..	..	..	..	..	..	..	..
Crédits	..	..	..	..	..	..	..	..
Actions et parts de fonds d'investissement	..	..	..	..	..	..	..	..
Actions	..	..	..	..	..	..	..	..
Parts de fonds d'investissement	..	..	..	..	..	..	..	..
Parts de fonds d'investissement monétaires	..	..	..	..	..	..	..	..
Parts de fonds d'investissement non monétaires	..	..	..	..	..	..	..	..
Systèmes d'assurance, de pensions et garanties standard	..	..	..	..	..	..	..	..
Produits financiers dérivés et options sur titres des salariés	..	..	..	..	..	..	..	..
Autres comptes à recevoir	..	..	..	..	..	..	..	..
Passifs financiers	..	..	..	..	..	..	..	..
Titres de dette	..	..	..	..	..	..	..	..
Titres de dette à court terme	..	..	..	..	..	..	..	..
Titres de dette à long terme	..	..	..	..	..	..	..	..
Crédits	..	..	..	..	..	..	..	..
Crédits à court terme	..	..	..	..	..	..	..	..
Crédits à long terme	..	..	..	..	..	..	..	..
Actions et parts de fonds d'investissement	..	..	..	..	..	..	..	..
Systèmes d'assurance, de pensions et garanties standard	..	..	..	..	..	..	..	..
Produits financiers dérivés et options sur titres des salariés	..	..	..	..	..	..	..	..
Autres comptes à payer	..	..	..	..	..	..	..	..
Actifs non financiers	..	..	..	..	..	..	..	..
Fonds d'investissement à capital variable								
Valeur nette financière	..	..	..	..	..	..	..	..
Actifs financiers	..	..	..	..	..	..	..	..
Numéraire et dépôts	..	..	..	..	..	..	..	..
Titres de dette	..	..	..	..	..	..	..	..
Crédits	..	..	..	..	..	..	..	..
Actions et parts de fonds d'investissement	..	..	..	..	..	..	..	..
Actions	..	..	..	..	..	..	..	..
Parts de fonds d'investissement	..	..	..	..	..	..	..	..
Parts de fonds d'investissement monétaires	..	..	..	..	..	..	..	..
Parts de fonds d'investissement non monétaires	..	..	..	..	..	..	..	..
Systèmes d'assurance, de pensions et garanties standard	..	..	..	..	..	..	..	..
Produits financiers dérivés et options sur titres des salariés	..	..	..	..	..	..	..	..
Autres comptes à recevoir	..	..	..	..	..	..	..	..
Passifs financiers	..	..	..	..	..	..	..	..
Titres de dette	..	..	..	..	..	..	..	..
Titres de dette à court terme	..	..	..	..	..	..	..	..
Titres de dette à long terme	..	..	..	..	..	..	..	..
Crédits	..	..	..	..	..	..	..	..
Crédits à court terme	..	..	..	..	..	..	..	..
Crédits à long terme	..	..	..	..	..	..	..	..
Actions et parts de fonds d'investissement	..	..	..	..	..	..	..	..
Systèmes d'assurance, de pensions et garanties standard	..	..	..	..	..	..	..	..
Produits financiers dérivés et options sur titres des salariés	..	..	..	..	..	..	..	..
Autres comptes à payer	..	..	..	..	..	..	..	..
Actifs non financiers	..	..	..	..	..	..	..	..

Note : Voir les métadonnées détaillées sur : http://metalinks.oecd.org/instinv/20160427/0c9f

Tableau 3. Actifs financiers des sociétés d'assurance et fonds de pension

Millions EUR

	2007	2008	2009	2010	2011	2012	2013	2014
Sociétés d'assurance et fonds de pension								
Valeur nette financière	..	..	..	..	..	..	..	..
Actifs financiers	..	..	..	..	..	..	..	..
Numéraire et dépôts	5 634	8 942	7 171	8 499	8 603	9 753	8 909	9 483
Titres de dette	49 463	49 977	57 585	57 261	47 293	48 117	48 310	51 757
Crédits	147	293	346	354	436	396	108	152
Actions et parts de fonds d'investissement	18 732	13 297	14 691	14 559	12 892	12 030	13 954	16 762
Actions	9 203	4 599	5 788	5 425	4 344	4 190	4 907	6 364
Parts de fonds d'investissement	9 529	8 698	8 903	9 134	8 548	7 840	9 047	10 398
Parts de fonds d'investissement monétaires	0	5	10	16	10	14	16	13
Parts de fonds d'investissement non monétaires	9 529	8 693	8 892	9 118	8 538	7 825	9 031	10 385
Systèmes d'assurance, de pensions et garanties standard	1 074	1 768	1 666	964	920	856	804	778
Produits financiers dérivés et options sur titres des salariés	..	..	..	..	..	..	..	..
Autres comptes à recevoir	3 842	3 699	3 461	3 818	3 069	1 983	3 470	2 943
Passifs financiers	..	..	..	..	..	..	..	..
Titres de dette	192	198	210	204	211	196	196	203
Titres de dette à court terme	0	0	0	0	0	0	0	0
Titres de dette à long terme	192	198	210	204	211	196	196	203
Crédits	210	924	800	1 185	1 884	1 665	348	465
Crédits à court terme	40	681	674	1 066	1 698	1 458	84	95
Crédits à long terme	171	243	126	119	186	208	264	370
Actions et parts de fonds d'investissement	4 557	3 748	4 631	4 487	4 145	5 747	5 732	5 841
Systèmes d'assurance, de pensions et garanties standard	73 475	73 473	77 101	79 382	65 902	64 382	66 489	72 002
Produits financiers dérivés et options sur titres des salariés	..	..	..	..	..	..	..	..
Autres comptes à payer	1 832	1 477	1 558	1 308	3 918	1 612	1 775	1 504
Actifs non financiers	..	..	..	..	..	..	..	..
Sociétés d'assurance								
Valeur nette financière	..	..	..	..	..	..	..	..
Actifs financiers	..	..	..	..	..	..	..	..
Numéraire et dépôts	..	..	..	..	..	..	..	..
Titres de dette	..	..	..	..	..	..	..	..
Crédits	..	..	..	..	..	..	..	..
Actions et parts de fonds d'investissement	..	..	..	..	..	..	..	..
Actions	..	..	..	..	..	..	..	..
Parts de fonds d'investissement	..	..	..	..	..	..	..	..
Parts de fonds d'investissement monétaires	..	..	..	..	..	..	..	..
Parts de fonds d'investissement non monétaires	..	..	..	..	..	..	..	..
Systèmes d'assurance, de pensions et garanties standard	..	..	..	..	..	..	..	..
Produits financiers dérivés et options sur titres des salariés	..	..	..	..	..	..	..	..
Autres comptes à recevoir	..	..	..	..	..	..	..	..
Passifs financiers	..	..	..	..	..	..	..	..
Titres de dette	..	..	..	..	..	..	..	..
Titres de dette à court terme	..	..	..	..	..	..	..	..
Titres de dette à long terme	..	..	..	..	..	..	..	..
Crédits	..	..	..	..	..	..	..	..
Crédits à court terme	..	..	..	..	..	..	..	..
Crédits à long terme	..	..	..	..	..	..	..	..
Actions et parts de fonds d'investissement	..	..	..	..	..	..	..	..
Systèmes d'assurance, de pensions et garanties standard	..	..	..	..	..	..	..	..
Produits financiers dérivés et options sur titres des salariés	..	..	..	..	..	..	..	..
Autres comptes à payer	..	..	..	..	..	..	..	..
Actifs non financiers	..	..	..	..	..	..	..	..
Fonds de pension								
Valeur nette financière	..	..	..	..	..	..	..	..
Actifs financiers	..	..	..	..	..	..	..	..
Numéraire et dépôts	..	..	..	..	..	..	..	..
Titres de dette	..	..	..	..	..	..	..	..
Crédits	..	..	..	..	..	..	..	..
Actions et parts de fonds d'investissement	..	..	..	..	..	..	..	..
Actions	..	..	..	..	..	..	..	..
Parts de fonds d'investissement	..	..	..	..	..	..	..	..
Parts de fonds d'investissement monétaires	..	..	..	..	..	..	..	..
Parts de fonds d'investissement non monétaires	..	..	..	..	..	..	..	..
Systèmes d'assurance, de pensions et garanties standard	..	..	..	..	..	..	..	..
Produits financiers dérivés et options sur titres des salariés	..	..	..	..	..	..	..	..
Autres comptes à recevoir	..	..	..	..	..	..	..	..
Passifs financiers	..	..	..	..	..	..	..	..
Titres de dette	..	..	..	..	..	..	..	..
Titres de dette à court terme	..	..	..	..	..	..	..	..
Titres de dette à long terme	..	..	..	..	..	..	..	..
Crédits	..	..	..	..	..	..	..	..
Crédits à court terme	..	..	..	..	..	..	..	..
Crédits à long terme	..	..	..	..	..	..	..	..
Actions et parts de fonds d'investissement	..	..	..	..	..	..	..	..
Systèmes d'assurance, de pensions et garanties standard	..	..	..	..	..	..	..	..
Produits financiers dérivés et options sur titres des salariés	..	..	..	..	..	..	..	..
Autres comptes à payer	..	..	..	..	..	..	..	..
Actifs non financiers	..	..	..	..	..	..	..	..

Note : Voir les métadonnées détaillées sur : http://metalinks.oecd.org/instinv/20160427/0c9f

SLOVÉNIE

Tableau 1. Actifs financiers des investisseurs institutionnels, 2014

Millions EUR (2007 SIT euro)

		Fonds d'investissement				
		Total	Fonds d'investissement non-monétaire			Fonds d'investissement monétaires
			Total	Fonds d'investissement à capital variable, non monétaire	Fonds d'investissement à capital fixe, non monétaire	Total
2	Actifs financiers	2 151	2 113	2 113	..	37
2.1	Numéraire et dépôts	136	111	111	..	24
2.2	Titres de dette	263	250	250	..	13
2.2.1	Titres de dette à court terme	13	3	3	..	10
2.2.2	Titres de dette à long terme	249	246	246	..	3
2.2.3	Titres de dette émis par les résidents	46	45	45	..	1
2.2.4	Titres de dette émis par les non-résidents	217	204	204	..	12
2.3	Crédits	0	..	..	..	..
2.3.1	Crédits à court terme	0	..	..	..	..
2.3.2	Crédits à long terme	0	..	..	..	..
2.3.3	Crédits accordés aux résidents	0	..	..	..	..
2.3.4	Crédits accordés aux non-résidents	..	..	..	..	..
2.4	Actions et parts de fonds d'investissement	1 746	1 746	1 746	..	..
2.4.1	Actions et parts de fonds d'investissements émises par les résidents	260	260	260	..	..
2.4.2	Actions et part de fonds d'investissements émises par les non-résidents	1 486	1 486	1 486	..	..
2.5	Autres comptes à recevoir	6	6	6	..	0

		Fonds d'investissement				
		Total	Fonds d'investissement non-monétaire			Fonds d'investissement monétaires
			Total	Fonds d'investissement à capital variable, non monétaire	Fonds d'investissement à capital fixe, non monétaire	Total
2	Pasifs financiers	2 151	2 113	2 113	..	37
2.1	Numéraire et dépôts	..	..	..	..	..
2.2	Titres de dette	..	..	..	..	..
2.2.1	Titres de dette à court terme	..	..	..	..	..
2.2.2	Titres de dette à long terme	..	..	..	..	..
2.3	Crédits	0	0	0	..	..
2.3.1	Crédits à court terme	0	0	0	..	..
2.3.2	Crédits à long terme	..	..	..	..	..
2.4	Actions et parts de fonds d'investissement	2 143	2 106	2 106	..	37
2.5	Systèmes d'assurance, de pensions et garanties standard	..	..	..	..	..
2.5	Produits financiers dérivés et options sur titres des salariés	0	0	0	..	..
2.8	Autres comptes à payer	8	7	7	..	1

		Sociétés d'assurance et fonds de pension autonomes				
		Total	Sociétés d'assurance			Fonds de pension autonomes
			Total	Sociétés d'assurance vie	Sociétés d'assurance non-vie	Total
2	Actifs financiers	9 463	7 046	..	..	2 418
2.1	Numéraire et dépôts	781	327	..	..	454
2.2	Titres de dette	5 438	4 098	..	..	1 340
2.2.1	Titres de dette à court terme	149	44	..	..	105
2.2.2	Titres de dette à long terme	5 289	4 054	..	..	1 234
2.2.3	Titres de dette émis par les résidents	2 400	1 462	..	..	938
2.2.4	Titres de dette émis par les non-résidents	3 037	2 636	..	..	401
2.3	Crédits	150	112	..	..	37
2.3.1	Crédits à court terme	37	37	..	..	0
2.3.2	Crédits à long terme	112	75	..	..	37
2.3.3	Crédits accordés aux résidents	126	89	..	..	37
2.3.4	Crédits accordés aux non-résidents	23	23	..	..	0
2.4	Actions et parts de fonds d'investissement	2 597	2 019	..	..	578
2.4.1	Actions et parts de fonds d'investissement émises par les résidents	1 387	1 271	..	..	115
2.4.2	Actions et parts de fonds d'investissement émises par les non-résidents	1 210	748	..	..	462
2.5	Autrescomptes à recevoir	282	273	..	..	9

		Sociétés d'assurance et fonds de pension autonomes				
		Total	Sociétés d'assurance			Fonds de pension autonomes
			Total	Sociétés d'assurance vie	Sociétés d'assurance non-vie	Total
2	Pasifs financiers	9 189	6 851	..	..	2 337
2.1	Numéraire et dépôts	0	0	..	..	0
2.2	Titres de dette	38	38	..	..	0
2.2.1	Titres de dette à court terme	0	0	..	..	0
2.2.2	Titres de dette à long terme	38	38	..	..	0
2.3	Crédits	26	26	..	..	0
2.3.1	Crédits à court terme	0	0	..	..	0
2.3.2	Crédits à long terme	26	26	..	..	0
2.4	Actions et parts de fonds d'investissement	1 690	1 648	..	..	43
2.5	Systèmes d'assurance, de pensions et garanties standard	7 209	4 927	..	..	2 281
2.5	Produits financiers dérivés et options sur titres des salariés	0	0	..	..	0
2.8	Autres comptes à payer	226	213	..	..	13

Note : Voir les métadonnées détaillées sur : http://metalinks.oecd.org/instinv/20160427/9719

Tableau 2. Actifs financiers des fonds d'investissement

Millions EUR

	2007	2008	2009	2010	2011	2012	2013	2014
Fonds d'investissement								
Valeur nette financière	..	..	..	..	..	..	..	..
Actifs financiers	..	..	2 234	2 289	1 811	1 831	1 855	2 151
Numéraire et dépôts	..	..	190	163	147	136	110	136
Titres de dette	..	..	223	234	248	250	220	263
Crédits	..	..	0	0	0	0	0	0
Actions et parts de fonds d'investissement	..	..	1 814	1 881	1 407	1 433	1 516	1 746
Actions	..	..	1 632	1 700	1 250	1 280	1 348	1 598
Parts de fonds d'investissement	..	..	182	181	157	153	168	149
Parts de fonds d'investissement monétaires	..	..	..	..	..	..	..	0
Parts de fonds d'investissement non monétaires	..	..	182	181	157	153	168	149
Systèmes d'assurance, de pensions et garanties standard	..	..	..	..	..	..	..	..
Produits financiers dérivés et options sur titres des salariés	..	..	0	0	0	0	0	0
Autres comptes à recevoir	..	..	7	11	9	12	9	6
Passifs financiers	..	..	2 234	2 289	1 811	1 831	1 855	2 151
Titres de dette	..	..	..	..	..	..	..	..
Titres de dette à court terme	..	..	..	..	..	..	..	..
Titres de dette à long terme	..	..	..	..	..	..	..	..
Crédits	..	..	16	13	8	0	0	0
Crédits à court terme	..	..	16	13	8	0	0	0
Crédits à long terme	..	..	..	..	..	..	..	..
Actions et parts de fonds d'investissement	..	..	2 195	2 252	1 790	1 817	1 840	2 143
Systèmes d'assurance, de pensions et garanties standard	..	..	..	..	..	..	..	..
Produits financiers dérivés et options sur titres des salariés	..	..	0	0	0	0	0	0
Autres comptes à payer	..	..	22	24	13	13	16	8
Actifs non financiers	..	..	..	..	..	..	..	..
Fonds d'investissement monéaires								
Valeur nette financière	..	..	0	0	0	0	0	0
Actifs financiers	..	..	14	12	26	26	37	37
Numéraire et dépôts	..	..	14	12	20	15	23	24
Titres de dette	..	..	0	0	6	10	14	13
Crédits	..	..	..	..	..	..	..	..
Actions et parts de fonds d'investissement	..	..	..	..	..	..	..	..
Actions	..	..	..	..	..	..	..	..
Parts de fonds d'investissement	..	..	..	..	..	..	..	..
Parts de fonds d'investissement monétaires	..	..	..	..	..	..	..	..
Parts de fonds d'investissement non monétaires	..	..	..	..	..	..	..	..
Systèmes d'assurance, de pensions et garanties standard	..	..	..	..	..	..	..	..
Produits financiers dérivés et options sur titres des salariés	..	..	..	..	..	..	..	..
Autres comptes à recevoir	..	..	0	0	0	0	0	0
Passifs financiers	..	..	14	12	26	26	37	37
Titres de dette	..	..	..	..	..	..	..	..
Titres de dette à court terme	..	..	..	..	..	..	..	..
Titres de dette à long terme	..	..	..	..	..	..	..	..
Crédits	..	..	..	..	..	..	..	..
Crédits à court terme	..	..	..	..	..	..	..	..
Crédits à long terme	..	..	..	..	..	..	..	..
Actions et parts de fonds d'investissement	..	..	14	12	26	24	36	37
Systèmes d'assurance, de pensions et garanties standard	..	..	..	..	..	..	..	..
Produits financiers dérivés et options sur titres des salariés	..	..	..	..	..	..	..	..
Autres comptes à payer	..	..	0	0	0	2	0	1
Actifs non financiers	..	..	..	..	..	..	..	..
Fonds d'investissement non monéaires								
Valeur nette financière	..	..	..	..	..	..	..	..
Actifs financiers	..	..	2 220	2 276	1 785	1 805	1 819	2 113
Numéraire et dépôts	..	..	176	151	127	121	87	111
Titres de dette	..	..	223	234	242	239	206	250
Crédits	..	..	..	..	..	..	..	..
Actions et parts de fonds d'investissement	..	..	1 814	1 881	1 407	1 433	1 516	1 746
Actions	..	..	1 632	1 700	1 250	1 280	1 348	1 598
Parts de fonds d'investissement	..	..	182	181	157	153	168	149
Parts de fonds d'investissement monétaires	..	..	..	..	..	..	..	0
Parts de fonds d'investissement non monétaires	..	..	182	181	157	153	168	149
Systèmes d'assurance, de pensions et garanties standard	..	..	..	..	..	..	..	..
Produits financiers dérivés et options sur titres des salariés	..	..	0	0	0	0	0	0
Autres comptes à recevoir	..	..	7	11	9	12	9	6
Passifs financiers	..	..	2 220	2 276	1 785	1 805	1 819	2 113
Titres de dette	..	..	..	..	..	..	..	..
Titres de dette à court terme	..	..	..	..	..	..	..	..
Titres de dette à long terme	..	..	..	..	..	..	..	..
Crédits	..	..	16	13	8	0	0	0
Crédits à court terme	..	..	16	13	8	0	0	0
Crédits à long terme	..	..	..	..	..	..	..	..
Actions et parts de fonds d'investissement	..	..	2 182	2 239	1 764	1 794	1 803	2 106
Systèmes d'assurance, de pensions et garanties standard	..	..	..	..	..	..	..	..
Produits financiers dérivés et options sur titres des salariés	..	..	0	0	0	0	0	0
Autres comptes à payer	..	..	22	24	13	11	16	7
Actifs non financiers	..	..	..	..	..	..	..	..
Fonds d'investissement non monéaires à capital variable								
Valeur nette financière	..	..	..	..	..	..	..	..
Actifs financiers	..	..	1 842	2 036	1 785	1 805	1 819	2 113

Tableau 2. Actifs financiers des fonds d'investissement *(suite)*

Millions EUR

	2007	2008	2009	2010	2011	2012	2013	2014
Numéraire et dépôts	..	..	155	127	127	121	87	111
Titres de dette	..	..	197	222	242	239	206	250
Crédits	..	..	..	..	..	..	..	..
Actions et parts de fonds d'investissement	..	..	1 484	1 675	1 407	1 433	1 516	1 746
Actions	..	..	1 319	1 500	1 250	1 280	1 348	1 598
Parts de fonds d'investissement	..	..	165	176	157	153	168	149
Parts de fonds d'investissement monétaires	..	..	..	..	..	..	..	0
Parts de fonds d'investissement non monétaires	..	..	165	176	157	153	168	149
Systèmes d'assurance, de pensions et garanties standard	..	..	..	..	..	..	..	..
Produits financiers dérivés et options sur titres des salariés	..	..	0	0	0	0	0	0
Autres comptes à recevoir	..	..	6	11	9	12	9	6
Passifs financiers	..	..	1 842	2 036	1 785	1 805	1 819	2 113
Titres de dette	..	..	..	..	..	..	..	..
Titres de dette à court terme	..	..	..	..	..	..	..	..
Titres de dette à long terme	..	..	..	..	..	..	..	..
Crédits	..	..	0	0	8	0	0	0
Crédits à court terme	..	..	0	0	8	0	0	0
Crédits à long terme	..	..	..	..	..	..	..	..
Actions et parts de fonds d'investissement	..	..	1 828	2 017	1 764	1 794	1 803	2 106
Systèmes d'assurance, de pensions et garanties standard	..	..	..	..	..	..	..	..
Produits financiers dérivés et options sur titres des salariés	..	..	0	0	0	0	0	0
Autres comptes à payer	..	..	14	19	13	11	16	7
Actifs non financiers	..	..	..	..	..	..	..	..
Fonds d'investissement à capital variable								
Valeur nette financière	..	..	..	..	..	..	..	..
Actifs financiers	..	..	1 856	2 048	1 811	1 831	1 855	2 151
Numéraire et dépôts	..	..	169	140	147	136	110	136
Titres de dette	..	..	197	222	248	250	220	263
Crédits	..	..	..	..	..	..	..	..
Actions et parts de fonds d'investissement	..	..	1 484	1 675	1 407	1 433	1 516	1 746
Actions	..	..	1 319	1 500	1 250	1 280	1 348	1 598
Parts de fonds d'investissement	..	..	165	176	157	153	168	149
Parts de fonds d'investissement monétaires	..	..	..	..	..	..	..	0
Parts de fonds d'investissement non monétaires	..	..	165	176	157	153	168	149
Systèmes d'assurance, de pensions et garanties standard	..	..	..	..	..	..	..	..
Produits financiers dérivés et options sur titres des salariés	..	..	0	0	0	0	0	0
Autres comptes à recevoir	..	..	6	11	9	12	9	6
Passifs financiers	..	..	1 856	2 048	1 811	1 831	1 855	2 151
Titres de dette	..	..	..	..	..	..	..	..
Titres de dette à court terme	..	..	..	..	..	..	..	..
Titres de dette à long terme	..	..	..	..	..	..	..	..
Crédits	..	..	0	0	8	0	0	0
Crédits à court terme	..	..	0	0	8	0	0	0
Crédits à long terme	..	..	..	..	..	..	..	..
Actions et parts de fonds d'investissement	..	..	1 842	2 030	1 790	1 817	1 840	2 143
Systèmes d'assurance, de pensions et garanties standard	..	..	..	..	..	..	..	..
Produits financiers dérivés et options sur titres des salariés	..	..	0	0	0	0	0	0
Autres comptes à payer	..	..	14	19	13	13	16	8
Actifs non financiers	..	..	..	..	..	..	..	..

Note : Voir les métadonnées détaillées sur : http://metalinks.oecd.org/instinv/20160427/9719

SLOVÉNIE

Tableau 3. Actifs financiers des sociétés d'assurance et fonds de pension

Millions EUR

	2007	2008	2009	2010	2011	2012	2013	2014
Sociétés d'assurance et fonds de pension								
Valeur nette financière	..	..	-269	-78	-41	164	213	275
Actifs financiers	..	..	6 705	7 344	7 533	8 275	8 614	9 463
Numéraire et dépôts	..	..	739	967	1 151	950	686	781
Titres de dette	..	..	3 700	3 938	3 889	4 440	4 882	5 438
Crédits	..	..	145	151	196	174	166	150
Actions et parts de fonds d'investissement	..	..	1 634	1 830	1 841	2 153	2 307	2 597
Actions	..	..	826	761	779	827	858	929
Parts de fonds d'investissement	..	..	808	1 069	1 062	1 326	1 449	1 667
Parts de fonds d'investissement monétaires	..	..	..	..	..	..	..	..
Parts de fonds d'investissement non monétaires	..	..	..	..	..	..	..	..
Systèmes d'assurance, de pensions et garanties standard	..	..	218	184	183	225	201	216
Produits financiers dérivés et options sur titres des salariés	..	..	4	4	4	4	2	0
Autres comptes à recevoir	..	..	266	269	270	330	370	282
Passifs financiers	..	..	6 974	7 422	7 574	8 111	8 401	9 189
Titres de dette	..	..	56	49	49	45	37	38
Titres de dette à court terme	..	..	0	0	0	0	0	0
Titres de dette à long terme	..	..	56	49	49	45	37	38
Crédits	..	..	60	61	57	37	31	26
Crédits à court terme	..	..	14	11	20	3	5	0
Crédits à long terme	..	..	46	51	38	34	26	26
Actions et parts de fonds d'investissement	..	..	1 148	973	972	1 215	1 348	1 690
Systèmes d'assurance, de pensions et garanties standard	..	..	5 544	6 155	6 297	6 553	6 684	7 209
Produits financiers dérivés et options sur titres des salariés	..	..	0	0	0	0	0	0
Autres comptes à payer	..	..	166	184	200	262	301	226
Actifs non financiers	..	..	..	..	..	..	..	..
Sociétés d'assurance								
Valeur nette financière	..	..	-300	-69	-32	174	207	195
Actifs financiers	..	..	5 020	5 396	5 491	6 197	6 475	7 046
Numéraire et dépôts	..	..	374	488	594	488	365	327
Titres de dette	..	..	2 640	2 819	2 750	3 256	3 590	4 098
Crédits	..	..	96	105	129	121	112	112
Actions et parts de fonds d'investissement	..	..	1 424	1 529	1 563	1 779	1 852	2 019
Actions	..	..	706	647	703	754	794	830
Parts de fonds d'investissement	..	..	718	883	860	1 025	1 058	1 189
Parts de fonds d'investissement monétaires	..	..	..	..	..	..	..	..
Parts de fonds d'investissement non monétaires	..	..	..	..	..	..	..	..
Systèmes d'assurance, de pensions et garanties standard	..	..	218	184	183	225	201	216
Produits financiers dérivés et options sur titres des salariés	..	..	4	4	4	4	2	0
Autres comptes à recevoir	..	..	263	266	267	324	354	273
Passifs financiers	..	..	5 320	5 465	5 523	6 023	6 268	6 851
Titres de dette	..	..	56	49	49	45	37	38
Titres de dette à court terme	..	..	0	0	0	0	0	0
Titres de dette à long terme	..	..	56	49	49	45	37	38
Crédits	..	..	60	60	57	37	31	26
Crédits à court terme	..	..	14	11	20	3	5	0
Crédits à long terme	..	..	46	49	38	34	26	26
Actions et parts de fonds d'investissement	..	..	1 118	939	936	1 176	1 308	1 648
Systèmes d'assurance, de pensions et garanties standard	..	..	3 926	4 240	4 308	4 512	4 599	4 927
Produits financiers dérivés et options sur titres des salariés	..	..	0	0	0	0	0	0
Autres comptes à payer	..	..	160	177	173	252	293	213
Actifs non financiers	..	..	..	..	..	..	..	..
Fonds de pension								
Valeur nette financière	..	..	31	-9	-9	-11	6	80
Actifs financiers	..	..	1 685	1 948	2 042	2 078	2 139	2 418
Numéraire et dépôts	..	..	365	479	556	462	322	454
Titres de dette	..	..	1 059	1 119	1 139	1 184	1 292	1 340
Crédits	..	..	48	46	67	53	54	37
Actions et parts de fonds d'investissement	..	..	210	301	277	374	455	578
Actions	..	..	120	114	76	73	64	99
Parts de fonds d'investissement	..	..	90	186	201	301	391	479
Parts de fonds d'investissement monétaires	..	..	..	..	..	..	..	..
Parts de fonds d'investissement non monétaires	..	..	..	..	..	..	..	..
Systèmes d'assurance, de pensions et garanties standard	..	..	0	0	0	0	0	0
Produits financiers dérivés et options sur titres des salariés	..	..	0	0	0	0	0	0
Autres comptes à recevoir	..	..	3	3	3	6	15	9
Passifs financiers	..	..	1 654	1 957	2 052	2 089	2 133	2 337
Titres de dette	..	..	0	0	0	0	0	0
Titres de dette à court terme	..	..	0	0	0	0	0	0
Titres de dette à long terme	..	..	0	0	0	0	0	0
Crédits	..	..	0	2	0	0	0	0
Crédits à court terme	..	..	0	0	0	0	0	0
Crédits à long terme	..	..	0	2	0	0	0	0
Actions et parts de fonds d'investissement	..	..	30	34	36	39	40	43
Systèmes d'assurance, de pensions et garanties standard	..	..	1 618	1 914	1 989	2 041	2 085	2 281
Produits financiers dérivés et options sur titres des salariés	..	..	0	0	0	0	0	0
Autres comptes à payer	..	..	6	7	26	10	8	13
Actifs non financiers	..	..	..	..	..	..	..	..

Note : Voir les métadonnées détaillées sur : http://metalinks.oecd.org/instinv/20160427/9719

Tableau 4. Composition du portefeuille par type d'investisseur

En pourcentage des actifs financiers et des passifs financiers

Pour cent

	2007	2008	2009	2010	2011	2012	2013	2014
Fonds d'investissement								
Actifs financiers	..	..	100.0	100.0	100.0	100.0	100.0	100.0
Numéraire et dépôts	..	..	8.5	7.1	8.1	7.4	5.9	6.3
Titres de dettes	..	..	10.0	10.2	13.7	13.6	11.9	12.2
Crédits	..	..	0.0	0.0	0.0	0.0	0.0	0.0
Actions et parts de fonds d'investissement	..	..	81.2	82.2	77.7	78.3	81.7	81.2
Systèmes d'assurance de pensions et garanties standard	..	..	0.0	0.0	0.0	0.0	0.0	0.0
Produits financiers dérivés et options sur titres des salariés	..	..	0.0	0.0	0.0	0.0	0.0	0.0
Autres comptes à recevoir	..	..	0.3	0.5	0.5	0.7	0.5	0.3
Passifs financiers	..	..	100.0	100.0	100.0	100.0	100.0	100.0
Numéraire et dépôts	..	..	0.0	0.0	0.0	0.0	0.0	0.0
Titres de dettes	..	..	0.0	0.0	0.0	0.0	0.0	0.0
Crédits	..	..	0.7	0.6	0.4	0.0	0.0	0.0
Actions et parts de fonds d'investissement	..	..	98.3	98.4	98.8	99.3	99.1	99.6
Systèmes d'assurance de pensions et garanties standard	..	..	0.0	0.0	0.0	0.0	0.0	0.0
Produits financiers dérivés et options sur titres des salariés	..	..	0.0	0.0	0.0	0.0	0.0	0.0
Autres comptes à recevoir	..	..	1.0	1.1	0.7	0.7	0.9	0.4
Sociétés d'assurance								
Actifs financiers	..	..	100.0	100.0	100.0	100.0	100.0	100.0
Numéraire et dépôts	..	..	7.4	9.0	10.8	7.9	5.6	4.6
Titres de dettes	..	..	52.6	52.2	50.1	52.5	55.4	58.2
Crédits	..	..	1.9	1.9	2.4	2.0	1.7	1.6
Actions et parts de fonds d'investissement	..	..	28.4	28.3	28.5	28.7	28.6	28.7
Systèmes d'assurance de pensions et garanties standard	..	..	4.3	3.4	3.3	3.6	3.1	3.1
Produits financiers dérivés et options sur titres des salariés	..	..	0.1	0.1	0.1	0.1	0.0	0.0
Autres comptes à recevoir	..	..	5.2	4.9	4.9	5.2	5.5	3.9
Passifs financiers	..	..	100.0	100.0	100.0	100.0	100.0	100.0
Numéraire et dépôts	..	..	0.0	0.0	0.0	0.0	0.0	0.0
Titres de dettes	..	..	1.1	0.9	0.9	0.8	0.6	0.6
Crédits	..	..	1.1	1.1	1.0	0.6	0.5	0.4
Actions et parts de fonds d'investissement	..	..	21.0	17.2	16.9	19.5	20.9	24.0
Systèmes d'assurance de pensions et garanties standard	..	..	73.8	77.6	78.0	74.9	73.4	71.9
Produits financiers dérivés et options sur titres des salariés	..	..	0.0	0.0	0.0	0.0	0.0	0.0
Autres comptes à recevoir	..	..	3.0	3.2	3.1	4.2	4.7	3.1
Fonds de pension								
Actifs financiers	..	..	100.0	100.0	100.0	100.0	100.0	100.0
Numéraire et dépôts	..	..	21.7	24.6	27.2	22.2	15.0	18.8
Titres de dettes	..	..	62.9	57.4	55.8	57.0	60.4	55.4
Crédits	..	..	2.9	2.4	3.3	2.5	2.5	1.5
Actions et parts de fonds d'investissement	..	..	12.5	15.4	13.6	18.0	21.3	23.9
Systèmes d'assurance de pensions et garanties standard	..	..	0.0	0.0	0.0	0.0	0.0	0.0
Produits financiers dérivés et options sur titres des salariés	..	..	0.0	0.0	0.0	0.0	0.0	0.0
Autres comptes à recevoir	..	..	0.2	0.2	0.1	0.3	0.7	0.4
Passifs financiers	..	..	100.0	100.0	100.0	100.0	100.0	100.0
Numéraire et dépôts	..	..	0.0	0.0	0.0	0.0	0.0	0.0
Titres de dettes	..	..	0.0	0.0	0.0	0.0	0.0	0.0
Crédits	..	..	0.0	0.1	0.0	0.0	0.0	0.0
Actions et parts de fonds d'investissement	..	..	1.8	1.7	1.8	1.8	1.9	1.8
Systèmes d'assurance de pensions et garanties standard	..	..	97.8	97.8	97.0	97.7	97.7	97.6
Produits financiers dérivés et options sur titres des salariés	..	..	0.0	0.0	0.0	0.0	0.0	0.0
Autres comptes à recevoir	..	..	0.4	0.4	1.3	0.5	0.4	0.6

Note : Voir les métadonnées détaillées sur : http://metalinks.oecd.org/instinv/20160427/2c5e

Tableau 1. Actifs financiers des investisseurs institutionnels, 2014

Millions EUR (1999 ESP euro)

			Fonds d'investissement			
		Total	Fonds d'investissement non-monétaire			Fonds d'investissement monétaires
			Total	Fonds d'investissement à capital variable, non monétaire	Fonds d'investissement à capital fixe, non monétaire	Total
2	Actifs financiers	233 630	226 321	1 785	224 536	7 309
2.1	Numéraire et dépôts	43 301	40 968	235	40 733	2 333
2.2	Titres de dette	119 003	114 301	229	114 072	4 702
2.2.1	Titres de dette à court terme	11 003	6 301	52	6 249	4 702
2.2.2	Titres de dette à long terme	108 000	108 000	177	107 823	0
2.2.3	Titres de dette émis par les résidents	87 889	84 960	102	84 858	2 929
2.2.4	Titres de dette émis par les non-résidents	31 113	29 340	127	29 214	1 773
2.3	Crédits	226	..	..	..	226
2.3.1	Crédits à court terme	226	..	..	..	226
2.3.2	Crédits à long terme	..	..	..	..	..
2.3.3	Crédits accordés aux résidents	226	..	..	..	226
2.3.4	Crédits accordés aux non-résidents	0	..	..	..	0
2.4	Actions et parts de fonds d'investissement	67 410	67 404	1 262	66 142	6
2.4.1	Actions et parts de fonds d'investissements émises par les résidents	18 819	18 815	157	18 658	4
2.4.2	Actions et part de fonds d'investissements émises par les non-résidents	48 591	48 590	1 106	47 484	2
2.5	Autres comptes à recevoir	2 363	2 321	52	2 269	42

			Fonds d'investissement			
		Total	Fonds d'investissement non-monétaire			Fonds d'investissement monétaires
			Total	Fonds d'investissement à capital variable, non monétaire	Fonds d'investissement à capital fixe, non monétaire	Total
2	Pasifs financiers	235 108	227 799	1 785	226 014	7 309
2.1	Numéraire et dépôts	..	..	..	..	..
2.2	Titres de dette	..	..	..	..	..
2.2.1	Titres de dette à court terme	..	..	..	..	..
2.2.2	Titres de dette à long terme	..	..	..	..	..
2.3	Crédits	456	447	0	447	9
2.3.1	Crédits à court terme	456	447	0	447	9
2.3.2	Crédits à long terme	0	..	..	..	0
2.4	Actions et parts de fonds d'investissement	232 871	225 573	1 720	223 852	7 299
2.5	Systèmes d'assurance, de pensions et garanties standard	..	..	..	..	..
2.5	Produits financiers dérivés et options sur titres des salariés	417	417	8	409	..
2.8	Autres comptes à payer	1 363	1 363	57	1 306	1

			Sociétés d'assurance et fonds de pension autonomes			
		Total	Sociétés d'assurance			Fonds de pension autonomes
			Total	Sociétés d'assurance vie	Sociétés d'assurance non-vie	Total
2	Actifs financiers	400 088	275 130	..	..	124 958
2.1	Numéraire et dépôts	59 709	44 398	..	..	15 311
2.2	Titres de dette	242 591	170 163	..	..	72 428
2.2.1	Titres de dette à court terme	8 371	5 071	..	..	3 300
2.2.2	Titres de dette à long terme	234 220	165 092	..	..	69 128
2.2.3	Titres de dette émis par les résidents	169 579	113 397	..	..	56 182
2.2.4	Titres de dette émis par les non-résidents	73 012	56 766	..	..	16 246
2.3	Crédits	5 333	5 323	..	..	10
2.3.1	Crédits à court terme	2 640	2 640	..	..	0
2.3.2	Crédits à long terme	2 693	2 683	..	..	10
2.3.3	Crédits accordés aux résidents	3 221	3 211	..	..	10
2.3.4	Crédits accordés aux non-résidents	2 112	2 112	..	..	0
2.4	Actions et parts de fonds d'investissement	57 032	30 068	..	..	26 964
2.4.1	Actions et parts de fonds d'investissement émises par les résidents	31 856	23 810	..	..	8 046
2.4.2	Actions et parts de fonds d'investissement émises par les non-résidents	25 176	6 258	..	..	18 918
2.5	Autrescomptes à recevoir	35 423	25 178	..	..	10 245

			Sociétés d'assurance et fonds de pension autonomes			
		Total	Sociétés d'assurance			Fonds de pension autonomes
			Total	Sociétés d'assurance vie	Sociétés d'assurance non-vie	Total
2	Pasifs financiers	428 856	304 358	..	..	124 498
2.1	Numéraire et dépôts	0	0	..	..	0
2.2	Titres de dette	0	0	..	..	0
2.2.1	Titres de dette à court terme	0	0	..	..	0
2.2.2	Titres de dette à long terme	0	0	..	..	0
2.3	Crédits	19 364	19 364	..	..	0
2.3.1	Crédits à court terme	17 690	17 690	..	..	0
2.3.2	Crédits à long terme	1 674	1 674	..	..	0
2.4	Actions et parts de fonds d'investissement	44 335	44 335	..	..	0
2.5	Systèmes d'assurance, de pensions et garanties standard	357 519	233 422	..	..	124 097
2.5	Produits financiers dérivés et options sur titres des salariés	..	..	..	..	..
2.8	Autres comptes à payer	7 638	7 237	..	..	401

Note : Voir les métadonnées détaillées sur : http://metalinks.oecd.org/instinv/20160427/8a8b

ESPAGNE

Tableau 2. Actifs financiers des fonds d'investissement

Millions EUR

	2007	2008	2009	2010	2011	2012	2013	2014
Fonds d'investissement								
Valeur nette financière	-8 446	-8 626	-7 306	-7 036	-5 375	-5 028	-5 346	-1 478
Actifs financiers	289 319	204 362	199 694	172 952	157 190	150 185	187 089	233 630
Numéraire et dépôts	..	49 730	41 083	35 177	27 535	26 810	39 133	43 301
Titres de dette	..	111 569	112 614	92 223	94 234	87 273	98 663	119 003
Crédits	..	6 380	3 622	2 032	802	600	368	226
Actions et parts de fonds d'investissement	..	32 409	38 339	40 417	32 261	32 812	45 430	67 410
Actions	..	14 168	18 927	18 997	15 769	16 440	23 661	30 372
Parts de fonds d'investissement	..	18 241	19 412	21 419	16 492	16 371	21 769	37 038
Parts de fonds d'investissement monétaires	..	2 611	1 310	999	1 114	875	722	563
Parts de fonds d'investissement non monétaires	..	15 630	18 102	20 420	15 378	15 497	21 047	36 475
Systèmes d'assurance, de pensions et garanties standard	..	0	0	0	0	0	0	0
Produits financiers dérivés et options sur titres des salariés	..	2 351	2 297	1 596	1 102	1 159	1 440	1 327
Autres comptes à recevoir	..	1 922	1 739	1 508	1 255	1 532	2 054	2 363
Passifs financiers	297 765	212 988	207 000	179 988	162 565	155 213	192 435	235 108
Titres de dette	..	..	..	..	..	..	..	..
Titres de dette à court terme	..	..	..	..	..	..	..	..
Titres de dette à long terme	..	..	..	..	..	..	..	..
Crédits	..	536	631	648	538	534	864	456
Crédits à court terme	..	536	631	648	538	534	864	456
Crédits à long terme	..	0	0	0	0	0	0	0
Actions et parts de fonds d'investissement	296 657	210 091	204 182	177 509	160 555	153 296	190 028	232 871
Systèmes d'assurance, de pensions et garanties standard	..	..	..	..	..	..	..	..
Produits financiers dérivés et options sur titres des salariés	..	1 101	958	671	637	521	363	417
Autres comptes à payer	1 108	1 260	1 229	1 160	835	863	1 180	1 363
Actifs non financiers	..	7 950	7 238	6 975	5 292	4 939	5 258	1 478
Fonds d'investissement monéaires								
Valeur nette financière	0	-677	-68	-61	-83	-89	-88	0
Actifs financiers	0	27 578	13 458	8 107	7 972	6 903	8 343	7 309
Numéraire et dépôts	..	2 860	1 543	1 987	2 064	1 247	2 328	2 333
Titres de dette	..	17 999	8 293	4 088	5 104	5 055	5 644	4 702
Crédits	..	6 380	3 622	2 032	802	600	368	226
Actions et parts de fonds d'investissement	..	338	0	0	2	1	3	6
Actions	..	..	..	..	..	..	..	..
Parts de fonds d'investissement	..	338	0	0	2	1	3	6
Parts de fonds d'investissement monétaires	..	338	0	0	2	1	3	4
Parts de fonds d'investissement non monétaires	..	0	0	0	0	0	0	2
Systèmes d'assurance, de pensions et garanties standard	..	..	..	..	..	..	..	..
Produits financiers dérivés et options sur titres des salariés	..	..	..	..	..	..	..	..
Autres comptes à recevoir	..	0	0	0	0	0	0	42
Passifs financiers	0	28 255	13 526	8 168	8 055	6 992	8 432	7 309
Titres de dette	..	..	..	..	..	..	..	..
Titres de dette à court terme	..	..	..	..	..	..	..	..
Titres de dette à long terme	..	..	..	..	..	..	..	..
Crédits	..	36	21	9	19	9	11	9
Crédits à court terme	..	36	21	9	19	9	11	9
Crédits à long terme	..	0	0	0	0	0	0	0
Actions et parts de fonds d'investissement	0	28 219	13 486	8 154	8 036	6 979	8 420	7 299
Systèmes d'assurance, de pensions et garanties standard	..	..	..	..	..	..	..	..
Produits financiers dérivés et options sur titres des salariés	..	..	..	..	..	..	..	..
Autres comptes à payer	0	0	19	5	0	4	1	1
Actifs non financiers	..	..	..	..	..	..	..	..
Fonds d'investissement non monéaires								
Valeur nette financière	-8 446	-7 950	-7 238	-6 975	-5 292	-4 939	-5 258	-1 478
Actifs financiers	289 319	176 783	186 236	164 845	149 218	143 282	178 745	226 321
Numéraire et dépôts	..	46 870	39 540	33 190	25 471	25 563	36 805	40 968
Titres de dette	..	93 570	104 321	88 135	89 130	82 218	93 019	114 301
Crédits	..	..	..	..	..	..	..	..
Actions et parts de fonds d'investissement	..	32 070	38 339	40 417	32 259	32 811	45 427	67 404
Actions	..	14 168	18 927	18 997	15 769	16 440	23 661	30 372
Parts de fonds d'investissement	..	17 903	19 412	21 419	16 490	16 371	21 766	37 032
Parts de fonds d'investissement monétaires	..	2 273	1 310	999	1 112	874	719	559
Parts de fonds d'investissement non monétaires	..	15 630	18 102	20 420	15 378	15 497	21 047	36 473
Systèmes d'assurance, de pensions et garanties standard	..	..	..	..	..	..	..	..
Produits financiers dérivés et options sur titres des salariés	..	2 351	2 297	1 596	1 102	1 159	1 440	1 327
Autres comptes à recevoir	..	1 922	1 739	1 508	1 255	1 532	2 054	2 321
Passifs financiers	297 765	184 733	193 474	171 820	154 510	148 221	184 003	227 799
Titres de dette	..	..	..	..	..	..	..	..
Titres de dette à court terme	..	..	..	..	..	..	..	..
Titres de dette à long terme	..	..	..	..	..	..	..	..
Crédits	..	500	610	639	520	525	853	447
Crédits à court terme	..	500	610	639	520	525	853	447
Crédits à long terme	..	..	..	..	..	..	..	..
Actions et parts de fonds d'investissement	296 657	181 872	190 696	169 355	152 519	146 316	181 608	225 573
Systèmes d'assurance, de pensions et garanties standard	..	..	..	..	..	..	..	..
Produits financiers dérivés et options sur titres des salariés	..	1 101	958	671	637	521	363	417
Autres comptes à payer	1 108	1 260	1 210	1 156	834	859	1 179	1 363
Actifs non financiers	..	7 950	7 238	6 975	5 292	4 939	5 258	1 478
Fonds d'investissement non monéaires à capital variable								
Valeur nette financière	..	0	0	0	0	0	0	0
Actifs financiers	..	2 079	1 537	1 432	1 275	1 376	1 432	1 785

Tableau 2. Actifs financiers des fonds d'investissement *(suite)*

Millions EUR

	2007	2008	2009	2010	2011	2012	2013	2014
Numéraire et dépôts	..	436	302	187	220	303	299	235
Titres de dette	..	68	84	73	72	93	110	229
Crédits	..	..	..	..	..	..	..	..
Actions et parts de fonds d'investissement	..	1 444	892	1 027	954	900	972	1 262
Actions	..	150	197	357	369	368	490	677
Parts de fonds d'investissement	..	1 294	695	670	585	532	483	585
Parts de fonds d'investissement monétaires	..	0	61	0	0	0	2	0
Parts de fonds d'investissement non monétaires	..	1 294	634	670	585	532	481	585
Systèmes d'assurance, de pensions et garanties standard	..	..	..	..	..	..	..	..
Produits financiers dérivés et options sur titres des salariés	..	0	33	15	2	9	8	7
Autres comptes à recevoir	..	130	227	130	26	71	42	52
Passifs financiers	..	2 079	1 537	1 432	1 275	1 376	1 432	1 785
Titres de dette	..	..	..	..	..	..	..	..
Titres de dette à court terme	..	..	..	..	..	..	..	..
Titres de dette à long terme	..	..	..	..	..	..	..	..
Crédits	..	0	0	0	0	0	0	0
Crédits à court terme	..	0	0	0	0	0	0	0
Crédits à long terme	..	..	..	..	..	..	..	..
Actions et parts de fonds d'investissement	..	1 955	1 440	1 362	1 232	1 352	1 341	1 720
Systèmes d'assurance, de pensions et garanties standard	..	..	..	..	..	..	..	..
Produits financiers dérivés et options sur titres des salariés	..	0	5	3	13	3	2	8
Autres comptes à payer	..	124	92	68	30	20	89	57
Actifs non financiers	..	0	0	0	0	0	0	0
Fonds d'investissement à capital variable								
Valeur nette financière	..	-677	-68	-61	-83	-89	-88	0
Actifs financiers	..	29 658	14 996	9 539	9 246	8 279	9 775	9 094
Numéraire et dépôts	..	3 297	1 845	2 174	2 284	1 550	2 628	2 568
Titres de dette	..	18 068	8 377	4 161	5 176	5 148	5 754	4 931
Crédits	..	6 380	3 622	2 032	802	600	368	226
Actions et parts de fonds d'investissement	..	1 783	892	1 027	956	901	975	1 268
Actions	..	150	197	357	369	368	490	677
Parts de fonds d'investissement	..	1 632	695	670	587	533	485	591
Parts de fonds d'investissement monétaires	..	338	61	0	2	1	4	4
Parts de fonds d'investissement non monétaires	..	1 294	634	670	585	532	481	587
Systèmes d'assurance, de pensions et garanties standard	..	..	..	..	..	..	..	..
Produits financiers dérivés et options sur titres des salariés	..	0	33	15	2	9	8	7
Autres comptes à recevoir	..	130	227	130	26	71	42	93
Passifs financiers	..	30 334	15 063	9 600	9 329	8 368	9 864	9 094
Titres de dette	..	..	..	..	..	..	..	..
Titres de dette à court terme	..	..	..	..	..	..	..	..
Titres de dette à long terme	..	..	..	..	..	..	..	..
Crédits	..	36	21	9	19	9	11	9
Crédits à court terme	..	36	21	9	19	9	11	9
Crédits à long terme	..	0	0	0	0	0	0	0
Actions et parts de fonds d'investissement	..	30 174	14 927	9 516	9 268	8 332	9 761	9 019
Systèmes d'assurance, de pensions et garanties standard	..	0	0	0	0	0	0	0
Produits financiers dérivés et options sur titres des salariés	..	0	5	3	13	3	2	8
Autres comptes à payer	..	125	111	72	30	24	90	57
Actifs non financiers	..	0	0	0	0	0	0	0

Note : Voir les métadonnées détaillées sur : http://metalinks.oecd.org/instinv/20160427/8a8b

Tableau 3. Actifs financiers des sociétés d'assurance et fonds de pension

Millions EUR

	2007	2008	2009	2010	2011	2012	2013	2014
Sociétés d'assurance et fonds de pension								
Valeur nette financière	4 986	2 458	1 782	-2 013	-6 252	-4 391	-15 703	-28 768
Actifs financiers	331 878	330 641	349 184	349 661	357 429	370 947	383 393	400 088
Numéraire et dépôts	58 801	68 697	65 178	65 374	63 969	63 176	63 157	59 709
Titres de dette	174 984	180 945	200 338	194 795	204 283	217 166	225 323	242 591
Crédits	3 674	6 098	5 567	7 493	7 724	7 742	7 443	5 333
Actions et parts de fonds d'investissement	59 618	42 994	46 792	49 481	48 641	46 480	51 954	57 032
Actions	..	..	..	..	..	..	..	..
Parts de fonds d'investissement	..	..	..	..	..	..	..	..
Parts de fonds d'investissement monétaires	..	..	..	..	..	..	..	..
Parts de fonds d'investissement non monétaires	..	..	..	..	..	..	..	..
Systèmes d'assurance, de pensions et garanties standard	..	..	..	..	..	..	..	..
Produits financiers dérivés et options sur titres des salariés	..	..	..	..	..	..	..	..
Autres comptes à recevoir	34 801	31 907	31 309	32 518	32 812	36 383	35 516	35 423
Passifs financiers	326 892	328 183	347 402	351 674	363 681	375 338	399 096	428 856
Titres de dette	341	341	311	296	296	146	146	0
Titres de dette à court terme	0	0	0	0	0	0	0	0
Titres de dette à long terme	341	341	311	296	296	146	146	0
Crédits	6 421	10 971	10 968	12 366	19 249	17 578	17 317	19 364
Crédits à court terme	5 652	9 732	9 144	11 264	17 841	16 547	16 136	17 690
Crédits à long terme	769	1 239	1 824	1 102	1 408	1 031	1 181	1 674
Actions et parts de fonds d'investissement	26 580	27 818	31 412	30 967	31 925	34 835	41 173	44 335
Systèmes d'assurance, de pensions et garanties standard	286 506	283 952	299 754	300 553	305 456	315 767	333 778	357 519
Produits financiers dérivés et options sur titres des salariés	..	..	..	..	..	..	..	..
Autres comptes à payer	7 044	5 101	4 957	7 492	6 755	7 012	6 682	7 638
Actifs non financiers	8 099	9 178	9 830	10 513	9 977	10 241	10 922	11 161
Sociétés d'assurance								
Valeur nette financière	8 422	2 599	2 463	-1 434	-5 597	-3 697	-14 903	-29 228
Actifs financiers	230 629	234 001	245 667	244 236	253 511	262 655	268 148	275 130
Numéraire et dépôts	42 711	49 509	48 104	47 431	50 504	48 179	48 229	44 398
Titres de dette	122 269	128 098	140 804	137 216	141 880	155 980	158 551	170 163
Crédits	3 166	5 764	5 298	7 345	7 650	7 704	7 417	5 323
Actions et parts de fonds d'investissement	36 242	27 958	28 929	29 723	30 927	25 005	28 609	30 068
Actions	..	..	..	..	..	..	..	..
Parts de fonds d'investissement	..	..	..	..	..	..	..	..
Parts de fonds d'investissement monétaires	..	..	..	..	..	..	..	..
Parts de fonds d'investissement non monétaires	..	..	..	..	..	..	..	..
Systèmes d'assurance, de pensions et garanties standard	..	..	..	..	..	..	..	..
Produits financiers dérivés et options sur titres des salariés	..	..	..	..	..	..	..	..
Autres comptes à recevoir	26 241	22 672	22 532	22 521	22 550	25 787	25 342	25 178
Passifs financiers	222 207	231 402	243 204	245 670	259 108	266 352	283 051	304 358
Titres de dette	341	341	311	296	296	146	146	0
Titres de dette à court terme	0	0	0	0	0	0	0	0
Titres de dette à long terme	341	341	311	296	296	146	146	0
Crédits	6 421	10 971	10 968	12 366	19 249	17 578	17 317	19 364
Crédits à court terme	5 652	9 732	9 144	11 264	17 841	16 547	16 136	17 690
Crédits à long terme	769	1 239	1 824	1 102	1 408	1 031	1 181	1 674
Actions et parts de fonds d'investissement	26 580	27 818	31 412	30 967	31 925	34 835	41 173	44 335
Systèmes d'assurance, de pensions et garanties standard	182 265	187 447	195 787	195 005	201 149	206 997	217 980	233 422
Produits financiers dérivés et options sur titres des salariés	..	..	..	..	..	..	..	..
Autres comptes à payer	6 600	4 825	4 726	7 036	6 489	6 796	6 435	7 237
Actifs non financiers	7 440	8 963	9 607	10 273	9 747	10 012	10 720	10 977
Fonds de pension								
Valeur nette financière	-3 436	-141	-681	-579	-655	-694	-800	460
Actifs financiers	101 249	96 640	103 517	105 425	103 918	108 292	115 245	124 958
Numéraire et dépôts	16 090	19 188	17 074	17 943	13 465	14 997	14 928	15 311
Titres de dette	52 715	52 847	59 534	57 579	62 403	61 186	66 772	72 428
Crédits	508	334	269	148	74	38	26	10
Actions et parts de fonds d'investissement	23 376	15 036	17 863	19 758	17 714	21 475	23 345	26 964
Actions	..	..	..	..	..	..	..	..
Parts de fonds d'investissement	..	..	..	..	..	..	..	..
Parts de fonds d'investissement monétaires	..	..	..	..	..	..	..	..
Parts de fonds d'investissement non monétaires	..	..	..	..	..	..	..	..
Systèmes d'assurance, de pensions et garanties standard	..	..	..	..	..	..	..	..
Produits financiers dérivés et options sur titres des salariés	..	..	..	..	..	..	..	..
Autres comptes à recevoir	8 560	9 235	8 777	9 997	10 262	10 596	10 174	10 245
Passifs financiers	104 685	96 781	104 198	106 004	104 573	108 986	116 045	124 498
Titres de dette	0	0	0	0	0	0	0	0
Titres de dette à court terme	0	0	0	0	0	0	0	0
Titres de dette à long terme	0	0	0	0	0	0	0	0
Crédits	0	0	0	0	0	0	0	0
Crédits à court terme	0	0	0	0	0	0	0	0
Crédits à long terme	0	0	0	0	0	0	0	0
Actions et parts de fonds d'investissement	0	0	0	0	0	0	0	0
Systèmes d'assurance, de pensions et garanties standard	104 241	96 505	103 967	105 548	104 307	108 770	115 798	124 097
Produits financiers dérivés et options sur titres des salariés	..	..	..	..	..	..	..	..
Autres comptes à payer	444	276	231	456	266	216	247	401
Actifs non financiers	659	215	223	240	230	229	202	184

Note : Voir les métadonnées détaillées sur : http://metalinks.oecd.org/instinv/20160427/8a8b

Tableau 4. Composition du portefeuille par type d'investisseur

En pourcentage des actifs financiers et des passifs financiers

Pour cent

	2007	2008	2009	2010	2011	2012	2013	2014
Fonds d'investissement								
Actifs financiers	100.0	100.0	100.0	100.0	100.0	100.0	100.0	100.0
Numéraire et dépôts	..	24.3	20.6	20.3	17.5	17.9	20.9	18.5
Titres de dettes	..	54.6	56.4	53.3	59.9	58.1	52.7	50.9
Crédits	..	3.1	1.8	1.2	0.5	0.4	0.2	0.1
Actions et parts de fonds d'investissement	..	15.9	19.2	23.4	20.5	21.8	24.3	28.9
Systèmes d'assurance de pensions et garanties standard	..	0.0	0.0	0.0	0.0	0.0	0.0	0.0
Produits financiers dérivés et options sur titres des salariés	..	1.2	1.2	0.9	0.7	0.8	0.8	0.6
Autres comptes à recevoir	..	0.9	0.9	0.9	0.8	1.0	1.1	1.0
Passifs financiers	100.0	100.0	100.0	100.0	100.0	100.0	100.0	100.0
Numéraire et dépôts	0.0	0.0	0.0	0.0	0.0	0.0	0.0	0.0
Titres de dettes	0.0	0.0	0.0	0.0	0.0	0.0	0.0	0.0
Crédits	0.0	0.3	0.3	0.4	0.3	0.3	0.4	0.2
Actions et parts de fonds d'investissement	99.6	98.6	98.6	98.6	98.8	98.8	98.7	99.0
Systèmes d'assurance de pensions et garanties standard	0.0	0.0	0.0	0.0	0.0	0.0	0.0	0.0
Produits financiers dérivés et options sur titres des salariés	0.0	0.5	0.5	0.4	0.4	0.3	0.2	0.2
Autres comptes à recevoir	0.4	0.6	0.6	0.6	0.5	0.6	0.6	0.6
Sociétés d'assurance								
Actifs financiers	100.0	100.0	100.0	100.0	100.0	100.0	100.0	100.0
Numéraire et dépôts	18.5	21.2	19.6	19.4	19.9	18.3	18.0	16.1
Titres de dettes	53.0	54.7	57.3	56.2	56.0	59.4	59.1	61.8
Crédits	1.4	2.5	2.2	3.0	3.0	2.9	2.8	1.9
Actions et parts de fonds d'investissement	15.7	11.9	11.8	12.2	12.2	9.5	10.7	10.9
Systèmes d'assurance de pensions et garanties standard	0.0	0.0	0.0	0.0	0.0	0.0	0.0	0.0
Produits financiers dérivés et options sur titres des salariés	0.0	0.0	0.0	0.0	0.0	0.0	0.0	0.0
Autres comptes à recevoir	11.4	9.7	9.2	9.2	8.9	9.8	9.5	9.2
Passifs financiers	100.0	100.0	100.0	100.0	100.0	100.0	100.0	100.0
Numéraire et dépôts	0.0	0.0	0.0	0.0	0.0	0.0	0.0	0.0
Titres de dettes	0.2	0.1	0.1	0.1	0.1	0.1	0.1	0.0
Crédits	2.9	4.7	4.5	5.0	7.4	6.6	6.1	6.4
Actions et parts de fonds d'investissement	12.0	12.0	12.9	12.6	12.3	13.1	14.5	14.6
Systèmes d'assurance de pensions et garanties standard	82.0	81.0	80.5	79.4	77.6	77.7	77.0	76.7
Produits financiers dérivés et options sur titres des salariés	0.0	0.0	0.0	0.0	0.0	0.0	0.0	0.0
Autres comptes à recevoir	3.0	2.1	1.9	2.9	2.5	2.6	2.3	2.4
Fonds de pension								
Actifs financiers	100.0	100.0	100.0	100.0	100.0	100.0	100.0	100.0
Numéraire et dépôts	15.9	19.9	16.5	17.0	13.0	13.8	13.0	12.3
Titres de dettes	52.1	54.7	57.5	54.6	60.1	56.5	57.9	58.0
Crédits	0.5	0.3	0.3	0.1	0.1	0.0	0.0	0.0
Actions et parts de fonds d'investissement	23.1	15.6	17.3	18.7	17.0	19.8	20.3	21.6
Systèmes d'assurance de pensions et garanties standard	0.0	0.0	0.0	0.0	0.0	0.0	0.0	0.0
Produits financiers dérivés et options sur titres des salariés	0.0	0.0	0.0	0.0	0.0	0.0	0.0	0.0
Autres comptes à recevoir	8.5	9.6	8.5	9.5	9.9	9.8	8.8	8.2
Passifs financiers	100.0	100.0	100.0	100.0	100.0	100.0	100.0	100.0
Numéraire et dépôts	0.0	0.0	0.0	0.0	0.0	0.0	0.0	0.0
Titres de dettes	0.0	0.0	0.0	0.0	0.0	0.0	0.0	0.0
Crédits	0.0	0.0	0.0	0.0	0.0	0.0	0.0	0.0
Actions et parts de fonds d'investissement	0.0	0.0	0.0	0.0	0.0	0.0	0.0	0.0
Systèmes d'assurance de pensions et garanties standard	99.6	99.7	99.8	99.6	99.7	99.8	99.8	99.7
Produits financiers dérivés et options sur titres des salariés	0.0	0.0	0.0	0.0	0.0	0.0	0.0	0.0
Autres comptes à recevoir	0.4	0.3	0.2	0.4	0.3	0.2	0.2	0.3

Note : Voir les métadonnées détaillées sur : http://metalinks.oecd.org/instinv/20160427/2c5e

SUÈDE

Tableau 1. Actifs financiers des investisseurs institutionnels, 2014

Millions SEK

			Fonds d'investissement			
		Total	Fonds d'investissement non-monétaire			Fonds d'investissement monétaires
			Total	Fonds d'investissement à capital variable, non monétaire	Fonds d'investissement à capital fixe, non monétaire	Total
2	Actifs financiers	3 013 495	2 841 818	..	..	171 677
2.1	Numéraire et dépôts	83 693	80 158	..	..	3 535
2.2	Titres de dette	756 253	588 878	..	..	167 375
2.2.1	Titres de dette à court terme	51 551	32 789	..	..	18 762
2.2.2	Titres de dette à long terme	704 702	556 089	..	..	148 613
2.2.3	Titres de dette émis par les résidents	580 910	428 258	..	..	152 652
2.2.4	Titres de dette émis par les non-résidents	175 343	160 620	..	..	14 723
2.3	Crédits	..	..	..	..	..
2.3.1	Crédits à court terme	..	..	..	..	..
2.3.2	Crédits à long terme	..	..	..	..	..
2.3.3	Crédits accordés aux résidents	..	..	..	..	..
2.3.4	Crédits accordés aux non-résidents	..	..	..	..	..
2.4	Actions et parts de fonds d'investissement	2 062 155	2 062 155	..	..	590
2.4.1	Actions et parts de fonds d'investissements émises par les résidents	734 930	734 930	..	..	112
2.4.2	Actions et part de fonds d'investissements émises par les non-résidents	1 327 225	1 327 225	..	..	478
2.5	Autres comptes à recevoir	82 665	81 898	..	..	767

			Fonds d'investissement			
		Total	Fonds d'investissement non-monétaire			Fonds d'investissement monétaires
			Total	Fonds d'investissement à capital variable, non monétaire	Fonds d'investissement à capital fixe, non monétaire	Total
2	Pasifs financiers	3 014 171	2 841 818	..	..	172 353
2.1	Numéraire et dépôts	22	..	..	..	22
2.2	Titres de dette	..	..	..	..	..
2.2.1	Titres de dette à court terme	..	..	..	..	..
2.2.2	Titres de dette à long terme	..	..	..	..	..
2.3	Crédits	15 106	15 106	..	..	..
2.3.1	Crédits à court terme	15 087	15 087	..	..	..
2.3.2	Crédits à long terme	19	19	..	..	..
2.4	Actions et parts de fonds d'investissement	2 770 354	2 598 597	..	..	171 757
2.5	Systèmes d'assurance, de pensions et garanties standard	..	..	..	..	..
2.5	Produits financiers dérivés et options sur titres des salariés	29 742	29 644	..	..	98
2.8	Autres comptes à payer	198 947	198 471	..	..	476

			Sociétés d'assurance et fonds de pension autonomes			
		Total	Sociétés d'assurance			Fonds de pension autonomes
			Total	Sociétés d'assurance vie	Sociétés d'assurance non-vie	Total
2	Actifs financiers	4 889 196	3 882 339	..	..	1 006 857
2.1	Numéraire et dépôts	146 807	138 818	..	..	7 989
2.2	Titres de dette	1 452 041	1 350 140	..	..	101 901
2.2.1	Titres de dette à court terme	27 730	25 359	..	..	2 371
2.2.2	Titres de dette à long terme	1 424 311	1 324 781	..	..	99 530
2.2.3	Titres de dette émis par les résidents	1 051 602	949 701	..	..	101 901
2.2.4	Titres de dette émis par les non-résidents	400 439	400 439	..	..	..
2.3	Crédits	97 131	96 115	..	..	1 016
2.3.1	Crédits à court terme	..	..	..	..	..
2.3.2	Crédits à long terme	97 131	96 115	..	..	1 016
2.3.3	Crédits accordés aux résidents	56 094	55 078	..	..	1 016
2.3.4	Crédits accordés aux non-résidents	41 037	41 037	..	..	..
2.4	Actions et parts de fonds d'investissement	3 069 177	2 173 910	..	..	895 267
2.4.1	Actions et parts de fonds d'investissement émises par les résidents	1 915 575	1 144 978	..	..	770 597
2.4.2	Actions et parts de fonds d'investissement émises par les non-résidents	1 153 602	1 028 932	..	..	124 670
2.5	Autrescomptes à recevoir	61 714	61 030	..	..	684

			Sociétés d'assurance et fonds de pension autonomes			
		Total	Sociétés d'assurance			Fonds de pension autonomes
			Total	Sociétés d'assurance vie	Sociétés d'assurance non-vie	Total
2	Pasifs financiers	4 429 345	3 436 006	..	..	993 339
2.1	Numéraire et dépôts	..	..	..	..	..
2.2	Titres de dette	4 659	4 659	..	..	..
2.2.1	Titres de dette à court terme	..	..	..	..	..
2.2.2	Titres de dette à long terme	4 659	4 659	..	..	..
2.3	Crédits	57 529	57 529	..	..	..
2.3.1	Crédits à court terme	37 546	37 546	..	..	..
2.3.2	Crédits à long terme	19 983	19 983	..	..	..
2.4	Actions et parts de fonds d'investissement	377 082	351 407	..	..	25 675
2.5	Systèmes d'assurance, de pensions et garanties standard	3 945 429	2 977 923	..	..	967 506
2.5	Produits financiers dérivés et options sur titres des salariés	33 361	33 361	..	..	..
2.8	Autres comptes à payer	11 285	11 127	..	..	158

Note : Voir les métadonnées détaillées sur : http://metalinks.oecd.org/instinv/20160427/3d3a

Tableau 2. Actifs financiers des fonds d'investissement

Millions SEK

	2007	2008	2009	2010	2011	2012	2013	2014
Fonds d'investissement								
Valeur nette financière	340	2 548	868	768	594	-293	-189	-676
Actifs financiers	1 563 830	1 095 265	1 530 257	1 791 065	1 642 754	1 898 630	2 370 488	3 013 495
Numéraire et dépôts	55 633	45 845	49 042	47 895	56 493	64 448	68 292	83 693
Titres de dette	319 754	303 846	343 870	369 698	396 064	401 475	488 478	756 253
Crédits	..	..	..	..	..	..	..	..
Actions et parts de fonds d'investissement	1 109 107	696 381	1 065 120	1 285 368	1 119 223	1 327 293	1 698 523	2 062 155
Actions	994 255	603 507	922 813	1 095 259	919 965	1 053 044	1 315 816	1 587 761
Parts de fonds d'investissement	114 852	92 874	142 307	190 109	199 258	274 249	382 707	474 394
Parts de fonds d'investissement monétaires	1 028	529	621	658	8 814	4 227	3 313	18 365
Parts de fonds d'investissement non monétaires	113 824	92 345	141 686	189 451	190 444	270 022	379 394	456 029
Systèmes d'assurance, de pensions et garanties standard	..	..	..	..	..	..	..	..
Produits financiers dérivés et options sur titres des salariés	14 684	16 921	8 938	9 753	16 463	15 120	21 066	28 729
Autres comptes à recevoir	64 652	32 272	63 287	78 351	54 511	90 294	94 129	82 665
Passifs financiers	1 563 490	1 092 717	1 529 389	1 790 297	1 642 160	1 898 923	2 370 677	3 014 171
Titres de dette	..	..	..	..	..	..	..	..
Titres de dette à court terme	..	..	..	..	..	..	..	..
Titres de dette à long terme	..	..	..	..	..	..	..	..
Crédits	27 708	12 830	19 902	19 348	10 773	6 623	6 543	15 106
Crédits à court terme	27 552	12 779	15 610	19 302	10 726	6 600	6 528	15 087
Crédits à long terme	156	51	4 292	46	47	23	15	19
Actions et parts de fonds d'investissement	1 416 170	1 017 159	1 393 334	1 635 074	1 534 817	1 737 559	2 158 229	2 770 354
Systèmes d'assurance, de pensions et garanties standard	..	..	..	..	..	..	..	..
Produits financiers dérivés et options sur titres des salariés	13 113	17 003	7 478	5 732	13 622	13 244	14 933	29 742
Autres comptes à payer	106 415	45 721	108 659	130 142	82 948	141 492	190 972	198 947
Actifs non financiers	..	..	..	..	..	..	..	..
Fonds d'investissement monéaires								
Valeur nette financière	340	2 548	868	768	594	-293	-189	-676
Actifs financiers	85 184	92 517	70 893	71 552	100 269	88 205	104 857	171 677
Numéraire et dépôts	1 348	1 848	1 330	1 066	2 235	1 908	1 523	3 535
Titres de dette	82 923	90 341	69 473	70 214	97 925	86 009	103 156	167 375
Crédits	..	..	..	..	..	..	..	..
Actions et parts de fonds d'investissement	871	882	103	155	39	2 698	3 669	590
Actions	..	..	..	..	..	..	..	478
Parts de fonds d'investissement	871	882	103	155	39	2 698	3 669	112
Parts de fonds d'investissement monétaires	..	5	6	..	1	1	..	30
Parts de fonds d'investissement non monétaires	871	877	97	155	38	2 697	3 669	82
Systèmes d'assurance, de pensions et garanties standard	..	..	..	..	..	..	..	..
Produits financiers dérivés et options sur titres des salariés	..	..	..	..	..	..	..	..
Autres comptes à recevoir	913	328	90	272	109	288	178	767
Passifs financiers	84 844	89 969	70 025	70 784	99 675	88 498	105 046	172 353
Titres de dette	..	..	..	..	..	..	..	..
Titres de dette à court terme	..	..	..	..	..	..	..	..
Titres de dette à long terme	..	..	..	..	..	..	..	..
Crédits	..	..	..	..	..	..	..	..
Crédits à court terme	..	..	..	..	..	..	..	..
Crédits à long terme	..	..	..	..	..	..	..	..
Actions et parts de fonds d'investissement	83 989	89 718	69 632	70 578	99 456	88 205	104 686	171 757
Systèmes d'assurance, de pensions et garanties standard	..	..	..	..	..	..	..	..
Produits financiers dérivés et options sur titres des salariés	2	36	5	18	81	46	44	98
Autres comptes à payer	769	211	372	187	138	242	316	476
Actifs non financiers	..	..	..	..	..	..	..	..
Fonds d'investissement non monéaires								
Valeur nette financière	415	-13 935	799	757	447	..	..	..
Actifs financiers	1 478 646	1 002 748	1 459 364	1 719 513	1 542 485	1 810 425	2 265 631	2 841 818
Numéraire et dépôts	54 285	43 997	47 712	46 829	54 258	62 540	66 769	80 158
Titres de dette	236 831	213 505	274 397	299 484	298 139	315 466	385 322	588 878
Crédits	..	..	..	..	..	..	..	..
Actions et parts de fonds d'investissement	1 109 107	696 381	1 065 120	1 285 368	1 119 223	1 327 293	1 698 523	2 062 155
Actions	994 255	603 507	922 813	1 095 259	919 965	1 053 044	1 315 816	1 587 761
Parts de fonds d'investissement	114 852	92 874	142 307	190 109	199 258	274 249	382 707	474 394
Parts de fonds d'investissement monétaires	1 028	529	621	658	8 814	4 227	3 313	18 365
Parts de fonds d'investissement non monétaires	113 824	92 345	141 686	189 451	190 444	270 022	379 394	456 029
Systèmes d'assurance, de pensions et garanties standard	..	..	..	..	..	..	..	..
Produits financiers dérivés et options sur titres des salariés	14 684	16 921	8 938	9 753	16 463	15 120	21 066	28 729
Autres comptes à recevoir	63 739	31 944	63 197	78 079	54 402	90 006	93 951	81 898
Passifs financiers	1 478 646	1 002 748	1 459 364	1 719 513	1 542 485	1 810 425	2 265 631	2 841 818
Titres de dette	..	..	..	..	..	..	..	..
Titres de dette à court terme	..	..	..	..	..	..	..	..
Titres de dette à long terme	..	..	..	..	..	..	..	..
Crédits	27 708	12 830	19 902	19 348	10 773	6 623	6 543	15 106
Crédits à court terme	27 552	12 779	15 610	19 302	10 726	6 600	6 528	15 087
Crédits à long terme	156	51	4 292	46	47	23	15	19
Actions et parts de fonds d'investissement	1 332 181	927 441	1 323 702	1 564 496	1 435 361	1 649 354	2 053 543	2 598 597
Systèmes d'assurance, de pensions et garanties standard	..	..	..	..	..	..	..	..
Produits financiers dérivés et options sur titres des salariés	13 111	16 967	7 473	5 714	13 541	13 198	14 889	29 644
Autres comptes à payer	105 646	45 510	108 287	129 955	82 810	141 250	190 656	198 471
Actifs non financiers	..	..	..	..	..	..	..	..
Fonds d'investissement non monéaires à capital variable								
Valeur nette financière	..	..	..	..	..	..	..	..
Actifs financiers	..	..	..	..	..	..	..	..

Tableau 2. Actifs financiers des fonds d'investissement *(suite)*

Millions SEK

	2007	2008	2009	2010	2011	2012	2013	2014
Numéraire et dépôts	..	..	..	..	..	..	..	..
Titres de dette	..	..	..	..	..	..	..	..
Crédits	..	..	..	..	..	..	..	..
Actions et parts de fonds d'investissement	..	..	..	..	..	..	..	..
Actions	..	..	..	..	..	..	..	..
Parts de fonds d'investissement	..	..	..	..	..	..	..	..
Parts de fonds d'investissement monétaires	..	..	..	..	..	..	..	..
Parts de fonds d'investissement non monétaires	..	..	..	..	..	..	..	..
Systèmes d'assurance, de pensions et garanties standard	..	..	..	..	..	..	..	..
Produits financiers dérivés et options sur titres des salariés	..	..	..	..	..	..	..	..
Autres comptes à recevoir	..	..	..	..	..	..	..	..
Passifs financiers	..	..	..	..	..	..	..	..
Titres de dette	..	..	..	..	..	..	..	..
Titres de dette à court terme	..	..	..	..	..	..	..	..
Titres de dette à long terme	..	..	..	..	..	..	..	..
Crédits	..	..	..	..	..	..	..	..
Crédits à court terme	..	..	..	..	..	..	..	..
Crédits à long terme	..	..	..	..	..	..	..	..
Actions et parts de fonds d'investissement	..	..	..	..	..	..	..	..
Systèmes d'assurance, de pensions et garanties standard	..	..	..	..	..	..	..	..
Produits financiers dérivés et options sur titres des salariés	..	..	..	..	..	..	..	..
Autres comptes à payer	..	..	..	..	..	..	..	..
Actifs non financiers	..	..	..	..	..	..	..	..
Fonds d'investissement à capital variable								
Valeur nette financière	..	..	..	..	..	..	..	..
Actifs financiers	..	..	..	..	..	..	..	..
Numéraire et dépôts	..	..	..	..	..	..	..	..
Titres de dette	..	..	..	..	..	..	..	..
Crédits	..	..	..	..	..	..	..	..
Actions et parts de fonds d'investissement	..	..	..	..	..	..	..	..
Actions	..	..	..	..	..	..	..	..
Parts de fonds d'investissement	..	..	..	..	..	..	..	..
Parts de fonds d'investissement monétaires	..	..	..	..	..	..	..	..
Parts de fonds d'investissement non monétaires	..	..	..	..	..	..	..	..
Systèmes d'assurance, de pensions et garanties standard	..	..	..	..	..	..	..	..
Produits financiers dérivés et options sur titres des salariés	..	..	..	..	..	..	..	..
Autres comptes à recevoir	..	..	..	..	..	..	..	..
Passifs financiers	..	..	..	..	..	..	..	..
Titres de dette	..	..	..	..	..	..	..	..
Titres de dette à court terme	..	..	..	..	..	..	..	..
Titres de dette à long terme	..	..	..	..	..	..	..	..
Crédits	..	..	..	..	..	..	..	..
Crédits à court terme	..	..	..	..	..	..	..	..
Crédits à long terme	..	..	..	..	..	..	..	..
Actions et parts de fonds d'investissement	..	..	..	..	..	..	..	..
Systèmes d'assurance, de pensions et garanties standard	..	..	..	..	..	..	..	..
Produits financiers dérivés et options sur titres des salariés	..	..	..	..	..	..	..	..
Autres comptes à payer	..	..	..	..	..	..	..	..
Actifs non financiers	..	..	..	..	..	..	..	..

Note : Voir les métadonnées détaillées sur : http://metalinks.oecd.org/instinv/20160427/3d3a

Tableau 3. Actifs financiers des sociétés d'assurance et fonds de pension

Millions SEK

	2007	2008	2009	2010	2011	2012	2013	2014
Sociétés d'assurance et fonds de pension								
Valeur nette financière	194 416	-330 353	229 259	180 619	-68 987	228 470	397 582	459 851
Actifs financiers	3 086 527	2 791 402	3 228 486	3 560 106	3 508 545	3 824 650	4 207 808	4 889 196
Numéraire et dépôts	114 057	121 801	98 109	124 813	143 986	133 181	132 335	146 807
Titres de dette	1 193 108	1 299 579	1 244 521	1 211 857	1 340 473	1 383 409	1 349 994	1 452 041
Crédits	49 037	50 355	54 080	58 898	63 628	71 320	82 547	97 131
Actions et parts de fonds d'investissement	1 651 317	1 208 071	1 743 295	2 069 285	1 847 273	2 120 478	2 549 308	3 069 177
Actions	874 369	586 101	705 214	864 571	714 545	839 003	973 252	1 117 230
Parts de fonds d'investissement	776 948	621 970	1 038 081	1 204 714	1 132 728	1 281 475	1 576 056	1 951 947
Parts de fonds d'investissement monétaires	41 689	48 202	32 847	33 906	46 980	36 738	44 151	49 318
Parts de fonds d'investissement non monétaires	735 259	573 768	1 005 234	1 170 808	1 085 748	1 244 737	1 531 905	1 902 629
Systèmes d'assurance, de pensions et garanties standard	30 399	35 710	33 600	31 643	33 570	32 157	29 225	33 963
Produits financiers dérivés et options sur titres des salariés	9 053	35 191	16 393	24 268	29 165	36 973	16 278	28 363
Autres comptes à recevoir	39 556	40 695	38 488	39 342	50 450	47 132	48 121	61 714
Passifs financiers	2 892 111	3 121 755	2 999 227	3 379 487	3 577 532	3 596 180	3 810 226	4 429 345
Titres de dette	9 435	7 323	7 678	6 260	5 431	5 347	5 422	4 659
Titres de dette à court terme	..	..	..	..	..	..	..	..
Titres de dette à long terme	9 435	7 323	7 678	6 260	5 431	5 347	5 422	4 659
Crédits	105 604	73 058	56 240	81 376	88 679	71 632	47 056	57 529
Crédits à court terme	55 286	27 593	20 622	42 846	43 148	37 911	20 012	37 546
Crédits à long terme	50 318	45 465	35 618	38 530	45 531	33 721	27 044	19 983
Actions et parts de fonds d'investissement	391 601	358 478	368 786	373 410	363 708	368 208	377 082	377 082
Systèmes d'assurance, de pensions et garanties standard	2 362 194	2 636 063	2 542 586	2 900 994	3 094 445	3 126 966	3 359 340	3 945 429
Produits financiers dérivés et options sur titres des salariés	11 491	36 143	11 279	6 483	14 028	13 345	11 119	33 361
Autres comptes à payer	11 786	10 690	12 658	10 964	11 241	10 682	10 207	11 285
Actifs non financiers	..	..	..	..	..	..	..	..
Sociétés d'assurance								
Valeur nette financière	237 689	-292 524	253 743	168 362	-47 788	243 855	401 662	446 333
Actifs financiers	2 617 585	2 429 233	2 736 251	2 950 129	2 930 267	3 152 165	3 389 535	3 882 339
Numéraire et dépôts	100 616	109 886	87 813	115 035	133 127	120 987	124 540	138 818
Titres de dette	1 106 045	1 223 554	1 164 537	1 131 600	1 248 990	1 284 289	1 247 642	1 350 140
Crédits	47 748	48 873	53 652	58 322	61 984	69 951	81 531	96 115
Actions et parts de fonds d'investissement	1 285 586	936 433	1 343 186	1 550 922	1 374 155	1 561 907	1 843 285	2 173 910
Actions	842 705	567 790	678 036	788 386	662 731	780 888	904 878	1 033 565
Parts de fonds d'investissement	442 881	368 643	665 150	762 536	711 424	781 019	938 407	1 140 345
Parts de fonds d'investissement monétaires	31 649	37 567	26 244	26 003	37 625	28 151	33 670	37 036
Parts de fonds d'investissement non monétaires	411 232	331 076	638 906	736 533	673 799	752 868	904 737	1 103 309
Systèmes d'assurance, de pensions et garanties standard	30 399	35 710	33 600	31 643	33 570	32 157	29 225	33 963
Produits financiers dérivés et options sur titres des salariés	9 053	35 191	16 393	24 268	29 165	36 973	16 278	28 363
Autres comptes à recevoir	38 138	39 586	37 070	38 339	49 276	45 901	47 034	61 030
Passifs financiers	2 379 896	2 721 757	2 482 508	2 781 767	2 978 055	2 908 310	2 987 873	3 436 006
Titres de dette	9 435	7 323	7 678	6 260	5 431	5 347	5 422	4 659
Titres de dette à court terme	..	..	..	..	..	..	..	..
Titres de dette à long terme	9 435	7 323	7 678	6 260	5 431	5 347	5 422	4 659
Crédits	102 471	71 676	54 899	81 376	88 679	71 632	47 056	57 529
Crédits à court terme	52 753	26 661	19 931	42 846	43 148	37 911	20 012	37 546
Crédits à long terme	49 718	45 015	34 968	38 530	45 531	33 721	27 044	19 983
Actions et parts de fonds d'investissement	351 407	351 407	351 407	351 407	351 407	351 407	351 407	351 407
Systèmes d'assurance, de pensions et garanties standard	1 894 984	2 245 941	2 046 949	2 325 478	2 507 466	2 456 094	2 562 831	2 977 923
Produits financiers dérivés et options sur titres des salariés	11 491	36 143	11 279	6 483	14 028	13 345	11 119	33 361
Autres comptes à payer	10 108	9 267	10 296	10 763	11 044	10 485	10 038	11 127
Actifs non financiers	..	..	..	..	..	..	..	..
Fonds de pension								
Valeur nette financière	-43 273	-37 829	-24 484	12 257	-21 199	-15 385	-4 080	13 518
Actifs financiers	468 942	362 169	492 235	609 977	578 278	672 485	818 273	1 006 857
Numéraire et dépôts	13 441	11 915	10 296	9 778	10 859	12 194	7 795	7 989
Titres de dette	87 063	76 025	79 984	80 257	91 483	99 120	102 352	101 901
Crédits	1 289	1 482	428	576	1 644	1 369	1 016	1 016
Actions et parts de fonds d'investissement	365 731	271 638	400 109	518 363	473 118	558 571	706 023	895 267
Actions	31 664	18 311	27 178	76 185	51 814	58 115	68 374	83 665
Parts de fonds d'investissement	334 067	253 327	372 931	442 178	421 304	500 456	637 649	811 602
Parts de fonds d'investissement monétaires	10 040	10 635	6 603	7 903	9 355	8 587	10 481	12 282
Parts de fonds d'investissement non monétaires	324 027	242 692	366 328	434 275	411 949	491 869	627 168	799 320
Systèmes d'assurance, de pensions et garanties standard	..	..	..	..	..	..	..	..
Produits financiers dérivés et options sur titres des salariés	..	..	..	..	..	..	..	..
Autres comptes à recevoir	1 418	1 109	1 418	1 003	1 174	1 231	1 087	684
Passifs financiers	512 215	399 998	516 719	597 720	599 477	687 870	822 353	993 339
Titres de dette	..	..	..	..	..	..	..	..
Titres de dette à court terme	..	..	..	..	..	..	..	..
Titres de dette à long terme	..	..	..	..	..	..	..	..
Crédits	3 133	1 382	1 341	..	..	..	..	..
Crédits à court terme	2 533	932	691	..	..	..	..	..
Crédits à long terme	600	450	650	..	..	..	..	..
Actions et parts de fonds d'investissement	40 194	7 071	17 379	22 003	12 301	16 801	25 675	25 675
Systèmes d'assurance, de pensions et garanties standard	467 210	390 122	495 637	575 516	586 979	670 872	796 509	967 506
Produits financiers dérivés et options sur titres des salariés	..	..	..	..	..	..	..	..
Autres comptes à payer	1 678	1 423	2 362	201	197	197	169	158
Actifs non financiers	..	..	..	..	..	..	..	..

Note : Voir les métadonnées détaillées sur : http://metalinks.oecd.org/instinv/20160427/3d3a

Tableau 4. Composition du portefeuille par type d'investisseur

En pourcentage des actifs financiers et des passifs financiers

Pour cent

	2007	2008	2009	2010	2011	2012	2013	2014
Fonds d'investissement								
Actifs financiers	100.0	100.0	100.0	100.0	100.0	100.0	100.0	100.0
Numéraire et dépôts	3.6	4.2	3.2	2.7	3.4	3.4	2.9	2.8
Titres de dettes	20.4	27.7	22.5	20.6	24.1	21.1	20.6	25.1
Crédits	0.0	0.0	0.0	0.0	0.0	0.0	0.0	0.0
Actions et parts de fonds d'investissement	70.9	63.6	69.6	71.8	68.1	69.9	71.7	68.4
Systèmes d'assurance de pensions et garanties standard	0.0	0.0	0.0	0.0	0.0	0.0	0.0	0.0
Produits financiers dérivés et options sur titres des salariés	0.9	1.5	0.6	0.5	1.0	0.8	0.9	1.0
Autres comptes à recevoir	4.1	2.9	4.1	4.4	3.3	4.8	4.0	2.7
Passifs financiers	100.0	100.0	100.0	100.0	100.0	100.0	100.0	100.0
Numéraire et dépôts	0.0	0.0	0.0	0.0	0.0	0.0	0.0	0.0
Titres de dettes	0.0	0.0	0.0	0.0	0.0	0.0	0.0	0.0
Crédits	1.8	1.2	1.3	1.1	0.7	0.3	0.3	0.5
Actions et parts de fonds d'investissement	90.6	93.1	91.1	91.3	93.5	91.5	91.0	91.9
Systèmes d'assurance de pensions et garanties standard	0.0	0.0	0.0	0.0	0.0	0.0	0.0	0.0
Produits financiers dérivés et options sur titres des salariés	0.8	1.6	0.5	0.3	0.8	0.7	0.6	1.0
Autres comptes à recevoir	6.8	4.2	7.1	7.3	5.1	7.5	8.1	6.6
Sociétés d'assurance								
Actifs financiers	100.0	100.0	100.0	100.0	100.0	100.0	100.0	100.0
Numéraire et dépôts	3.8	4.5	3.2	3.9	4.5	3.8	3.7	3.6
Titres de dettes	42.3	50.4	42.6	38.4	42.6	40.7	36.8	34.8
Crédits	1.8	2.0	2.0	2.0	2.1	2.2	2.4	2.5
Actions et parts de fonds d'investissement	49.1	38.5	49.1	52.6	46.9	49.6	54.4	56.0
Systèmes d'assurance de pensions et garanties standard	1.2	1.5	1.2	1.1	1.1	1.0	0.9	0.9
Produits financiers dérivés et options sur titres des salariés	0.3	1.4	0.6	0.8	1.0	1.2	0.5	0.7
Autres comptes à recevoir	1.5	1.6	1.4	1.3	1.7	1.5	1.4	1.6
Passifs financiers	100.0	100.0	100.0	100.0	100.0	100.0	100.0	100.0
Numéraire et dépôts	0.0	0.0	0.0	0.0	0.0	0.0	0.0	0.0
Titres de dettes	0.4	0.3	0.3	0.2	0.2	0.2	0.2	0.1
Crédits	4.3	2.6	2.2	2.9	3.0	2.5	1.6	1.7
Actions et parts de fonds d'investissement	14.8	12.9	14.2	12.6	11.8	12.1	11.8	10.2
Systèmes d'assurance de pensions et garanties standard	79.6	82.5	82.5	83.6	84.2	84.5	85.8	86.7
Produits financiers dérivés et options sur titres des salariés	0.5	1.3	0.5	0.2	0.5	0.5	0.4	1.0
Autres comptes à recevoir	0.4	0.3	0.4	0.4	0.4	0.4	0.3	0.3
Fonds de pension								
Actifs financiers	100.0	100.0	100.0	100.0	100.0	100.0	100.0	100.0
Numéraire et dépôts	2.9	3.3	2.1	1.6	1.9	1.8	1.0	0.8
Titres de dettes	18.6	21.0	16.2	13.2	15.8	14.7	12.5	10.1
Crédits	0.3	0.4	0.1	0.1	0.3	0.2	0.1	0.1
Actions et parts de fonds d'investissement	78.0	75.0	81.3	85.0	81.8	83.1	86.3	88.9
Systèmes d'assurance de pensions et garanties standard	0.0	0.0	0.0	0.0	0.0	0.0	0.0	0.0
Produits financiers dérivés et options sur titres des salariés	0.0	0.0	0.0	0.0	0.0	0.0	0.0	0.0
Autres comptes à recevoir	0.3	0.3	0.3	0.2	0.2	0.2	0.1	0.1
Passifs financiers	100.0	100.0	100.0	100.0	100.0	100.0	100.0	100.0
Numéraire et dépôts	0.0	0.0	0.0	0.0	0.0	0.0	0.0	0.0
Titres de dettes	0.0	0.0	0.0	0.0	0.0	0.0	0.0	0.0
Crédits	0.6	0.3	0.3	0.0	0.0	0.0	0.0	0.0
Actions et parts de fonds d'investissement	7.8	1.8	3.4	3.7	2.1	2.4	3.1	2.6
Systèmes d'assurance de pensions et garanties standard	91.2	97.5	95.9	96.3	97.9	97.5	96.9	97.4
Produits financiers dérivés et options sur titres des salariés	0.0	0.0	0.0	0.0	0.0	0.0	0.0	0.0
Autres comptes à recevoir	0.3	0.4	0.5	0.0	0.0	0.0	0.0	0.0

Note : Voir les métadonnées détaillées sur : http://metalinks.oecd.org/instinv/20160427/2c5e

Tableau 1. Actifs financiers des investisseurs institutionnels, 2014

Millions CHF

		Fonds d'investissement				
		Total	Fonds d'investissement non-monétaire			Fonds d'investissement monétaires
			Total	Fonds d'investissement à capital variable, non monétaire	Fonds d'investissement à capital fixe, non monétaire	Total
2	Actifs financiers	..	..	598 344	..	36 595
2.1	Numéraire et dépôts	..	..	14 041	..	2 630
2.2	Titres de dette	..	..	290 117	..	33 783
2.2.1	Titres de dette à court terme	..	..	1 183	..	16 455
2.2.2	Titres de dette à long terme	..	..	288 934	..	17 328
2.2.3	Titres de dette émis par les résidents	..	..	91 508	..	5 063
2.2.4	Titres de dette émis par les non-résidents	..	..	198 609	..	28 720
2.3	Crédits	..	..	..	..	..
2.3.1	Crédits à court terme	..	..	..	..	..
2.3.2	Crédits à long terme	..	..	..	..	..
2.3.3	Crédits accordés aux résidents	..	..	..	..	..
2.3.4	Crédits accordés aux non-résidents	..	..	..	..	..
2.4	Actions et parts de fonds d'investissement	..	..	294 186	..	182
2.4.1	Actions et parts de fonds d'investissements émises par les résidents	..	..	146 224	..	161
2.4.2	Actions et part de fonds d'investissements émises par les non-résidents	..	..	147 962	..	21
2.5	Autres comptes à recevoir	..	..	..	..	..

		Fonds d'investissement				
		Total	Fonds d'investissement non-monétaire			Fonds d'investissement monétaires
			Total	Fonds d'investissement à capital variable, non monétaire	Fonds d'investissement à capital fixe, non monétaire	Total
2	Pasifs financiers	..	..	657 945	..	36 867
2.1	Numéraire et dépôts	..	..	..	..	..
2.2	Titres de dette	..	..	..	..	..
2.2.1	Titres de dette à court terme	..	..	..	..	..
2.2.2	Titres de dette à long terme	..	..	..	..	..
2.3	Crédits	..	..	10 672	..	37
2.3.1	Crédits à court terme	..	..	..	..	..
2.3.2	Crédits à long terme	..	..	..	..	..
2.4	Actions et parts de fonds d'investissement	..	..	647 273	..	36 830
2.5	Systèmes d'assurance, de pensions et garanties standard	..	..	..	..	..
2.5	Produits financiers dérivés et options sur titres des salariés	..	..	..	..	..
2.8	Autres comptes à payer	..	..	..	..	..

		Sociétés d'assurance et fonds de pension autonomes				
		Total	Sociétés d'assurance			Fonds de pension autonomes
			Total	Sociétés d'assurance vie	Sociétés d'assurance non-vie	Total
2	Actifs financiers	1 282 959	571 585	..	..	711 374
2.1	Numéraire et dépôts	84 129	33 055	..	..	51 074
2.2	Titres de dette	321 793	188 991	..	..	132 802
2.2.1	Titres de dette à court terme	9 920	7 830	..	..	2 090
2.2.2	Titres de dette à long terme	311 873	181 161	..	..	130 712
2.2.3	Titres de dette émis par les résidents	126 821	62 855	..	..	63 966
2.2.4	Titres de dette émis par les non-résidents	194 972	126 136	..	..	68 836
2.3	Crédits	62 204	51 340	..	..	10 864
2.3.1	Crédits à court terme	..	..	..	..	..
2.3.2	Crédits à long terme	..	..	..	..	..
2.3.3	Crédits accordés aux résidents	42 565	31 701	..	..	10 864
2.3.4	Crédits accordés aux non-résidents	19 639	19 639	..	..	..
2.4	Actions et parts de fonds d'investissement	805 806	298 199	..	..	507 607
2.4.1	Actions et parts de fonds d'investissement émises par les résidents	533 000	126 443	..	..	406 557
2.4.2	Actions et parts de fonds d'investissement émises par les non-résidents	272 806	171 756	..	..	101 050
2.5	Autrescomptes à recevoir	..	..	..	..	..

		Sociétés d'assurance et fonds de pension autonomes				
		Total	Sociétés d'assurance			Fonds de pension autonomes
			Total	Sociétés d'assurance vie	Sociétés d'assurance non-vie	Total
2	Pasifs financiers	..	..	..	..	715 854
2.1	Numéraire et dépôts	..	..	..	..	..
2.2	Titres de dette	11 629	11 629	..	..	..
2.2.1	Titres de dette à court terme	..	..	..	..	..
2.2.2	Titres de dette à long terme	11 629	11 629	..	..	..
2.3	Crédits	12 344	10 444	..	..	1 900
2.3.1	Crédits à court terme	..	..	..	..	..
2.3.2	Crédits à long terme	..	..	..	..	..
2.4	Actions et parts de fonds d'investissement	..	..	..	..	..
2.5	Systèmes d'assurance, de pensions et garanties standard	1 085 496	371 542	..	..	713 954
2.5	Produits financiers dérivés et options sur titres des salariés	..	..	..	..	..
2.8	Autres comptes à payer	..	..	..	..	..

Note : Voir les métadonnées détaillées sur : http://metalinks.oecd.org/instinv/20160427/0c9f

Tableau 2. Actifs financiers des fonds d'investissement

Millions CHF

	2007	2008	2009	2010	2011	2012	2013	2014
Fonds d'investissement								
Valeur nette financière	..	..	..	..	..	..	..	..
Actifs financiers	..	..	..	..	..	..	..	..
Numéraire et dépôts	..	..	..	..	..	..	..	..
Titres de dette	..	..	..	..	..	..	..	..
Crédits	..	..	..	..	..	..	..	..
Actions et parts de fonds d'investissement	..	..	..	..	..	..	..	..
Actions	..	..	..	..	..	..	..	..
Parts de fonds d'investissement	..	..	..	..	..	..	..	..
Parts de fonds d'investissement monétaires	..	..	..	..	..	..	..	..
Parts de fonds d'investissement non monétaires	..	..	..	..	..	..	..	..
Systèmes d'assurance, de pensions et garanties standard	..	..	..	..	..	..	..	..
Produits financiers dérivés et options sur titres des salariés	..	..	..	..	..	..	..	..
Autres comptes à recevoir	..	..	..	..	..	..	..	..
Passifs financiers	..	..	..	..	..	..	..	..
Titres de dette	..	..	..	..	..	..	..	..
Titres de dette à court terme	..	..	..	..	..	..	..	..
Titres de dette à long terme	..	..	..	..	..	..	..	..
Crédits	..	..	..	..	..	..	..	..
Crédits à court terme	..	..	..	..	..	..	..	..
Crédits à long terme	..	..	..	..	..	..	..	..
Actions et parts de fonds d'investissement	..	..	..	..	..	..	..	..
Systèmes d'assurance, de pensions et garanties standard	..	..	..	..	..	..	..	..
Produits financiers dérivés et options sur titres des salariés	..	..	..	..	..	..	..	..
Autres comptes à payer	..	..	..	..	..	..	..	..
Actifs non financiers	..	..	..	..	..	..	..	..
Fonds d'investissement monéaires								
Valeur nette financière	-96	-309	-3 020	-1 850	-823	-2 372	-236	-272
Actifs financiers	28 149	44 532	37 474	32 021	35 724	33 845	36 075	36 595
Numéraire et dépôts	2 480	2 510	1 901	1 436	2 583	2 514	2 562	2 630
Titres de dette	24 061	41 132	34 889	30 106	32 899	31 120	33 284	33 783
Crédits	..	..	..	..	..	..	..	..
Actions et parts de fonds d'investissement	1 608	890	684	479	242	211	229	182
Actions	1 285	508	528	34	18	22	29	34
Parts de fonds d'investissement	323	382	156	445	224	189	200	148
Parts de fonds d'investissement monétaires	..	..	..	..	..	..	..	..
Parts de fonds d'investissement non monétaires	..	..	..	..	..	..	..	..
Systèmes d'assurance, de pensions et garanties standard	..	..	..	..	..	..	..	..
Produits financiers dérivés et options sur titres des salariés	..	..	..	..	..	..	..	..
Autres comptes à recevoir	..	..	..	..	..	..	..	..
Passifs financiers	28 245	44 841	40 494	33 871	36 547	36 217	36 311	36 867
Titres de dette	..	..	..	..	..	..	..	..
Titres de dette à court terme	..	..	..	..	..	..	..	..
Titres de dette à long terme	..	..	..	..	..	..	..	..
Crédits	0	18	20	153	25	89	64	37
Crédits à court terme	..	..	..	..	..	..	..	..
Crédits à long terme	..	..	..	..	..	..	..	..
Actions et parts de fonds d'investissement	28 245	44 823	40 474	33 718	36 522	36 128	36 247	36 830
Systèmes d'assurance, de pensions et garanties standard	..	..	..	..	..	..	..	..
Produits financiers dérivés et options sur titres des salariés	..	..	..	..	..	..	..	..
Autres comptes à payer	..	..	..	..	..	..	..	..
Actifs non financiers	..	..	..	..	..	..	..	..
Fonds d'investissement non monéaires								
Valeur nette financière	..	..	..	..	..	..	..	..
Actifs financiers	..	..	..	..	..	..	..	..
Numéraire et dépôts	..	..	..	..	..	..	..	..
Titres de dette	..	..	..	..	..	..	..	..
Crédits	..	..	..	..	..	..	..	..
Actions et parts de fonds d'investissement	..	..	..	..	..	..	..	..
Actions	..	..	..	..	..	..	..	..
Parts de fonds d'investissement	..	..	..	..	..	..	..	..
Parts de fonds d'investissement monétaires	..	..	..	..	..	..	..	..
Parts de fonds d'investissement non monétaires	..	..	..	..	..	..	..	..
Systèmes d'assurance, de pensions et garanties standard	..	..	..	..	..	..	..	..
Produits financiers dérivés et options sur titres des salariés	..	..	..	..	..	..	..	..
Autres comptes à recevoir	..	..	..	..	..	..	..	..
Passifs financiers	..	..	..	..	..	..	..	..
Titres de dette	..	..	..	..	..	..	..	..
Titres de dette à court terme	..	..	..	..	..	..	..	..
Titres de dette à long terme	..	..	..	..	..	..	..	..
Crédits	..	..	..	..	..	..	..	..
Crédits à court terme	..	..	..	..	..	..	..	..
Crédits à long terme	..	..	..	..	..	..	..	..
Actions et parts de fonds d'investissement	..	..	..	..	..	..	..	..
Systèmes d'assurance, de pensions et garanties standard	..	..	..	..	..	..	..	..
Produits financiers dérivés et options sur titres des salariés	..	..	..	..	..	..	..	..
Autres comptes à payer	..	..	..	..	..	..	..	..
Actifs non financiers	..	..	..	..	..	..	..	..
Fonds d'investissement non monéaires à capital variable								
Valeur nette financière	-24 902	-36 686	-45 130	-55 329	-59 111	-72 780	-57 435	-59 601
Actifs financiers	387 560	277 297	351 402	390 382	402 174	455 825	512 309	598 344

Tableau 2. Actifs financiers des fonds d'investissement *(suite)*

Millions CHF

	2007	2008	2009	2010	2011	2012	2013	2014
Numéraire et dépôts	11 073	9 968	8 959	10 505	13 916	14 426	13 337	14 041
Titres de dette	165 881	146 927	182 935	205 504	220 250	236 940	247 866	290 117
Crédits	..	..	..	..	..	..	..	..
Actions et parts de fonds d'investissement	210 606	120 402	159 508	174 373	168 008	204 459	251 106	294 186
Actions	170 826	84 495	120 413	132 979	126 558	149 956	180 666	207 476
Parts de fonds d'investissement	39 780	35 907	39 095	41 394	41 450	54 503	70 440	86 710
Parts de fonds d'investissement monétaires	..	..	..	..	..	..	..	..
Parts de fonds d'investissement non monétaires	..	..	..	..	..	..	..	..
Systèmes d'assurance, de pensions et garanties standard	..	..	..	..	..	..	..	..
Produits financiers dérivés et options sur titres des salariés	..	..	..	..	..	..	..	..
Autres comptes à recevoir	..	..	..	..	..	..	..	..
Passifs financiers	412 462	313 983	396 532	445 711	461 285	528 605	569 744	657 945
Titres de dette	..	..	..	..	..	..	..	..
Titres de dette à court terme	..	..	..	..	..	..	..	..
Titres de dette à long terme	..	..	..	..	..	..	..	..
Crédits	2 086	2 850	2 737	4 004	6 374	8 171	7 440	10 672
Crédits à court terme	..	..	..	..	..	..	..	..
Crédits à long terme	..	..	..	..	..	..	..	..
Actions et parts de fonds d'investissement	410 376	311 133	393 795	441 707	454 911	520 434	562 304	647 273
Systèmes d'assurance, de pensions et garanties standard	..	..	..	..	..	..	..	..
Produits financiers dérivés et options sur titres des salariés	..	..	..	..	..	..	..	..
Autres comptes à payer	..	..	..	..	..	..	..	..
Actifs non financiers	22 102	25 300	26 756	29 022	31 853	36 202	39 884	..
Fonds d'investissement à capital variable								
Valeur nette financière	-24 998	-36 995	-48 150	-57 179	-59 934	-75 152	-57 671	-59 873
Actifs financiers	415 709	321 829	388 876	422 403	437 898	489 670	548 384	634 939
Numéraire et dépôts	13 553	12 478	10 860	11 941	16 499	16 940	15 899	16 671
Titres de dette	189 942	188 059	217 824	235 610	253 149	268 060	281 150	323 900
Crédits	..	..	..	..	..	..	..	..
Actions et parts de fonds d'investissement	212 214	121 292	160 192	174 852	168 250	204 670	251 335	294 368
Actions	172 111	85 003	120 941	133 013	126 576	149 978	180 695	207 510
Parts de fonds d'investissement	40 103	36 289	39 251	41 839	41 674	54 692	70 640	86 858
Parts de fonds d'investissement monétaires	..	..	..	..	..	..	..	..
Parts de fonds d'investissement non monétaires	..	..	..	..	..	..	..	..
Systèmes d'assurance, de pensions et garanties standard	..	..	..	..	..	..	..	..
Produits financiers dérivés et options sur titres des salariés	..	..	..	..	..	..	..	..
Autres comptes à recevoir	..	..	..	..	..	..	..	..
Passifs financiers	440 707	358 824	437 026	479 582	497 832	564 822	606 055	694 812
Titres de dette	..	..	..	..	..	..	..	..
Titres de dette à court terme	..	..	..	..	..	..	..	..
Titres de dette à long terme	..	..	..	..	..	..	..	..
Crédits	2 086	2 868	2 757	4 157	6 399	8 260	7 504	10 709
Crédits à court terme	..	..	..	..	..	..	..	..
Crédits à long terme	..	..	..	..	..	..	..	..
Actions et parts de fonds d'investissement	438 621	355 956	434 269	475 425	491 433	556 562	598 551	684 103
Systèmes d'assurance, de pensions et garanties standard	..	..	..	..	..	..	..	..
Produits financiers dérivés et options sur titres des salariés	..	..	..	..	..	..	..	..
Autres comptes à payer	..	..	..	..	..	..	..	..
Actifs non financiers	22 102	25 300	26 756	29 022	31 853	36 202	39 884	..

Note : Voir les métadonnées détaillées sur : http://metalinks.oecd.org/instinv/20160427/0c9f

Tableau 3. Actifs financiers des sociétés d'assurance et fonds de pension

Millions CHF

	2007	2008	2009	2010	2011	2012	2013	2014
Sociétés d'assurance et fonds de pension								
Valeur nette financière	..	..	..	..	..	..	..	..
Actifs financiers	1 011 359	916 608	1 008 231	1 050 094	1 080 959	1 154 128	1 188 924	1 282 959
Numéraire et dépôts	64 674	63 649	64 400	65 307	74 287	81 377	84 221	84 129
Titres de dette	349 542	341 524	329 455	324 772	327 333	338 092	319 473	321 793
Crédits	67 515	60 604	63 109	62 012	61 588	61 727	63 786	62 204
Actions et parts de fonds d'investissement	526 755	436 080	542 475	590 811	608 081	665 506	712 417	805 806
Actions	204 253	179 277	216 758	220 355	224 408	245 542	240 680	250 157
Parts de fonds d'investissement	322 502	256 803	325 717	370 456	383 673	419 964	471 737	555 649
Parts de fonds d'investissement monétaires	..	..	..	..	..	..	..	..
Parts de fonds d'investissement non monétaires	..	..	..	..	..	..	..	..
Systèmes d'assurance, de pensions et garanties standard	2 873	14 751	8 792	7 192	9 670	7 426	9 027	9 027
Produits financiers dérivés et options sur titres des salariés	..	..	..	..	..	..	..	..
Autres comptes à recevoir	..	..	..	..	..	..	..	..
Passifs financiers	..	..	..	..	..	..	..	..
Titres de dette	3 591	3 635	4 932	6 052	7 455	9 255	9 258	11 629
Titres de dette à court terme	..	..	..	..	..	..	..	..
Titres de dette à long terme	3 591	3 635	4 932	6 052	7 455	9 255	9 258	11 629
Crédits	21 108	16 430	14 089	20 885	13 888	14 312	15 580	12 344
Crédits à court terme	..	..	..	..	..	..	..	..
Crédits à long terme	..	..	..	..	..	..	..	..
Actions et parts de fonds d'investissement	..	..	..	..	..	..	..	..
Systèmes d'assurance, de pensions et garanties standard	889 727	898 330	923 597	941 309	969 376	1 008 677	1 044 436	1 085 496
Produits financiers dérivés et options sur titres des salariés	..	..	..	..	..	..	..	..
Autres comptes à payer	..	..	..	..	..	..	..	..
Actifs non financiers	96 702	95 903	95 410	98 566	102 753	107 543	..	..
Sociétés d'assurance								
Valeur nette financière	..	..	..	..	..	..	..	..
Actifs financiers	472 808	436 822	474 006	489 213	513 601	545 714	535 032	571 585
Numéraire et dépôts	31 000	30 024	29 758	29 238	34 109	36 395	31 130	33 055
Titres de dette	182 968	187 823	176 539	182 548	186 009	198 874	188 201	188 991
Crédits	52 696	46 425	49 679	49 591	49 740	51 221	52 922	51 340
Actions et parts de fonds d'investissement	206 144	172 550	218 030	227 836	243 743	259 224	262 779	298 199
Actions	106 222	114 271	133 583	135 689	147 002	155 613	152 351	164 567
Parts de fonds d'investissement	99 922	58 279	84 447	92 147	96 741	103 611	110 428	133 632
Parts de fonds d'investissement monétaires	..	..	..	..	..	..	..	..
Parts de fonds d'investissement non monétaires	..	..	..	..	..	..	..	..
Systèmes d'assurance, de pensions et garanties standard	..	..	..	..	..	..	..	..
Produits financiers dérivés et options sur titres des salariés	..	..	..	..	..	..	..	..
Autres comptes à recevoir	..	..	..	..	..	..	..	..
Passifs financiers	..	..	..	..	..	..	..	..
Titres de dette	3 591	3 635	4 932	6 052	7 455	9 255	9 258	11 629
Titres de dette à court terme	..	..	..	..	..	..	..	..
Titres de dette à long terme	3 591	3 635	4 932	6 052	7 455	9 255	9 258	11 629
Crédits	19 363	14 211	12 054	17 791	11 510	12 450	12 665	10 444
Crédits à court terme	..	..	..	..	..	..	..	..
Crédits à long terme	..	..	..	..	..	..	..	..
Actions et parts de fonds d'investissement	..	..	..	..	..	..	..	..
Systèmes d'assurance, de pensions et garanties standard	334 658	321 021	327 636	332 113	340 506	353 635	361 336	371 542
Produits financiers dérivés et options sur titres des salariés	..	..	..	..	..	..	..	..
Autres comptes à payer	..	..	..	..	..	..	..	..
Actifs non financiers	37 477	35 997	36 554	37 988	38 610	40 792	41 703	..
Fonds de pension								
Valeur nette financière	-18 263	-99 742	-63 771	-51 409	-63 890	-48 490	-32 123	-4 480
Actifs financiers	538 551	479 786	534 225	560 881	567 358	608 414	653 892	711 374
Numéraire et dépôts	33 674	33 625	34 642	36 069	40 178	44 982	53 091	51 074
Titres de dette	166 574	153 701	152 916	142 224	141 324	139 218	131 272	132 802
Crédits	14 819	14 179	13 430	12 421	11 848	10 506	10 864	10 864
Actions et parts de fonds d'investissement	320 611	263 530	324 445	362 975	364 338	406 282	449 638	507 607
Actions	98 031	65 006	83 175	84 666	77 406	89 929	88 329	85 590
Parts de fonds d'investissement	222 580	198 524	241 270	278 309	286 932	316 353	361 309	422 017
Parts de fonds d'investissement monétaires	..	..	..	..	..	..	..	..
Parts de fonds d'investissement non monétaires	..	..	..	..	..	..	..	..
Systèmes d'assurance, de pensions et garanties standard	2 873	14 751	8 792	7 192	9 670	7 426	9 027	9 027
Produits financiers dérivés et options sur titres des salariés	..	..	..	..	..	..	..	..
Autres comptes à recevoir	..	..	..	..	..	..	..	..
Passifs financiers	556 814	579 528	597 996	612 290	631 248	656 904	686 015	715 854
Titres de dette	..	..	..	..	..	..	..	..
Titres de dette à court terme	..	..	..	..	..	..	..	..
Titres de dette à long terme	..	..	..	..	..	..	..	..
Crédits	1 745	2 219	2 035	3 094	2 378	1 862	2 915	1 900
Crédits à court terme	..	..	..	..	..	..	..	..
Crédits à long terme	..	..	..	..	..	..	..	..
Actions et parts de fonds d'investissement	..	..	..	..	..	..	..	..
Systèmes d'assurance, de pensions et garanties standard	555 069	577 309	595 961	609 196	628 870	655 042	683 100	713 954
Produits financiers dérivés et options sur titres des salariés	..	..	..	..	..	..	..	..
Autres comptes à payer	..	..	..	..	..	..	..	..
Actifs non financiers	59 225	59 906	58 856	60 578	64 143	66 751	..	..

Note : Voir les métadonnées détaillées sur : http://metalinks.oecd.org/instinv/20160427/0c9f

Tableau 4. Composition du portefeuille par type d'investisseur

En pourcentage des actifs financiers et des passifs financiers

Pour cent

	2007	2008	2009	2010	2011	2012	2013	2014
Fonds d'investissement								
Actifs financiers	..	..	..	..	..	..	..	..
Numéraire et dépôts	..	..	..	..	..	..	..	..
Titres de dettes	..	..	..	..	..	..	..	..
Crédits	..	..	..	..	..	..	..	..
Actions et parts de fonds d'investissement	..	..	..	..	..	..	..	..
Systèmes d'assurance de pensions et garanties standard	..	..	..	..	..	..	..	..
Produits financiers dérivés et options sur titres des salariés	..	..	..	..	..	..	..	..
Autres comptes à recevoir	..	..	..	..	..	..	..	..
Passifs financiers	..	..	..	..	..	..	..	..
Numéraire et dépôts	..	..	..	..	..	..	..	..
Titres de dettes	..	..	..	..	..	..	..	..
Crédits	..	..	..	..	..	..	..	..
Actions et parts de fonds d'investissement	..	..	..	..	..	..	..	..
Systèmes d'assurance de pensions et garanties standard	..	..	..	..	..	..	..	..
Produits financiers dérivés et options sur titres des salariés	..	..	..	..	..	..	..	..
Autres comptes à recevoir	..	..	..	..	..	..	..	..
Sociétés d'assurance								
Actifs financiers	100.0	100.0	100.0	100.0	100.0	100.0	100.0	100.0
Numéraire et dépôts	6.6	6.9	6.3	6.0	6.6	6.7	5.8	5.8
Titres de dettes	38.7	43.0	37.2	37.3	36.2	36.4	35.2	33.1
Crédits	11.1	10.6	10.5	10.1	9.7	9.4	9.9	9.0
Actions et parts de fonds d'investissement	43.6	39.5	46.0	46.6	47.5	47.5	49.1	52.2
Systèmes d'assurance de pensions et garanties standard	0.0	0.0	0.0	0.0	0.0	0.0	0.0	0.0
Produits financiers dérivés et options sur titres des salariés	0.0	0.0	0.0	0.0	0.0	0.0	0.0	0.0
Autres comptes à recevoir	0.0	0.0	0.0	0.0	0.0	0.0	0.0	0.0
Passifs financiers	..	..	..	..	..	..	..	..
Numéraire et dépôts	..	..	..	..	..	..	..	..
Titres de dettes	..	..	..	..	..	..	..	..
Crédits	..	..	..	..	..	..	..	..
Actions et parts de fonds d'investissement	..	..	..	..	..	..	..	..
Systèmes d'assurance de pensions et garanties standard	..	..	..	..	..	..	..	..
Produits financiers dérivés et options sur titres des salariés	..	..	..	..	..	..	..	..
Autres comptes à recevoir	..	..	..	..	..	..	..	..
Fonds de pension								
Actifs financiers	100.0	100.0	100.0	100.0	100.0	100.0	100.0	100.0
Numéraire et dépôts	6.3	7.0	6.5	6.4	7.1	7.4	8.1	7.2
Titres de dettes	30.9	32.0	28.6	25.4	24.9	22.9	20.1	18.7
Crédits	2.8	3.0	2.5	2.2	2.1	1.7	1.7	1.5
Actions et parts de fonds d'investissement	59.5	54.9	60.7	64.7	64.2	66.8	68.8	71.4
Systèmes d'assurance de pensions et garanties standard	0.5	3.1	1.6	1.3	1.7	1.2	1.4	1.3
Produits financiers dérivés et options sur titres des salariés	0.0	0.0	0.0	0.0	0.0	0.0	0.0	0.0
Autres comptes à recevoir	0.0	0.0	0.0	0.0	0.0	0.0	0.0	0.0
Passifs financiers	100.0	100.0	100.0	100.0	100.0	100.0	100.0	100.0
Numéraire et dépôts	0.0	0.0	0.0	0.0	0.0	0.0	0.0	0.0
Titres de dettes	0.0	0.0	0.0	0.0	0.0	0.0	0.0	0.0
Crédits	0.3	0.4	0.3	0.5	0.4	0.3	0.4	0.3
Actions et parts de fonds d'investissement	0.0	0.0	0.0	0.0	0.0	0.0	0.0	0.0
Systèmes d'assurance de pensions et garanties standard	99.7	99.6	99.7	99.5	99.6	99.7	99.6	99.7
Produits financiers dérivés et options sur titres des salariés	0.0	0.0	0.0	0.0	0.0	0.0	0.0	0.0
Autres comptes à recevoir	0.0	0.0	0.0	0.0	0.0	0.0	0.0	0.0

Note : Voir les métadonnées détaillées sur : http://metalinks.oecd.org/instinv/20160427/2c5e

Tableau 1. Actifs financiers des investisseurs institutionnels, 2014

Millions TRY

		Fonds d'investissement				
		Total	Fonds d'investissement non-monétaire			Fonds d'investissement monétaires
			Total	Fonds d'investissement à capital variable, non monétaire	Fonds d'investissement à capital fixe, non monétaire	Total
2	Actifs financiers	45 383	32 761	31 676	1 085	12 622
2.1	Numéraire et dépôts	23 058	14 157	13 983	174	8 901
2.2	Titres de dette	19 979	16 258	15 509	749	3 721
2.2.1	Titres de dette à court terme	11 162	7 863	7 588	276	3 299
2.2.2	Titres de dette à long terme	8 817	8 395	7 921	474	422
2.2.3	Titres de dette émis par les résidents	19 942	16 221	15 472	749	3 721
2.2.4	Titres de dette émis par les non-résidents	37	37	37	0	..
2.3	Crédits	..	..	..	..	..
2.3.1	Crédits à court terme	..	..	..	..	..
2.3.2	Crédits à long terme	..	..	..	..	..
2.3.3	Crédits accordés aux résidents	..	..	..	..	..
2.3.4	Crédits accordés aux non-résidents	..	..	..	..	..
2.4	Actions et parts de fonds d'investissement	2 346	2 346	2 184	162	0
2.4.1	Actions et parts de fonds d'investissements émises par les résidents	2 139	2 139	1 978	162	0
2.4.2	Actions et part de fonds d'investissements émises par les non-résidents	206	206	206	0	0
2.5	Autres comptes à recevoir	..	..	..	..	..

		Fonds d'investissement				
		Total	Fonds d'investissement non-monétaire			Fonds d'investissement monétaires
			Total	Fonds d'investissement à capital variable, non monétaire	Fonds d'investissement à capital fixe, non monétaire	Total
2	Pasifs financiers	..	..	..	..	..
2.1	Numéraire et dépôts	..	..	..	..	..
2.2	Titres de dette	..	..	..	..	..
2.2.1	Titres de dette à court terme	..	..	..	..	..
2.2.2	Titres de dette à long terme	..	..	..	..	..
2.3	Crédits	..	..	..	..	..
2.3.1	Crédits à court terme	..	..	..	..	..
2.3.2	Crédits à long terme	..	..	..	..	..
2.4	Actions et parts de fonds d'investissement	..	..	..	..	..
2.5	Systèmes d'assurance, de pensions et garanties standard	..	..	..	..	..
2.5	Produits financiers dérivés et options sur titres des salariés	..	..	..	..	..
2.8	Autres comptes à payer	..	..	..	..	..

		Sociétés d'assurance et fonds de pension autonomes				
		Total	Sociétés d'assurance			Fonds de pension autonomes
			Total	Sociétés d'assurance vie	Sociétés d'assurance non-vie	Total
2	Actifs financiers	40 266	29 116	701	28 415	11 151
2.1	Numéraire et dépôts	16 535	11 844	491	11 353	4 690
2.2	Titres de dette	11 802	6 587	59	6 529	5 215
2.2.1	Titres de dette à court terme	11 798	6 585	59	6 526	5 213
2.2.2	Titres de dette à long terme	4	2	0	2	2
2.2.3	Titres de dette émis par les résidents	..	..	..	..	..
2.2.4	Titres de dette émis par les non-résidents	..	..	..	..	..
2.3	Crédits	169	1	1	0	168
2.3.1	Crédits à court terme	52	1	1	0	50
2.3.2	Crédits à long terme	117	0	0	0	117
2.3.3	Crédits accordés aux résidents	..	..	..	..	..
2.3.4	Crédits accordés aux non-résidents	..	..	..	..	..
2.4	Actions et parts de fonds d'investissement	1 731	1 357	3	1 354	374
2.4.1	Actions et parts de fonds d'investissement émises par les résidents	..	..	..	..	..
2.4.2	Actions et parts de fonds d'investissement émises par les non-résidents	..	..	..	..	..
2.5	Autrescomptes à recevoir	10 030	9 326	147	9 179	704

		Sociétés d'assurance et fonds de pension autonomes				
		Total	Sociétés d'assurance			Fonds de pension autonomes
			Total	Sociétés d'assurance vie	Sociétés d'assurance non-vie	Total
2	Pasifs financiers	87 355	37 259	702	36 557	50 097
2.1	Numéraire et dépôts	0	0	0	0	0
2.2	Titres de dette	0	0	0	0	0
2.2.1	Titres de dette à court terme	..	..	..	..	..
2.2.2	Titres de dette à long terme	..	..	..	..	..
2.3	Crédits	352	232	6	226	120
2.3.1	Crédits à court terme	351	231	6	226	120
2.3.2	Crédits à long terme	1	1	0	1	0
2.4	Actions et parts de fonds d'investissement	21 293	17 216	252	16 964	4 077
2.5	Systèmes d'assurance, de pensions et garanties standard	62 298	16 671	312	16 359	45 627
2.5	Produits financiers dérivés et options sur titres des salariés	0	0	0	0	0
2.8	Autres comptes à payer	3 413	3 140	132	3 008	273

Note : Voir les métadonnées détaillées sur : http://metalinks.oecd.org/instinv/20160427/0c9f

Tableau 2. Actifs financiers des fonds d'investissement

Millions TRY

	2007	2008	2009	2010	2011	2012	2013	2014
Fonds d'investissement								
Valeur nette financière	..	..	..	..	..	..	..	..
Actifs financiers	..	..	..	..	..	..	..	45 383
Numéraire et dépôts	..	..	..	..	..	..	..	23 058
Titres de dette	..	..	..	..	..	..	..	19 979
Crédits	..	..	..	..	..	..	..	..
Actions et parts de fonds d'investissement	..	..	..	..	..	..	..	2 346
Actions	..	..	..	..	..	..	..	2 244
Parts de fonds d'investissement	..	..	..	..	..	..	..	102
Parts de fonds d'investissement monétaires	..	..	..	..	..	..	..	56
Parts de fonds d'investissement non monétaires	..	..	..	..	..	..	..	46
Systèmes d'assurance, de pensions et garanties standard	..	..	..	..	..	..	..	..
Produits financiers dérivés et options sur titres des salariés	..	..	..	..	..	..	..	..
Autres comptes à recevoir	..	..	..	..	..	..	..	..
Passifs financiers	..	..	..	..	..	..	..	..
Titres de dette	..	..	..	..	..	..	..	..
Titres de dette à court terme	..	..	..	..	..	..	..	..
Titres de dette à long terme	..	..	..	..	..	..	..	..
Crédits	..	..	..	..	..	..	..	..
Crédits à court terme	..	..	..	..	..	..	..	..
Crédits à long terme	..	..	..	..	..	..	..	..
Actions et parts de fonds d'investissement	..	..	..	..	..	..	..	..
Systèmes d'assurance, de pensions et garanties standard	..	..	..	..	..	..	..	..
Produits financiers dérivés et options sur titres des salariés	..	..	..	..	..	..	..	..
Autres comptes à payer	..	..	..	..	..	..	..	..
Actifs non financiers	..	..	..	..	..	..	..	32 264
Fonds d'investissement monéaires								
Valeur nette financière	..	..	..	..	..	..	..	..
Actifs financiers	..	..	..	..	..	..	..	12 622
Numéraire et dépôts	..	..	..	..	..	..	..	8 901
Titres de dette	..	..	..	..	..	..	..	3 721
Crédits	..	..	..	..	..	..	..	..
Actions et parts de fonds d'investissement	..	..	..	..	..	..	..	0
Actions	..	..	..	..	..	..	..	0
Parts de fonds d'investissement	..	..	..	..	..	..	..	0
Parts de fonds d'investissement monétaires	..	..	..	..	..	..	..	0
Parts de fonds d'investissement non monétaires	..	..	..	..	..	..	..	0
Systèmes d'assurance, de pensions et garanties standard	..	..	..	..	..	..	..	..
Produits financiers dérivés et options sur titres des salariés	..	..	..	..	..	..	..	..
Autres comptes à recevoir	..	..	..	..	..	..	..	..
Passifs financiers	..	..	..	..	..	..	..	..
Titres de dette	..	..	..	..	..	..	..	..
Titres de dette à court terme	..	..	..	..	..	..	..	..
Titres de dette à long terme	..	..	..	..	..	..	..	..
Crédits	..	..	..	..	..	..	..	..
Crédits à court terme	..	..	..	..	..	..	..	..
Crédits à long terme	..	..	..	..	..	..	..	..
Actions et parts de fonds d'investissement	..	..	..	..	..	..	..	..
Systèmes d'assurance, de pensions et garanties standard	..	..	..	..	..	..	..	..
Produits financiers dérivés et options sur titres des salariés	..	..	..	..	..	..	..	..
Autres comptes à payer	..	..	..	..	..	..	..	..
Actifs non financiers	..	..	..	..	..	..	..	0
Fonds d'investissement non monéaires								
Valeur nette financière	..	..	..	..	..	..	..	..
Actifs financiers	..	..	..	..	..	..	..	32 761
Numéraire et dépôts	..	..	..	..	..	..	..	14 157
Titres de dette	..	..	..	..	..	..	..	16 258
Crédits	..	..	..	..	..	..	..	..
Actions et parts de fonds d'investissement	..	..	..	..	..	..	..	2 346
Actions	..	..	..	..	..	..	..	2 244
Parts de fonds d'investissement	..	..	..	..	..	..	..	102
Parts de fonds d'investissement monétaires	..	..	..	..	..	..	..	56
Parts de fonds d'investissement non monétaires	..	..	..	..	..	..	..	46
Systèmes d'assurance, de pensions et garanties standard	..	..	..	..	..	..	..	..
Produits financiers dérivés et options sur titres des salariés	..	..	..	..	..	..	..	..
Autres comptes à recevoir	..	..	..	..	..	..	..	..
Passifs financiers	..	..	..	..	..	..	..	..
Titres de dette	..	..	..	..	..	..	..	..
Titres de dette à court terme	..	..	..	..	..	..	..	..
Titres de dette à long terme	..	..	..	..	..	..	..	..
Crédits	..	..	..	..	..	..	..	..
Crédits à court terme	..	..	..	..	..	..	..	..
Crédits à long terme	..	..	..	..	..	..	..	..
Actions et parts de fonds d'investissement	..	..	..	..	..	..	..	..
Systèmes d'assurance, de pensions et garanties standard	..	..	..	..	..	..	..	..
Produits financiers dérivés et options sur titres des salariés	..	..	..	..	..	..	..	..
Autres comptes à payer	..	..	..	..	..	..	..	..
Actifs non financiers	..	..	..	..	..	..	..	32 264
Fonds d'investissement non monéaires à capital variable								
Valeur nette financière	..	..	..	..	..	..	..	..
Actifs financiers	..	..	..	..	..	..	..	31 676

Tableau 2. Actifs financiers des fonds d'investissement *(suite)*

Millions TRY

	2007	2008	2009	2010	2011	2012	2013	2014
Numéraire et dépôts	..	..	..	..	..	..	..	13 983
Titres de dette	..	..	..	..	..	..	..	15 509
Crédits	..	..	..	..	..	..	..	..
Actions et parts de fonds d'investissement	..	..	..	..	..	..	..	2 184
Actions	..	..	..	..	..	..	..	2 138
Parts de fonds d'investissement	..	..	..	..	..	..	..	46
Parts de fonds d'investissement monétaires	..	..	..	..	..	..	..	0
Parts de fonds d'investissement non monétaires	..	..	..	..	..	..	..	46
Systèmes d'assurance, de pensions et garanties standard	..	..	..	..	..	..	..	..
Produits financiers dérivés et options sur titres des salariés	..	..	..	..	..	..	..	..
Autres comptes à recevoir	..	..	..	..	..	..	..	..
Passifs financiers	..	..	..	..	..	..	..	..
Titres de dette	..	..	..	..	..	..	..	..
Titres de dette à court terme	..	..	..	..	..	..	..	..
Titres de dette à long terme	..	..	..	..	..	..	..	..
Crédits	..	..	..	..	..	..	..	..
Crédits à court terme	..	..	..	..	..	..	..	..
Crédits à long terme	..	..	..	..	..	..	..	..
Actions et parts de fonds d'investissement	..	..	..	..	..	..	..	..
Systèmes d'assurance, de pensions et garanties standard	..	..	..	..	..	..	..	..
Produits financiers dérivés et options sur titres des salariés	..	..	..	..	..	..	..	..
Autres comptes à payer	..	..	..	..	..	..	..	..
Actifs non financiers	..	..	..	..	..	..	..	0
Fonds d'investissement à capital variable								
Valeur nette financière	..	..	..	..	..	..	..	..
Actifs financiers	..	..	..	..	..	..	..	44 298
Numéraire et dépôts	..	..	..	..	..	..	..	22 884
Titres de dette	..	..	..	..	..	..	..	19 230
Crédits	..	..	..	..	..	..	..	..
Actions et parts de fonds d'investissement	..	..	..	..	..	..	..	2 184
Actions	..	..	..	..	..	..	..	2 138
Parts de fonds d'investissement	..	..	..	..	..	..	..	46
Parts de fonds d'investissement monétaires	..	..	..	..	..	..	..	0
Parts de fonds d'investissement non monétaires	..	..	..	..	..	..	..	46
Systèmes d'assurance, de pensions et garanties standard	..	..	..	..	..	..	..	..
Produits financiers dérivés et options sur titres des salariés	..	..	..	..	..	..	..	..
Autres comptes à recevoir	..	..	..	..	..	..	..	..
Passifs financiers	..	..	..	..	..	..	..	..
Titres de dette	..	..	..	..	..	..	..	..
Titres de dette à court terme	..	..	..	..	..	..	..	..
Titres de dette à long terme	..	..	..	..	..	..	..	..
Crédits	..	..	..	..	..	..	..	..
Crédits à court terme	..	..	..	..	..	..	..	..
Crédits à long terme	..	..	..	..	..	..	..	..
Actions et parts de fonds d'investissement	..	..	..	..	..	..	..	..
Systèmes d'assurance, de pensions et garanties standard	..	..	..	..	..	..	..	..
Produits financiers dérivés et options sur titres des salariés	..	..	..	..	..	..	..	..
Autres comptes à payer	..	..	..	..	..	..	..	..
Actifs non financiers	..	..	..	..	..	..	..	0

Note : Voir les métadonnées détaillées sur : http://metalinks.oecd.org/instinv/20160427/0c9f

Tableau 3. Actifs financiers des sociétés d'assurance et fonds de pension

Millions TRY

	2007	2008	2009	2010	2011	2012	2013	2014
Sociétés d'assurance et fonds de pension								
Valeur nette financière	..	..	..	..	..	..	..	-47 089
Actifs financiers	..	..	..	..	..	..	..	40 266
Numéraire et dépôts	..	..	..	..	..	..	..	16 535
Titres de dette	..	..	..	..	..	..	..	11 802
Crédits	..	..	..	..	..	..	..	169
Actions et parts de fonds d'investissement	..	..	..	..	..	..	..	1 731
Actions	..	..	..	..	..	..	..	1 286
Parts de fonds d'investissement	..	..	..	..	..	..	..	445
Parts de fonds d'investissement monétaires	..	..	..	..	..	..	..	..
Parts de fonds d'investissement non monétaires	..	..	..	..	..	..	..	..
Systèmes d'assurance, de pensions et garanties standard	..	..	..	..	..	..	..	..
Produits financiers dérivés et options sur titres des salariés	..	..	..	..	..	..	..	..
Autres comptes à recevoir	..	..	..	..	..	..	..	10 030
Passifs financiers	..	..	..	..	..	..	..	87 355
Titres de dette	..	..	..	..	..	..	..	0
Titres de dette à court terme	..	..	..	..	..	..	..	..
Titres de dette à long terme	..	..	..	..	..	..	..	..
Crédits	..	..	..	..	..	..	..	352
Crédits à court terme	..	..	..	..	..	..	..	351
Crédits à long terme	..	..	..	..	..	..	..	1
Actions et parts de fonds d'investissement	..	..	..	..	..	..	..	21 293
Systèmes d'assurance, de pensions et garanties standard	..	..	..	..	..	..	..	62 298
Produits financiers dérivés et options sur titres des salariés	..	..	..	..	..	..	..	0
Autres comptes à payer	..	..	..	..	..	..	..	3 413
Actifs non financiers	..	..	..	..	..	..	..	38 750
Sociétés d'assurance								
Valeur nette financière	..	..	..	..	..	..	..	-8 143
Actifs financiers	..	..	..	..	..	..	..	29 116
Numéraire et dépôts	..	..	..	..	..	..	..	11 844
Titres de dette	..	..	..	..	..	..	..	6 587
Crédits	..	..	..	..	..	..	..	1
Actions et parts de fonds d'investissement	..	..	..	..	..	..	..	1 357
Actions	..	..	..	..	..	..	..	1 043
Parts de fonds d'investissement	..	..	..	..	..	..	..	314
Parts de fonds d'investissement monétaires	..	..	..	..	..	..	..	..
Parts de fonds d'investissement non monétaires	..	..	..	..	..	..	..	..
Systèmes d'assurance, de pensions et garanties standard	..	..	..	..	..	..	..	..
Produits financiers dérivés et options sur titres des salariés	..	..	..	..	..	..	..	..
Autres comptes à recevoir	..	..	..	..	..	..	..	9 326
Passifs financiers	..	..	..	..	..	..	..	37 259
Titres de dette	..	..	..	..	..	..	..	0
Titres de dette à court terme	..	..	..	..	..	..	..	..
Titres de dette à long terme	..	..	..	..	..	..	..	..
Crédits	..	..	..	..	..	..	..	232
Crédits à court terme	..	..	..	..	..	..	..	231
Crédits à long terme	..	..	..	..	..	..	..	1
Actions et parts de fonds d'investissement	..	..	..	..	..	..	..	17 216
Systèmes d'assurance, de pensions et garanties standard	..	..	..	..	..	..	..	16 671
Produits financiers dérivés et options sur titres des salariés	..	..	..	..	..	..	..	0
Autres comptes à payer	..	..	..	..	..	..	..	3 140
Actifs non financiers	..	..	..	..	..	..	..	-196
Fonds de pension								
Valeur nette financière	..	..	..	..	..	..	..	-38 946
Actifs financiers	..	..	..	..	..	..	..	11 151
Numéraire et dépôts	..	..	..	..	..	..	..	4 690
Titres de dette	..	..	..	..	..	..	..	5 215
Crédits	..	..	..	..	..	..	..	168
Actions et parts de fonds d'investissement	..	..	..	..	..	..	..	374
Actions	..	..	..	..	..	..	..	243
Parts de fonds d'investissement	..	..	..	..	..	..	..	132
Parts de fonds d'investissement monétaires	..	..	..	..	..	..	..	..
Parts de fonds d'investissement non monétaires	..	..	..	..	..	..	..	..
Systèmes d'assurance, de pensions et garanties standard	..	..	..	..	..	..	..	0
Produits financiers dérivés et options sur titres des salariés	..	..	..	..	..	..	..	0
Autres comptes à recevoir	..	..	..	..	..	..	..	704
Passifs financiers	..	..	..	..	..	..	..	50 097
Titres de dette	..	..	..	..	..	..	..	0
Titres de dette à court terme	..	..	..	..	..	..	..	..
Titres de dette à long terme	..	..	..	..	..	..	..	..
Crédits	..	..	..	..	..	..	..	120
Crédits à court terme	..	..	..	..	..	..	..	120
Crédits à long terme	..	..	..	..	..	..	..	0
Actions et parts de fonds d'investissement	..	..	..	..	..	..	..	4 077
Systèmes d'assurance, de pensions et garanties standard	..	..	..	..	..	..	..	45 627
Produits financiers dérivés et options sur titres des salariés	..	..	..	..	..	..	..	0
Autres comptes à payer	..	..	..	..	..	..	..	273
Actifs non financiers	..	..	..	..	..	..	..	38 946

Note : Voir les métadonnées détaillées sur : http://metalinks.oecd.org/instinv/20160427/0c9f

Tableau 4. Composition du portefeuille par type d'investisseur

En pourcentage des actifs financiers et des passifs financiers

Pour cent

	2007	2008	2009	2010	2011	2012	2013	2014
Fonds d'investissement								
Actifs financiers	..	..	..	..	..	..	..	100.0
Numéraire et dépôts	..	..	..	..	..	..	..	50.8
Titres de dettes	..	..	..	..	..	..	..	44.0
Crédits	..	..	..	..	..	..	..	0.0
Actions et parts de fonds d'investissement	..	..	..	..	..	..	..	5.2
Systèmes d'assurance de pensions et garanties standard	..	..	..	..	..	..	..	0.0
Produits financiers dérivés et options sur titres des salariés	..	..	..	..	..	..	..	0.0
Autres comptes à recevoir	..	..	..	..	..	..	..	0.0
Passifs financiers	..	..	..	..	..	..	..	..
Numéraire et dépôts	..	..	..	..	..	..	..	..
Titres de dettes	..	..	..	..	..	..	..	..
Crédits	..	..	..	..	..	..	..	..
Actions et parts de fonds d'investissement	..	..	..	..	..	..	..	..
Systèmes d'assurance de pensions et garanties standard	..	..	..	..	..	..	..	..
Produits financiers dérivés et options sur titres des salariés	..	..	..	..	..	..	..	..
Autres comptes à recevoir	..	..	..	..	..	..	..	..
Sociétés d'assurance								
Actifs financiers	..	..	..	..	..	..	..	100.0
Numéraire et dépôts	..	..	..	..	..	..	..	40.7
Titres de dettes	..	..	..	..	..	..	..	22.6
Crédits	..	..	..	..	..	..	..	0.0
Actions et parts de fonds d'investissement	..	..	..	..	..	..	..	4.7
Systèmes d'assurance de pensions et garanties standard	..	..	..	..	..	..	..	0.0
Produits financiers dérivés et options sur titres des salariés	..	..	..	..	..	..	..	0.0
Autres comptes à recevoir	..	..	..	..	..	..	..	32.0
Passifs financiers	..	..	..	..	..	..	..	100.0
Numéraire et dépôts	..	..	..	..	..	..	..	0.0
Titres de dettes	..	..	..	..	..	..	..	0.0
Crédits	..	..	..	..	..	..	..	0.6
Actions et parts de fonds d'investissement	..	..	..	..	..	..	..	46.2
Systèmes d'assurance de pensions et garanties standard	..	..	..	..	..	..	..	44.7
Produits financiers dérivés et options sur titres des salariés	..	..	..	..	..	..	..	0.0
Autres comptes à recevoir	..	..	..	..	..	..	..	8.4
Fonds de pension								
Actifs financiers	..	..	..	..	..	..	..	100.0
Numéraire et dépôts	..	..	..	..	..	..	..	42.1
Titres de dettes	..	..	..	..	..	..	..	46.8
Crédits	..	..	..	..	..	..	..	1.5
Actions et parts de fonds d'investissement	..	..	..	..	..	..	..	3.4
Systèmes d'assurance de pensions et garanties standard	..	..	..	..	..	..	..	0.0
Produits financiers dérivés et options sur titres des salariés	..	..	..	..	..	..	..	0.0
Autres comptes à recevoir	..	..	..	..	..	..	..	6.3
Passifs financiers	..	..	..	..	..	..	..	100.0
Numéraire et dépôts	..	..	..	..	..	..	..	0.0
Titres de dettes	..	..	..	..	..	..	..	0.0
Crédits	..	..	..	..	..	..	..	0.2
Actions et parts de fonds d'investissement	..	..	..	..	..	..	..	8.1
Systèmes d'assurance de pensions et garanties standard	..	..	..	..	..	..	..	91.1
Produits financiers dérivés et options sur titres des salariés	..	..	..	..	..	..	..	0.0
Autres comptes à recevoir	..	..	..	..	..	..	..	0.5

Note : Voir les métadonnées détaillées sur : http://metalinks.oecd.org/instinv/20160427/2c5e

Tableau 1. Actifs financiers des investisseurs institutionnels, 2014

Millions GBP

		Total	Fonds d'investissement			
			Fonds d'investissement non-monétaire			Fonds d'investissement monétaires
			Total	Fonds d'investissement à capital variable, non monétaire	Fonds d'investissement à capital fixe, non monétaire	Total
2	Actifs financiers	..	..	..	..	..
2.1	Numéraire et dépôts	..	..	..	..	..
2.2	Titres de dette	..	..	..	..	..
2.2.1	Titres de dette à court terme	..	..	..	..	..
2.2.2	Titres de dette à long terme	..	..	..	..	..
2.2.3	Titres de dette émis par les résidents	..	..	..	..	..
2.2.4	Titres de dette émis par les non-résidents	..	..	..	..	..
2.3	Crédits	..	..	..	..	..
2.3.1	Crédits à court terme	..	..	..	..	..
2.3.2	Crédits à long terme	..	..	..	..	..
2.3.3	Crédits accordés aux résidents	..	..	..	..	..
2.3.4	Crédits accordés aux non-résidents	..	..	..	..	..
2.4	Actions et parts de fonds d'investissement	..	..	..	..	..
2.4.1	Actions et parts de fonds d'investissements émises par les résidents	..	..	..	..	..
2.4.2	Actions et part de fonds d'investissements émises par les non-résidents	..	..	..	..	..
2.5	Autres comptes à recevoir	..	..	..	..	..

		Total	Fonds d'investissement			
			Fonds d'investissement non-monétaire			Fonds d'investissement monétaires
			Total	Fonds d'investissement à capital variable, non monétaire	Fonds d'investissement à capital fixe, non monétaire	Total
2	Pasifs financiers	..	..	..	..	..
2.1	Numéraire et dépôts	..	..	..	..	..
2.2	Titres de dette	..	..	..	..	..
2.2.1	Titres de dette à court terme	..	..	..	..	..
2.2.2	Titres de dette à long terme	..	..	..	..	..
2.3	Crédits	..	..	..	..	..
2.3.1	Crédits à court terme	..	..	..	..	..
2.3.2	Crédits à long terme	..	..	..	..	..
2.4	Actions et parts de fonds d'investissement	..	..	..	..	..
2.5	Systèmes d'assurance, de pensions et garanties standard	..	..	..	..	..
2.5	Produits financiers dérivés et options sur titres des salariés	..	..	..	..	..
2.8	Autres comptes à payer	..	..	..	..	..

		Total	Sociétés d'assurance et fonds de pension autonomes			
			Sociétés d'assurance			Fonds de pension autonomes
			Total	Sociétés d'assurance vie	Sociétés d'assurance non-vie	Total
2	Actifs financiers	4 115 899	..	..	..	..
2.1	Numéraire et dépôts	149 574	..	..	..	..
2.2	Titres de dette	1 073 699	..	..	..	..
2.2.1	Titres de dette à court terme	22 012	..	..	..	..
2.2.2	Titres de dette à long terme	1 051 687	..	..	..	..
2.2.3	Titres de dette émis par les résidents	738 340	..	..	..	..
2.2.4	Titres de dette émis par les non-résidents	335 359	..	..	..	..
2.3	Crédits	161 211	..	..	..	..
2.3.1	Crédits à court terme	..	..	..	..	..
2.3.2	Crédits à long terme	..	..	..	..	..
2.3.3	Crédits accordés aux résidents	..	..	..	..	..
2.3.4	Crédits accordés aux non-résidents	..	..	..	..	..
2.4	Actions et parts de fonds d'investissement	1 451 840	..	..	..	..
2.4.1	Actions et parts de fonds d'investissement émises par les résidents	783 612	..	..	..	..
2.4.2	Actions et parts de fonds d'investissement émises par les non-résidents	668 228	..	..	..	..
2.5	Autrescomptes à recevoir	34 443	..	..	..	..

		Total	Sociétés d'assurance et fonds de pension autonomes			
			Sociétés d'assurance			Fonds de pension autonomes
			Total	Sociétés d'assurance vie	Sociétés d'assurance non-vie	Total
2	Pasifs financiers	4 000 928	..	..	..	..
2.1	Numéraire et dépôts	..	..	..	..	..
2.2	Titres de dette	29 201	..	..	..	..
2.2.1	Titres de dette à court terme	..	..	..	..	..
2.2.2	Titres de dette à long terme	..	..	..	..	..
2.3	Crédits	55 813	..	..	..	..
2.3.1	Crédits à court terme	42 127	..	..	..	..
2.3.2	Crédits à long terme	13 686	..	..	..	..
2.4	Actions et parts de fonds d'investissement	124 597	..	..	..	..
2.5	Systèmes d'assurance, de pensions et garanties standard	3 545 151	..	..	..	..
2.5	Produits financiers dérivés et options sur titres des salariés	148 331	..	..	..	..
2.8	Autres comptes à payer	97 835	..	..	..	..

Note : Voir les métadonnées détaillées sur : http://metalinks.oecd.org/instinv/20160427/0c9f

Tableau 3. Actifs financiers des sociétés d'assurance et fonds de pension

Millions GBP

	2007	2008	2009	2010	2011	2012	2013	2014
Sociétés d'assurance et fonds de pension								
Valeur nette financière	144 329	130 037	184 804	181 433	131 998	151 924	126 244	114 971
Actifs financiers	2 920 798	2 887 079	2 951 455	3 092 101	3 494 361	3 682 958	3 549 195	4 115 899
Numéraire et dépôts	123 582	131 941	126 488	121 646	132 249	133 141	148 751	149 574
Titres de dette	709 023	724 054	781 222	820 621	913 525	969 701	970 186	1 073 699
Crédits	105 446	92 800	86 489	128 072	144 811	176 481	205 690	161 211
Actions et parts de fonds d'investissement	1 289 847	1 012 500	1 187 705	1 287 062	1 214 708	1 359 875	1 412 652	1 451 840
Actions	884 022	641 285	682 551	670 114	574 161	595 741	600 183	606 531
Parts de fonds d'investissement	405 825	371 215	505 154	616 948	640 547	764 134	812 469	845 309
Parts de fonds d'investissement monétaires	..	..	..	..	..	..	..	..
Parts de fonds d'investissement non monétaires	..	..	..	..	..	..	..	..
Systèmes d'assurance, de pensions et garanties standard	568 135	724 057	622 890	602 550	916 977	886 210	651 466	1 093 864
Produits financiers dérivés et options sur titres des salariés	48 836	148 534	96 580	95 112	141 106	126 284	126 134	151 268
Autres comptes à recevoir	75 929	53 193	50 081	37 038	30 985	31 266	34 316	34 443
Passifs financiers	2 776 469	2 757 042	2 766 651	2 910 668	3 362 363	3 531 034	3 422 951	4 000 928
Titres de dette	20 483	22 794	26 113	24 120	24 059	25 660	23 259	29 201
Titres de dette à court terme	..	..	..	..	..	..	..	..
Titres de dette à long terme	..	..	..	..	..	..	..	..
Crédits	46 188	45 260	39 732	35 655	43 764	66 165	72 656	55 813
Crédits à court terme	34 768	34 419	30 570	27 561	37 687	41 227	47 256	42 127
Crédits à long terme	11 420	10 841	9 162	8 094	6 077	24 938	25 400	13 686
Actions et parts de fonds d'investissement	80 711	57 191	58 532	64 639	55 474	70 497	92 124	124 597
Systèmes d'assurance, de pensions et garanties standard	2 522 233	2 413 939	2 475 831	2 624 580	3 030 431	3 163 688	3 027 703	3 545 151
Produits financiers dérivés et options sur titres des salariés	51 110	147 289	93 619	92 059	135 694	124 791	124 803	148 331
Autres comptes à payer	55 744	70 569	72 824	69 615	72 941	80 233	82 406	97 835
Actifs non financiers	..	..	..	..	..	..	..	..
Sociétés d'assurance								
Valeur nette financière	..	..	..	..	..	..	..	..
Actifs financiers	..	..	..	..	..	..	..	..
Numéraire et dépôts	..	..	..	..	..	..	..	..
Titres de dette	..	..	..	..	..	..	..	..
Crédits	..	..	..	..	..	..	..	..
Actions et parts de fonds d'investissement	..	..	..	..	..	..	..	..
Actions	..	..	..	..	..	..	..	..
Parts de fonds d'investissement	..	..	..	..	..	..	..	..
Parts de fonds d'investissement monétaires	..	..	..	..	..	..	..	..
Parts de fonds d'investissement non monétaires	..	..	..	..	..	..	..	..
Systèmes d'assurance, de pensions et garanties standard	..	..	..	..	..	..	..	..
Produits financiers dérivés et options sur titres des salariés	..	..	..	..	..	..	..	..
Autres comptes à recevoir	..	..	..	..	..	..	..	..
Passifs financiers	..	..	..	..	..	..	..	..
Titres de dette	..	..	..	..	..	..	..	..
Titres de dette à court terme	..	..	..	..	..	..	..	..
Titres de dette à long terme	..	..	..	..	..	..	..	..
Crédits	..	..	..	..	..	..	..	..
Crédits à court terme	..	..	..	..	..	..	..	..
Crédits à long terme	..	..	..	..	..	..	..	..
Actions et parts de fonds d'investissement	..	..	..	..	..	..	..	..
Systèmes d'assurance, de pensions et garanties standard	..	..	..	..	..	..	..	..
Produits financiers dérivés et options sur titres des salariés	..	..	..	..	..	..	..	..
Autres comptes à payer	..	..	..	..	..	..	..	..
Actifs non financiers	..	..	..	..	..	..	..	..
Fonds de pension								
Valeur nette financière	..	..	..	..	..	..	..	..
Actifs financiers	..	..	..	..	..	..	..	..
Numéraire et dépôts	..	..	..	..	..	..	..	..
Titres de dette	..	..	..	..	..	..	..	..
Crédits	..	..	..	..	..	..	..	..
Actions et parts de fonds d'investissement	..	..	..	..	..	..	..	..
Actions	..	..	..	..	..	..	..	..
Parts de fonds d'investissement	..	..	..	..	..	..	..	..
Parts de fonds d'investissement monétaires	..	..	..	..	..	..	..	..
Parts de fonds d'investissement non monétaires	..	..	..	..	..	..	..	..
Systèmes d'assurance, de pensions et garanties standard	..	..	..	..	..	..	..	..
Produits financiers dérivés et options sur titres des salariés	..	..	..	..	..	..	..	..
Autres comptes à recevoir	..	..	..	..	..	..	..	..
Passifs financiers	..	..	..	..	..	..	..	..
Titres de dette	..	..	..	..	..	..	..	..
Titres de dette à court terme	..	..	..	..	..	..	..	..
Titres de dette à long terme	..	..	..	..	..	..	..	..
Crédits	..	..	..	..	..	..	..	..
Crédits à court terme	..	..	..	..	..	..	..	..
Crédits à long terme	..	..	..	..	..	..	..	..
Actions et parts de fonds d'investissement	..	..	..	..	..	..	..	..
Systèmes d'assurance, de pensions et garanties standard	..	..	..	..	..	..	..	..
Produits financiers dérivés et options sur titres des salariés	..	..	..	..	..	..	..	..
Autres comptes à payer	..	..	..	..	..	..	..	..
Actifs non financiers	..	..	..	..	..	..	..	..

Note : Voir les métadonnées détaillées sur : http://metalinks.oecd.org/instinv/20160427/0c9f

Tableau 1. Actifs financiers des investisseurs institutionnels, 2014

Milliards USD

		Fonds d'investissement				
		Total	Fonds d'investissement non-monétaire			Fonds d'investissement monétaires
			Total	Fonds d'investissement à capital variable, non monétaire	Fonds d'investissement à capital fixe, non monétaire	Total
2	Actifs financiers	18 257	15 569	14 558	1 011	2 688
2.1	Numéraire et dépôts	573	38	..	38	535
2.2	Titres de dette	6 927	5 437	4 962	475	1 491
2.2.1	Titres de dette à court terme	721	147	147	..	574
2.2.2	Titres de dette à long terme	6 206	5 290	4 815	475	916
2.2.3	Titres de dette émis par les résidents	..	..	..	..	..
2.2.4	Titres de dette émis par les non-résidents	..	..	..	..	..
2.3	Crédits	1 445	801	556	245	645
2.3.1	Crédits à court terme	1 201	556	556	..	645
2.3.2	Crédits à long terme	245	245	..	245	..
2.3.3	Crédits accordés aux résidents	..	..	..	..	..
2.3.4	Crédits accordés aux non-résidents	..	..	..	..	..
2.4	Actions et parts de fonds d'investissement	9 172	9 172	9 053	120	..
2.4.1	Actions et parts de fonds d'investissements émises par les résidents	..	..	..	..	..
2.4.2	Actions et part de fonds d'investissements émises par les non-résidents	..	..	..	..	..
2.5	Autres comptes à recevoir	139	121	-13	134	17

		Fonds d'investissement				
		Total	Fonds d'investissement non-monétaire			Fonds d'investissement monétaires
			Total	Fonds d'investissement à capital variable, non monétaire	Fonds d'investissement à capital fixe, non monétaire	Total
2	Pasifs financiers	18 544	15 855	14 558	1 298	2 688
2.1	Numéraire et dépôts	..	..	..	..	..
2.2	Titres de dette	402	402	..	402	..
2.2.1	Titres de dette à court terme	0	0	..	0	..
2.2.2	Titres de dette à long terme	402	402	..	402	..
2.3	Crédits	523	523	..	523	..
2.3.1	Crédits à court terme	299	299	..	299	..
2.3.2	Crédits à long terme	224	224	..	224	..
2.4	Actions et parts de fonds d'investissement	17 531	14 843	14 558	285	2 688
2.5	Systèmes d'assurance, de pensions et garanties standard	..	..	..	..	..
2.5	Produits financiers dérivés et options sur titres des salariés	..	..	..	..	..
2.8	Autres comptes à payer	88	88	..	88	..

		Sociétés d'assurance et fonds de pension autonomes				
		Total	Sociétés d'assurance			Fonds de pension autonomes
			Total	Sociétés d'assurance vie	Sociétés d'assurance non-vie	Total
2	Actifs financiers	25 384	7 807	6 227	1 580	17 577
2.1	Numéraire et dépôts	182	86	51	36	95
2.2	Titres de dette	7 702	3 969	3 004	965	3 733
2.2.1	Titres de dette à court terme	180	86	51	35	94
2.2.2	Titres de dette à long terme	7 522	3 883	2 954	930	3 639
2.2.3	Titres de dette émis par les résidents	..	..	..	..	..
2.2.4	Titres de dette émis par les non-résidents	..	..	..	..	..
2.3	Crédits	600	562	550	12	38
2.3.1	Crédits à court terme	173	167	165	2	7
2.3.2	Crédits à long terme	426	395	385	10	32
2.3.3	Crédits accordés aux résidents	..	..	..	..	..
2.3.4	Crédits accordés aux non-résidents	..	..	..	..	..
2.4	Actions et parts de fonds d'investissement	11 480	2 616	2 148	468	8 864
2.4.1	Actions et parts de fonds d'investissement émises par les résidents	..	..	..	..	..
2.4.2	Actions et parts de fonds d'investissement émises par les non-résidents	..	..	..	..	..
2.5	Autrescomptes à recevoir	1 318	545	445	101	773

		Sociétés d'assurance et fonds de pension autonomes				
		Total	Sociétés d'assurance			Fonds de pension autonomes
			Total	Sociétés d'assurance vie	Sociétés d'assurance non-vie	Total
2	Pasifs financiers	25 016	7 242	6 049	1 193	17 773
2.1	Numéraire et dépôts	70	70	70	..	..
2.2	Titres de dette	..	..	..	..	..
2.2.1	Titres de dette à court terme	..	..	..	..	..
2.2.2	Titres de dette à long terme	..	..	..	..	..
2.3	Crédits	77	77	74	3	..
2.3.1	Crédits à court terme	77	77	74	3	..
2.3.2	Crédits à long terme	..	..	..	..	..
2.4	Actions et parts de fonds d'investissement	691	691	334	357	..
2.5	Systèmes d'assurance, de pensions et garanties standard	23 829	6 056	5 234	823	17 773
2.5	Produits financiers dérivés et options sur titres des salariés	..	..	..	..	..
2.8	Autres comptes à payer	348	348	338	10	..

Note : Voir les métadonnées détaillées sur : http://metalinks.oecd.org/instinv/20160427/0c9f

Tableau 2. Actifs financiers des fonds d'investissement

Milliards USD

	2007	2008	2009	2010	2011	2012	2013	2014
Fonds d'investissement								
Valeur nette financière	-262	-261	-227	-222	-221	-224	-264	-286
Actifs financiers	12 098	10 130	11 444	12 161	12 230	14 151	16 812	18 257
Numéraire et dépôts	413	508	713	604	493	531	576	573
Titres de dette	4 405	5 113	4 976	5 014	5 498	6 238	6 523	6 927
Crédits	944	838	755	736	749	978	1 193	1 445
Actions et parts de fonds d'investissement	6 196	3 560	4 894	5 714	5 387	6 303	8 384	9 172
Actions	6 196	3 560	4 894	5 714	5 387	6 303	8 384	9 172
Parts de fonds d'investissement	..	..	..	..	..	..	..	..
Parts de fonds d'investissement monétaires	..	..	..	..	..	..	..	..
Parts de fonds d'investissement non monétaires	..	..	..	..	..	..	..	..
Systèmes d'assurance, de pensions et garanties standard	..	..	..	..	..	..	..	..
Produits financiers dérivés et options sur titres des salariés	..	..	..	..	..	..	..	..
Autres comptes à recevoir	141	110	107	93	103	102	136	139
Passifs financiers	12 360	10 391	11 671	12 382	12 451	14 374	17 076	18 544
Titres de dette	231	171	144	145	153	179	352	402
Titres de dette à court terme	0	0	0	0	0	0	0	0
Titres de dette à long terme	231	171	144	145	153	179	352	402
Crédits	282	276	286	315	431	542	481	523
Crédits à court terme	125	112	111	139	241	348	279	299
Crédits à long terme	157	164	175	176	190	194	202	224
Actions et parts de fonds d'investissement	11 780	9 879	11 181	11 858	11 797	13 557	16 168	17 531
Systèmes d'assurance, de pensions et garanties standard	..	..	..	..	..	..	..	..
Produits financiers dérivés et options sur titres des salariés	..	..	..	..	..	..	..	..
Autres comptes à payer	68	65	60	64	71	96	75	88
Actifs non financiers	262	261	227	222	221	224	264	286
Fonds d'investissement monéaires								
Valeur nette financière	..	..	..	..	..	..	..	..
Actifs financiers	3 033	3 757	3 259	2 755	2 643	2 650	2 679	2 688
Numéraire et dépôts	396	490	682	579	466	495	542	535
Titres de dette	1 962	2 690	2 070	1 673	1 664	1 581	1 612	1 491
Crédits	606	542	480	479	491	545	493	645
Actions et parts de fonds d'investissement	..	..	..	..	..	..	..	..
Actions	..	..	..	..	..	..	..	..
Parts de fonds d'investissement	..	..	..	..	..	..	..	..
Parts de fonds d'investissement monétaires	..	..	..	..	..	..	..	..
Parts de fonds d'investissement non monétaires	..	..	..	..	..	..	..	..
Systèmes d'assurance, de pensions et garanties standard	..	..	..	..	..	..	..	..
Produits financiers dérivés et options sur titres des salariés	..	..	..	..	..	..	..	..
Autres comptes à recevoir	69	35	27	24	23	29	32	17
Passifs financiers	3 033	3 757	3 259	2 755	2 643	2 650	2 679	2 688
Titres de dette	..	..	..	..	..	..	..	..
Titres de dette à court terme	..	..	..	..	..	..	..	..
Titres de dette à long terme	..	..	..	..	..	..	..	..
Crédits	..	..	..	..	..	..	..	..
Crédits à court terme	..	..	..	..	..	..	..	..
Crédits à long terme	..	..	..	..	..	..	..	..
Actions et parts de fonds d'investissement	3 033	3 757	3 259	2 755	2 643	2 650	2 679	2 688
Systèmes d'assurance, de pensions et garanties standard	..	..	..	..	..	..	..	..
Produits financiers dérivés et options sur titres des salariés	..	..	..	..	..	..	..	..
Autres comptes à payer	..	..	..	..	..	..	..	..
Actifs non financiers	..	..	..	..	..	..	..	..
Fonds d'investissement non monéaires								
Valeur nette financière	-262	-261	-227	-222	-221	-224	-264	-286
Actifs financiers	9 065	6 373	8 185	9 405	9 587	11 501	14 134	15 569
Numéraire et dépôts	17	18	31	25	28	35	34	38
Titres de dette	2 443	2 423	2 906	3 341	3 834	4 657	4 911	5 437
Crédits	338	296	275	257	258	433	700	801
Actions et parts de fonds d'investissement	6 196	3 560	4 894	5 714	5 387	6 303	8 384	9 172
Actions	6 196	3 560	4 894	5 714	5 387	6 303	8 384	9 172
Parts de fonds d'investissement	..	..	..	..	..	..	..	..
Parts de fonds d'investissement monétaires	..	..	..	..	..	..	..	..
Parts de fonds d'investissement non monétaires	..	..	..	..	..	..	..	..
Systèmes d'assurance, de pensions et garanties standard	..	..	..	..	..	..	..	..
Produits financiers dérivés et options sur titres des salariés	..	..	..	..	..	..	..	..
Autres comptes à recevoir	72	75	80	69	80	73	104	121
Passifs financiers	9 327	6 634	8 412	9 627	9 808	11 725	14 397	15 855
Titres de dette	231	171	144	145	153	179	352	402
Titres de dette à court terme	0	0	0	0	0	0	0	0
Titres de dette à long terme	231	171	144	145	153	179	352	402
Crédits	282	276	286	315	431	542	481	523
Crédits à court terme	125	112	111	139	241	348	279	299
Crédits à long terme	157	164	175	176	190	194	202	224
Actions et parts de fonds d'investissement	8 747	6 122	7 922	9 103	9 154	10 907	13 489	14 843
Systèmes d'assurance, de pensions et garanties standard	..	..	..	..	..	..	..	..
Produits financiers dérivés et options sur titres des salariés	..	..	..	..	..	..	..	..
Autres comptes à payer	68	65	60	64	71	96	75	88
Actifs non financiers	262	261	227	222	221	224	264	286
Fonds d'investissement non monéaires à capital variable								
Valeur nette financière	..	..	..	..	..	..	..	..
Actifs financiers	8 430	5 919	7 694	8 860	8 913	10 650	13 206	14 558

Tableau 2. Actifs financiers des fonds d'investissement *(suite)*

Milliards USD

	2007	2008	2009	2010	2011	2012	2013	2014
Numéraire et dépôts	..	..	..	..	..	..	..	..
Titres de dette	2 148	2 191	2 644	3 028	3 415	4 107	4 443	4 962
Crédits	215	220	229	212	202	368	501	556
Actions et parts de fonds d'investissement	6 051	3 488	4 806	5 617	5 291	6 203	8 270	9 053
Actions	6 051	3 488	4 806	5 617	5 291	6 203	8 270	9 053
Parts de fonds d'investissement	..	..	..	..	..	..	..	..
Parts de fonds d'investissement monétaires	..	..	..	..	..	..	..	..
Parts de fonds d'investissement non monétaires	..	..	..	..	..	..	..	..
Systèmes d'assurance, de pensions et garanties standard	..	..	..	..	..	..	..	..
Produits financiers dérivés et options sur titres des salariés	..	..	..	..	..	..	..	..
Autres comptes à recevoir	17	20	15	3	6	-27	-8	-13
Passifs financiers	8 430	5 919	7 694	8 860	8 913	10 650	13 206	14 558
Titres de dette	..	..	..	..	..	..	..	..
Titres de dette à court terme	..	..	..	..	..	..	..	..
Titres de dette à long terme	..	..	..	..	..	..	..	..
Crédits	..	..	..	..	..	..	..	..
Crédits à court terme	..	..	..	..	..	..	..	..
Crédits à long terme	..	..	..	..	..	..	..	..
Actions et parts de fonds d'investissement	8 430	5 919	7 694	8 860	8 913	10 650	13 206	14 558
Systèmes d'assurance, de pensions et garanties standard	..	..	..	..	..	..	..	..
Produits financiers dérivés et options sur titres des salariés	..	..	..	..	..	..	..	..
Autres comptes à payer	..	..	..	..	..	..	..	..
Actifs non financiers	..	..	..	..	..	..	..	..
Fonds d'investissement à capital variable								
Valeur nette financière	..	..	..	..	..	..	..	..
Actifs financiers	11 463	9 676	10 952	11 615	11 556	13 300	15 884	17 246
Numéraire et dépôts	396	490	682	579	466	495	542	535
Titres de dette	4 110	4 881	4 714	4 701	5 078	5 688	6 055	6 452
Crédits	820	762	709	691	693	913	994	1 201
Actions et parts de fonds d'investissement	6 051	3 488	4 806	5 617	5 291	6 203	8 270	9 053
Actions	6 051	3 488	4 806	5 617	5 291	6 203	8 270	9 053
Parts de fonds d'investissement	..	..	..	..	..	..	..	..
Parts de fonds d'investissement monétaires	..	..	..	..	..	..	..	..
Parts de fonds d'investissement non monétaires	..	..	..	..	..	..	..	..
Systèmes d'assurance, de pensions et garanties standard	..	..	..	..	..	..	..	..
Produits financiers dérivés et options sur titres des salariés	..	..	..	..	..	..	..	..
Autres comptes à recevoir	86	55	42	26	28	1	23	5
Passifs financiers	11 463	9 676	10 952	11 615	11 556	13 300	15 884	17 246
Titres de dette	..	..	..	..	..	..	..	..
Titres de dette à court terme	..	..	..	..	..	..	..	..
Titres de dette à long terme	..	..	..	..	..	..	..	..
Crédits	..	..	..	..	..	..	..	..
Crédits à court terme	..	..	..	..	..	..	..	..
Crédits à long terme	..	..	..	..	..	..	..	..
Actions et parts de fonds d'investissement	11 463	9 676	10 952	11 615	11 556	13 300	15 884	17 246
Systèmes d'assurance, de pensions et garanties standard	..	..	..	..	..	..	..	..
Produits financiers dérivés et options sur titres des salariés	..	..	..	..	..	..	..	..
Autres comptes à payer	..	..	..	..	..	..	..	..
Actifs non financiers	..	..	..	..	..	..	..	..

Note : Voir les métadonnées détaillées sur : http://metalinks.oecd.org/instinv/20160427/0c9f

Tableau 3. Actifs financiers des sociétés d'assurance et fonds de pension

Milliards USD

	2007	2008	2009	2010	2011	2012	2013	2014
Sociétés d'assurance et fonds de pension								
Valeur nette financière	-41	278	328	296	374	392	361	369
Actifs financiers	19 167	17 935	19 365	21 065	21 629	22 803	24 417	25 384
Numéraire et dépôts	184	186	153	166	169	176	167	182
Titres de dette	5 884	5 920	6 129	6 514	6 834	7 095	7 463	7 702
Crédits	541	572	528	521	533	549	568	600
Actions et parts de fonds d'investissement	9 114	6 163	7 558	8 507	8 233	9 116	10 883	11 480
Actions	6 145	4 053	4 953	5 590	5 386	5 990	7 122	7 451
Parts de fonds d'investissement	2 970	2 109	2 604	2 917	2 847	3 127	3 761	4 029
Parts de fonds d'investissement monétaires	241	272	250	225	244	224	232	233
Parts de fonds d'investissement non monétaires	2 729	1 838	2 355	2 692	2 603	2 902	3 528	3 796
Systèmes d'assurance, de pensions et garanties standard	2 469	4 104	4 013	4 367	4 769	4 724	4 127	4 103
Produits financiers dérivés et options sur titres des salariés	..	..	..	..	..	..	..	..
Autres comptes à recevoir	974	991	985	989	1 091	1 144	1 209	1 318
Passifs financiers	19 208	17 657	19 037	20 769	21 254	22 411	24 056	25 016
Titres de dette	..	..	..	..	..	..	..	..
Titres de dette à court terme	..	..	..	..	..	..	..	..
Titres de dette à long terme	..	..	..	..	..	..	..	..
Crédits	48	67	61	56	61	66	75	77
Crédits à court terme	48	67	61	56	61	66	75	77
Crédits à long terme	..	..	..	..	..	..	..	..
Actions et parts de fonds d'investissement	938	495	570	639	587	584	646	691
Systèmes d'assurance, de pensions et garanties standard	17 808	16 706	18 110	19 787	20 341	21 407	22 946	23 829
Produits financiers dérivés et options sur titres des salariés	..	..	..	..	..	..	..	..
Autres comptes à payer	287	267	208	209	196	284	328	348
Actifs non financiers	245	257	248	243	247	249	257	264
Sociétés d'assurance								
Valeur nette financière	105	407	470	439	522	552	544	565
Actifs financiers	6 336	5 820	6 204	6 528	6 721	7 057	7 514	7 807
Numéraire et dépôts	101	111	78	84	78	93	77	86
Titres de dette	3 264	3 223	3 438	3 602	3 740	3 801	3 885	3 969
Crédits	483	526	486	477	495	510	530	562
Actions et parts de fonds d'investissement	2 087	1 523	1 793	1 978	1 965	2 188	2 527	2 616
Actions	1 845	1 323	1 580	1 734	1 723	1 925	2 234	2 307
Parts de fonds d'investissement	242	201	214	243	243	263	292	309
Parts de fonds d'investissement monétaires	42	72	63	47	49	50	42	46
Parts de fonds d'investissement non monétaires	200	129	150	197	194	214	251	263
Systèmes d'assurance, de pensions et garanties standard	24	27	22	25	24	25	28	29
Produits financiers dérivés et options sur titres des salariés	..	..	..	..	..	..	..	..
Autres comptes à recevoir	377	411	387	362	418	440	467	545
Passifs financiers	6 231	5 413	5 735	6 089	6 199	6 505	6 970	7 242
Titres de dette	..	..	..	..	..	..	..	..
Titres de dette à court terme	..	..	..	..	..	..	..	..
Titres de dette à long terme	..	..	..	..	..	..	..	..
Crédits	48	67	61	56	61	66	75	77
Crédits à court terme	48	67	61	56	61	66	75	77
Crédits à long terme	..	..	..	..	..	..	..	..
Actions et parts de fonds d'investissement	938	495	570	639	587	584	646	691
Systèmes d'assurance, de pensions et garanties standard	4 831	4 462	4 808	5 107	5 286	5 501	5 860	6 056
Produits financiers dérivés et options sur titres des salariés	..	..	..	..	..	..	..	..
Autres comptes à payer	287	267	208	209	196	284	328	348
Actifs non financiers	239	250	242	237	240	243	250	257
Fonds de pension								
Valeur nette financière	-145	-129	-141	-143	-147	-161	-183	-196
Actifs financiers	12 831	12 115	13 161	14 537	14 908	15 746	16 903	17 577
Numéraire et dépôts	83	75	75	82	91	83	90	95
Titres de dette	2 620	2 697	2 691	2 912	3 093	3 294	3 578	3 733
Crédits	58	46	41	44	39	39	38	38
Actions et parts de fonds d'investissement	7 027	4 640	5 764	6 529	6 267	6 929	8 356	8 864
Actions	4 300	2 731	3 374	3 855	3 663	4 065	4 888	5 145
Parts de fonds d'investissement	2 727	1 909	2 391	2 674	2 604	2 863	3 468	3 720
Parts de fonds d'investissement monétaires	199	200	186	178	195	175	191	187
Parts de fonds d'investissement non monétaires	2 529	1 709	2 204	2 495	2 409	2 689	3 278	3 533
Systèmes d'assurance, de pensions et garanties standard	2 445	4 077	3 991	4 343	4 745	4 699	4 099	4 073
Produits financiers dérivés et options sur titres des salariés	..	..	..	..	..	..	..	..
Autres comptes à recevoir	598	580	598	627	672	703	742	773
Passifs financiers	12 977	12 245	13 302	14 680	15 055	15 906	17 086	17 773
Titres de dette	..	..	..	..	..	..	..	..
Titres de dette à court terme	..	..	..	..	..	..	..	..
Titres de dette à long terme	..	..	..	..	..	..	..	..
Crédits	..	..	..	..	..	..	..	..
Crédits à court terme	..	..	..	..	..	..	..	..
Crédits à long terme	..	..	..	..	..	..	..	..
Actions et parts de fonds d'investissement	..	..	..	..	..	..	..	..
Systèmes d'assurance, de pensions et garanties standard	12 977	12 245	13 302	14 680	15 055	15 906	17 086	17 773
Produits financiers dérivés et options sur titres des salariés	..	..	..	..	..	..	..	..
Autres comptes à payer	..	..	..	..	..	..	..	..
Actifs non financiers	6	7	6	6	6	7	7	7

Note : Voir les métadonnées détaillées sur : http://metalinks.oecd.org/instinv/20160427/0c9f

Tableau 4. Composition du portefeuille par type d'investisseur

En pourcentage des actifs financiers et des passifs financiers

Pour cent

	2007	2008	2009	2010	2011	2012	2013	2014
Fonds d'investissement								
Actifs financiers	100.0	100.0	100.0	100.0	100.0	100.0	100.0	100.0
Numéraire et dépôts	3.4	5.0	6.2	5.0	4.0	3.7	3.4	3.1
Titres de dettes	36.4	50.5	43.5	41.2	45.0	44.1	38.8	37.9
Crédits	7.8	8.3	6.6	6.1	6.1	6.9	7.1	7.9
Actions et parts de fonds d'investissement	51.2	35.1	42.8	47.0	44.0	44.5	49.9	50.2
Systèmes d'assurance de pensions et garanties standard	0.0	0.0	0.0	0.0	0.0	0.0	0.0	0.0
Produits financiers dérivés et options sur titres des salariés	0.0	0.0	0.0	0.0	0.0	0.0	0.0	0.0
Autres comptes à recevoir	1.2	1.1	0.9	0.8	0.8	0.7	0.8	0.8
Passifs financiers	100.0	100.0	100.0	100.0	100.0	100.0	100.0	100.0
Numéraire et dépôts	0.0	0.0	0.0	0.0	0.0	0.0	0.0	0.0
Titres de dettes	1.9	1.6	1.2	1.2	1.2	1.2	2.1	2.2
Crédits	2.3	2.7	2.4	2.5	3.5	3.8	2.8	2.8
Actions et parts de fonds d'investissement	95.3	95.1	95.8	95.8	94.7	94.3	94.7	94.5
Systèmes d'assurance de pensions et garanties standard	0.0	0.0	0.0	0.0	0.0	0.0	0.0	0.0
Produits financiers dérivés et options sur titres des salariés	0.0	0.0	0.0	0.0	0.0	0.0	0.0	0.0
Autres comptes à recevoir	0.5	0.6	0.5	0.5	0.6	0.7	0.4	0.5
Sociétés d'assurance								
Actifs financiers	100.0	100.0	100.0	100.0	100.0	100.0	100.0	100.0
Numéraire et dépôts	1.6	1.9	1.3	1.3	1.2	1.3	1.0	1.1
Titres de dettes	51.5	55.4	55.4	55.2	55.7	53.9	51.7	50.8
Crédits	7.6	9.0	7.8	7.3	7.4	7.2	7.0	7.2
Actions et parts de fonds d'investissement	32.9	26.2	28.9	30.3	29.2	31.0	33.6	33.5
Systèmes d'assurance de pensions et garanties standard	0.4	0.5	0.4	0.4	0.4	0.4	0.4	0.4
Produits financiers dérivés et options sur titres des salariés	0.0	0.0	0.0	0.0	0.0	0.0	0.0	0.0
Autres comptes à recevoir	5.9	7.1	6.2	5.5	6.2	6.2	6.2	7.0
Passifs financiers	100.0	100.0	100.0	100.0	100.0	100.0	100.0	100.0
Numéraire et dépôts	2.0	2.2	1.5	1.3	1.1	1.1	0.9	1.0
Titres de dettes	0.0	0.0	0.0	0.0	0.0	0.0	0.0	0.0
Crédits	0.8	1.2	1.1	0.9	1.0	1.0	1.1	1.1
Actions et parts de fonds d'investissement	15.1	9.2	9.9	10.5	9.5	9.0	9.3	9.5
Systèmes d'assurance de pensions et garanties standard	77.5	82.4	83.8	83.9	85.3	84.6	84.1	83.6
Produits financiers dérivés et options sur titres des salariés	0.0	0.0	0.0	0.0	0.0	0.0	0.0	0.0
Autres comptes à recevoir	4.6	4.9	3.6	3.4	3.2	4.4	4.7	4.8
Fonds de pension								
Actifs financiers	100.0	100.0	100.0	100.0	100.0	100.0	100.0	100.0
Numéraire et dépôts	0.6	0.6	0.6	0.6	0.6	0.5	0.5	0.5
Titres de dettes	20.4	22.3	20.4	20.0	20.7	20.9	21.2	21.2
Crédits	0.5	0.4	0.3	0.3	0.3	0.2	0.2	0.2
Actions et parts de fonds d'investissement	54.8	38.3	43.8	44.9	42.0	44.0	49.4	50.4
Systèmes d'assurance de pensions et garanties standard	19.1	33.6	30.3	29.9	31.8	29.8	24.3	23.2
Produits financiers dérivés et options sur titres des salariés	0.0	0.0	0.0	0.0	0.0	0.0	0.0	0.0
Autres comptes à recevoir	4.7	4.8	4.5	4.3	4.5	4.5	4.4	4.4
Passifs financiers	100.0	100.0	100.0	100.0	100.0	100.0	100.0	100.0
Numéraire et dépôts	0.0	0.0	0.0	0.0	0.0	0.0	0.0	0.0
Titres de dettes	0.0	0.0	0.0	0.0	0.0	0.0	0.0	0.0
Crédits	0.0	0.0	0.0	0.0	0.0	0.0	0.0	0.0
Actions et parts de fonds d'investissement	0.0	0.0	0.0	0.0	0.0	0.0	0.0	0.0
Systèmes d'assurance de pensions et garanties standard	100.0	100.0	100.0	100.0	100.0	100.0	100.0	100.0
Produits financiers dérivés et options sur titres des salariés	0.0	0.0	0.0	0.0	0.0	0.0	0.0	0.0
Autres comptes à recevoir	0.0	0.0	0.0	0.0	0.0	0.0	0.0	0.0

Note : Voir les métadonnées détaillées sur : http://metalinks.oecd.org/instinv/20160427/2c5e

LETTONIE

Tableau 1. Actifs financiers des investisseurs institutionnels, 2014

Millions EUR (2014)

		Total	Fonds d'investissement			
			Fonds d'investissement non-monétaire			Fonds d'investissement monétaires
			Total	Fonds d'investissement à capital variable, non monétaire	Fonds d'investissement à capital fixe, non monétaire	Total
2	Actifs financiers	..	..	..	..	..
2.1	Numéraire et dépôts	..	..	..	..	..
2.2	Titres de dette	..	..	..	..	..
2.2.1	Titres de dette à court terme	..	..	..	..	..
2.2.2	Titres de dette à long terme	..	..	..	..	..
2.2.3	Titres de dette émis par les résidents	..	..	..	..	..
2.2.4	Titres de dette émis par les non-résidents	..	..	..	..	..
2.3	Crédits	..	..	..	..	..
2.3.1	Crédits à court terme	..	..	..	..	..
2.3.2	Crédits à long terme	..	..	..	..	..
2.3.3	Crédits accordés aux résidents	..	..	..	..	..
2.3.4	Crédits accordés aux non-résidents	..	..	..	..	..
2.4	Actions et parts de fonds d'investissement	..	..	..	..	..
2.4.1	Actions et parts de fonds d'investissements émises par les résidents	..	..	..	..	..
2.4.2	Actions et part de fonds d'investissements émises par les non-résidents	..	..	..	..	..
2.5	Autres comptes à recevoir	..	..	..	..	..

		Total	Fonds d'investissement			
			Fonds d'investissement non-monétaire			Fonds d'investissement monétaires
			Total	Fonds d'investissement à capital variable, non monétaire	Fonds d'investissement à capital fixe, non monétaire	Total
2	Pasifs financiers	..	..	..	..	..
2.1	Numéraire et dépôts	..	..	..	..	..
2.2	Titres de dette	..	..	..	..	..
2.2.1	Titres de dette à court terme	..	..	..	..	..
2.2.2	Titres de dette à long terme	..	..	..	..	..
2.3	Crédits	..	..	..	..	..
2.3.1	Crédits à court terme	..	..	..	..	..
2.3.2	Crédits à long terme	..	..	..	..	..
2.4	Actions et parts de fonds d'investissement	..	..	..	..	..
2.5	Systèmes d'assurance, de pensions et garanties standard	..	..	..	..	..
2.5	Produits financiers dérivés et options sur titres des salariés	..	..	..	..	..
2.8	Autres comptes à payer	..	..	..	..	..

		Sociétés d'assurance et fonds de pension autonomes				
		Total	Sociétés d'assurance			Fonds de pension autonomes
			Total	Sociétés d'assurance vie	Sociétés d'assurance non-vie	Total
2	Actifs financiers	3 090	..	..	..	2 315
2.1	Numéraire et dépôts	463	..	..	..	315
2.2	Titres de dette	1 395	..	..	..	1 088
2.2.1	Titres de dette à court terme	2	..	..	..	1
2.2.2	Titres de dette à long terme	1 393	..	..	..	1 087
2.2.3	Titres de dette émis par les résidents	739	..	..	..	656
2.2.4	Titres de dette émis par les non-résidents	656	..	..	..	432
2.3	Crédits	9	..	..	..	0
2.3.1	Crédits à court terme	0	..	..	..	0
2.3.2	Crédits à long terme	9	..	..	..	0
2.3.3	Crédits accordés aux résidents	8	..	..	..	0
2.3.4	Crédits accordés aux non-résidents	1	..	..	..	0
2.4	Actions et parts de fonds d'investissement	1 066	..	..	..	910
2.4.1	Actions et parts de fonds d'investissement émises par les résidents	34	..	..	..	16
2.4.2	Actions et parts de fonds d'investissement émises par les non-résidents	1 032	..	..	..	894
2.5	Autrescomptes à recevoir	157	..	..	..	1

		Sociétés d'assurance et fonds de pension autonomes				
		Total	Sociétés d'assurance			Fonds de pension autonomes
			Total	Sociétés d'assurance vie	Sociétés d'assurance non-vie	Total
2	Pasifs financiers	3 128	..	..	..	2 319
2.1	Numéraire et dépôts	0	..	..	..	0
2.2	Titres de dette	0	..	..	..	0
2.2.1	Titres de dette à court terme	0	..	..	..	0
2.2.2	Titres de dette à long terme	0	..	..	..	0
2.3	Crédits	1	..	..	..	0
2.3.1	Crédits à court terme	0	..	..	..	0
2.3.2	Crédits à long terme	1	..	..	..	0
2.4	Actions et parts de fonds d'investissement	173	..	..	..	3
2.5	Systèmes d'assurance, de pensions et garanties standard	2 872	..	..	..	2 288
2.5	Produits financiers dérivés et options sur titres des salariés	1	..	..	..	1
2.8	Autres comptes à payer	81	..	..	..	27

Note : Voir les métadonnées détaillées sur : http://metalinks.oecd.org/instinv/20160427/b355

LETTONIE

Tableau 3. Actifs financiers des sociétés d'assurance et fonds de pension

Millions EUR

	2007	2008	2009	2010	2011	2012	2013	2014
Sociétés d'assurance et fonds de pension								
Valeur nette financière	-36	-31	-35	-29	-27	-34	-31	-38
Actifs financiers	986	1 418	1 862	2 129	2 555	2 775	2 625	3 090
Numéraire et dépôts	348	521	614	755	537	495	411	463
Titres de dette	330	552	770	719	846	969	1 147	1 395
Crédits	25	20	12	12	13	12	11	9
Actions et parts de fonds d'investissement	160	196	339	530	603	777	882	1 066
Actions	29	33	21	31	12	15	60	78
Parts de fonds d'investissement	132	163	317	499	591	762	821	988
Parts de fonds d'investissement monétaires	26	20	40	83	111	36	40	45
Parts de fonds d'investissement non monétaires	105	143	278	415	480	726	781	943
Systèmes d'assurance, de pensions et garanties standard	0	0	0	0	0	0	0	0
Produits financiers dérivés et options sur titres des salariés	1	1	0	0	0	0	0	0
Autres comptes à recevoir	122	128	127	113	556	521	173	157
Passifs financiers	1 022	1 449	1 897	2 158	2 583	2 809	2 656	3 128
Titres de dette	0	0	0	0	0	0	0	0
Titres de dette à court terme	0	0	0	0	0	0	0	0
Titres de dette à long terme	0	0	0	0	0	0	0	0
Crédits	4	4	3	1	264	103	4	1
Crédits à court terme	0	0	0	0	0	1	3	0
Crédits à long terme	4	4	3	1	264	102	1	1
Actions et parts de fonds d'investissement	132	176	173	213	223	202	170	173
Systèmes d'assurance, de pensions et garanties standard	842	1 217	1 645	1 896	2 043	2 418	2 420	2 872
Produits financiers dérivés et options sur titres des salariés	0	2	0	0	1	0	0	1
Autres comptes à payer	44	52	77	48	51	87	62	81
Actifs non financiers	..	..	..	..	..	..	..	..
Sociétés d'assurance								
Valeur nette financière	..	..	..	..	..	..	..	..
Actifs financiers	..	..	..	..	..	..	..	..
Numéraire et dépôts	..	..	..	..	..	..	..	..
Titres de dette	..	..	..	..	..	..	..	..
Crédits	..	..	..	..	..	..	..	..
Actions et parts de fonds d'investissement	..	..	..	..	..	..	..	..
Actions	..	..	..	..	..	..	..	..
Parts de fonds d'investissement	..	..	..	..	..	..	..	..
Parts de fonds d'investissement monétaires	..	..	..	..	..	..	..	..
Parts de fonds d'investissement non monétaires	..	..	..	..	..	..	..	..
Systèmes d'assurance, de pensions et garanties standard	..	..	..	..	..	..	..	..
Produits financiers dérivés et options sur titres des salariés	..	..	..	..	..	..	..	..
Autres comptes à recevoir	..	..	..	..	..	..	..	..
Passifs financiers	..	..	..	..	..	..	..	..
Titres de dette	..	..	..	..	..	..	..	..
Titres de dette à court terme	..	..	..	..	..	..	..	..
Titres de dette à long terme	..	..	..	..	..	..	..	..
Crédits	..	..	..	..	..	..	..	..
Crédits à court terme	..	..	..	..	..	..	..	..
Crédits à long terme	..	..	..	..	..	..	..	..
Actions et parts de fonds d'investissement	..	..	..	..	..	..	..	..
Systèmes d'assurance, de pensions et garanties standard	..	..	..	..	..	..	..	..
Produits financiers dérivés et options sur titres des salariés	..	..	..	..	..	..	..	..
Autres comptes à payer	..	..	..	..	..	..	..	..
Actifs non financiers	..	..	..	..	..	..	..	..
Fonds de pension								
Valeur nette financière	-1	-1	0	0	0	0	0	-4
Actifs financiers	447	776	1 147	1 343	1 425	1 670	1 907	2 315
Numéraire et dépôts	181	340	445	519	354	332	296	315
Titres de dette	147	288	444	410	580	686	839	1 088
Crédits	0	0	0	0	0	0	0	0
Actions et parts de fonds d'investissement	116	146	257	413	488	649	735	910
Actions	15	4	7	15	10	12	18	26
Parts de fonds d'investissement	102	142	249	398	478	637	718	884
Parts de fonds d'investissement monétaires	26	20	37	73	82	2	2	5
Parts de fonds d'investissement non monétaires	75	122	213	325	396	635	715	880
Systèmes d'assurance, de pensions et garanties standard	0	0	0	0	0	0	0	0
Produits financiers dérivés et options sur titres des salariés	1	1	0	0	0	0	0	0
Autres comptes à recevoir	2	1	1	1	3	2	37	1
Passifs financiers	448	777	1 147	1 343	1 426	1 670	1 907	2 319
Titres de dette	0	0	0	0	0	0	0	0
Titres de dette à court terme	0	0	0	0	0	0	0	0
Titres de dette à long terme	0	0	0	0	0	0	0	0
Crédits	0	0	0	0	0	0	0	0
Crédits à court terme	0	0	0	0	0	0	0	0
Crédits à long terme	0	0	0	0	0	0	0	0
Actions et parts de fonds d'investissement	1	2	2	2	2	3	2	3
Systèmes d'assurance, de pensions et garanties standard	446	773	1 137	1 338	1 417	1 664	1 899	2 288
Produits financiers dérivés et options sur titres des salariés	0	2	0	0	1	0	0	1
Autres comptes à payer	1	2	9	3	5	4	6	27
Actifs non financiers	..	..	..	..	..	..	..	..

Note : Voir les métadonnées détaillées sur : http://metalinks.oecd.org/instinv/20160427/b355

Tableau 4. Composition du portefeuille par type d'investisseur

En pourcentage des actifs financiers et des passifs financiers

Pour cent

	2007	2008	2009	2010	2011	2012	2013	2014
Fonds d'investissement								
Actifs financiers	..	..	..	..	..	..	..	..
Numéraire et dépôts	..	..	..	..	..	..	..	..
Titres de dettes	..	..	..	..	..	..	..	..
Crédits	..	..	..	..	..	..	..	..
Actions et parts de fonds d'investissement	..	..	..	..	..	..	..	..
Systèmes d'assurance de pensions et garanties standard	..	..	..	..	..	..	..	..
Produits financiers dérivés et options sur titres des salariés	..	..	..	..	..	..	..	..
Autres comptes à recevoir	..	..	..	..	..	..	..	..
Passifs financiers	..	..	..	..	..	..	..	..
Numéraire et dépôts	..	..	..	..	..	..	..	..
Titres de dettes	..	..	..	..	..	..	..	..
Crédits	..	..	..	..	..	..	..	..
Actions et parts de fonds d'investissement	..	..	..	..	..	..	..	..
Systèmes d'assurance de pensions et garanties standard	..	..	..	..	..	..	..	..
Produits financiers dérivés et options sur titres des salariés	..	..	..	..	..	..	..	..
Autres comptes à recevoir	..	..	..	..	..	..	..	..
Sociétés d'assurance								
Actifs financiers	..	..	..	..	..	..	..	..
Numéraire et dépôts	..	..	..	..	..	..	..	..
Titres de dettes	..	..	..	..	..	..	..	..
Crédits	..	..	..	..	..	..	..	..
Actions et parts de fonds d'investissement	..	..	..	..	..	..	..	..
Systèmes d'assurance de pensions et garanties standard	..	..	..	..	..	..	..	..
Produits financiers dérivés et options sur titres des salariés	..	..	..	..	..	..	..	..
Autres comptes à recevoir	..	..	..	..	..	..	..	..
Passifs financiers	..	..	..	..	..	..	..	..
Numéraire et dépôts	..	..	..	..	..	..	..	..
Titres de dettes	..	..	..	..	..	..	..	..
Crédits	..	..	..	..	..	..	..	..
Actions et parts de fonds d'investissement	..	..	..	..	..	..	..	..
Systèmes d'assurance de pensions et garanties standard	..	..	..	..	..	..	..	..
Produits financiers dérivés et options sur titres des salariés	..	..	..	..	..	..	..	..
Autres comptes à recevoir	..	..	..	..	..	..	..	..
Fonds de pension								
Actifs financiers	100.0	100.0	100.0	100.0	100.0	100.0	100.0	100.0
Numéraire et dépôts	40.4	43.8	38.8	38.6	24.9	19.9	15.5	13.6
Titres de dettes	32.9	37.1	38.7	30.5	40.7	41.1	44.0	47.0
Crédits	0.0	0.0	0.0	0.0	0.0	0.0	0.0	0.0
Actions et parts de fonds d'investissement	26.0	18.8	22.4	30.8	34.3	38.9	38.6	39.3
Systèmes d'assurance de pensions et garanties standard	0.0	0.0	0.0	0.0	0.0	0.0	0.0	0.0
Produits financiers dérivés et options sur titres des salariés	0.2	0.1	0.0	0.0	0.0	0.0	0.0	0.0
Autres comptes à recevoir	0.4	0.1	0.1	0.1	0.2	0.1	1.9	0.1
Passifs financiers	100.0	100.0	100.0	100.0	100.0	100.0	100.0	100.0
Numéraire et dépôts	0.0	0.0	0.0	0.0	0.0	0.0	0.0	0.0
Titres de dettes	0.0	0.0	0.0	0.0	0.0	0.0	0.0	0.0
Crédits	0.0	0.0	0.0	0.0	0.0	0.0	0.0	0.0
Actions et parts de fonds d'investissement	0.3	0.2	0.2	0.2	0.2	0.1	0.1	0.1
Systèmes d'assurance de pensions et garanties standard	99.5	99.4	99.1	99.6	99.4	99.6	99.6	98.7
Produits financiers dérivés et options sur titres des salariés	0.0	0.2	0.0	0.0	0.1	0.0	0.0	0.0
Autres comptes à recevoir	0.2	0.2	0.7	0.2	0.4	0.2	0.3	1.2

Note : Voir les métadonnées détaillées sur : http://metalinks.oecd.org/instinv/20160427/2c5e

Tableau 1. Actifs financiers des investisseurs institutionnels, 2014

Millions RUB

			Fonds d'investissement			
		Total	Fonds d'investissement non-monétaire			Fonds d'investissement monétaires
			Total	Fonds d'investissement à capital variable, non monétaire	Fonds d'investissement à capital fixe, non monétaire	Total
2	Actifs financiers	1 359 209	1 356 467	109 275	1 247 192	2 742
2.1	Numéraire et dépôts	194 966	193 354	9 251	184 103	1 612
2.2	Titres de dette	144 442	143 515	37 686	105 829	927
2.2.1	Titres de dette à court terme	..	..	..	..	..
2.2.2	Titres de dette à long terme	..	..	..	..	..
2.2.3	Titres de dette émis par les résidents	124 392	123 465	27 735	95 730	927
2.2.4	Titres de dette émis par les non-résidents	20 050	20 050	9 951	10 099	0
2.3	Crédits	5 048	5 048	0	5 048	0
2.3.1	Crédits à court terme	..	..	..	..	..
2.3.2	Crédits à long terme	..	..	..	..	..
2.3.3	Crédits accordés aux résidents	..	..	..	..	..
2.3.4	Crédits accordés aux non-résidents	..	..	..	..	..
2.4	Actions et parts de fonds d'investissement	676 092	676 092	55 217	620 875	0
2.4.1	Actions et parts de fonds d'investissements émises par les résidents	618 708	618 708	29 945	588 762	0
2.4.2	Actions et part de fonds d'investissements émises par les non-résidents	57 384	57 384	25 271	32 113	0
2.5	Autres comptes à recevoir	338 662	338 458	7 121	331 338	204

			Fonds d'investissement			
		Total	Fonds d'investissement non-monétaire			Fonds d'investissement monétaires
			Total	Fonds d'investissement à capital variable, non monétaire	Fonds d'investissement à capital fixe, non monétaire	Total
2	Pasifs financiers	2 416 665	2 413 922	111 675	2 302 248	2 742
2.1	Numéraire et dépôts	..	..	..	..	..
2.2	Titres de dette	..	..	..	..	..
2.2.1	Titres de dette à court terme	..	..	..	..	..
2.2.2	Titres de dette à long terme	..	..	..	..	..
2.3	Crédits	..	..	..	..	..
2.3.1	Crédits à court terme	..	..	..	..	..
2.3.2	Crédits à long terme	..	..	..	..	..
2.4	Actions et parts de fonds d'investissement	2 130 481	2 127 809	109 277	2 018 532	2 672
2.5	Systèmes d'assurance, de pensions et garanties standard	0	..	..	..	..
2.5	Produits financiers dérivés et options sur titres des salariés	..	..	..	..	..
2.8	Autres comptes à payer	286 184	286 113	2 397	283 716	70

			Sociétés d'assurance et fonds de pension autonomes			
		Total	Sociétés d'assurance			Fonds de pension autonomes
			Total	Sociétés d'assurance vie	Sociétés d'assurance non-vie	Total
2	Actifs financiers	3 614 771	1 427 638	..	..	2 187 133
2.1	Numéraire et dépôts	1 031 981	438 214	..	..	593 767
2.2	Titres de dette	1 221 968	326 926	..	..	895 042
2.2.1	Titres de dette à court terme	..	..	..	..	..
2.2.2	Titres de dette à long terme	..	..	..	..	..
2.2.3	Titres de dette émis par les résidents	1 114 711	250 582	..	..	864 129
2.2.4	Titres de dette émis par les non-résidents	107 257	76 344	..	..	30 913
2.3	Crédits	21 003	20 884	..	..	119
2.3.1	Crédits à court terme	..	..	..	..	..
2.3.2	Crédits à long terme	..	..	..	..	..
2.3.3	Crédits accordés aux résidents	13 818	13 699	..	..	119
2.3.4	Crédits accordés aux non-résidents	7 185	7 185	..	..	0
2.4	Actions et parts de fonds d'investissement	764 682	156 943	..	..	607 740
2.4.1	Actions et parts de fonds d'investissement émises par les résidents	742 583	146 279	..	..	596 304
2.4.2	Actions et parts de fonds d'investissement émises par les non-résidents	22 099	10 663	..	..	11 435
2.5	Autrescomptes à recevoir	386 034	298 717	..	..	87 317

			Sociétés d'assurance et fonds de pension autonomes			
		Total	Sociétés d'assurance			Fonds de pension autonomes
			Total	Sociétés d'assurance vie	Sociétés d'assurance non-vie	Total
2	Pasifs financiers	3 634 496	1 442 835	..	..	2 191 661
2.1	Numéraire et dépôts	..	..	..	..	..
2.2	Titres de dette	..	11 213	..	..	..
2.2.1	Titres de dette à court terme	..	..	..	..	..
2.2.2	Titres de dette à long terme	..	..	..	..	..
2.3	Crédits	20 875	17 027	..	..	3 848
2.3.1	Crédits à court terme	..	..	..	..	..
2.3.2	Crédits à long terme	..	..	..	..	..
2.4	Actions et parts de fonds d'investissement	559 285	417 094	..	..	142 190
2.5	Systèmes d'assurance, de pensions et garanties standard	2 875 973	842 226	..	..	2 033 747
2.5	Produits financiers dérivés et options sur titres des salariés	..	..	..	..	..
2.8	Autres comptes à payer	167 151	155 276	..	..	11 876

Note : Voir les métadonnées détaillées sur : http://metalinks.oecd.org/instinv/20160427/0c9f

Tableau 2. Actifs financiers des fonds d'investissement

Millions RUB

	2007	2008	2009	2010	2011	2012	2013	2014
Fonds d'investissement								
Valeur nette financière	-159 284	-266 084	-321 423	-453 212	-562 096	-747 099	-928 734	-1 057 455
Actifs financiers	665 931	472 061	717 293	764 464	845 167	1 011 243	1 187 664	1 359 209
Numéraire et dépôts	62 874	56 656	90 793	96 173	105 313	153 160	233 794	194 966
Titres de dette	54 499	40 535	44 528	44 118	61 175	84 965	106 406	144 442
Crédits	3	0	1 743	6 297	6 518	4 485	5 573	5 048
Actions et parts de fonds d'investissement	503 491	289 652	493 938	488 490	507 649	582 323	568 263	676 092
Actions	500 627	288 206	484 892	482 268	499 573	571 058	553 341	651 281
Parts de fonds d'investissement	2 864	1 446	9 047	6 223	8 076	11 264	14 922	24 810
Parts de fonds d'investissement monétaires	..	..	..	..	..	..	..	..
Parts de fonds d'investissement non monétaires	..	..	..	..	..	..	..	..
Systèmes d'assurance, de pensions et garanties standard	0	0	0	0	0	0	0	0
Produits financiers dérivés et options sur titres des salariés	..	..	..	..	..	..	..	..
Autres comptes à recevoir	45 063	85 218	86 291	129 386	164 511	186 310	273 629	338 662
Passifs financiers	825 215	738 145	1 038 715	1 217 676	1 407 262	1 758 342	2 116 398	2 416 665
Titres de dette	..	..	..	..	..	..	..	..
Titres de dette à court terme	..	..	..	..	..	..	..	..
Titres de dette à long terme	..	..	..	..	..	..	..	..
Crédits	..	..	..	..	..	..	..	..
Crédits à court terme	..	..	..	..	..	..	..	..
Crédits à long terme	..	..	..	..	..	..	..	..
Actions et parts de fonds d'investissement	773 295	653 106	946 495	1 130 038	1 300 405	1 604 113	1 871 771	2 130 481
Systèmes d'assurance, de pensions et garanties standard	0	0	0	0	0	0	0	0
Produits financiers dérivés et options sur titres des salariés	..	..	..	..	..	..	..	..
Autres comptes à payer	51 919	85 039	92 220	87 638	106 857	154 229	244 627	286 184
Actifs non financiers	159 284	266 084	321 423	453 212	562 096	747 099	928 734	1 057 455
Fonds d'investissement monéaires								
Valeur nette financière	0	0	0	0	0	0	0	0
Actifs financiers	404	717	390	901	1 439	1 374	8 875	2 742
Numéraire et dépôts	189	341	196	580	674	807	7 274	1 612
Titres de dette	104	244	87	243	652	478	991	927
Crédits	0	0	0	0	0	0	0	0
Actions et parts de fonds d'investissement	107	80	61	42	24	24	0	0
Actions	107	80	61	42	24	24	0	0
Parts de fonds d'investissement	0	0	0	0	0	0	0	0
Parts de fonds d'investissement monétaires	..	..	..	..	..	..	..	..
Parts de fonds d'investissement non monétaires	..	..	..	..	..	..	..	..
Systèmes d'assurance, de pensions et garanties standard	..	..	..	..	..	..	..	..
Produits financiers dérivés et options sur titres des salariés	..	..	..	..	..	..	..	..
Autres comptes à recevoir	4	51	46	36	89	65	610	204
Passifs financiers	404	717	390	901	1 439	1 374	8 875	2 742
Titres de dette	..	..	..	..	..	..	..	..
Titres de dette à court terme	..	..	..	..	..	..	..	..
Titres de dette à long terme	..	..	..	..	..	..	..	..
Crédits	..	..	..	..	..	..	..	..
Crédits à court terme	..	..	..	..	..	..	..	..
Crédits à long terme	..	..	..	..	..	..	..	..
Actions et parts de fonds d'investissement	402	702	379	893	1 400	1 362	8 838	2 672
Systèmes d'assurance, de pensions et garanties standard	..	..	..	..	..	..	..	..
Produits financiers dérivés et options sur titres des salariés	..	..	..	..	..	..	..	..
Autres comptes à payer	1	15	10	8	39	12	37	70
Actifs non financiers	0	0	0	0	0	0	0	0
Fonds d'investissement non monéaires								
Valeur nette financière	-159 284	-266 084	-321 423	-453 212	-562 096	-747 099	-928 734	-1 057 455
Actifs financiers	665 527	471 344	716 903	763 564	843 728	1 009 869	1 178 789	1 356 467
Numéraire et dépôts	62 686	56 315	90 598	95 593	104 640	152 354	226 520	193 354
Titres de dette	54 395	40 291	44 441	43 875	60 523	84 487	105 415	143 515
Crédits	3	0	1 743	6 297	6 518	4 485	5 573	5 048
Actions et parts de fonds d'investissement	503 384	289 572	493 877	488 449	507 625	582 298	568 263	676 092
Actions	500 520	288 126	484 831	482 226	499 549	571 034	553 341	651 281
Parts de fonds d'investissement	2 864	1 446	9 047	6 223	8 076	11 264	14 922	24 810
Parts de fonds d'investissement monétaires	..	..	..	..	..	..	..	..
Parts de fonds d'investissement non monétaires	..	..	..	..	..	..	..	..
Systèmes d'assurance, de pensions et garanties standard	..	..	..	..	..	..	..	..
Produits financiers dérivés et options sur titres des salariés	..	..	..	..	..	..	..	..
Autres comptes à recevoir	45 059	85 167	86 245	129 350	164 422	186 245	273 019	338 458
Passifs financiers	824 811	737 428	1 038 326	1 216 776	1 405 824	1 756 968	2 107 523	2 413 922
Titres de dette	..	..	..	..	..	..	..	..
Titres de dette à court terme	..	..	..	..	..	..	..	..
Titres de dette à long terme	..	..	..	..	..	..	..	..
Crédits	..	..	..	..	..	..	..	..
Crédits à court terme	..	..	..	..	..	..	..	..
Crédits à long terme	..	..	..	..	..	..	..	..
Actions et parts de fonds d'investissement	772 893	652 405	946 116	1 129 145	1 299 005	1 602 752	1 862 933	2 127 809
Systèmes d'assurance, de pensions et garanties standard	..	..	..	..	..	..	..	..
Produits financiers dérivés et options sur titres des salariés	..	..	..	..	..	..	..	..
Autres comptes à payer	51 918	85 024	92 210	87 631	106 819	154 216	244 590	286 113
Actifs non financiers	159 284	266 084	321 423	453 212	562 096	747 099	928 734	1 057 455
Fonds d'investissement non monéaires à capital variable								
Valeur nette financière	-1 803	-2 031	-2 084	-2 238	-2 388	-2 528	-2 526	-2 400
Actifs financiers	194 406	63 205	101 523	127 627	106 398	110 780	128 854	109 275

Tableau 2. Actifs financiers des fonds d'investissement (*suite*)

Millions RUB

	2007	2008	2009	2010	2011	2012	2013	2014
Numéraire et dépôts	5 481	5 589	4 064	4 019	3 317	6 342	8 614	9 251
Titres de dette	26 711	15 156	18 274	22 838	27 837	39 769	63 530	37 686
Crédits	0	0	0	0	0	0	0	0
Actions et parts de fonds d'investissement	150 410	35 722	72 345	92 330	66 506	57 031	47 940	55 217
Actions	148 518	35 216	71 571	89 673	62 045	49 807	38 593	36 877
Parts de fonds d'investissement	1 892	506	774	2 656	4 461	7 224	9 347	18 340
Parts de fonds d'investissement monétaires	..	..	..	..	..	..	..	..
Parts de fonds d'investissement non monétaires	..	..	..	..	..	..	..	..
Systèmes d'assurance, de pensions et garanties standard	..	..	..	..	..	..	..	..
Produits financiers dérivés et options sur titres des salariés	..	..	..	..	..	..	..	..
Autres comptes à recevoir	11 804	6 737	6 840	8 440	8 739	7 638	8 771	7 121
Passifs financiers	196 210	65 235	103 607	129 865	108 786	113 309	131 381	111 675
Titres de dette	..	..	..	..	..	..	..	..
Titres de dette à court terme	..	..	..	..	..	..	..	..
Titres de dette à long terme	..	..	..	..	..	..	..	..
Crédits	..	..	..	..	..	..	..	..
Crédits à court terme	..	..	..	..	..	..	..	..
Crédits à long terme	..	..	..	..	..	..	..	..
Actions et parts de fonds d'investissement	184 666	63 486	102 030	127 733	107 200	111 998	129 739	109 277
Systèmes d'assurance, de pensions et garanties standard	..	..	..	..	..	..	..	..
Produits financiers dérivés et options sur titres des salariés	..	..	..	..	..	..	..	..
Autres comptes à payer	11 543	1 749	1 577	2 132	1 586	1 310	1 642	2 397
Actifs non financiers	1 803	2 031	2 084	2 238	2 388	2 528	2 526	2 400
Fonds d'investissement à capital variable								
Valeur nette financière	-1 803	-2 031	-2 084	-2 238	-2 388	-2 528	-2 526	-2 400
Actifs financiers	194 810	63 921	101 912	128 527	107 837	112 154	137 729	112 017
Numéraire et dépôts	5 670	5 930	4 259	4 599	3 991	7 149	15 888	10 863
Titres de dette	26 815	15 400	18 361	23 081	28 488	40 247	64 521	38 613
Crédits	0	0	0	0	0	0	0	0
Actions et parts de fonds d'investissement	150 517	35 802	72 406	92 371	66 530	57 055	47 940	55 217
Actions	148 625	35 296	71 633	89 715	62 069	49 831	38 593	36 877
Parts de fonds d'investissement	1 892	506	774	2 656	4 461	7 224	9 347	18 340
Parts de fonds d'investissement monétaires	..	..	..	..	..	..	..	..
Parts de fonds d'investissement non monétaires	..	..	..	..	..	..	..	..
Systèmes d'assurance, de pensions et garanties standard	0	0	0	0	0	0	0	0
Produits financiers dérivés et options sur titres des salariés	..	..	..	..	..	..	..	..
Autres comptes à recevoir	11 807	6 789	6 886	8 477	8 828	7 703	9 381	7 324
Passifs financiers	196 613	65 952	103 997	130 766	110 224	114 682	140 255	114 417
Titres de dette	..	..	..	..	..	..	..	..
Titres de dette à court terme	..	..	..	..	..	..	..	..
Titres de dette à long terme	..	..	..	..	..	..	..	..
Crédits	..	..	..	..	..	..	..	..
Crédits à court terme	..	..	..	..	..	..	..	..
Crédits à long terme	..	..	..	..	..	..	..	..
Actions et parts de fonds d'investissement	185 069	64 188	102 409	128 626	108 600	113 360	138 577	111 949
Systèmes d'assurance, de pensions et garanties standard	0	0	0	0	0	0	0	0
Produits financiers dérivés et options sur titres des salariés	..	..	..	..	..	..	..	..
Autres comptes à payer	11 544	1 764	1 587	2 140	1 625	1 323	1 678	2 468
Actifs non financiers	1 803	2 031	2 084	2 238	2 388	2 528	2 526	2 400

Note : Voir les métadonnées détaillées sur : http://metalinks.oecd.org/instinv/20160427/0c9f

Tableau 3. Actifs financiers des sociétés d'assurance et fonds de pension

Millions RUB

	2007	2008	2009	2010	2011	2012	2013	2014
Sociétés d'assurance et fonds de pension								
Valeur nette financière	77 131	87 227	88 362	55 980	-59 743	-36 437	-174 679	-19 725
Actifs financiers	1 298 600	1 365 737	1 569 827	1 754 805	2 138 367	2 623 687	3 285 681	3 614 771
Numéraire et dépôts	292 588	329 951	426 888	459 955	575 393	782 878	884 194	1 031 981
Titres de dette	327 594	410 033	446 486	456 295	634 828	766 267	1 118 204	1 221 968
Crédits	8 280	18 565	15 060	9 145	15 342	10 643	14 830	21 003
Actions et parts de fonds d'investissement	445 827	331 457	406 619	541 295	571 913	637 604	707 154	764 682
Actions	445 827	331 457	406 619	541 295	408 386	409 992	471 794	512 665
Parts de fonds d'investissement	..	..	..	..	163 527	227 612	235 360	252 017
Parts de fonds d'investissement monétaires	..	..	..	..	..	..	..	..
Parts de fonds d'investissement non monétaires	..	..	..	..	..	..	..	..
Systèmes d'assurance, de pensions et garanties standard	..	..	..	..	..	..	..	..
Produits financiers dérivés et options sur titres des salariés	..	..	..	..	..	..	..	..
Autres comptes à recevoir	163 238	208 508	209 478	217 847	269 302	336 293	453 059	386 034
Passifs financiers	1 221 469	1 278 510	1 481 465	1 698 825	2 198 110	2 660 124	3 460 360	3 634 496
Titres de dette	..	..	..	..	..	..	..	..
Titres de dette à court terme	..	..	..	..	..	..	..	..
Titres de dette à long terme	..	..	..	..	..	..	..	..
Crédits	14 352	13 656	24 960	26 388	27 716	22 965	22 629	20 875
Crédits à court terme	..	..	..	..	..	..	..	..
Crédits à long terme	..	..	..	..	..	..	..	..
Actions et parts de fonds d'investissement	304 963	301 912	349 563	360 561	391 464	470 831	642 559	559 285
Systèmes d'assurance, de pensions et garanties standard	864 743	926 200	1 068 896	1 257 975	1 640 176	2 006 075	2 602 244	2 875 973
Produits financiers dérivés et options sur titres des salariés	..	..	..	..	..	..	..	..
Autres comptes à payer	149 323	166 932	175 372	169 001	128 931	146 489	176 472	167 151
Actifs non financiers	40 367	48 837	53 422	77 451	90 315	95 194	91 047	97 464
Sociétés d'assurance								
Valeur nette financière	78 303	91 626	89 111	55 600	-54 416	-34 113	-164 872	-15 197
Actifs financiers	703 240	793 259	836 355	857 179	944 406	1 076 411	1 233 629	1 427 638
Numéraire et dépôts	196 506	222 127	253 326	258 372	325 448	353 259	375 724	438 214
Titres de dette	197 684	227 435	205 332	200 130	231 397	255 781	307 279	326 926
Crédits	7 145	17 451	13 482	8 162	13 191	9 163	14 648	20 884
Actions et parts de fonds d'investissement	91 711	73 036	110 866	116 887	100 438	126 230	138 441	156 943
Actions	91 711	73 036	110 866	116 887	91 407	117 275	129 721	149 017
Parts de fonds d'investissement	..	..	..	..	9 032	8 955	8 720	7 925
Parts de fonds d'investissement monétaires	..	..	..	..	..	..	..	..
Parts de fonds d'investissement non monétaires	..	..	..	..	..	..	..	..
Systèmes d'assurance, de pensions et garanties standard	61 073	67 223	65 297	70 267	71 588	90 002	108 240	159 536
Produits financiers dérivés et options sur titres des salariés	..	..	..	..	..	..	..	..
Autres comptes à recevoir	149 120	185 987	188 052	203 361	202 343	241 975	289 297	298 717
Passifs financiers	624 937	701 633	747 243	801 579	998 822	1 110 524	1 398 501	1 442 835
Titres de dette	5 586	5 875	4 458	18 331	9 823	13 764	16 456	11 213
Titres de dette à court terme	..	..	..	..	..	..	..	..
Titres de dette à long terme	..	..	..	..	..	..	..	..
Crédits	14 264	13 549	24 669	26 232	26 319	20 669	21 452	17 027
Crédits à court terme	..	..	..	..	..	..	..	..
Crédits à long terme	..	..	..	..	..	..	..	..
Actions et parts de fonds d'investissement	208 731	223 533	254 710	259 219	293 839	362 679	517 612	417 094
Systèmes d'assurance, de pensions et garanties standard	364 531	427 809	429 818	462 226	545 931	579 072	684 034	842 226
Produits financiers dérivés et options sur titres des salariés	..	..	..	..	..	..	..	..
Autres comptes à payer	144 653	164 937	168 258	160 640	122 910	134 340	158 947	155 276
Actifs non financiers	34 526	42 443	45 558	69 469	82 419	89 494	85 687	92 936
Fonds de pension								
Valeur nette financière	-1 172	-4 399	-750	380	-5 327	-2 324	-9 806	-4 528
Actifs financiers	595 360	572 478	733 472	897 626	1 193 961	1 547 276	2 052 053	2 187 133
Numéraire et dépôts	96 082	107 824	173 562	201 583	249 945	429 619	508 470	593 767
Titres de dette	129 909	182 598	241 154	256 165	403 431	510 486	810 925	895 042
Crédits	1 135	1 114	1 577	983	2 151	1 480	182	119
Actions et parts de fonds d'investissement	354 116	258 421	295 753	424 409	471 475	511 374	568 714	607 740
Actions	354 116	258 421	295 753	424 409	316 979	292 717	342 074	363 648
Parts de fonds d'investissement	..	..	..	..	154 496	218 657	226 640	244 092
Parts de fonds d'investissement monétaires	..	..	..	..	..	..	..	..
Parts de fonds d'investissement non monétaires	..	..	..	..	..	..	..	..
Systèmes d'assurance, de pensions et garanties standard	..	..	..	..	..	..	..	..
Produits financiers dérivés et options sur titres des salariés	..	..	..	..	..	..	..	..
Autres comptes à recevoir	14 118	22 521	21 426	14 486	66 959	94 318	163 762	87 317
Passifs financiers	596 532	576 877	734 222	897 246	1 199 288	1 549 600	2 061 859	2 191 661
Titres de dette	..	..	..	..	..	..	..	..
Titres de dette à court terme	..	..	..	..	..	..	..	..
Titres de dette à long terme	..	..	..	..	..	..	..	..
Crédits	88	107	291	155	1 397	2 296	1 177	3 848
Crédits à court terme	..	..	..	..	..	..	..	..
Crédits à long terme	..	..	..	..	..	..	..	..
Actions et parts de fonds d'investissement	96 232	78 379	94 853	101 342	97 625	108 152	124 947	142 190
Systèmes d'assurance, de pensions et garanties standard	500 212	498 391	639 078	795 749	1 094 245	1 427 003	1 918 210	2 033 747
Produits financiers dérivés et options sur titres des salariés	..	..	..	..	..	..	..	..
Autres comptes à payer	4 670	1 995	7 114	8 361	6 021	12 149	17 525	11 876
Actifs non financiers	5 842	6 394	7 864	7 982	7 896	5 700	5 360	4 528

Note : Voir les métadonnées détaillées sur : http://metalinks.oecd.org/instinv/20160427/0c9f

Tableau 4. Composition du portefeuille par type d'investisseur

En pourcentage des actifs financiers et des passifs financiers

Pour cent

	2007	2008	2009	2010	2011	2012	2013	2014
Fonds d'investissement								
Actifs financiers	100.0	100.0	100.0	100.0	100.0	100.0	100.0	100.0
Numéraire et dépôts	9.4	12.0	12.7	12.6	12.5	15.1	19.7	14.3
Titres de dettes	8.2	8.6	6.2	5.8	7.2	8.4	9.0	10.6
Crédits	0.0	0.0	0.2	0.8	0.8	0.4	0.5	0.4
Actions et parts de fonds d'investissement	75.6	61.4	68.9	63.9	60.1	57.6	47.8	49.7
Systèmes d'assurance de pensions et garanties standard	0.0	0.0	0.0	0.0	0.0	0.0	0.0	0.0
Produits financiers dérivés et options sur titres des salariés	0.0	0.0	0.0	0.0	0.0	0.0	0.0	0.0
Autres comptes à recevoir	6.8	18.1	12.0	16.9	19.5	18.4	23.0	24.9
Passifs financiers	100.0	100.0	100.0	100.0	100.0	100.0	100.0	100.0
Numéraire et dépôts	0.0	0.0	0.0	0.0	0.0	0.0	0.0	0.0
Titres de dettes	0.0	0.0	0.0	0.0	0.0	0.0	0.0	0.0
Crédits	0.0	0.0	0.0	0.0	0.0	0.0	0.0	0.0
Actions et parts de fonds d'investissement	93.7	88.5	91.1	92.8	92.4	91.2	88.4	88.2
Systèmes d'assurance de pensions et garanties standard	0.0	0.0	0.0	0.0	0.0	0.0	0.0	0.0
Produits financiers dérivés et options sur titres des salariés	0.0	0.0	0.0	0.0	0.0	0.0	0.0	0.0
Autres comptes à recevoir	6.3	11.5	8.9	7.2	7.6	8.8	11.6	11.8
Sociétés d'assurance								
Actifs financiers	100.0	100.0	100.0	100.0	100.0	100.0	100.0	100.0
Numéraire et dépôts	27.9	28.0	30.3	30.1	34.5	32.8	30.5	30.7
Titres de dettes	28.1	28.7	24.6	23.3	24.5	23.8	24.9	22.9
Crédits	1.0	2.2	1.6	1.0	1.4	0.9	1.2	1.5
Actions et parts de fonds d'investissement	13.0	9.2	13.3	13.6	10.6	11.7	11.2	11.0
Systèmes d'assurance de pensions et garanties standard	8.7	8.5	7.8	8.2	7.6	8.4	8.8	11.2
Produits financiers dérivés et options sur titres des salariés	0.0	0.0	0.0	0.0	0.0	0.0	0.0	..
Autres comptes à recevoir	21.2	23.4	22.5	23.7	21.4	22.5	23.5	20.9
Passifs financiers	100.0	100.0	100.0	100.0	100.0	100.0	100.0	100.0
Numéraire et dépôts	..	..	..	..	0.0	0.0	0.0	0.0
Titres de dettes	0.9	0.8	0.6	2.3	1.0	1.2	1.2	0.8
Crédits	2.3	1.9	3.3	3.3	2.6	1.9	1.5	1.2
Actions et parts de fonds d'investissement	33.4	31.9	34.1	32.3	29.4	32.7	37.0	28.9
Systèmes d'assurance de pensions et garanties standard	58.3	61.0	57.5	57.7	54.7	52.1	48.9	58.4
Produits financiers dérivés et options sur titres des salariés	..	..	..	..	0.0	0.0	0.0	0.0
Autres comptes à recevoir	23.1	23.5	22.5	20.0	12.3	12.1	11.4	10.8
Fonds de pension								
Actifs financiers	100.0	100.0	100.0	100.0	100.0	100.0	100.0	100.0
Numéraire et dépôts	16.1	18.8	23.7	22.5	20.9	27.8	24.8	27.1
Titres de dettes	21.8	31.9	32.9	28.5	33.8	33.0	39.5	40.9
Crédits	0.2	0.2	0.2	0.1	0.2	0.1	0.0	0.0
Actions et parts de fonds d'investissement	59.5	45.1	40.3	47.3	39.5	33.0	27.7	27.8
Systèmes d'assurance de pensions et garanties standard	0.0	0.0	0.0	0.0	0.0	0.0	0.0	..
Produits financiers dérivés et options sur titres des salariés	0.0	0.0	0.0	0.0	0.0	0.0	0.0	..
Autres comptes à recevoir	2.4	3.9	2.9	1.6	5.6	6.1	8.0	4.0
Passifs financiers	100.0	100.0	100.0	100.0	100.0	100.0	100.0	100.0
Numéraire et dépôts	..	..	..	..	0.0	0.0	0.0	0.0
Titres de dettes	..	..	..	..	0.0	0.0	0.0	0.0
Crédits	0.0	0.0	0.0	0.0	0.1	0.1	0.1	0.2
Actions et parts de fonds d'investissement	16.1	13.6	12.9	11.3	8.1	7.0	6.1	6.5
Systèmes d'assurance de pensions et garanties standard	83.9	86.4	87.0	88.7	91.2	92.1	93.0	92.8
Produits financiers dérivés et options sur titres des salariés	..	..	..	..	0.0	0.0	0.0	0.0
Autres comptes à recevoir	0.8	0.3	1.0	0.9	0.5	0.8	0.8	0.5

Note : Voir les métadonnées détaillées sur : http://metalinks.oecd.org/instinv/20160427/2c5e

ORGANISATION DE COOPÉRATION ET DE DÉVELOPPEMENT ÉCONOMIQUES

L'OCDE est un forum unique en son genre où les gouvernements œuvrent ensemble pour relever les défis économiques, sociaux et environnementaux liés à la mondialisation. À l'avant-garde des efforts engagés pour comprendre les évolutions du monde actuel et les préoccupations qu'elles suscitent, l'OCDE aide les gouvernements à y faire face en menant une réflexion sur des thèmes tels que le gouvernement d'entreprise, l'économie de l'information et la problématique du vieillissement démographique. L'Organisation offre aux gouvernements un cadre leur permettant de confronter leurs expériences en matière d'action publique, de chercher des réponses à des problèmes communs, de recenser les bonnes pratiques et de travailler à la coordination des politiques nationales et internationales.

Les pays membres de l'OCDE sont : l'Allemagne, l'Australie, l'Autriche, la Belgique, le Canada, le Chili, la Corée, le Danemark, l'Espagne, l'Estonie, les États-Unis, la Finlande, la France, la Grèce, la Hongrie, l'Irlande, l'Islande, Israël, l'Italie, le Japon, le Luxembourg, le Mexique, la Norvège, la Nouvelle-Zélande, les Pays-Bas, la Pologne, le Portugal, la République slovaque, la République tchèque, le Royaume-Uni, la Slovénie, la Suède, la Suisse et la Turquie. L'Union européenne participe aux travaux de l'OCDE.

Les Éditions OCDE assurent une large diffusion aux travaux de l'Organisation. Ces derniers comprennent les résultats de l'activité de collecte de statistiques, les travaux de recherche menés sur des questions économiques, sociales et environnementales, ainsi que les conventions, les principes directeurs et les modèles développés par les pays membres.

ÉDITIONS OCDE, 2, rue André-Pascal, 75775 PARIS CEDEX 16
(01 2015 43 2 P) ISBN 978-92-64-25200-4 – 2016

www.ingramcontent.com/pod-product-compliance
Lightning Source LLC
LaVergne TN
LVHW080655011026
849160LV00014B/1434